# PHILOLOGISCHE STUDIEN UND QUELLEN

Herausgegeben von

Wolfgang Binder · Hugo Moser · Hugo Steger · Hartmut Steinecke

Heft 104

# Studien zur
# Kleindichtung des Stricker

von

Stephen L. Wailes

ERICH SCHMIDT VERLAG

CIP-Kurztitelaufnahme der Deutschen Bibliothek

Wailes, Stephen L.:
Studien zur Kleindichtung des Strickers / von Stephen
L. Wailes. — Berlin : E. Schmidt, 1981.
  (Philologische Studien und Quellen ; H. 104)
  ISBN 3-503-01642-2

NE: GT

ISBN 3 503 01642 2

© Erich Schmidt Verlag, Berlin 1981
Satz: Brigitte Struve, Düsseldorf
Druck: Lengericher Handelsdruckerei, Lengerich (Westf.)
Printed in Germany · Nachdruck verboten

# Vorwort

Die vorliegende Arbeit entstand im wesentlichen 1976/77 während eines Aufenthalts beim Institut für Deutsche Philologie der Universität Würzburg. Der Alexander von Humboldt-Stiftung bin ich sowohl für ein Forschungsstipendium als auch für einen Druckkostenzuschuß tief verpflichtet. Dem Leiter der Älteren Abteilung des Instituts, Herrn Professor Dr. Kurt Ruh, danke ich für freundlichen Empfang in Würzburg und fördernde Anteilnahme an meiner Forschung.

Dem Erich Schmidt Verlag und den Herausgebern dieser Reihe, insbesondere Herrn Professor Dr. Hugo Moser, bin ich für die Aufnahme meiner Arbeit in die ‚Philologischen Studien und Quellen' dankbar.

Bloomington, Indiana, 1979                                    Stephen L. Wailes

# Inhaltsverzeichnis

|     |     | Seite |
| --- | --- | --- |
| Vorwort | | 5 |
| Abkürzungen | | 8 |
| Einführung | | 11 |
| I. | Die Gebete (Ed. Nr. 5 – 15, 151) | 15 |
| II. | Schemata des Lasters | 33 |
| | 1. ‚Die fünf teuflischen Geister' (Ed. Nr. 161) | 33 |
| | 2. ‚Die sechs Teufelsscharen' (Ed. Nr. 136) | 54 |
| | 3. ‚Die sechs Versuchungen' (Ed. Nr. 130) | 73 |
| III. | Laienreligiosität und die *vita poenitentialis* | 83 |
| IV. | Die Bußlehre | 107 |
| V. | Zur christlichen Ritterlehre | 145 |
| | 1. Eigentum, Besitz und Habsucht | 146 |
| | 2. *Milte*: Die Pflege der Fahrenden | 164 |
| | a) ‚Die Herren zu Österreich' (Ed. Nr. 164) | 164 |
| | b) ‚Falsche und rechte Freigebigkeit' (Ed. Nr. 55) | 169 |
| | c) ‚Der Weidemann' (Ed. Nr. 41) | 178 |
| | 3. Besitz, Ehre und Schande | 181 |
| | a) ‚Die freigebige Königin' (Ed. Nr. 32) | 181 |
| | b) ‚Frau Ehre und die Schande' (Ed. Nr. 156) | 184 |
| | 4. Christentum und Ritterschaft: ‚Die beiden Knappen' (Ed. Nr. 163) | 197 |
| | 5. Schlußbemerkungen | 209 |
| VI. | Zum Thema des ‚Pfaffen Amis' | 211 |
| | 1. Prolog und Vorgeschichte | 215 |
| | 2. *Prodigalitas* und *avaritia* | 223 |
| | 3. *Quaestuarius, heilic man*, Kaufmann | 230 |
| | 4. ‚Bekehrung und Ende' | 239 |
| VII. | Zusammenfassung | 249 |
| Verzeichnis benutzter Stricker-Ausgaben | | 252 |
| Literaturverzeichnis | | 258 |
| Namenregister | | 262 |

# Abkürzungen

Bibelzitate nach Biblia sacra iuxta vulgatam versionem, hrsg. von R. Weber, 2 Bde., Stuttgart 1969.

| | |
|---|---|
| AfdA | Anzeiger für deutsches Altertum und deutsche Literatur |
| Analecta hymnica | Analecta hymnica medii aevi, hrsg. von Clemens Blume und Guido M. Dreves, 55 Bde., Leipzig 1886 — 1922 |
| ATB | Altdeutsche Textbibliothek |
| Berthold von Regensburg | Berthold von Regensburg, Vollständige Ausgabe seiner Predigten, hrsg. von Franz Pfeiffer und Joseph Strobl., 2 Bde., Wien 1862 — 1880. Nachdruck mit einem Vorwort, einer Bibliographie und einem überlieferungsgeschichtlichen Beitrag von Kurt Ruh, Berlin 1965 |
| de Boor, III—1 | Helmut de Boor, Die deutsche Literatur im späten Mittelalter, Zerfall und Neubeginn. Erster Teil, München 1962 |
| De hominis compositione | David von Augsburg, De exterioris et interioris hominis compositione. Ad Claras Aquas [Quaracchi] 1899 |
| DS | Dictionnaire de spiritualité ascétique et mystique, Paris 1937 ff. |
| DVjs | Deutsche Vierteljahrsschrift für Literaturwissenschaft und Geistesgeschichte |
| DThC | Dictionnaire de Théologie Catholique, 15 Bde., in 30. Paris 1930 — 1950 |
| DTM | Deutsche Texte des Mittelalters |
| Fischer, Strickerstudien | Hanns Fischer, Strickerstudien. Ein Beitrag zur Literaturgeschichte des 13. Jahrhunderts, Diss. München 1953 (masch.) |
| Glossa ordinaria | Biblia cum glossa ordinaria Walafridi Strabonis aliorumque et interlineari Anselmi Laudunensis, 4 Bde. [Strassburg, Adolf Rusch für Anton Koberger, nach 23. Sept. 1481] |
| LThK | Lexikon für Theologie und Kirche, Erste Auflage, 10 Bde., Freiburg i. B. 1930 — 1938. Zweite Auflage, 11 Bde., Freiburg i. B. 1957 — 1967 |
| Mansi | Sacrorum conciliorum nova et amplissima collectio, hrsg. von J. D. Mansi, 31 Bde., Florenz und Venedig 1757 bis 1798, Nachdruck Graz 1960/61 |
| Moelleken | Der Stricker, Die Kleindichtung, Gesamtausgabe in 5 Bdn., hrsg. von Wolfgang Wilfried Moelleken [et al.], Göppingen 1973 ff. |

| | |
|---|---|
| MTU | Münchener Texte und Untersuchungen zur deutschen Literatur des Mittelalters |
| NM | Neuphilologische Mitteilungen |
| PBB | Beiträge zur Geschichte der deutschen Sprache und Literatur |
| Peraldus, Summa | Guillelmi Peraldi Summae virtutum ac vitiorum..., 2 Bde., Lugduni 1668 |
| Petrus Lombardus, Sentenzen | Petri Lombardi Libri IV sententiarum, 2 Bde., Ad Claras Aquas [Quaracchi] 1916 |
| PL | Patrologiae cursus completus... series latina, hrsg. von J.-P. Migne, 221 Bde., Paris 1844 – 1864 |
| Raimund von Peñafort, Summa | Summa Sancti Raymondi de Peniafort... de Poenitentia et Matrimonio, Rom 1603 |
| Schwab, Ausgabe | Die bisher unveröffentlichten geistlichen Bispelreden des Strickers, hrsg. von Ute Schwab, Göttingen 1959 |
| —, Beobachtungen | Ute Schwab, Beobachtungen bei der Ausgabe der bisher unveröffentlichten Gedichte des Strickers. In: PBB (Tüb.) 81 (1959) 61 – 98 |
| —, 1958 | —, Zur Interpretation der geistlichen Bîspelrede. In: Annali, Sezione Germanica, Instituto Universitario Orientale, Napoli, 1 (1958) 153 – 181 |
| —, Zum Thema III | —, Zum Thema des jüngsten Gerichts in der mittelhochdeutschen Literatur, III. Das *bispel* „Die beiden Königinnen" von dem Stricker (Ed. Nr. 132 = 146). Motivverwandtschaften und Überlegungen zur inneren Kritik. In: Annali, Sezione Germanica, Instituto Universitario Orientale, Napoli, 4 (1961), 11 – 73 |
| Summa Theol. | Thomas von Aquin, Die deutsche Thomas-Ausgabe. Vollständige... Ausgabe der Summa theologica, hrsg. vom Katholischen Akademieverband und von der Albertus-Magnus-Akademie Salzburg, 36 Bde., Graz und Heidelberg 1934 – 1961 |
| Thomasin | Der Wälsche Gast des Thomasin von Zirclaria, hrsg. von Heinrich Rückert, Quedlinburg und Leipzig 1852, Nachdruck besorgt von Friedrich Neumann, Berlin 1965 |
| WW | Wirkendes Wort |
| ZfdA | Zeitschrift für deutsches Altertum und deutsche Literatur |
| ZfdPh | Zeitschrift für deutsche Philologie |

# Einführung

Hanns Fischer äußerte 1960 den Wunsch, die neue Ausgabe Strickerscher *bîspel*-Dichtung von Ute Schwab (1959) möge „die Stricker-Forschung neu beflügeln".[1] Das hat sie bisher leider nicht getan. Sieht man von den zwei Aufsätzen Hermann Menhardts ab, die 1960 bzw. 1962 erschienen und zum großen Teil sich mit textkritischen, überlieferungsgeschichtlichen und biographischen Problemen befassen, so ist der einzige weitere Beitrag zur Erschließung der Lehrdichtung des Stricker von Schwab selbst gekommen.[2] Nach wie vor haben wir keine Arbeit, die diese Dichtung als ein Ganzes untersucht und durch Analyse wichtiger Gedichte und Themen unser Verständnis von ihrem Gehalt und der Arbeitsweise ihres Verfassers erweitert und vertieft. Die Dissertationen von Ludwig Jensen (1885) und Clair Baier (1938) sind längst überholt, sei es nur hinsichtlich der Zahl zugänglicher Texte des Strikker; die Dissertation Hanns Fischers (1953), die viel Nützliches enthält, mußte auch die erst von Schwab herausgegebenen Texte außer Betracht lassen und verschloß sich größtenteils jeder geistlichen Problematik.[3]

Die folgenden Studien wollen zur Beseitigung dieses Mangels beitragen. Sie widmen sich dem Kanon „der kleineren Gedichte des Strickers", den Schwab

---

[1] In seiner Rezension der Ausgabe, AfdA 72 (1960), 76 — 82, hier S. 82.

[2] Hermann Menhardt, Zu Strickers kleinen Gedichten. In: PBB (Tüb.) 82 (1960), 321 — 345, und Der Stricker und der Teichner. In: PBB (Tüb.) 84 (1962), 266 — 295; Schwab, Zum Thema III. Anton Avanzin veröffentlichte 1959 Anmerkungen zu den Strickerschen bîspels der Melker Handschrift. In: Innsbrucker Beiträge zur Kulturwissenschaft 6 (1959), 111 — 127, die hauptsächlich nur stoffliche Parallelen anbieten. In seinem interessanten Aufsatz Non-feudal Attitudes in Der Stricker's Short Narrative Works. In: NM 73 (1972), 754 — 774, versucht John Margetts ein Bild des Stricker und seiner Kleindichtung zu entwerfen, die ihre Eigenschaften als „a non-feudal attitude conditioned by new religious trends in his lifetime" (S. 772) erklärt, aber er muß sich mit kurzen Bemerkungen zu einzelnen Gedichten begnügen. Vgl. den kurzen Forschungsbericht von M. Augusta Coppola, Il rimario dei bîspel spirituali dello Stricker (Göppingen 1974), S. 7 — 10.

[3] Ludwig Jensen, Über den Stricker als Bîspel-Dichter, seine Sprache und seine Technik unter Berücksichtigung des „Karl" und „Amis" (Diss. Marburg 1885); Clair Baier, Der Bauer in der Dichtung des Strickers (Diss. Tübingen 1938); Fischer, Strickerstudien. Den Wert von Jensens allerdings veralteter Arbeit sollte man nicht unterschätzen. Jensen war der erste, der eine enge Verbindung zwischen dem Stricker und dem Vierten Laterankonzil erwogen hat (S. 27), und er schätzte die Bildung des Dichters meines Erachtens akkurat ein — die geistlichen Gedichte zeigen, „dass er gründliche theologische Studien getrieben, dass er mit den Schriften der Kirchenväter bekannt und vertraut gewesen sein muß, wenn man letzteres auch nicht direct nachweisen kann" (S. 32).

in ihrer Ausgabe (S. 15 — 43) aufgestellt hat, schließen aber die 16 von Fischer als „Mären" aufgenommenen Gedichte[4] als Forschungsgegenstände aus. Das geschieht aus keinem theoretischen Prinzip, sondern aus pragmatischen Erwägungen: die Forschung hat den Mären immer eine bevorzugte Stellung im Strickerschen Werk zugesprochen und ihnen mehrere Studien gewidmet[5], ist aber an den viel zahlreicheren Stücken mit geistlichem Gehalt uninteressiert vorbeigegangen. Es bleibt also sehr viel auf diesem Gebiet noch zu tun, bevor wir uns ein annähernd vollständiges Bild vom Denken und Schaffen des Stricker machen können.

Daß die 24 Fabeln und Tierbîspel eine sehr kleine Rolle in den folgenden Studien spielen, erklärt sich einfach daraus, daß sie für die Fragestellung des Verfassers unergiebig waren. Dafür bietet er eine Studie zum ‚Pfaffen Amis‘, obwohl dieses Werk nicht zu den „kleineren Gedichten" des Stricker zählt, weil eine neue Schicht in der Bedeutung dieser Dichtung sich dem Blick öffnet, der von den vielen kleineren Gedichten über die Problematik des Besitzes (Kap. V) an sie herankommt.

In diesen Studien geht es um die Aussagen der Gedichte, die man nur dann richtig beurteilen kann, wenn man den Kontext der geistlichen Tradition vor Augen hat. Schreibt der Stricker über teuflische Nachstellungen, so muß man versuchen, die damals geläufigen Schemata solcher Nachstellungen mit dem Inhalt des betreffenden Gedichts zu vergleichen, damit man die Stellungnahme des Dichters richtig einschätzt, die durch Auswahl, Betonung und Weglassen überlieferter Elemente zum Vorschein kommt. Das ist in der Germanistik keine neue Methode, ist auch nicht ohne inhärente Gefahr: „Der Germanist, der nicht gerade über die patristisch-scholastische Belesenheit eines A. E. Schönbach verfügt, erliegt ja leicht der Versuchung, mehr oder weniger zufällige Lesefrüchte für luftige quellenkundliche Gebäude auszumünzen, ohne ihre individuelle oder topische Relevanz sicher beurteilen zu können."[6] Der Verfasser verfügt keineswegs über solche Belesenheit, aber er hofft, dieser Begrenzung bewußt zu bleiben und die Beweiskraft herangezogenen geistlichen Schrifttums nicht zu überfordern. Dabei handelt es sich nicht um „Quellen" (die für Dichtungen des Stricker äußerst selten zu vermitteln sein

---

4 Studien zur deutschen Märendichtung, Tübingen 1968, S. 359 — 364.
5 Siehe die bibliographischen Angaben bei Fischer, a. a. O., und in Der Stricker. Verserzählungen. I., hrsg. von Hanns Fischer, 3., revidierte Auflage besorgt von Johannes Janota (ATB 53), Tübingen 1973, S. XX — XXII; siehe auch Verf., Immurement and religious experience in the Stricker's ‚Eingemauerte Frau'. In: PBB (Tüb.) 96 (1974), 79 — 102. Über die zunehmende Forschung zur Strickerschen Epik kann man sich bei Helmut Brall, Strickers *Daniel von dem Blühenden Tal*. Zur politischen Funktion späthöfischer Artusepik im Territorialisierungsprozeß. In: Euphorion 70 (1976), 222 — 257, bes. S. 222 — 228, orientieren.
6 Fischer, AfdA 72 (1960), 81.

werden), sondern um thematisch verwandte Schriften, die die Beziehungen des Dichters zum Christentum seiner Zeit ans Licht kommen lassen. Zugegeben, daß die Bewertung von scheinbar nichttraditionellen Aussagen als „bewußte(n) Änderungen des Dichters" problematisch sein mag[7], immerhin muß man den Stellen, bei denen der Stricker von dem uns überlieferten Verständnis einer Sache abweicht, besondere Aufmerksamkeit schenken.

Es hätte die Entstehung dieser Monographie erleichtert, wenn ihr die von W. W. Moelleken (u. a.) edierte Gesamtausgabe der Kleindichtung des Stricker hätte zugrunde gelegt werden können.[8] Als das Manuskript beendet wurde, standen jedoch nur drei der vorgesehenen fünf Bände dieser Ausgabe zur Verfügung; man hatte entweder dem Kanon und den Titeln Moellekens zu folgen und seine Texte womöglich zu benutzen, oder bei dem Kanon und der Betitelung Schwabs zu bleiben und Texte verschiedener Herausgeber (und Methoden der Edition) heranzuziehen. Jede Möglichkeit hatte Nachteile. Da eine Vermengung von Herausgebern und Methoden ohnehin unvermeidlich war, habe ich mich für das Letztere entschieden. Da die Ausgabe Moellekens der Wiener Handschrift grundsätzlich folgt und in der Zeichensetzung eigene Wege geht, empfiehlt es sich, sie in jedem Fall oder keinem zu gebrauchen. Nicht ohne Einfluß auf meine Entscheidung war die ziemlich scharfe Kritik, die diese Ausgabe bisher erfahren hat.[9]

Also habe ich die Gedichte des Stricker nach Schwabs Kanon zitiert; ihre Nummern in diesem Kanon werden mit „Ed. Nr." angegeben. Viermal habe ich kleine Änderungen im Titel, die Fischer vorgeschlagen hat (AfdA 72 [1960] 79), vorgenommen (Ed. Nr. 32, 55, 156 und 163); für die Mären habe ich Fischers Titel gebraucht. Die von mir benutzten Ausgaben befinden sich in einer Tabelle am Ende der Studien, dort werden die Seiten, auf denen die Gedichte erwähnt bzw. besprochen werden, auch angegeben.

---

[7] Johannes Janota, Neue Forschungen zur deutschen Dichtung des Spätmittelalters (1230 – 1500). 1957 – 1968. In: DVjS 45 (1971), Sonderheft Forschungsreferate, 1* – 242*, hier S. 146*.
[8] Siehe das Abkürzungsverzeichnis s. v. „Moelleken".
[9] Elfriede Stutz, AfdA 86 (1975), 155 – 157, über Bde. I – II, und 88 (1977), 166 bis 170, über Bd. III. Siehe auch Johannes Janota in Germanistik 16 (1975), Nr. 4193 und 18 (1977), Nr. 764. In seinem Aufsatz über ‚Die Gäuhühner' (Ed. Nr. 27) lehnt Joachim Bumke eine Benutzung des Moellekenschen Textes ab, „da die Ausgabe ... wegen der vielen seltsamen Zeichen, deren sich die Herausgeber bedienen, praktisch kaum zitierbar ist" (ZfdA 105 [1976], 211, Anm. 7).

## I. Die Gebete (Ed. Nr. 5 – 15, 151)

Strickers Gebete werden (außer den Fragmenten in Hs. r) nur von Hs. A überliefert, wo sie eine geschlossene Gruppe von sieben aufeinanderfolgenden Texten bilden, zu der das später eingetragene ‚Gebet für Kreuzfahrer' thematisch gehört. Aus den zwei ersten Texten dieser Gruppe hat Schwab sechs Ausgabe-Nummern gemacht. Ihren Unterteilungen ist zuzustimmen, da die strukturelle Unabhängigkeit solcher Gedichte wie ‚Vaterunser' und ‚Allerheiligenlitanei' auf der Hand liegt, doch wird man schon von der handschriftlichen Verschmelzung dieser Gedichte auf die merkwürdige Einheit in Stimmung und Thematik aller Gebete hingewiesen. Es handelt sich um die Klage des sündhaften Menschen, um die Möglichkeit der Gnade und die Notwendigkeit der Fürbitte. Die einzelnen Gebete werden dadurch unterschieden, daß der Stricker verschiedene Punkte aus der Heilsgeschichte oder dem Glauben auswählt und die diesen Punkten innewohnenden Einteilungen oder Kategorien als Gerüst seiner Kompositionen gebraucht.

Die drei Anrufungen Marias, deren Anbetung durch kirchliche Vorschriften seit Ende des zwölften Jahrhunderts als gründliche Christenpflicht anerkannt wurde[1], zählen 592 Verse (mehr als 40 % des Umfangs der Gebete) und verstehen sich als Bitten an die Fürsprecherin. Diese Gedichte eignen sich zum Gebrauch als Gemeindegebete, da die Betenden fast immer auf sich selber als wir/uns Bezug nehmen: zu vergleichen sind ‚Bußgebet', ‚Passionsgebet' und ‚Gebet zum Schutzengel', die als Andacht des einzelnen aufzufassen sind, während die ‚Bitte um mildes Gericht', ‚Allerheiligenlitanei', ‚Vaterunser' und ‚Gebet für Kreuzfahrer' vom Standpunkt des einzelnen, aber mit Einbeziehung der Mitchristen verfaßt wurden. Ein Hinweis darauf, daß der Wechsel zwischen „ich" und „wir" beabsichtigt und sinnvoll ist, läßt sich in den zwei eucharistischen Gebeten (‚Gebet zum Meßopfer' und ‚Commemoratio per defunctis et vivis') im Gegensatz zum ‚Gebet zum Schutzengel' finden. Im ersten Abschnitt des ‚Gebets zum Meßopfer' spricht der Anbetende als einzelner in der Gemeinde, was mit der erwarteten, aber noch nicht vollzogenen geistigen Vereinigung der Christen im Abendmahl übereinstimmt (*den sende ze troste und ouch mir | – allen den, die getruwent dir – | dinen heiligen*

---

[1] DThC 1, Sp. 1274/75. „Ce n'est qu'à partir de la fin du XIIe siècle que l'Ave Maria est joint au Credo et au Pater par les évèques et les conciles dans les prières qui sont imposées au peuple ou dont celui-ci doit être instruit" (Sp. 1274). Vgl. Stephan Beissel, Geschichte der Verehrung Marias in Deutschland während des Mittelalters, Freiburg i. Br. 1909, S. 228 – 250.

*lichnamen*, Z. 5 – 7); im zweiten Abschnitt spiegelt sich der begonnene Ritus im Übergang zur Pluralform (*dinen einborn sun du uns sende*, Z. 10); der dritte Abschnitt stellt den Priester mit der Hostie vor, dem gegenüber sich die Gemeinde als *wir sundaere* identifiziert (*den [priester] haben wir sundaere ze dir gesant / und hat dich selben in siner hant*, Z. 15 – 16). Die ‚Commemoratio', auch ein Gebet zum Meßopfer, wird durch die Kategorien der Christen, für welche die Gemeinde betet, gegliedert und führt zur Bitte der Anbetenden für sich selbst (*Got herre vater, hilf, daz uns / der heilige licham dines suns / unser herze gereine und unsern muot*, Z. 17 – 19). Beide Gebete betonen und verstärken das Bewußtsein der Teilnehmer von der Gemeinschaft der Gläubigen, die sich in der Messe ausdrückt. Mit dem ‚Gebet zum Schutzengel', das gänzlich als Bitte in erster Person verläuft, hat es damit eine andere Bewandtnis, da die grundsätzliche Dogmatik dieses Gebets das persönliche Verhältnis des Individuums zu einem bestimmten Engel ist. Es hätte die Lehre des Gedichts (die im folgenden ausführlicher besprochen wird) verdunkelt, wenn der Stricker irgendeine Beziehung des Anbetenden zur Gemeinde eingeführt hätte.

Für das ‚Bußgebet' hat schon Schwab erwogen, ob die Nennung der vier berühmten Büßerinnen (Maria Magdalena, Maria von Ägypten, Afra, Pelagia) nicht auf eine Gemeinschaft von Nonnen als Auftraggeber schließen läßt.[2] Daß gerade die langen Bitten an Maria als Gemeinschaftsgebete gestaltet sind, wäre damit in Verbindung zu bringen, und es ist möglich, daß sowohl die geschlossene Überlieferung der Gebete als auch ihre gemeinsame Thematik und Gestaltungstechnik auf Aufträge in begrenztem Zeitraum von einer spezifischen Gemeinde zurückzuführen sind. Das ‚Gebet für Kreuzfahrer' wäre also dem Schwabschen Titel und der handschriftlichen Stellung nach eine Ausnahme. Es ist jedoch zweifelhaft, ob der Titel glücklich getroffen ist: in diesem Gedicht von 252 Versen finden sich nur zwei kurze Erwähnungen des Kreuzes an sich (v. 112 – 119, 161 – 166), geschweige denn irgendwelche Bezüge auf Wallfahrt oder Kreuzzug.[3] Man kann diese Erwähnungen ohne weiteres aus der Andacht zur Kreuzigung als heilsspendender Begebenheit verstehen, und wie in allen Strickerschen Gebeten geht es um die Frage der geistigen Erneuerung:

---

2 Schwab, Ausgabe, S. 262 – 263 (Anmerkung zu 8, 84 – 91).
3 Der Titel ‚Kreuzgebet' wäre angemessener. Man vergleiche die Fassung der ‚Sechs Teufelsscharen' (Ed. Nr. 136) in Hss. AN, die nach der Ansicht Konrad Zwierzinas wahrscheinlich eine vom Stricker selbst angefertigte Redaktion ist, „zum Zwecke des Vortrags vor Jerusalempilgern oder Kreuzfahrern" (Mittelhochdeutsches Übungsbuch, 2. Auflage Heidelberg 1926, S. 103). Am Ende dieser Redaktion steht ein unverhülltes Lob des *varn über mer* von zwanzig Zeilen. Auch Friedrich-Wilhelm Wentzlaff-Eggebert zweifelt, daß das ‚Gebet für Kreuzfahrer' mit der Kreuzzugsbewegung zusammenhängt: Kreuzzugsdichtung des Mittelalters, Berlin 1960, S. 320 – 322.

> la din kriuz minen schilt sin
> und den heiligen lichamen din
> für di tivel und für die sünde,
> mit dem du überwünde
> dine viende. also hilf mir,
> daz ich die mine tuo mit dir.
> der heilige gloube und din name,
> din barmunge und din gehorsame,
> die scheiden von mir verre
> swaz miner sele werre.
> ...
> nu mache mir, herre, dinen tot,
> dine marter und alle dine not
> so süeze für honecmaezic,
> daz si mir mache antlaezic
> min sünde algemeine,
> daz min sele werde reine. (Z. 161 — 170, 203 — 208)

Thematisch ist dieses Bußgebet aufs engste mit den vorangehenden verwandt und ist anscheinend nachträglich in die Handschrift aufgenommen worden. Die überwiegende Lehrabsicht der Strickerschen Gebete ist die Anerkennung menschlicher Schwäche und das Flehen um Hilfe zur inneren Umkehr. Neben dieser Lehre findet man in mehreren Gebeten einen dogmatischen Zug, der darauf hinzielt, die Gebete gleichzeitig als Unterrichtsmittel nützlich zu machen. Es ist möglich, daß das ‚Passionsgebet' zum Teil als Zurückweisung häretischer Zweifel an der Wirklichkeit von Christi Leiden konzipiert wurde[4], obwohl das anschauliche *slahen, daz in dich / mit scharpfen besemen geschach, / do man dich die marter liden sach* (Z. 6 — 8) und *die zeher, die du weindest, / an dem kriuze* (Z. 15 — 16) natürlich ohne Bezugnahme zur Häresie erklärbar sind. Im ‚Gebet zum Meßopfer' wird die umstrittene Frage der Natur der eucharistischen Speisen gemäß dem ersten Kanon des Vierten Laterankonzils klar beantwortet: wo die realis praesentia und die Rolle des geweihten Priesters von dem Konzil abstrakt bejaht wurden (*Jesus Christus: cujus corpus et sanguis in sacramento altaris sub speciebus panis et vini veraciter continentur ... Et hoc utique sacramentum nemo potest conficere, nisi sacerdos, qui fuerit rite ordinatus secundum claves ecclesiae ...*), werden sie vom Dichter inszeniert (*den [priester] haben wir sündaere ze dir gesant / und hat dich selben in siner hant: / daz ist din fleisch und ist din bluot,* Z. 15 — 17).[5]

---

[4] Vgl. Schwab, Ausgabe, S. 260 (Anmerkung zu 3, 257 ff.).

[5] Zitat Mansi, XXII, 981 — 982. Es ist möglich, daß diese dichterische Beschauung der Hostie mit der Veränderung im Ritus des Hochgebets zusammenhängt, die im frühen dreizehnten Jahrhundert vorgenommen wurde: „Seine äußere Gestalt wird vor allem durch die Erhebung bei der Konsekration gewandelt: Die Erhebung der Hostie, zu Be-

Das ‚Gebet zum Schutzengel' darf als Lehrgedicht betrachtet werden. Obwohl es seit dem Matthäus-Kommentar des Hieronymus als höchst wahrscheinlich galt, daß jeder Mensch seinen Schutzengel habe[6], hat dieses Verhältnis in der Kirche niemals besondere Wichtigkeit erreicht und gilt auch heute nicht als Glaubensartikel. Der Stricker scheint merkwürdig interessiert daran, die Kräfte und Pflichten des angelus custos seinem Publikum klarzumachen (die sympathische Erscheinung eines Schutzengels in ‚Den drei Wünschen' [Ed. Nr. 16] deutet darauf hin, daß in diesem Gebet nicht bloß die Ansichten vermutlicher Auftraggeber zum Ausdruck kommen[7]). Der Engel fungiert zunächst als *hüetaere* gegen teuflische Anfechtungen und gegen die *broede* des menschlichen Wesens (Z. 3 – 9, 16 – 17, 35 – 36, 41 – 54), dies ist seine konstitutive Verantwortung. Der Stricker kennt für ihn auch eine Funktion der Reportage (*so du gote müezest künden / die tat, die ich begangen han . . .*, Z. 18 – 19), die in der theologischen Literatur kaum nachzuweisen ist[8], und letztlich eine Rolle als Fürsprecher (*bit got vil tiure, daz er sich / geruoche erbarmen über mich*, Z. 27 – 28), die ihm die Theologen anscheinend nie zugesprochen haben.[9] Die doktrinale Emphase dieses Gebets kommt auch dadurch ans Licht, daß gerade unser Glaube an den Schutzengel ihn für seine befohlene *huote* lebhafter motivieren soll:

> du solt mich des geniezen lan,
> daz mich hat got bevolhen dir:
> ere den glouben ane mir,
> den ich han ze diner huote. (Z. 10 – 13)

---

ginn dieses Jahrhunderts zuerst nur im Bistum Paris geübt . . . ermöglichte dem christlichen Volk, sein Verlangen, ‚die Hostie zu sehen', zu verwirklichen" (Handbuch der Liturgiewissenschaft, 2 Bde., Freiburg i. Br. 1963 – 1965, I, S. 325).

6 *Magna dignitas animarum, ut unaquæque habeat ab ortu nativitatis in custodiam sui angelum delegatum* (Kommentar zu Matt. 18,10, PL 26,135 A).

7 Vgl. Bernhard Sowinski, ‚Die drei Wünsche' des Strickers. Beobachtungen zur Erzählweise und gedanklichen Struktur. In: Zeiten und Formen in Sprache und Dichtung. Festschrift für Fritz Tschirch zum 70. Geburtstag, Köln und Wien 1972, S. 134 – 150, bes. S. 140, Anm. 25. Sowinski erwähnt das ‚Gebet zum Schutzengel' nicht.

8 Ich habe vergleichbare Gedanken nur bei Honorius Augustodunensis gefunden (Elucidarium, Liber secundus, q. 88): jede Seele bekommt einen Schutzengel, *qui eam semper ad bonum incitet et omnia opera ejus Deo et angelis in caeli referat* (Yves Lefèvres, L'Elucidarium et les lucidaires, Paris 1954, S. 438).

9 Den Gedanken, daß ausgerechnet der Schutzengel eine Rolle als Fürsprecher spielt, weiß ich nicht zu belegen. Thomas von Aquin widerspricht dieser Meinung zweifach: das Amt des Schutzengels reiche für jeden Menschen nur bis zum Ende dieses Lebens, und die Engel erscheinen im Gericht als Zeuge gegen uns (*cuilibet homini, quamdiu viator est, custos angelus deputatur. Quando autem jam ad terminum viae pervenerit, jam non habebit angelum custodem* [Summa Theol. I, q. 113, art. 4, respondeo]; *angeli ducuntur in judicium pro peccatis hominum, non quasi rei, sed quasi testes, ad convincendum homines de eorum ignavia* [ibid., art. 7, ad quartum]).

Was der Stricker mit seinem Gedicht über den Schutzengel wollte, ist klar: nochmals die Sündhaftigkeit des Menschen und die Anfeindung des Teufels betonen, nochmals die Möglichkeit himmlischer Hilfe für den in aufrichtiger Reue flehenden Sünder hervorheben. Wenn sich der Vorrang Marias in der Fürbitte psychologisch vereinfacht als Vorrang des menschlich Näheren verstehen läßt, so wird Strickers Interesse am Schutzengel in ähnlichem Sinne begreifbar: Engel wie Menschen sind Geschöpfe Gottes, ihr Wandel auf Erden ist wohlbekannt, und es ist ein tröstender Gedanke, daß jeder von uns der Hilfe und Fürbitte eines Engels als Beschützers ohne eigenes Verdienst gewiß ist. An die kanonische Bußlehre des dreizehnten Jahrhunderts schließt sich Strickers gesteigerte Lehre vom Schutzengel an, die seine Mitchristen durch den erfreulichen Glauben an diesen Helfer und Fürsprecher für die Buße desto mehr ermutigen sollte.

Die meisten Gebete haben eine klare, wenn nicht rigorose Struktur, die auf den im gewählten Thema immanenten Einzelheiten oder Kategorien basiert. Das ‚Gebet zum Meßopfer‘ spiegelt den Fortschritt des Ritus von der Zusammenkunft der Gläubigen bis zur Beschauung der Hostie wider; die ‚Commemoratio‘ baut sich auf jeweils zwei Gruppen der Verstorbenen und Lebenden auf (die Seligen und die im Fegefeuer, die Allgemeinheit der Sünder und die sündige Gemeinde der Anbetenden); die ‚Allerheiligenlitanei‘ umrahmt ihre Bitte an fünf Gruppen von Heiligen mit Bitten an das himmlische Heer und den Herrn selber. Aus der Chronologie der Begebenheiten ergibt sich die Struktur des ‚Passionsgebets‘, das sich auf Geißelung, Kreuzigung, Leiden, Tod, Höllenfahrt und Auferstehung Christi in dieser Reihenfolge bezieht. Ähnlich verhält es sich mit der ‚Marienlitanei‘, die wie eine Vorstudie zum ‚Gebet von den Freuden Marias‘ erscheint: Maria wird an chronologisch geordnete Hauptstadien im Leben Christi gemahnt, damit sie ihre gottgewollte Fürbitte für die Sünder gewissenhaft ausübt:

> gnaedigiu frouwe, ich bitte dich,
> umbe die kristenheit und umbe mich,
> daz du dich erbarmest über uns
> durch die reine geburt dines suns
> . . .
> Cristes muoter, hilf mir,
> durch Sant Johannes, der dir
> dinen lieben sun getoufet hat,
> daz mir der sele werde rat. (Z. 111 – 114, 135 – 138)

In der ‚Bitte um mildes Gericht‘ schafft der Stricker ein geschichtliches Gerüst (Kreuzigung und Höllenfahrt, jedoch in der Reihenfolge verkehrt; Pfingsten, Jüngstes Gericht) und beginnt das ‚Bußgebet‘ in gleicher Weise (der Dieb am Kreuz, Christi Leiden, Jüngstes Gericht). Hier wird der Gedanke an das Gericht als Nachsinnen über Sünde und Reue fortgesetzt, das unter Bezugnahme auf das Neue Testament (Maria Magdalena u. a., Lazarus als Typus des

19

durch Christus vom Sündentod auferweckten Menschen), aber ohne gedankliche Struktur fortläuft. Wenn auch Strickers Vorliebe für ein rational-analytisches Verfahren in der Komposition von Gebeten evident ist, das die Ereignisse und Figuren der Heilsgeschichte mit der geistigen Not und Hoffnung seiner Mitchristen möglichst systematisch verbindet, so ist er gleichwohl imstande, längere Betrachtungen in der Art gefühlsvoller Ergießungen zu schreiben (‚Mariengruß', ‚Gebet für Kreuzfahrer' und Z. 261 – 396 des ‚Gebets von den Freuden Marias'). Man wird an die Kombination analytischer und betrachtender Denkweise bei den großen Scholastikern (Hugo von St. Viktor, Thomas von Aquin, Bonaventura) erinnert, die hier auf bescheidenem Niveau zu erkennen ist.

Die am sorgfältigsten gegliederten Gebete sind das ‚Vaterunser' und das ‚Gebet von den Freuden Marias', die jetzt etwas näher zu betrachten sind. Gattungsgemäß gehört das ‚Vaterunser' zu den Erörterungen der Oratio Dominica, die in der kirchlichen Literatur nicht selten vorkommen.[10] Den moral-theologischen Standpunkt von Strickers Gedicht hat Schwab richtig bestimmt: „Die sieben Bitten des Vaterunsers (mit Ausnahme der vierten) werden moraliter auf die Buße bezogen" (Ausgabe, S. 262), aber daß der Stricker eine der sieben Bitten anscheinend ausgelassen hat, stellt eine ernste Frage auf. Es wäre für ihn ein eigensinniges Verfahren gewesen, eine der uns von Christus selber empfohlenen Bitten aus seiner Auslegung des Vaterunsers wegzulassen. Die vierte Bitte *(panem nostrum supersubstantialem da nobis hodie)* läßt sich sehr einfach deuten und auf die Buße beziehen, da Christus von sich als *panis vitae* gesprochen hat (Joh. 6,48) und die Funktion körperlicher und geistiger Stär-

---

10 Als Grundlage folgender Analyse dienen diese Texte: Remigius von Auxerre, ‚De celebratione missæ' (PL 101, bes. Sp. 1265 – 1269); Ivo von Chartres, ‚Sermo de Oratione Dominica' (PL 162, 599 – 604); die Glossa ordinaria zu Matthäus 6,9 – 13; Gottfried Babion, ‚Enarrationes in Evangelium Matthæi' (PL 162, hier Sp. 1305 bis 1309); Honorius Augustodunensis, ‚Speculum ecclesiæ' (Pl. 172, hier Sp. 820 – 823); Hugo von St. Viktor, ‚De quinque septenis seu septenariis opusculum' (PL 175,405 bis 414); Petrus Abelardus, ‚Expositio Orationis Dominicæ' (PL 178,611 – 618); Bernhard von Clairvaux, ‚Sermo de Oratione Dominica' (PL 183,181 – 183); Hugo von Amiens, ‚De fide Catholica et Oratione Dominica' (PL 192, hier Sp. 1331 – 1336); Gunther von Pairis, ‚De oratione, jejunio et eleemosyna, libri XIII' (PL 212, hier Sp. 178 – 198); Speculum ecclesiae. Eine frühmittelhochdeutsche Predigtsammlung (cgm 39), hrsg. von Gert Mellbourn, Lund und Kopenhagen 1944, Predigten 65, 66, 70; David von Augsburg, De hominis compositione, S. 300 – 307; und das ‚Paternoster', hrsg. von S. Francis Mary Schwab, David of Augsburg's ‚Paternoster' and the Authenticity of His German Works (MTU Bd. 32), München 1971, S. 90 – 106.

kung des Brotes in literalem und figurativem Sinn anerkannt war.[11] In Frage kommen elf Zeilen des Gebets, die Schwab in zwei Teile gliedert und als des Dichters Interpretation der dritten Bitte *(fiat voluntas tua sicut in caelo et in terra)* auffaßt:

> mache mich in din gebot
> so starc an dem glouben din,
> daz ich staete müeze sin
> in diner heiligen minne.
> gip mir wisheit unde sinne
> und gip mir ware diemuot,
> liebe dich mir für allez guot.
>  hilf mir, herre, dar zuo,
>  daz ich der werlde ir reht getuo,
>  daz ich ir valschem lone enge
>  und guoten werken bi geste. (Z. 62 – 72)

Im ersten Abschnitt bittet der Stricker um Gaben des Heiligen Geistes (fortitudo, sapientia)[12] und um die Tugend der humilitas, unter Zitat der Oratio *(voluntas tua = din gebot)*. Dagegen scheint der zweite Abschnitt einen neuen Anfang zu machen mit Anrufung des Herrn (vgl. die Anfänge der ersten, fünften und sechsten Bitte, Z. 1, 73, 107) und einer Thematik der Weltabkehr und *guoter werke*. Obwohl das Wort „brot" nicht vorkommt, sind diese vier Zeilen höchstwahrscheinlich als Deutung der vierten Bitte zu verstehen. Sie drücken den Wunsch aus, das Böse vermeiden und dem Guten beistehen zu können. Gerade diese Fähigkeit soll nach Honorius durch das Brot der Lehre Christi vermittelt werden *(„Panem" . . . id est doctrina tua parce qua bona facere et mala sciamus et possimus devitare)*[13]; Strickers franziskanischer Zeitgenosse David von Augsburg sagt vom Brot der Gnade, daß es *ad resistendum malis, ad insistendum bonis*[14] wirksam ist, und an anderer Stelle, daß wir das tägliche Brot erbitten, *da von wir starch sin wider die svnde zestreiten*[15], was auch mit Strickers Gegensatz zwischen falschem Lohn der

---

11 Daß die Exegeten *quotidianum* statt *supersubstantialem* lesen (nach Lukas 11,3), ist für uns ohne Belang. Die Verse Johannes 6,48 – 51 werden in Auslegungen dieser Bitte ständig zitiert (zum Beispiel Ivo von Chartres, Sp. 602 C und Hugo von Amiens, Sp. 1333 A). Das körperliche und geistige Brot wird von Remigius von Auxerre (Sp. 1267 bis 1268), der Glossa ordinaria, Ivo von Chartres (Sp. 602 C), Gottfried Babion (Sp. 1306 D bis 1307 B), Petrus Abelardus (Sp. 614 C), Hugo von Amiens (Sp. 1333 B), Gunther von Pairis (Sp. 185 D – 186 A) und David von Augsburg (De hominis compositione, S. 303, und Paternoster, S. 95 – 98) besprochen.
12 Vgl. die Darstellung der Geistesgaben in ‚Vom heiligen Geist' (Ed. Nr. 1), Z. 805 bis 862, und ‚Gebet für Kreuzfahrer' (Ed. Nr. 151), Z. 81 – 111.
13 PL 172,822 C.
14 De hominis compositione, S. 303.
15 Paternoster, S. 97.

Welt und guten Werken übereinstimmt. Wörtliche Übereinstimmung gibt es zwischen seinem letzten Vers *(und guoten werken bi geste)* und der ‚Auslegung des Vaterunsers' aus dem zwölften Jahrhundert, wo man betreffs der vierten Bitte die Formulierung *daz brot git uns sterche / zallen guoten werchen* (Z. 151 — 152) findet.[16] Man darf daraus folgern, daß der vierzeilige Abschnitt Z. 69 — 72 im ‚Vaterunser' die vierte Bitte behandelt und daß der Stricker keine willkürliche Verstümmelung der Oratio vorgenommen hat, wenn auch seine Deutung dieser Bitte als fast beiläufig auffällt. Er hat die bekannte Idee der durch Gottes Brot erworbenen Stärke gegen die Sünde und zum guten Werke nur flüchtig gestreift.

Das Gedicht bespricht ausführlich die erste Bitte *(sanctificetur nomen tuum,* 52 Z.), die fünfte *(et dimitte nobis debita nostra . . ., 34 Z.)* und die siebte *(sed libera nos a malo, 22 Z.)*. Für die vier anderen gebrauchet der Stricker nur 32 von insgesamt 140 Versen. Diese Verteilung und Betonung hängt nicht mit der traditionellen Bewertung der Bitten zusammen, wonach die drei ersten die Verherrlichung des ewigen Herrn und die vier folgenden die Erhaltung des zeitgebundenen Menschen bewirken sollen.[17] Vielmehr sieht es so aus, als wäre der Stricker bewußt nach dem Vorbild des Symbolums des Vierten Laterankonzils *(De fide Catholica)* ans Werk gegangen. Die Stellung der Trinität im Mittelpunkt seiner Ausführungen anläßlich der ersten Bitte sucht ihresgleichen in den Traktaten seiner Vorläufer und Zeitgenossen über die Oratio[18], läßt sie sich doch mit der breiten Vorstellung vom Dreieinigen Gott am Anfang von *De fide* vergleichen. Daß er seine Sündhaftigkeit im Verhältnis zum Jüngsten Gericht und an der Stelle der siebten Bitte erwägt, hat nichts mit der Tradition zu tun, für welche das Jüngste Gericht von der zweiten Bitte her *(adveniat regnum tuum)* — wenn überhaupt — zu besprechen war.[19] Strickers Verfahren war in *De fide* vorgebildet, wo die Eschatologie,

---

16 Kleinere Deutsche Gedichte des 11. und 12. Jahrhunderts, nach der Auswahl von Albert Waag neu herausgegeben von Werner Schröder, Bd. 1, Tübingen 1972, S. 75.

17 Vgl. Ivo von Chartres (Sp. 600 D), Gottfried Babion (Sp. 1305 C), Hugo von Amiens (Sp. 1333 A) und Speculum ecclesiae, Nr. 66, S. 150. Von einem anderen Standpunkt gruppiert Gunther von Pairis die Bitten vier / drei (Sp. 189 — 190).

18 Hugo von Amiens bespricht die Trinität anhand der dritten Bitte (Sp. 1332 D bis 1333 A); David von Augsburg nimmt Bezug auf die Trinität in seinem Abschnitt über die erste Bitte (Paternoster, S. 92), ohne sie zum Mittelpunkt seiner Betrachtungen zu machen.

19 Das Jüngste Gericht erwähnen anläßlich der zweiten Bitte Remigius von Auxerre (Sp. 1266 D), Petrus Abelardus (Sp. 613 D), die Glossa ordinaria und die „Auslegung des Vaterunsers" (Kleinere deutsche Gedichte, S. 78 — 79). Honorius Augustodunensis bezieht die letzte Bitte auf die Hölle (Sp. 822 A B). Bemerkenswert ist, daß David von Augsburg auf das Gericht und die Möglichkeit ewiger Verdammnis anspielt, als er das Wesen des malum in der siebten Bitte erklärt („Sed libera nos a malo", scilicet damnationis aeternae, De hominis compositione, S. 301; vgl. Paternoster, S. 104, mit Zitat von Matthäus 25,41). Dieses Verfahren ist vielleicht als zielbewußte Betonung der von der

die mit der Trinität beginnt, mit dem Jüngsten Gericht endet *(venturus in fine saeculi judicare vivos et mortuos, et redditurus singulis secundum opera sua, tam reprobis, quam electis)*[20], bevor die Theologie der Sakramente vorgelegt wird.

Schließlich ist zu erkennen, daß die fünfte Bitte ihrem Inhalt gemäß traditionell die Hauptrolle in der Besprechung der Buße spielte. Der Stricker behält diese Rolle bei. Die fünfte Bitte wird fast dreimal so lang wie irgendeine andere (außer der ersten und siebten) behandelt, und innerhalb dieser Stelle wird eine interessante, weil untraditionelle Reihung der Sünder aufgestellt, für die der Dichter betet: die, die sich gegen ihn versündigt haben; gegen die er sich versündigt hat; die ihm Gutes getan haben; sich selbst; und alle Christenheit. Auffallend im Vergleich mit der Oratio ist die Erweiterung der Kategorien und die Zurückdrängung des Selbst im Interesse der Mitchristen. Strickers Darlegung der fünften Bitte zwischen Trinität und Gericht zeigt die zentrale Bedeutung an, die er dem Sakrament der Buße im Rahmen der Existenz jedes Menschen zumißt und die es im Leben der Kirche nach dem Vierten Laterankonzil einnahm.

Sein ‚Vaterunser' ist nur in dem Sinne gattungsgeschichtlich zu verstehen, daß er bemüht ist, die Aussagen dieses grundsätzlichen Gebets für die betreffende Gemeinde deutlich zu machen. Für Ton und Aufbau des Gedichts ist er der theologischen Überlieferung so gut wie nichts schuldig. Dem Thema einer Auslegung des Vaterunsers, wie es für jeden bereit war, hat er als Didaktiker einen persönlichen Inhalt und als Künstler eine neu konzipierte Gestalt gegeben.[21]

Ähnliches wird man bei der Untersuchung des ‚Gebets von den Freuden Marias' erfahren, wenn auch hier der Sachverhalt etwas komplizierter ist. Erstens kann man von einer Tradition als Hintergrund des Gedichts kaum sprechen. Sicher gibt es Textzeugnisse schon im zwölften Jahrhundert für die bewußt literarische Formung der ‚Freuden', und in der Zeit von ca. 1225 bis 1235 schreibt der englische Zisterzienserabt Stephen of Salley ein langes und anspruchsvolles Gedicht an Maria, dem eine Reihe von fünfzehn Freuden als

---

Sünde abschreckendsten Eventualität zu verstehen, denn David war der heilsamen Wirkung einer solchen Angst gewiß: *Ez ist niht, daz den menschen so halt zv den svnden mache so div vnerschrechvnge des ewigen todes. Wan swer den reht erforiht, als er ze fvrhten ist, der getorst nimmerchein groz svnde getvn* (Paternoster, S. 104). Spielten solche Überlegungen auch beim Stricker eine Rolle?

20 Mansi, XXII, 981 – 982.

21 In der Arbeit von Bernd Adam, Katechetische Vaterunserauslegungen. Texte und Untersuchungen zu deutschsprachigen Auslegungen des 14. und 15. Jahrhunderts (MTU Bd. 55), München 1976, wird der Stricker nicht erwähnt. Adams kurzer Überblick über deutsche Auslegungen bis 1300 (S. 6 – 24) trägt nichts zu unserem Problem bei.

Thema und Gerüst dienen.[22] Gleichwohl ist nur eine geringe deutsche Überlieferung solcher lateinischen Texte vor oder im Laufe von Strickers literarischer Tätigkeit nachzuweisen, auch wenn wir seine ‚Freuden' als Alterswerk betrachten und erst gegen 1250 ansetzen[23], und die volkssprachige Dichtung zu diesem Thema scheint mit einer Stelle im mittelenglischen ‚Ancrene Wisse' des frühen dreizehnten Jahrhunderts anzufangen.[24] Es fehlt uns eine Sonderarbeit für Deutschland; sieht man von Strickers Gebet ab, so ist das früheste mir bekannte Gedicht über die (fünf) Freuden ein Spruch des Reinmar von Zweter, der nach Roethes Datierung zwischen 1234 und 1241 entstand.[25] Wenn auch der gegenwärtige Forschungsstand es verbietet, das Strickersche Gedicht als erstes in deutscher Sprache geschriebenes Denkmal dieser besonderen Andachtsform zu bewerten, ist es dennoch klar, daß der Stricker hier nicht als Nachkömmling, sondern als Wegweiser arbeitet. Sicher hatte er Lobgesänge auf Maria gehört, die sich ihrer Freuden — seien es fünf, sieben, zehn, fünfzehn oder mehr — als Angelpunkte oder Mittel strophischer Gliederung bedienten. Ebenso sicher ist es, daß er sich an keine Tradition gebunden fühlte.

Das Gedicht besteht aus zwei ungleichen Teilen: der Hauptteil (Z. 1 — 260) bringt nach einer kurzen Einführung (Z. 1 — 16) die auf Freuden Marias bezogenen Gebete, der Schlußteil (Z. 261 — 396) ist ein ausgedehntes Lob der Gottesmutter als Fürsprecherin, das eine rhetorische Steigerung, aber kaum etwas Neues in Inhalt oder Struktur aufweist. Unsere Analyse gilt dem Hauptteil.

In der Dichtung von den Freuden Marias ist deren Zahl veränderlich, obgleich die früh entwickelten Reihen von fünf und sieben Freuden besonders häufig vorkommen. Wie Schwab das Gedicht herausgibt, hat der Stricker elf Freuden

---

22 Ausführliche Behandlung der Tradition der Freuden und Ausgabe von Stephens Dichtung in A. Wilmart, Les méditations d'Etienne de Sallai sur les joies de la Sainte-Vierge, Revue d'ascétique et de mystique 10 (1929), 368 — 415; wieder abgedruckt in Wilmart, Auteurs spirituels et textes dévots du Moyen Age latin, Paris 1932, S. 317 — 360. Ich zitiere den Zeitschriftenaufsatz.
23 Zum Beispiel Handschriften des berühmten ‚Gaude Virgo mater Christi', siehe die Hinweise Wilmarts, S. 380, Anm. 33. Süddeutschen Ursprungs und im zwölften Jahrhundert weit verbreitet war eine Sequenz ‚De Gaudiis', aber es handelt sich um Maria als templum summa maiestatis, lex testamenti gratiae usw., ohne Bezugnahme auf einzelne Ereignisse ihres Lebens, die zu ihren „Freuden" Anlaß gaben (Analecta Hymnica, Bd. 54, Nr. 213, S. 333 — 335; vgl. Wilmart, S. 388 — 389).
24 Rosemary Woolf, The English Religious Lyric in the Middle Ages, Oxford 1968, S. 135; vgl. Wilmart, S. 388.
25 Siehe Gustav Roethe, Die Gedichte Reinmars von Zweter, Leipzig 1887, Nachdruck Amsterdam 1967, S. 236.

gewählt.²⁶ Das ist nicht unmöglich, denn gegen irgendeine größere Zahl läßt sich prinzipiell nichts einwenden, jedoch in der bisher ausführlichsten Studie zur Literatur der Freuden ist kein Beispiel einer Elfer-Reihe zu finden: wie zu erwarten, gibt es Dichtungen mit Reihen von zwölf und sogar dreizehn Freuden, auch solche, die acht, neun oder zehn kennen, aber wegen des ausgesprochen negativen symbolischen Wertes der Zahl Elf müßte man Strickers Gebet als Kuriosum betrachten, wenn es tatsächlich elf Freuden kannte.²⁷ Das tut es jedoch nicht. Die in Schwabs Ausgabe als sechste Freude aufgefaßte Stelle (Z. 133 – 158) ist zu spalten, denn Z. 133 – 145 beziehen sich auf die Freude der Darstellung im Tempel (*da mit der alte Simeon / dinen lieben sun enpfienc*, Z. 134 – 135), aber für Z. 146 – 158 ist dies nicht der Fall:

> hilf, daz unser werde rat
> durch alle die gote liep sint,
> frouwe über elliu gotes kint!
> hilf, daz wir müezen sehen,
> swaz dir genaden si geschehen!
> laz uns geniezen der geschiht,
> daz Crist ze diner angesiht
> – waz er machet etewenne –
> dich die fröude denne
> lie schouwen an sinem gwalte.
> hilf uns, daz uns got behalte
> in den fröuden, der du waltest,
> da du alle die behaltest,
> den got daz ewige leben
> durch dinen willen hat gegeben.

---

²⁶ In ihrem Kommentar äußert sich die Herausgeberin weder zur Frage der Gliederung noch zur Tradition der Freuden. Ihre Absätze lassen jedoch erkennen, daß sie das Gebet so einteilt: Einführung Z. 1 – 16, erste Freude Z. 17 – 38, zweite Z. 39 – 62, dritte Z. 63 – 88, vierte Z. 89 – 120, fünfte Z. 121 – 132, sechste Z. 133 – 158, siebte Z. 159 – 188, achte Z. 189 – 207, neunte Z. 208 – 226, zehnte Z. 227 – 250, elfte Z. 251 – 260, Schlußteil Z. 261 – 396.

²⁷ Nach der Übersicht von Wilmart, S. 377 – 389. Für die Geschichte der Freuden Marias sind auch von Belang Rosemary Woolf, The English Religious Lyric in the Middle Ages, S. 134 – 143; Josef Szövérffy, Die Annalen der lateinischen Hymnendichtung, 2 Bde., Berlin 1964/65, II, S. 513 (s. v. „Mariä Freuden"); G. G. Meersseman, Von den Freuden Mariens. Ein Beitrag zur Geschichte der niederdeutschen Mystik. In: Lebendiges Mittelalter. Festgabe für Wolfgang Stammler, Freiburg i. Ue. 1958, S. 79 – 100; und Stephan Beissel, Geschichte der Verehrung Marias, S. 630 – 659. Die höchst negative Bedeutung der Elf hat neulich Heinz Meyer konstatiert: „Weil die Elf immer von ihrer Stellung in der Zahlenreihe ad malam partem gedeutet wird, liegt ihr Sinn so fest wie der keiner anderen Zahl ... Ihre Bedeutung ist die transgressio legis, die Sünde" (Die Zahlenallegorese im Mittelalter [Münstersche Mittelalter-Schriften, Bd. 25], München 1975, S. 146).

Trotz der wahrscheinlich gestörten Überlieferung von Z. 149 — 150 ist es sofort zu erkennen, daß der Stricker in Z. 149 — 153 auf eine Freude anspielt, die aus Christi Beweis seiner *gewalt* hervorgegangen ist. Das hat nichts mit dem Lobe Simeons zu tun und muß vor Christi Taufe — wenn die chronologische Reihenfolge der Freuden zu bewahren ist — geschehen sein (Christi Taufe Z. 159 — 188). Man denkt natürlich an die Wunder Christi als Grund für die Freude *an sinem gewalte,* und zwar erscheinen seine Wunder in manchen Gedichten über die Freuden. Stephen of Salley kennt die *miracula et potencia* Christi als einen Teil von Marias zehnter Freude und erwähnt besonders das Wunder der Hochzeit zu Kana als das *initium signorum* (Johannes 2,11), aber in dieser Freude wird auch Christi Taufe einbezogen und die Nachweise der *potentia (gewalte)* des Herrn sind eben spätere Ereignisse.[28] Weiterhin müssen die als Ursprung dieser Freude geltenden Geschehnisse in der Anwesenheit der Gottesmutter stattgefunden haben, da der Stricker die Taten als *ze diner angesiht* (Z. 149) abgelaufen weiß, was die Wunder Christi in den kanonischen Schriften fast ausnahmslos ausschließt.

Die Grundlage der siebten Freude Marias in Strickers Gedicht sind die apokryphen Evangelien, die im Mittelalter beliebt waren und sehr viel von Kindheitswundern Jesu zu erzählen wissen.[29] Diese Wunder ereignen sich chronologisch zwischen der Begegnung mit Simeon im Tempel und der Taufe durch Johannes, und dem Alter Jesu gemäß ist seine Mutter regelmäßig dabei. Im Pseudo-Matthäus zum Beispiel wird erzählt, wie Maria ihr Kind auf dem Schoß hatte *(sedens habebat Jesum in gremio suo)* und zuschaute, als er die Anbetung grimmiger Drachen erzwang.[30] In Hinsicht auf die Chronologie und die Anwesenheit Marias passen die apokryphen Berichte so genau in das Schema von Strickers Gedicht, wie es die kanonischen nicht vermögen. Daher darf man die Reihenfolge der Freuden auf die höchst positive Zahl Zwölf durch Anerkennung einer Freude der Kindheitswunder bringen[31], die zwar außer-

---

28 Wilmart, S. 404 — 405: *amplius exultasti in spiritu, quando uerum deum manifestauit se mundo in baptismate, in sancte trinitatis ostensione, in aque in uinum mutatione et in aliorum miraculorum operatione.* Sehr ähnlich sind Analecta Hymnica, Bd. 31, Nr. 185 und 186, die auch von fünfzehn Freuden erzählen. Nr. 184 kennt derer zwölf, läßt Christi Taufe weg und reiht das Wunder zu Kana an die Darstellung im Tempel.

29 Über das Ansehen, das die apokryphen Evangelien im Mittelalter genossen, vgl. Achim Masser, Bibel, Apokryphen und Legenden; Geburt und Kindheit Jesu in der religiösen Epik des deutschen Mittelalters, Berlin 1969, S. 16 — 31. Wegen der Kürze von Strickers Erwähnung der Kindheitswunder sei es dahingestellt, ob er sein Wissen aus sekundären Quellen (zum Beispiel Konrad von Fußesbrunnen) geschöpft hat. Die Wunder des Pseudo-Matthäus sind leicht zugänglich bei M. R. Rhodes, The Apocryphal New Testament, Oxford 1955, Kap. 18 — 41 (,The Infancy Miracles').

30 Evangelia apocrypha. Editio altera, hrsg. von Constantinus de Tischendorf, Leipzig 1876, S. 85. Vgl. Masser, S. 73 und seine Übersicht der Episoden, S. 78 — 80.

31 Vgl. Meyer, Die Zahlenallegorese im Mittelalter, S. 146 — 148. Immerhin kennt Wilmart nur zwei Gedichte, die Reihen von zwölf Freuden enthalten (S. 378, Anm. 29).

gewöhnlich, doch keineswegs problematisch ist. Es ist möglich, daß der Stricker in dieser Beziehung einen eigenen Weg mit Rücksicht auf das Publikum eingeschlagen hat: eher als in lateinsprachigen kirchlichen Kompositionen ist in einem volkssprachlichen Gedicht mit Anspielungen auf die Kindheitswunder der Pseudo-Evangelien zu rechnen. Schwabs Interpunktion und Absetzung sind deshalb so zu ändern, daß die Sinnzusammenhänge klar werden, was keine syntaktischen Schwierigkeiten bereitet:

> hilf, daz unser werde rat
> durch alle die gote liep sint.
>   frouwe über elliu gotes kint,
> hilf, daz wir müezen sehen,
>   swaz dir genaden si geschehen![32]

Über Strickers Auswahl der Freuden ist auch sonst einiges zu bemerken. Er läßt Christi ascensio weg, was in den kürzeren Reihen manchmal vorkommt, aber in einer längeren Reihe überraschend ist.[33] Er kennt nicht nur die Freude der Himmelfahrt Mariens, sondern auch ihre Freude an der Wiedervereinigung mit dem Sohn (*daz du in ze himelriche saehe*, Z. 253), der keine doktrinale Begebenheit, sondern eine menschliche Wahrheit zugrunde liegt.[34] Und in der Verkündigung findet er zwei deutlich voneinander getrennte Freuden — die der Bewahrung der Jungfrauschaft (Z. 17 — 38) und die der Fülle der Gnade (Z. 39 — 62). Wenden wir unsere Aufmerksamkeit diesen zwei Freuden zu.

In Dichtungen von den Freuden Marias ist es nicht selten der Fall, daß die Verkündigung und die Empfängnis als zwei aufeinanderfolgende Freuden aufgefaßt werden[35], doch die Unterteilung im Strickerschen Gedicht basiert auf

---

[32] Daß dieser Abschnitt mit einer Anrufung Marias beginnt (Z. 146), stimmt sprachlich mit dem Anfang der folgenden Freude überein (Z. 159 — 160: *der engel kaiserinne, / muoter der waren minne*...).

[33] Die neunte Freude im Strickerschen Gedicht hat zwei Gründe: *daz dir an dinem glouben nie / durch sine marter missegie* (Z. 198 — 199) und *daz er dich sich sehen lie / nach der heiligen urstende* (Z. 200 — 201). Die Freude wird also nicht theologisch, sondern psychologisch begründet — weder die Kreuzigung noch die Auferstehung an sich werden als Ursache einer Freude vorgestellt. Man vergleiche die elfte und zwölfte Freude Stephens of Salley, wo der feste Glaube Mariens nur Aspekt der Kreuzigung ist und ihre Wonne der Auferstehung gilt (Wilmart, S. 406 — 407).

[34] Für Stephen of Salley ist Mariens letzte Freude die Himmelfahrt und darauffolgende Verherrlichung, zu welcher die Schau des herrschenden Gottessohnes gehört (*quando te in corpore et anima glorificans collocauit ad dexteram maiestatis in excelsis, ubi iam feliciter contemplaris in maiestate patris filium imperantem universitati*..., Wilmart, S. 413). Diese Sicht wird anderswo mit der Himmelfahrt als letzter Freude kombiniert (zum Beispiel Analecta Hymnica, Bd. 31, Nr. 170 und 179), doch kenne ich keine Parallele zu Strickers Verselbständigung der Mutterfreude Marias im Himmel als Schlußfreude.

[35] Zum Beispiel Stephen of Salley (Wilmart, S. 395 — 397) und Analecta Hymnica, Bd. 12, Nr. 111; Bd. 15, Nr. 98; Bd. 31, Nr. 185, 186 und 187.

anderen Vorstellungen. Die Empfängnis an sich erwähnt er nicht; er interessiert sich zunächst nur für die Worte des Engels, die Maria versichern, daß sie die Mutter Gottes ohne Verletzung ihrer jungfräulichen Keuschheit sein wird:

> hilf uns an der sele gemach
> durch daz liep daz dir dar an geschach,
> do du für war hortest sagen,
> daz ein maget solde tragen
> got, unsern loesaere,
> des du so fro waere,
> daz du durch got und durch ruom
> behielte dinen magetuom. (Z. 17 – 24)

Trotz der unsicheren Überlieferung von Z. 24 – 27 verrät die ganze Stelle eine deutliche Betonung der sexuellen Moralität auf Kosten der theologischen Hauptsache, daß nämlich gerade Maria für die Menschwerdung Christi ausgewählt worden war. Als Grund dafür erwägt man erstens die Möglichkeit, daß dieses Gebet, wie vielleicht alle Gebete des Stricker, für eine bestimmte, auf die Jungfrauschaft angewiesene Frauengemeinde geschrieben wurde; zweitens mag die Emphase mit den Apokryphen des Neuen Testament zusammenhängen, die dem Stricker sicher bekannt waren. Von einem Gelübde der Keuschheit ist in den kanonischen Evangelien nirgends die Rede; obwohl solches von der theologischen Tradition angenommen wurde[36], dürfte der Stricker sein Wissen aus dem Pseudo-Matthäus oder aus ‚De nativitate Mariae' geschöpft und die Freude Mariens an der Erhaltung der Keuschheit demgemäß betont haben.[37] Wenn man die wichtige erste Bemerkung des Engels im Gedicht genau betrachtet, scheint ‚De nativitate Mariae' damit am nächsten verwandt. Der Stricker sagt, Maria habe vom Engel gehört, *daz ein maget solde tragen / got* (Z. 20 – 21). Mit diesen Worten zitiert er den berühmten Vers Isaias 7,14 *(Ecce virgo concipiet, et pariet filium, et vocabitur nomen ejus Emmanuel)*, der zwar im Neuen Testament vorkommt, aber mit Joseph statt mit Maria direkt verbunden ist (Matthäus 1,21 – 23). Was Gabriel zu Maria sagt (Lukas 1,31 – 35), unterscheidet sich von diesem Vers und des Stricker Zeilen nicht im Inhalt, sondern im Wortlaut: Maria versteht zwar, daß eine Jungfrau Gott tragen und gebären wird, doch hört sie das expressis verbis nicht, und Strikkers Aussage im Kontext der betonten Bewahrung der Keuschheit läßt sich am besten mit einer Stelle aus ‚De nativitate Mariae' belegen (es redet Ga-

---

36 Thomas von Aquin, Summa Theol., III, q. 28, art. 4, wo er die grundlegende Meinung Augustins zitiert.
37 Man erzählt von Mariens Gelübde der Keuschheit zum Beispiel im Pseudo-Matthäus *(Haec ego didici in templo dei ab infantia mea, quod deo cara esse possit virgo. Ideo hoc statui in corde meo ut virum penitus non cognoscam)* und in ‚De nativitate Mariae' (Evangelia apocrypha, S. 65, 118).

briel): *Ne timeas, inquit, Maria quasi aliquid contrarium tuae castitati hac salutatione praetexam. Invenisti enim gratiam apud dominum, quia castitatem elegisti: ideoque virgo sine peccato concipies et paries filium.*[38]

Die zweite Freude der Verkündigung ist von höchster thematischer Bedeutung, da die Möglichkeit für Sünder, göttliche Gnade durch Maria zu finden, hier begründet und besprochen wird. Auf dieser Lehre beruhen nicht nur die ‚Freuden Marias', sondern auch alles, was der Stricker in bezug auf Maria geschrieben hat. Er legt diese Freude als Analyse der ersten Worte Gabriels an Maria vor: die beiden Bemerkungen Gabriels werden auf ihre Bedeutung für den reuigen Sünder hin unterpretiert (Z. 45: *er sprach: ,,du bist genaden vol"*; Z. 52: *er sprach ouch: ,,got ist mit dir"*, vgl. Lukas 1,28). Wenn er die Verkündigung als Beweis für die Fülle der durch Maria vermittelten Gnade deutet, steht er in einer exegetischen Tradition, die durch die großen Figuren Bernhard von Clairvaux und Hugo von St. Cher vertreten wird. Es ist jedoch auffällig, daß er seine Deutung an Lukas 1,28 *(have gratia plena Dominus tecum)* und nicht an den von diesen Exegeten vorgezogenen Vers Lukas 1,30 *(invenisti enim gratiam apud Deum)* anknüpft. Bernhard unterscheidet sehr genau zwischen den auf Maria selbst bezogenen Worten *gratia plena* und den Worten, die die Überfülle göttlicher Gnade für die Sünder *(supereffluentia ad salutem universitatis*[39]*, Dei et hominum pax, mortis destructio, vitae reparatio*[40]*)* bedeuten: *,,Invenisti", ait angelus, ,,gratiam apud Deum." Feliciter. Semper haec inveniat gratiam, et sola est gratia qua egemus.*[41] Stricker kennt dieselbe *supereffluentia gratiae* — *du hast genaden einen hort, / des niemer ende werden kann* (Z. 48 — 49), findet sie aber durch einen Vers bestätigt, für den die theologische Unterstützung bestimmt schwächer war.[42] Es wäre

---

[38] Evangelia apocrypha, S. 119 — 120.
[39] PL 183,440 D.
[40] PL 183,76 B.
[41] PL 183,441 D. Den großen Einfluß Bernhards auf das überlieferte Verständnis dieser Verse um 1235 zeigt die Tatsache, daß Hugo von St. Cher ihm in der Auslegung folgt: des Sünders Bedürfnis nach Gnade wird in Bezug auf Lukas 1,30 besprochen und nur im nachhinein mit Lukas 1,28 verbunden *(Ideo plena gratia dicta est super, quia gratiam omnium invenit. Currant igitur peccatores ad Virginem, qui gratiam amiserunt peccando, et eam invenient apud eam humiliter salutando, et secure dicant: Redde nobis gratiam nostram, quam invenisti. Nec negare poterit se invenisse, quia hoc angelus attestatur*; Postillen über die Evangelien, Ausgabe Venedig 1732, Fol. 133ʳ; über die Datierung und den Einfluß von Hugos Postillen siehe Beryl Smalley, The Study of the Bible in the Middle Ages, 2nd ed., Oxford 1952, S. 269, 272 — 274).
[42] Vgl. Anselm von Canterbury, Oratio 7, 86: *O femina plena et superplena gratia, de cuius plenitudinis exundatia respersa sic revirescit omnis creatura!* (Opera omnia, ed. F. S. Schmitt, 6 Bde. in 2, Rom und Edinburgh 1938 — 1961, Nachdruck Stuttgart und Bad Cannstatt 1968, III, S. 21). Bonaventura interpretiert Lukas 1,28 mit Hilfe einer Stelle im Ecclesiasticus *(In me omnis gratia vitae et veritatis, in me omnis spes vitae*

auch nicht zu erwarten, daß die Worte *Dominus tecum* einen so wichtigen Platz in der Auslegung dieser Freude einnehmen, denn für das überlieferte Verständnis der Verkündigung waren sie nebensächlich.

Es kann sein, daß der Stricker der Phrase *Dominus tecum* aus dem Grunde besondere Wichtigkeit beimaß, weil er sie als Wiederholung der Idee von Mariens unmittelbarer Nähe zu Christus auffaßte. Diese Idee, die schon Ambrosius deutlich ausgesprochen hatte, stellt er am Anfang seines Gebets als Leitgedanken voran: *Über alle maget heiligiu maget, / du hast gotē ie so wol behaget, / daz du im diu naehest iemer bist* (Z. 1 – 3).[43] Auch wenn dieser Gedanke eine Rolle gespielt hat, hat das nichts mit seiner Deutung von Lukas 1,28 zu tun. Erinnert man sich an die Tatsache, daß der Englische Gruß längst zu den beliebtesten Gebeten gehörte und nach kirchlichen Vorschriften schon um 1200 mit dem Vaterunser und dem Symbolum zum Unerläßlichen gezählt wurde, das jeder Christ auswendig lernen sollte[44], und überlegt man, daß Strickers Marianische Gebete vielleicht für eine Gemeinde geschrieben wurden, in der Maria besondere Verehrung genoß, dann kann als Erklärung für den Inhalt der zweiten Strickerschen Freude die These angenommen werden, daß der Stricker überhaupt nicht vom Lukas-Evangelium, sondern vom Anfang des Englischen Grußes ausgegangen ist: *Ave Maria, gratia plena, Dominus tecum . . .* Im Englischen Gruß kommen wie bekannt die Worte *invenisti enim gratiam apud Deum* nicht vor, was als Folge für den Dichter die Deutung von *gratia plena* im Sinne der Überfülle von Gottes Gnade hätte haben können. Sein Verfahren wäre also nicht aus Unwissenheit oder Eigensinn zu erklären, sondern aus dem Drang, die überlieferte Wahrheit von der Gottesmutter mit dem beliebten und immer wichtiger werdenden Ave Maria in Einklang zu bringen.[45]

Strickers Gebete sind kein hervorragender Teil seiner literarischen Leistung. Sie erheben nur bescheidene gedankliche und ästhetische Ansprüche, gewähren aber doch Einsichten in seine dichterische Persönlichkeit: thematisch ist

---

*et virtutis)* und verbindet die von Sündern benötigte Gnade mit Lukas 1,30 nicht (‚Commentarius in Evangelium S. Lucae', Opera omnia, Bd. 7, Ad Claras Aquas 1895: zu 1,28 siehe S. 22 – 23).

43 Ambrosius: *Quis unquam ita deo proxima fuit, ut illa, quae se totam divinis obsequiis mancipavit?* Zitiert von G. G. Meersseman, Der Hymnos Akathistos im Abendland, 2 Bde., Freiburg/Schweiz 1958 – 1960, II, S. 41, Anm. 1.

44 Vgl. Anm. 1.

45 In der Homilie Bernhards von Clairvaux zu Lukas 1,28 – 32 findet man ein Beispiel von solchem Einfluß des Englischen Grußes auf die Auslegung der Schrift. Auf die Worte Gabriels, die auch zum Gebet gehören, reiht Bernhard die im Gebet folgenden Worte Elisabeths an („*Benedicta tu in mulieribus.*" *Libet adjungere quod Elisabeth, cujus haec verba sunt, prosecuta subjunxit: Et benedictus fructus ventris tui,* PL 183,73 B) und widmet diesen eine ziemlich ausgedehnte Betrachtung (Sp. 73 C – 75 D).

die Lehre von der Sündhaftigkeit nicht wichtiger als die Lehre von der Hilfe, die der liebende Herr seinen Geschöpfen gibt; tektonisch ist der gefühlvolle Schwung der Bitten de profundis (vgl. ‚Mariengruß', Z. 9 — 12: *wir ellenden krankiu Even kint, / diu verderbet und vertriben sint / in diz tiefe tal, daz alle frist / vol weinen und vol zeher ist*) fast immer in eine analytische Gliederung einbezogen, die ihren Ursprung in des Dichters rationaler Hoffnung auf die in der Heilsgeschichte bewiesene Gnade findet. In dem ‚Vaterunser' und dem ‚Gebet von den Freuden Marias' beobachtet man seine selbstsichere Handhabung überlieferter Schemata, deren er sich für bestimmte Zwecke bzw. Auftraggeber verehrend zu bedienen wußte.

## II. Schemata des Lasters

### 1. ‚Die fünf teuflichen Geister' (Ed. Nr. 161)

In diesem Gedicht, das trotz möglicher Unsicherheit Zwierzinas von Schwab und Moelleken in den Strickerschen Kanon aufgenommen worden ist[1], stellt der Dichter eine Reihe von fünf Geistern des Teufels auf, *di sin gewisse boten sint / . . . / und schadent den selen aller meist* (Z. 3 – 5). Bezeichnend für den Stricker ist es, daß er auf die Statik einer Beschreibung lasterhafter Zustände oder einer Zergliederung bekannter Sünden verzichtet und unsere Aufmerksamkeit vielmehr auf die Dynamik psychologischer Vorgänge lenkt: dem ersten, vierten und fünften Geist, bei denen das Psychologische im Vordergrund steht, widmet er insgesamt 229 Verse, dem zweiten und dritten dagegen, bei denen es sich um eine konventionelle Bestandaufnahme der Laster handelt, nur 52.[2] Strickers Thema soll das Treiben der Geister sein, die uns in die Gefahr des ewigen Todes bringen. Diesem Programm bleibt er im wesentlichen treu; es hat zu seinem Interesse am inneren Leben gepaßt und war auch gut geeignet, das Publikum für den Vortrag zu fesseln. Die Kundgebung einer Aufzählung schwerer Sünden oder desgleichen wäre in dieser Hinsicht weniger wirksam gewesen.

---

[1] Konrad Zwierzina hat sich mehrfach, wenn auch kurz in Carl von Kraus, Mittelhochdeutsches Übungsbuch, 2. Aufl., Heidelberg 1926, S. 279 – 287, über die Echtheit dieses Gedichts geäußert. Von den Forschern, die auf eine Unentschiedenheit Zwierzinas hinweisen (H. Fischer, AdfA 72 [1960] 78; H. Menhardt, PBB [Tüb.] 82 [1960] 322; Moelleken, I, S. XIII), ist anscheinend nur die Stelle S. 279 bemerkt worden, wo Zwierzina anläßlich Hs. A Strickers Verfasserschaft in Frage stellt (,,269?"). Das Gedicht ist in acht anderen von Zwierzina berücksichtigten Hss. überliefert (nach Schwab, Ausgabe, S. 43); in Bezug auf die Hss. C, H, K, M, Q und V hat es Zwierzina stillschweigend als echt aufgenommen (Übungsbuch, S. 280 – 282). Über Hs. W (unser Gedicht ist W 8) schrieb er: ,,In W also nur echte Stricker, die als solche auch in der Subskription dieses Teils der Hs. . . . bezeichnet werden" (S. 282); über Hs. k, ,,Für den Stricker kommt nur ein Stück in Betracht: ‚Die fünf teuflischen Geister' . . ." (S. 283); über Leitzmanns Ausgabe von M, ,,alle abgedruckten Nrr. von Stricker, mit Ausnahme von 39 und 48" (S. 287; unser Gedicht ist Nr. 11). Es ist also kaum berechtigt, das Gedicht Zwierzinas Ansicht nach als zweifelhaft zu bezeichnen. Schwab hat nichts über seine Aufnahme gesagt, Moelleken will Zwierzina auch in umstrittenen Fällen folgen. Für mich lassen die im folgenden dargestellten Beziehungen zu anderen Gedichten Strickers keinen Zweifel übrig, daß das Gedicht von ihm stammt.

[2] Einführung, Z. 1 – 5; erster Geist, Z. 6 – 46; zweiter Geist, Z. 47 – 64; dritter Geist, Z. 65 – 98; vierter Geist, Z. 99 – 190; fünfter Geist, Z. 191 – 286; Schluß, Z. 287 bis 294.

Da es ausdrücklich um diejenigen Geister geht, die unsere Seelen *aller meist* schaden, erwartet man eine Auswahl aus den seit Gregor dem Großen für das Verständnis des seelisch gefährdeten Menschen immer wichtiger werdenden vitia capitalia. Obwohl der Höhepunkt der Popularität dieser Laster als Schema der Gebrechlichkeit zu Strickers Zeit noch nicht erreicht war, dürfte die Kenntnis der vitia capitalia bei jedem halbwegs gebildeten Christen vorauszusetzen sein. In seinem Gedicht ‚Vom heiligen Geist' (Ed. Nr. 1) verzeichnet sie der Stricker in der klassischen Reihenfolge, auch im ‚Gebet für Kreuzfahrer' (Ed. Nr. 151).[3] Die Hauptlaster waren ihm geläufig — um so mehr fällt es auf, daß seine Darstellung der fünf teuflischen Geister innerhalb dieser moraltheologischen Tradition beginnt, mit dem dritten Geist sich von dieser Tradition zu entfernen beginnt und bei der Darstellung der zwei letzten Geister, die viel ausführlicher besprochen werden als die vorhergehenden, ganz andere Stoffgebiete betritt. In der Analyse menschlicher Schwächen zeigt der Stricker also eine kritische Einstellung gegenüber den überlieferten Lehren und der überlieferten Rangordnung der Hauptlaster.

Daß gerade fünf Geister im Gedicht vorgestellt werden, wird wohl aus dem negativen Symbolismus der Fünf zu erklären sein[4], denn für diese Reihe ad libitum hätte der Dichter irgendeine Zahl wählen können. Eine kurze Einführung (Z. 1 — 5) und ein kurzer Abschluß (Z. 287 — 294) rahmen die fünf Darstellungen ein, die wir uns jetzt seriatim anschauen wollen.

Die Identität des ersten Geistes steht außer Zweifel, da es derjenige ist, *mit dem di hûrer sint behaft* (Z. 7), also der Geist der luxuria. Dieser wird nicht begrifflich mit einem abhängigen Nomen (etwa „geist des huors"), sondern anschaulich mit einem Epitheton aus der gebräuchlichen Bildersprache der

---

3 ‚Vom heiligen Geist', Z. 775 — 796; ‚Gebet für Kreuzfahrer', Z. 81 — 111, wo die ira ausfällt. Der Stricker vertritt die auf Gregor zurückgehende Auswahl und Ordnung der Sünden, die als *siiaagl* bekannt sind, nur daß er den Neid dem Zorn folgen läßt (vgl. Morton W. Bloomfield, The Seven Deadly Sins, o. O.: Michigan State College Press 1952, S. 72, 85 — 86, usw.).

4 Heinz Meyer, Die Zahlenallegorese im Mittelalter. Methode und Gebrauch (Münstersche Mittelalter-Schriften, Bd. 25), München 1975, S. 127 — 129. Für die negative Bedeutung der Fünf ist die Grundlage normalerweise eine negative Ansicht der fünf Sinne, wie zum Beispiel Honorius Augustodunensis: *domum cordis nostri ... quam sordidamus per excessum quinque sensuum nostrorum ... per quinque lectiones quinque hebdomadarum hortamur circumcidere quinque sensus nostros ab omni vitio ...* (PL 172, 796 D bis 797 A). Caesarius von Heisterbach verbindet durch eine numerologische Betrachtung die Fünf mit teuflischen Nachstellungen: *Bene autem in quinta distinctione loquendum arbitror de daemonibus, quia quinarius a philosopho apostaticus vocatur, eo quod ceteris numeris imparibus coniunctus, et per se ipsum multiplicatus, semper se ipsum vel in capite vel in fine ostendit. Sic diabolus a quaternario perpetuae firmitatis recedens, primus cum hominibus malis, quasi numeris inaequalibus, sociatur, semper in principio vel in fine operis vel sermonis, illius nequitia demonstratur* (Dialogus miraculorum, hrsg. von Joseph Strange, 2 Bde., Köln — Bonn — Brüssel 1851, I, S. 276).

Begierde zusammengebracht: *der fiurin geist.*⁵ Vom Standpunkt des Berufsdichters betrachtet kann man diesen vielverheißenden Anfang der Darstellung, der auf ein folgendes Ausmalen der concupiscentia carnis schließen läßt, nur billigen. Der Stricker geht jedoch ganz andere Wege, was man schon in der übernächsten Zeile erfährt. Der Geist wird nicht mehr *fiurin,* sondern *unrein* genannt (auch Zeile 17), dann sogar *ubel* (Z. 21). Auf seine feurigen Eigenschaften, d. h. auf die sowohl dichterische als auch seelsorgerische Tradition der brennenden Gelüste, kommt es gar nicht an. Betrachtet man diesen Abschnitt genauer, so wird ohne weiteres klar, daß der Stricker sich kaum für die luxuria interessiert und sein Gedicht mit ihr eigentlich nur deswegen beginnt, weil sie Anlaß zu einer Erörterung des von der Buße abtrünnigen Menschen gibt.⁶ Dem Gehalt dieses Abschnittes nach könnte es sich um irgendein sündhaftes Verhalten handeln, d. h. um irgendeinen der Geister, die die Menschen zum Prahlen, Stehlen, Lügen, Saufen usw. bringen. Die *den fiurin geist* kennzeichnende Hartnäckigkeit (Z. 8 – 12) hätte der Stricker einem beliebigen sündhaften Trieb zuschreiben können.

Den Kern dieses Abschnitts bildet die Strickersche Deutung einer von Christi Parabeln: *Cum inmundus spiritus exierit de homine perambulat per loca inaquosa quaerens requiem et non inveniens dicit revertar in domum meam unde exivi et cum venerit invenit scopis mundatam et tunc vadit et adsumit septem alios spiritus nequiores se et ingressi habitant ibi et sunt hominis illius peiora prioribus* (Lukas 11, 24 – 26; vgl. Matthäus 12,43 – 45). Obwohl manche Einzelheiten anders sind, leuchtet das Verhältnis der Parabel zur Geschichte vom ersten Geist sofort ein: nach dem Terminus *spiritus inmundus* wählte der Stricker die Formulierung *den unreinen geist;* der Geist wird von *domus* bzw. *vaz* vertrieben, wandert an einen Ort, der entweder des Hohns oder der Dürre wegen unangenehm ist, und will zurück; durch List bzw. bösartige Helfer schafft er es, daß es dem Sünder am Ende noch schlimmer als früher geht. Das Skelett der Parabel behält der Stricker bei, er entfernt aber manches für seine Zwecke Nebensächliche (die Suche nach dem Frieden, die Metapher vom Besen und der Ausschmückung) und ändert Wesentliches (der

---

⁵ Die Belege sind zahllos; zum Beispiel Jesus Sirach: *Propter speciem mulieris multi perierunt et ex hoc concupiscentia quasi ignis exardescit . . . conloquium enim illius quasi ignis exardescit* (9: 9, 11); Thomasin: *Unkiusche treit ein brinnent sper* (Z. 7461); Caesarius von Heisterbach: *Alter quidam monachus . . . a spiritu luxuriae . . . impugnabatur. Tempore quodam . . . diabolus post tergum eius veniens, sagittam ignitam post eum direxit . . .* (a. a. O., I, S. 262); und Peraldus, Summa: *Luxuriosus quodammodo iam habet gehennam suam. Habet enim ad modum gehennae ignem . . . Ignem concupiscentiae . . .* (Bd. 2, S. 15).

⁶ Vgl. Schwab, Zum Thema III, S. 62, wo die Meinung vertreten wird, der Stricker interessiere sich wenig für „die luxuria an sich", aber sehr für Homosexualität. Allerdings ist die luxuria thematisiert in ‚Dem Wildpret' (Ed. Nr. 21) und ‚Dem entweihten Gotteshaus' (Ed. Nr. 100).

35

Spott *von sinen genozen,* Z. 26, statt des Unbehagens der *loca inaquosa;* die Versuchung und Verderbnis des Sünders durch List statt seiner Überwältigung durch Verstärkungstruppen).

Obwohl Ambrosius diese Parabel auf die Juden bezog, die durch ihre Zurückweisung Christi wieder in die Gewalt des unreinen Geistes gerieten, nachdem sie von ihm durch das Gesetz des alten Bundes befreit worden waren[7], stammt die verschiedene und für das Mittelalter maßgebende Deutung in ihren Hauptzügen von Gregor dem Großen. Erstens versteht er *domus* als Metapher für *conscientia,* den Ausgang des Geistes, mit dem die Parabel beginnt, als Folge der Reue und des Geistes Wiederkehr als Ergebnis der nachlassenden contritio[8]; zweitens sieht er in den trockenen Orten, wo der Geist nicht bleiben will, ein Bild für die Herzen der Rechtschaffenen, die durch strenge Zucht von der Flüssigkeit fleischlichen Verlangens *(humor carnalis concupiscentiae*[9]*)* getrocknet worden sind: *Loca quippe humentia sunt opera voluptuosa.*[10] Da diese Beobachtungen in die Moralia über Job eingebaut wurden, kommt es nicht zu einer detaillierten Deutung der Parabel. Gregorius hat den unreinen Geist nicht ausdrücklich mit der luxuria gleichgesetzt, d. h., die Parabel nicht als ein spezifisch gegen die Begierde gerichtetes Exemplum verstanden; auch hat er weder die sieben *spiritus nequiores* identifiziert noch die Weise ihrer Eroberung des lässigen Sünders näher begründet. Seine Nachfolger haben also eigene Beiträge zum Verständnis der Geschichte liefern können.[11] Für Pseudo-Beda bedeutet des unreinen Geistes Ausgang die durch die Taufe vollzogene Reinigung des Menschen von der Erbsünde, und die sieben schlimmeren Geister hat er als die sieben Hauptlaster — daher auch als das Laster an sich — aufgefaßt, da die vitia capitalia Quelle und Ursprung aller Laster sind. Im wesentlichen folgt er Hrabanus Maurus *(Per septem malos spiritus universa vitia designat*[12]*).* Die Taufe als Grund für den Ausgang des bösen Geistes be-

---

7 Ambrosius, ‚Expositio evangelii secundum Lucam' (PL 15, 1527 — 1850, hier Sp. 1723 — 24); ähnliche Deutungen findet man in den Matthäus-Kommentaren der Zeitgenossen Hilarius (PL 9,991 — 993) und Hieronymus (PL 26,83 — 84).
8 Moralia in Job, VII, 17 (PL 75,776).
9 Moralia in Job, XXXIII, 3 (PL 76,674 A).
10 A. a. O. (PL 76,674 B).
11 Folgende Diskussion basiert auf diesen Texten: Pseudo-Beda, ‚In Matthæi evangelium expositio' (PL 92,9 — 132); Christianus Druthmarus, ‚Expositio in Matthæum evangelistam' (PL 106,1261 — 1504); Hrabanus Maurus, ‚Commentarii in Matthæum' (PL 107,727 — 1156); Paschasius Radbertus, ‚Expositio in evangelium Matthæi' (PL 120,31 — 994); Gottfried Babion, ‚Enarrationes in evangelium Matthæi' (PL 162,1227 — 1500); Innozenz III., die fünfzehnte der sermones de tempore (PL 217,381 — 386); Bonaventura, ‚Commentarius in evangelium S. Lucae', in Opera omnia, Bd. 7, Ad Claras Aquas 1895, S. 3 — 604; Hugo von St. Cher, Postillen über die Evangelien, Ausgabe Venedig 1732.
12 PL 107,936 A.

halten Gottfried Babion, die Glossa ordinaria und Hugo von St. Cher bei, aber schon mit Paschasius Radbertus vollzieht sich die Vertreibung *per poenitentiam.* Die Buße wird dann von Innozenz III. und Bonaventura als Ausgangspunkt der Parabel gesetzt, auch von Hugo von St. Cher anerkannt, und es ist daher nichts weniger als überraschend, daß der Stricker seinen Bericht über den bösen Geist mit dem Moment der vollzogenen Buße beginnt, wo die teuflische Macht durch die himmlische ersetzt wird:

>swenne der hurere riwe hat
>und sin bihte hat getan
>und hat daz hure verlan,
>so wird der unreine geist
>von dez heiligen geistes volleist
>vertriben, der in ê besaz,
>und wirt des heiligen geistes vaz. (Z. 14 — 20)

Alle Kommentatoren der Parabel stimmen darin mit Gregor überein, daß die *loca inaquosa* für die sittliche Reinheit der Rechtschaffenen stehen, umgekehrt, daß der Geist zurück zu einem Ort der Fleischlichkeit strebt. Sie meinen aber nicht, daß der Geist mit der luxuria identisch ist. Diesen für Strickers Gebrauch der Parabel wesentlichen Schritt macht unter den herangezogenen Autoritäten nur Innozenz III. in seiner Predigt, und dann nur, um das teuflische Verfahren durch ein Beispiel klar zu machen: *Verbi gratia supponatur exemplum: cum spiritus luxuriae ejectus ab homine . . . Et sic demum spiritus luxuriae revertitur, et subintrat.*[13] Die von Pseudo-Beda vorgeschlagene Identifizierung der sieben *spiritus nequiores* mit den vitia capitalia erfreut sich nur begrenzten Erfolgs, denn im Anschluß an die Ideen der Leere und Verzierung des Matthäusschen Textes *(invenit vacantem . . . et ornatam)* entsteht das Problem der Scheinheiligkeit[14], die dann als das Wesen der sieben Hilfsgeister aufgefaßt wird: für Bonaventura sind sie *assimulationes, quae virtutes specie esse se simulant et metiuntur,* für Hugo von St. Cher *septem simulationes que se virtutes mentiunt . . . simulatio sapientiae, simulatio intelligentiae* [usw. für die sieben Gaben des heiligen Geistes] . . . *has omnes simulationes facit ypocrisis,* und diesbezüglich spricht Innozenz III. von *simulatio* und *hypocrisis.*[15] Das bedeutet, daß zu Strickers Lebzeiten das Verständnis der *spiritus nequiores* sich vom Quantitav-Mechanischen zum Psychologischen etwas ver-

---

[13] PL 217,384 B. Paschasius Radbertus hatte den ausgetriebenen und wiederkehrenden Geist *cupiditas carnis* bzw. *concupiscentia* genannt (PL 120,479 BC).

[14] Vgl. Hrabanus, *per hypocrisin ipsas se virtutes habere simulabit* (PL 107,936 B); Pseudo-Beda, *domum . . . simulatione virtutum per hypocrisin ornatam* (PL 92, 64 C); Paschasius, *non solum habebit illa septem vitia . . . verum etiam per hypocrisin, in seipsa virtutes habere simulabit* (PL 120,479 C).

[15] Bonaventura, ‚Commentarius', S. 295; Hugo von St. Cher über den Lukas-Text; Innozenz III., PL 217,384 B.

lagert hatte, da der Mensch nicht mehr als Unterlegener im Kampf mit einer Unzahl teuflischer Agenten, sondern als Ursache des eigenen Verderbens durch psychologische Schwäche (geheuchelte Tugend) geschildert wurde.

Strickers Verwendung der Parabel in Verbindung mit dem spiritus luxuriae hat ihre nächste Parallele in der Predigt von Innozenz III. Da der Dichter nähere Kenntnis des von diesem Papst zusammengerufenen Konzils hatte, ist es möglich, daß er auch nähere Kenntnis von Innozenz' Schriften besaß und die betreffende Predigt kannte, doch war es nur ein kleiner Schritt von der traditionellen Deutung der Parabel zu dem Strickerschen Gebrauch, ein Schritt, den er selbständig hätte machen können.

Das Verhältnis von Mensch und Geist dramatisiert der Stricker dadurch, daß dieser in seiner Reaktion und Motivierung vermenschlicht wird – er leidet an Verlust der Ehre (*daz ist im da vil harte leit: / er wirt abe siner werdikeit / vil leitlich gestozen*, Z. 23 – 25); er wandert nicht mehr als Einzelner durch trockene Orte und erfährt Unbehagen, sondern er wird durch den *grozen zorn und grozen itwiz* (Z. 27) seiner Genossen zu erneutem Angriff gereizt; er will den Menschen nicht nur wieder besitzen (*daz er wider kome in sin vaz*, Z. 29), sondern auch gründlich verderben (*daz er nimmer werde reine me*, Z. 32). Was die Wiederkehr des Geistes so verderblich macht, wird in zweifacher Hinsicht psychologisch begründet: erstens durch die Psychologie des Ärgers und der Entrüstung des Geistes selber; zweitens durch die Psychologie des sündigen Handelns, das zur Verdammnis führt. Anstatt von anderen Geistern bzw. Lastern oder geheuchelten Tugenden zu reden, die die Rückkehr ermöglichen und desto tödlicher machen (*spiritus nequiores*), stellt uns der Stricker die Stufen des Rückfalls vor. Diese Stufen sind der Moraltheologie wohlbekannt: erstens kommt die vom Teufel arrangierte Gelegenheit zur Sünde, also die Versuchung (*er slichet im listiklichen zu / und fuget im spat und fru / den hur beide hie und da*, Z. 33 – 35); mit Sünden (Z. 36 – 38) kommt der Genuß der Sünde (*so beginnet er in schunden / mit der süze der sunden*, Z. 39 bis 40); endlich entsteht die böse Gewohnheit (*daz er so gern sundet / daz er bi den sunden bestet*, Z. 42 – 43).[16]

Den zweiten Geist identifiziert der Stricker mit demselben Terminus, den er Z. 21 für den ersten gebrauchte: *der ubel gaist* (Z. 48). Aber terminologische Bezeichnungen interessieren ihn wenig, und man muß aus den Eigenschaften bzw. dem Einfluß der Geister Schlüsse ziehen, um Klarheit über ihre Herkunft und Identität zu erreichen. Dieser Geist wird dadurch erkannt, daß er *alle sine*

---

[16] Vgl. Alexander von Cantebury: *Sunt enim quidam . . . avaritiæ, seu luxuriæ et similium flammis succensi, et ex mala consuetudine illis addicti;* diese versuchen die Sünde loszuwerden, aber *quia pravo usu irretiti ab hoste tenentur, nolentes in eadem vitia dejiciuntur...* (PL 159,701 C). Im allgemeinen vgl. DThC 12/1: ‚Péché. Causes extérieures, le démon' (207 – 208), und 6/2: ‚Habitudes mauvaises' (2016 – 2019).

38

*kint* der richtigen Gottesliebe und Gottesfurcht beraubt (Z. 51 – 54), daß er sie ihren Mitmenschen gegenüber erbarmungslos macht (Z. 50) und mit dem Streben nach unrechter Ehre und Gewalt erfüllt (Z. 60 – 61). Dieser Geist ist der spiritus superbiae, wie ihn der Stricker im Gedicht ‚Des Teufels Ammen' (Ed. Nr. 111) beschreibt: *hohvart* ist eine Brust der falschen Welt, aus dieser Brust fließt eine lasterhafte Milch, deren Auswirkungen zum guten Teil mit denen des zweiten Geistes genau übereinstimmen:

| *Des Teufels Ammen,* Z. 33 – 46 | *Die fünf teuflichen Geister,* Z. 50 – 64 (passim) |
|---|---|
| Der hochvart milch ist so gestalt: | |
| si git unrehten gwalt, | unrehten gewalt |
| si git hohe rede und übermuot | |
| und daz man vil gerne ubel tuot. | daz in alle güte widerstat[17] |
| die barmunge hat si gar verkorn, | daz si ane barmunge sint |
| si git unrehte fröude, unrehten zorn, | |
| si git meineide unde liegen | si sint ungetriwes muotes |
| und fräveliche triegen | |
| und nach valschen eren ringen | unrehte ere |
| und swachen unde twingen | |
| ander liute swa man mac | |
| und fürhten weder gotes slac, | si habent keine vorchte |
| den tivel noch die helle | zu Got der si da worchte |
| noch dehein ungevelle.[18] | |

In dem ‚Processus Luciferi' (Ed. Nr. 3) nennt der Stricker *hohvart* und *übermuot*, d. h. superbia, als Mutter bzw. Vater des Teufels[19], aus welcher Abstammung gewisse Haupteigenschaften sich ergeben, die mit dem Einfluß des zweiten Geistes identisch sind: *do wart ouch unrehter gewalt* (Z. 23), *ân minne und ân vorhte* (Z. 26), *er was iesa triuwelos, / got, der in ze den eren kos* (Z. 27 – 28). In dem Gedicht ‚Die sechs Versuchungen' (Ed. Nr. 130) beschreibt der Stricker den hochmütigen Mißbrauch von Gewalt und Gut gegenüber den Schwächeren, die unserer Hilfe bedürfen, und deutet das als superbia (Z. 147 bis 176) – ebenso handelt es sich hier um die Unbarmherzigkeit und Lust zur unrechten Gewalt des zweiten Geistes.

---

17 Das Verspaar *der si vaste erfullet hat, / daz in alle güte widerstat* (Z. 63 – 64) fehlt in Hs. A, was den Sinn des Abschnitts nicht beeinträchtigt.
18 Die Beschreibung der bösen Einflüsse dieser Milch wird Z. 47 – 52 fortgesetzt, aber nur als Variation des schon Z. 33 – 46 Gesagten.
19 Angesichts der Sonderung von *hohvart* und *übermuot* als die zwei Eltern konnte man an die Sonderung von superbia und vana gloria im System Gregors des Großen denken (vgl. Bloomfield, The Seven Deadly Sins, S. 72); jedoch kennt der Stricker nur die sieben Hauptsünden und wird sich den mit zwei Vokabeln ausgedrückten Begriff als (zweiteilige) Abkunft des Teufels vorgestellt haben.

Mit seiner Charakterisierung der superbia bewegt sich der Stricker in bekannten Bahnen.[20] Nur eines ist zu bemerken: *si gernt unrehtes guotes, / ir geitikeit ist manichvalt* (Z. 58 – 59). Diese grundsätzliche Zuordnung der avaritia zu den Hoffärtigen fällt zwar wegen der traditionellen Trennung der Laster auf, der der Stricker in der Trennung von *hohvart* und *gitecheit* als der beiden Brüste der falschen Welt folgt (‚Des Teufels Ammen', Z. 21 – 32), sie ist jedoch aus psychologischen Überlegungen als auch aus dem überlieferten Verständnis der vitia capitalia heraus zu erklären: die Habsucht wäre kaum von erbarmungsloser Gier nach unrechter Ehre und Gewalt wegzudenken, und in dem Gregorianischen Schema der vitia wächst jeder aus dem vorhergehenden, d. h., die avaritia (so wie alle) im Grunde aus der superbia.[21] Der superbus ist demnach unumgänglich avarus. Nichtsdestoweniger ist es interessant, daß die avaritia dem vom zweiten Geist ergriffenen Menschen zugeordnet ist, da es sich in diesem Gedicht um eine Analyse einzelner Laster zu handeln scheint, was ein Argument poetologischer und moraltheologischer Art gegen die Vermengung der Hoffart und der Habsucht sein würde. Es ist klar, daß der Stricker sich keinem Zwang unterworfen fühlte, wenn es um eine Frage der analytischen Kategorie und Unterordnung ging. Auch deutet dies die besondere Stellung an, die die Habsucht in seiner Weltanschauung einnimmt.

In der Darstellung des dritten Geistes läßt sich zum erstenmal ein Wandel in der Benennung beobachten, der auch für die folgenden Geister wichtig ist. Wo die früheren mit Nomen *(geist)* und Adjektiv *(fiurin, unrein, ubel)* benannt wurden, heißt der dritte zunächst *der ungeliche* (Z. 68, 83) und nur am Ende des Abschnitts *der ungelich geist* (Z. 97). Der Stricker denkt also nicht mehr einfach an Geister, die den Menschen gewisse Übel zufügen und mit zugehörigen Attributen vorgestellt werden sollen, sondern auch an die moralisch-psychologischen Typen unter den Menschen, die das sichtbare Ergebnis unsichtbarer Nachstellungen sind – *der ungeliche* könnte der vom Geist des *ungelichens* (vgl. Z. 76) befangene Mensch sein. Und zwar beginnt der Stricker die-

---

[20] Peraldus, Summa, Bd. 2, S. 216: *Superbus coangustat proximum, dum se dilatat; et um se ei praeponit, quasi quoddam onus ei imponit... Superbus etiam proximum corde contemnit, verbis molestat et factis... et corporaliter eum affligendo, et suis eum spoliando.* Berthold von Regensburg, I, S. 484 – 485: *ir rîchen liute... verdrücket daz arme vischelech niht mit unrehtem gewalte durch iuwer hôhvart... Daz ist allez von iuwerr hôhvart, daz ir got weder minnen noch fürhten wellet, daz ir iuch über arme liute erbarmen wellet... Lât ez iuch erbarmen, daz sich got über iuch erbarme.* Hugo von Trimberg will Gregor den Großen zitieren: „*Swer sich über arme liute wil / Unrehtes gewaltes an nemen ze vil, / Und swer des gert daz sîn genôz / In fürhte, des hôchvart ist ze grôz*" (Der Renner, hrsg. von Gustav Ehrismann, Tübingen 1908 – 1911, Z. 501 – 504).
[21] Diese kausale Verkettung findet man in ‚Vom heiligen Geist' (Ed. Nr. 1, Z. 775 bis 796), wo es heißt *an swem diu hohvart gesiget, / daz er der siben sünden pfliget, / der ist ze allen sünden bereit* (Z. 797 – 799). Vgl. ‚Processus Luciferi' (Ed. Nr. 3), Z. 6 – 49.

sen Teil seines Gedichts mit einem kurzen Abriß eines solchen problematischen Typs, der sogenannten bösen Frau:

> manik man ist vil wol gemǔt:
> so hat sin wib daz ungemute
> daz si sich siner gute
> mit ir gute nicht glichen wil.
> man vindet ouch der wib vil
> di bezer sint denne ir man:
> da ist ouch daz unglǐchen an. (Z. 70 – 76)

Für den Stricker war die eheliche Zwietracht, die aus der Widersetzlichkeit der Frau entstand, eine sehr ernste Sache. Er hat sie ausführlich in ‚Von übelen wîben' (Ed. Nr. 113) besprochen und ihr eine drastische dichterische Prägung in ‚Der eingemauerten Frau' (Ed. Nr. 112) gegeben[22]; in ‚Den fünf teuflischen Geistern' erscheint sie als Hauptbeispiel einer durch teuflische Macht zustandegebrachten Verwirrung menschlicher Verhältnisse. Mann und Frau sollen in Liebe und Ehrfurcht miteinander verbunden sein, wozu auch die gottgewollte Autorität des Mannes über die Frau gehört. Sollte diese Autorität mißachtet werden, mußten Liebe und Ehrfurcht verlorengehen und die Seelen beider Eheleute in höchste Gefahr der Verdammnis geraten.[23] Also steht ein teuflischer Geist hinter der Szene, wenn die eheliche Verbindung scheitert und die Frau emporstrebt.

Der dritte Geist ist jedoch allgemeinerer Art und für andere verfehlte Beziehungen im Menschenleben zuständig. Der ihm am Herzen gelegenen Zwietracht in der Ehe läßt der Stricker den Ungehorsam und den Haß des Sohnes gegenüber dem Vater, die Mißgunst der Brüder und das Auseinandergehen der Freunde folgen (Z. 77 – 82), dann schließt er diesen Teil der Darstellung unter Hinweis auf den weit verbreiteten Verlust der Eigenschaften *triuwe*, *güete* und *rechter gemuete* ab[24], die die Grundlage der für Familie und Gesellschaft wesentlichen Verhältnisse sind (Mann / Frau, Vater / Sohn, Brüder, Freunde). Der Abschnitt läuft auf andere Art weiter: die teuflische Zweckmäßigkeit des *ungelichens* wird durch eine Verkettung der Laster begründet, die dadurch begonnen werden – das *ungelichen* gebiert Haß, Haß gebiert Neid, dann Zorn und Streit, *urliuge und vintschaft / und manslacht und mein eide . . .* (Z. 94 bis 95). Die Verkettung zeigt, daß der Stricker die Wirkungen des Geistes über die Grenzen der Verwandtschaft und Freundschaft hinaus in die größere Welt

---

[22] Vgl. Verf., Immurement and religious experience in the Stricker's ‚Eingemauerte Frau'. In: PBB (Tüb.) 96 (1974), 79 – 102.
[23] Vgl. ‚Von übelen wîben', Z. 89 – 202.
[24] Die Überlieferung Z. 88 – 89 ist gestört. Ich folge dem Wortlaut der Hs. A, die einen Sinnzusammenhang des Zerstörens von drei positiven Qualitäten einwandfrei ergibt.

verfolgt, denn es gibt einen beträchtlichen Abstand zwischen der Auflehnung der Frau gegen ihren Mann und Fehde oder Krieg im Staat. Zuerst glaubt man, einen Standpunkt für die Analyse dieses Geistes gefunden zu haben, wenn man die Entstehung von Zorn (ira) aus Neid (invidia) wahrnimmt, da es sich für den Stricker mit den vitia capitalia so verhält[25], aber mit der Priorität des Hasses vor dem Neide und Zorn läßt sich für dieses Schema nichts anfangen. Auch paßt der Terminus *ungelich* zu keinem der Hauptlaster. Statt mit Termini zu ordnen und umzuordnen, wäre es angebracht, von den am Anfang des Abschnitts hergestellten Beziehungen der Verwandtschaft und der Freundschaft das Allgemeine zu abstrahieren und Strickers Aussage mit der von Alanus de Insulis zu vergleichen: *Discordia est dissentio aliquorum quos prius amoris uinculum colligauit.*[26] Der Streit derer, die einander früher in Liebe zugetan waren – Mann und Frau, Vater und Sohn, Brüder, Freunde –, ist genau das, was der Stricker dargestellt hat. Sogar den Namen des Geistes kann man als bewußte Lehnbildung betrachten, obwohl es auch für die Zeit des Stricker philologisch ungeschickt gewesen wäre, *dis-cordia* als das *un-gelichen* wiederzugeben.

Die discordia hat eine lange Geschichte innerhalb der Schemata des Lasters. Schon Prudentius schließt sie in der ‚Psychomachia' in seiner Sieben-Reihe ein, obwohl sie dort die spezifische Bedeutung von Ketzerei trägt[27], und Gregor der Große faßt sie als Unterart der inanis gloria auf, beschreibt sie jedoch nicht.[28] Erst mit Alanus de Insulis scheint der Terminus begriffliche Wichtigkeit als moraltheologisches Laster anzunehmen, und zwar nicht im Traktat ‚De Virtutibus et de Vitiis et de Donis Spiritus Sancti', sondern in dem großangelegten ‚Anticlaudianus'. Dort erscheint Discordia als Kriegsanstifterin im Kampf der Laster gegen den neuen Menschen und die ihm zur Seite stehenden Tugenden, spielt also eine Hauptrolle im moralischen Leben: *Arma sitit belli Discordia, prima tumultus / Appetit* (VIII, 221 – 222); *Prima uiro mouet assultus Discordia, primum / Aggreditur Martem* (IX, 9 – 10).[29] Aufschlußreicher für unsere Untersuchung ist jedoch die Darstellung der Concordia im zweiten Buch, denn die Discordia (wie die Laster überhaupt) fungiert episch als Gegenteil oder Negierung einer früher eingeführten Tugend, wird deshalb von der Concordia her zu verstehen sein. Diese erscheint zu-

---

25 Vgl. ‚Vom heiligen Geist', Z. 779: *so machet der nit unrehten zorn.*
26 De virtutibus et de Vitiis et de Donis Spiritus Sancti, hrsg. von Odon Lottin. In: Mediaeval Studies 12 (1950), 20 – 56, Zitat S. 41.
27 Bloomfield, The Seven Deadly Sins, S. 65.
28 Gregor verwendet die Pluralform discordiae (PL 76,621).
29 Text: Anticlaudianus. Texte critique avec une introduction et des tables, hrsg. von R. Bossuat, Paris 1955.

nächst als Sinnbild der Eintracht zwischen Freunden (*Nam Dauid et Ionathas ibi sunt duo, sunt tamen unum:* II, 185; auch Theseus und Peirithoos, Tydeus und Polyneikes, Nisus und Euryalus, Orestes und Pylades werden erwähnt: II, 187 – 199). In ihrem Monolog stellt sie die Feindschaft der Brüder (Atreus und Thyestes, Polyneikes und Eteokles: II, 216 – 220) und den Mord des Sohnes durch die Mutter (II, 221 – 224) als Folge der Mißachtung ihrer Gesetze dar. Sie erweitert ihren Blick und redet von Zwietracht im Staat, von Krieg, Meuchelmord, Bürgerkrieg usw. (II, 225 – 241). Alanus stellt als Folge der mißachteten Concordia, d. h. als Einwirkungen der Discordia, dieselbe Verwirrung der menschlichen Beziehungen vor, die wir als Leistung des dritten teuflischen Geistes ermittelt haben. Wie der Stricker beginnt er mit den privaten Verhältnissen der Freundschaft und Verwandtschaft (wenn auch im ‚Anticlaudianus' kein Beispiel einer widersetzlichen Frau vorliegt und die Mythologie ihm eher ein Beispiel der verdorbenen mütterlichen als väterlichen Beziehung zum Sohn lieferte), schließt an diese die Unordnungen des Staats *(urliuge und vinthschaft / und manslacht und mein eide)* an. Die vom Stricker aufgestellte Reihe der Laster, die aus dem *ungelichen* hervorgehen *(haz, nît, zorn, strît)*, hat eine strukturelle Parallele in der Reihe der *famuli* oder *comites*, die das kriegerische Unternehmen der Discordia unterstützen (VIII, 225 bis 233), und drei der vier Laster haben unter den *famuli* genaue Entsprechungen *(nît / liuor, zorn / ira, strît / lis)*. Das Denkschema für den Strickerschen Geist und für die Discordia des Alanus ist das gleiche, insofern sie sich auf die Gesellschaft beziehen; für die metaphysischen Einflüsse der Concordia (II, 242 – 260) läßt sich nichts in dem deutschen Gedicht (mutatis mutandis) nachweisen, aber das wird mit Rücksicht auf das Thema kaum überraschen.

Dürfen wir den ‚Anticlaudianus' als Quelle für den dritten Teil des Gedichts annehmen? Trotz der Ähnlichkeiten und Übereinstimmungen ist Strickers Analyse zu kurz und undetailliert, um diese Annahme zu rechtfertigen. Von wörtlichen Übertragungen, wie sie zum Beispiel von Jean de Meun und Hugo von Trimberg gemacht wurden[30], ist beim Stricker nichts zu finden. Es ist jedoch wahrscheinlich, daß der Stricker das berühmte und zweimal vor 1225 kommentierte Epos kannte[31] und daß die Darstellung der Concordia bzw. Discordia einen großen Eindruck auf ihn machte, einen Eindruck, der in seiner eigenen Beschreibung der vom *ungelichen* Geist besessenen Menschheit zur Geltung kam.

---

[30] Siehe Bossuats Einführung, S. 43 – 46 (‚Influence et Diffusion'), bes. S. 45 – 46.
[31] Die ersten der vielen Kommentare zum ‚Anticlaudianus' stammen von Radulfus de Longo Campo und Wilhelm von Auxerre (Bossuat, S. 43 – 44). Schwab hat auf möglichen Einfluß des Alanus auf den Stricker in anderen Beziehungen hingewiesen (Zum Thema III, S. 64).

Der vierte Geist ist *der lugnere* (Z. 101, 104, 107, 116) — also nomen agentis: der, der lügt. Am Anfang der Darstellung sagt der Stricker, daß er über einen Teufel redet, der die Menschen zum Lügen bringt, aber mit Z. 135 ist der Geist schon vergessen, und er fährt über 55 Verse fort, verschiedene Lügner-Typen zu beschreiben. In diesem Abschnitt gilt sein Interesse der relativ unbeachteten Gefahr des Lügens, die sich im Gegensatz zu Unzucht, Hochmut oder Zwietracht ganz unauffällig ins alltägliche Leben einnisten kann. Er will der ständigen Bedrohung durch Zergliederung ihrer Erscheinungsformen (*alle tag und alle naht / ist daz liegen maniger slaht*, S. 105 — 106) entgegenwirken und beginnt mit dem vermutlich harmlosesten aller Fälle, der unbewußten und ungewollten Unwahrheit (*er [liuget] ane wizen . . . / und wenet er habe war geseit*, Z. 112 — 114).

In der Besprechung der Lüge steht das ganze Mittelalter unter dem Einfluß des Augustinischen Traktats ‚De mendacio', der mit der wesentlichen Frage beginnt, welche Aussagen als Lügen zu bezeichnen sind.[32] Augustinus kommt zu dem Entschluß, daß der Mensch, der mit gutem Gewissen und ohne trügerische Absicht etwas Falsches als die Wahrheit ausgibt, keiner Lüge schuldig ist: *Non enim omnis qui falsum dicit, mentitur, si credit aut opinatur verum esse quod dicit . . . Quisquis autem hoo enuntiat quod vel creditum animo, vel opinatum tenet, etiamsi falsum sit, non mentitur.*[33] Die im Mittelalter klassische Definition der Lüge (*falsa significatio vocis cum intentione fallendi*)[34] fußt auf Augustinus' Formulierung in der späten Arbeit ‚Contra mendacium' (*Mendacium est quippe falsa significatio cum voluntate fallendi*).[35] Der Fall des Menschen, der unwillkürlich Unwahres sagt, fällt für die Moraltheologie seit Augustinus überhaupt nicht in die Kategorie des Lügens, wenn auch der zugrundeliegende Mangel an Verstand oder Vorsicht zu beklagen ist.[36] Daß der Stricker diesen Fall gleichwohl als Wirkung *des lugneres* bewertet und die betreffenden Aussagen als *vil suntlich gelogen* (Z. 115) verdammt, hängt nicht mit dem überlieferten Verständnis der Lüge zusammen und muß als sonderba-

---

32 Text: PL 40,487 — 518. *Magna quæstio est de mendacio, quae nos in ipsis quotidianis actibus nostris saepe conturbat: ne aut temere accusemus mendacium, quod non est mendacium . . .* (Sp. 487). Vgl. auch den ausgezeichneten Artikel ‚Mensonge' in DThC 10/1, Sp. 555 — 569.

33 PL 40,488.

34 Petrus Lombardus, ‚Commentaria in Psalmos' (PL 191,98 A), auch in III Sentenzen, 38, 3. Vgl. Gerhoh von Reichersberg (PL 193,696); Raimund von Peñafort, Summa, I, 10, S. 97; und Vinzenz von Beauvais, Speculum doctrinale, Nürnberg 1486, X, 94.

35 PL 40,537; vgl. die Formulierung im ‚Enchiridion' (PL 40,243): *Omnis autem qui mentitur, contra id quod animo sentit loquitur voluntate fallendi.*

36 Augustinus, ‚Enchiridion': *Non itaque mendacii, sed aliquando temeritatis arguendus est, qui falsa incautius credita pro veris habet* (PL 40,240).

re Strenge erscheinen.[37] Das gilt ohne weiteres auch für seine Konstatierung, daß solche unbeabsichtigten „Lügen", insofern sie nicht durch Buße getilgt werden, die Seele töten:

> [er] saget daz fur di warheit
> daz vil suntlich ist gelogen.
> den hat der lugener betrogen:
> stirbet er der untriwe
> ane bichte und an riwe,
> in leget der tiufel in sin schrin. (Z. 114 – 119)

Demnach gehört die ungewollte Unwahrheit für ihn zu den *peccata mortalia*. Im Gegensatz dazu hat Petrus Lombardus gelehrt, daß sogar echte Lügen *(falsae significationes vocis cum intentione fallendi)*, die als *causa ioci* oder *benignitate dicta* eingeordnet werden können, für Laien nur *peccata venalia* sind.[38]

Nach dieser außerordentlich rigorosen Lehre über die unwillkürliche Unwahrheit wendet sich der Dichter an die Arten der Lüge, wie sie traditionell verstanden wurden. Augustinus hatte *mendaciorum octo genera* aufgestellt, die dem Mittelalter als Fundament der Analyse dienten[39], aber Strickers Unterteilung hat wenig damit zu tun (obwohl sie auch acht Arten kennt). Wo Augustinus die Unterschiede philosophisch nach dem Grade der Bosheit und dem Verhältnis des eigenen Wohls zu dem des Nächsten vorgenommen hatte, unterscheidet der Stricker pragmatisch nach den psychologischen Gründen, die das Lügen veranlassen: einer lügt (1) *durch kurtzwile ... und durch der leute friuntschaft* (Z. 128 – 129); (2) *durch den bris / daz er die leute dunke wis* (Z. 135 – 136); (3) *durch daz / daz man imz erbîte dest baz* (Z. 137 – 138); (4) *durch di not, / luge er nicht, ez wer sin tot* (Z. 139 – 140); (5) *durch*

---

[37] Zwischen *lug* und *missagen* wird in einer Bertholdschen Predigt scharf unterschieden, um ein anscheinend weitverbreitetes Mißverständnis zu korrigieren: *Der auer missait, daz ist nicht ain lug, wie doch manich leüt wênen, daz lug und missagen allz ainz sei. Des ist iz nicht. Jch will dir sagen, welhez liegen vnd missagen ist. Wer ain dinch redet nach vnd wênt, daz ez war sei, daz ist missagen ...* (Dieter Richter, Die deutsche Überlieferung der Predigten Bertholds von Regensburg, MTU Bd. 21 [München 1969], S. 249). Die einzige theologische Verbindung für die Strickersche Lehre wäre zur Schule Gilberts de la Porrée: siehe Artur Landgraf, Definition und Sündhaftigkeit der Lüge nach der Lehre der Frühscholastik. In: Zs. f. kath. Theol. 63 (1939), 50 – 85 und 157 – 180, hier S. 58 – 60, 63 – 64. Auf ihrer Diskussion gewisser Aussagen der Juden über Christus basiert so ein Satz wie der von Radulphus Ardens, *Multa enim sunt mendacia, que non proferuntur intentione fallendi* (nach Landgraf, S. 64, Fn. 59), doch die Spezialfälle der Porretaner bieten keine Grundlage für Strickers breite Lebenslehre.
[38] III Sentenzen, 38, 1. Vgl. die längere Erörterung Raimunds de Peñafort (Summa, I, 10, S. 97 – 101).
[39] ,De mendacio', c. 14 (PL 40,505 – 506); Petrus Lombardus, III Sentenzen, 38, 2; Raimund de Peñafort, a. a. O., S. 97 – 98; Vinzenz von Beauvais, a. a. O.

*untriw und durch gîtikeit* (Z. 146); (6) *durch ein betrogne ere* (Z. 156); (7) *durch vintschaft* (Z. 173); und (8) *durch Got* (Z. 179).[40] Anlehnungen an die Augustinischen genera gibt es höchstens für den ersten Fall (Augustinus, *mendacium quod fit causa placendi cupiditate de suaviloquio*[41]), den siebten (Raimund von Peñafort, *mendacium detractionis*[42]) und den achten (Raimund von Peñafort, die Lügen aus *pietas*[43]). Sonst schafft der Stricker aus eigener Beobachtung und Wertung. Für die relativ ausführlich beschriebenen Lügner, die aus verwerflicher Absicht handeln (Nr. 1, 5, 6), ist die Lüge nur ein Teil ihrer moralisch fehlerhaften Lebensweise. Der Stricker interessiert sich wenig für die Lüge als philosophische Abstraktion, vielmehr für die geistige Verworrenheit, die in der mit Habsucht und Hoffart verwickelten Lüge zum Ausdruck kommt. Der Lügner, der sich an seine gefälligen Lügen so gewöhnt hat, daß sie ihm nicht mehr als Sünden vorkommen (Z. 124 – 125), gerät so sehr in die Schlingen der avaritia, daß er materiellen Gewinn aus seinem Lügen zieht (Z. 131 – 134).[44] Die der *gitecheit* verfallenen Leute, die anderen ihre Habe *mit untriwen eiden . . . und mit valschen urkunden* abgewinnen (Z. 148 – 149), verlassen sich auf den Meineid als Mittel. Für einen Theologen wäre der Meineid nicht so als species mendacii zu behandeln gewesen[45], dem Dichter kommt es jedoch nicht auf subtile Unterscheidungen an, und er sieht in solcher Verachtung der Wahrheit aus Geiz ein besonders schädliches Lügen. Auch untersucht er die Rolle der Lüge im Wandel gewisser

---

40 Die acht Lügner-Typen werden in den Abschnitten Z. 120 – 134, 135 – 136, 137 bis 138, 139 – 142 (wobei ein Doppelpunkt nach 140, ein Komma nach 141 zu setzen sind), 143 – 154, 155 – 172, 173 – 178 und 179 – 190 besprochen.
41 PL 40,505; vgl. Raimund von Peñafort, *mendacium . . . quod fit placendi cupiditate, vt mendacium adulationis* (a. a. O., S. 97 – 98).
42 A. a. O., S. 97; Augustinus, *Secundum . . . ut aliquem laedat injuste*, a. a. O.
43 A. a. O., S. 98 ff. Vgl. Petrus Lombardus, die Lügen *non malitia, sed benignitate dicta* (PL 191,98 B); von diesen Lügen sagt er, daß sie *non sunt sine culpa* (ibid., auch III Sentenzen, 38, 1), vgl. den Stricker Z. 186: *di luge ist ane sunde nicht*. Traditionsgemäß stellt der Stricker solche Lügen an letzte Stelle in seiner Analyse und gibt als Beispiele die Lügen, die dazu dienen, jemanden hinsichtlich *guot, êre* oder *lip (gesunt)* zu schützen (Z. 182 – 183). Diese Beispiele basieren auf Augustinus' Beispiele für die genera sechs bis acht, die kaum geändert in Raimund von Peñafort (u. a.) fortleben: *mendacium . . . ad euitandum periculum pecuniæ . . . ad euitandum periculum personæ . . . vt ab immunditia corporali aliquem tueatur* (a. a. O., S. 98).
44 Der Stricker scheint daran zu denken, daß sich einer durch „harmloses" Lügen (Scherze, Flunkerei?) das Wohlwollen der Gemeinde erringt, die ihn dann im Gewerbe fördert. Das auf diese Weise gewonnene Gut ist dem mendacium entsprungen und als solches *unreht*, das Verfahren als ganzes Ausdruck eines unordentlichen amor habendi (avaritia).
45 Petrus Lombardus (Sentenzen) behandelt mendacium in distinctio 38 des dritten Buches, periurium in distinctio 39; bei Raimund von Peñafort kommt die Diskussion ‚De iuramento, et periurio' (S. 80 – 96) vor der ‚De mendacio, et Adulatione' (S. 97 bis 101).

Hoffärtiger, und zwar derer, die mit den Sünden prahlen (Z. 161). An die Beobachtung, daß es Männer gibt, die sich erlogener Verschwendung und Unzucht rühmen, schließt der Stricker die Lehre an, daß sie *der hohfart kint* (Z. 167) sind: dieser Schlußfolgerung liegt die betreffende Formulierung zugrunde, *di dunkent sich tiwer denne si sint* (Z. 168; vgl. David von Augsburg, De hominis compositione, S. 95: *Est autem triplex superbia: prima ... maiorem se reputare, quam sit in vertitate*). Es ändert nichts an der Sache, daß diese *tiure* eine durchaus Verkehrte ist.[46]

Der letzte der fünf teuflischen Geister ist der am längsten analysierte, *der heizet der swîgere* (Z. 194). Wieder geht es um einen menschlichen Typ, den vom *swigere* behafteten, *der muz ouch ein swîger wesen* (Z. 198). Angesichts der weiten Entfernung des Schweigens von den Traditionen der Laster und Sünden mag der Dichter an dieser Stelle sich etwas mit der vermutlichen Ratlosigkeit des Publikums unterhalten haben, wozu die Tatsache hätte beitragen können, daß gerade das Schweigen als unter Umständen moralisch empfehlenswert in der traditionellen Lügenanalyse anerkannt und deshalb durch die eben beendete Analyse des vierten Geistes sympathisch ins Gedächtnis gewisser Hörer zurückgerufen worden wäre.[47] Wie das auch sein mag: der Stricker führt den letzten Abschnitt selbstbewußt ein (*nu horet wiez umb das sweigen stet / daz dem menschen an di sele get*, Z. 199 – 200) und erklärt sofort, was für ein Schweigen gemeint ist: das Schweigen in der Beichte (Z. 201 – 203). Die Darstellung folgt in zwei Teilen. Zuerst malt er ein affektives Bild der tränenreichen Beichte, wie sie sein sollte und wie sie vom *swigere* zuschanden gemacht wird[48], daß die Seele verlorengeht (Z. 204 – 222); dann legt er ein fünffaches Schema der Nachstellungen des Geistes vor (Z. 223 – 286). Die ganze Darstellung fließt aus der Tradition der impedimenta der aufrichtigen und ungehemmten Beichte, die manchmal als impedimenta poentitentiae eine allgemeinere Deutung finden. Diese Tradition, die schon um die Mitte des zwölften Jahrhunderts im wesentlichen festgelegt war, erfährt eine Auswei-

---

[46] Ein verwandtes Thema behandelt der Stricker in ‚Dem ungeratenen Sohn' (Ed. Nr. 114): durch Prahlen mit den (wirklich begangenen) Sünden verwirkt der Sünder die Buße. Auch diese Prahlerei geschieht *swenne er daz wolde machen / daz di leute musten lachen* (Z. 13 – 14).

[47] Petrus Lombardus, ‚Commentaria in Psalmos': *Licet autem eis [perfectis] si non falsum dicere, verum tacere ... non est enim culpa verum aliquando tacere* (PL 191, 98 C); vgl. III Sentenzen, 38, 1: *Licet autem eis verum tacere, sed non falsum dicere, ut si quis non vult hominem ad mortem prodere, verum taceat* (S. 721); vgl. Raimund von Peñafort, a. a. O., S. 100.

[48] Schwab, Ausgabe, S. 275: „Die reinigende Kraft der Reuetränen bei der Beichte wird vom Stricker oft betont..." (Anm. zu 150,28).

tung und Vertiefung im dreizehnten Jahrhundert in Verbindung mit der wachsenden Bedeutung der Buße.⁴⁹

Die erste List des teuflischen Geistes, *da mit er di zungen machet lam* (Z. 225), ist die Scham. Der schamhafte Sünder, der sich allerdings der Sünde selber nicht schämte, fürchtet sich besonders davor, daß seine Missetaten durch den Priester verbreitet werden könnten:

> der geschamte sich gegen Got nie
> do er die sunde begie
> und hat der scham nu so vil
> daz er dez nicht gelouben wil,
> swem er sage sine sunde,
> daz er si immer verdagen kunde ... (Z. 227 – 232)

In jeder Liste der impedimenta findet man pudor (oder verecundia), manchmal an erster Stelle wie beim Stricker, und der Zwiespalt zwischen schamlosem Sündigen und schamhafter Hemmung in der Beichte gehört zum Grundgehalt der Diskussion. Petrus Comestor sagt vom Sünder *non erubescat dicere quod non erubuit perpetrare* und gestattet ihm nur das rechte Maß der Scham: *In confessione namque oportet hominem verecundari ... et tamen non sic verecundari ut taceat.*⁵⁰ In seiner Predigt ‚De quatuor impedimentis confessionis' bezieht Bernhard von Clairvaux dieselbe Stellung: *Dicatur ergo illi quem pudor afficit: Cur te pudet peccatum tuum dicere, quem non puduit facere? aut cure erubescis Deo confiteri, cujus oculis non potes abscondi?*⁵¹ In seiner ausgedehnten Analyse des *pudor confitendi* stellt Raimund von Peñafort als erstes Heilmittel die *consideratio rationis* auf, die uns das Bekenntnis der Sünden in der Beichte als *honestum, et utile* erweist, im Gegensatz zur Begehung der Sünden *(inhonestum et inutile, imo et perniciosum).*⁵² Strickers Formulierung *der geschamte sich gegen Got nie / do er die sunde begie / und hat der scham nu so vil* ist durchaus traditionell, doch die Beziehung dieser Scham direkt auf die Angst vor Verbreitung scheint nicht geläufig

---

⁴⁹ Folgende Diskussion basiert auf diesen Texten: Radulphus Ardens, Homilia XXII (PL 155, hier Sp. 1386 – 87); Bernhard von Clairvaux, Nr. 104 der sermones de diversis (‚De quatuor impedimentis confessionis', PL 183,730 – 731); die zwölfte der Old English Homilies of the Twelfth Century, hrsg. von R. Morris, London 1873, S. 70 – 75; Pseudo-Hugo von St. Viktor, ‚De septem gradibus confessionis' (PL 177,858 AB); Martin von Laon, ‚Sermo XXIX. in rogationibus' (PL 208,1041); Petrus Comestor, ‚De sacramentis', in Maitre Simon et son groupe, ‚De sacramentis'. Textes inédits, hrsg. von Henri Weiswelter, Louvain 1937, S. 90* – 92*; Robert de Sorbon, De conscientia et De tribus dietis, hrsg. von Felix Chambon, Paris 1903, S. 47 – 48; und Raimund von Peñafort, Summa, III, 34, art. 67 – 70 (S. 498 – 592).
⁵⁰ S. 90* – 91*.
⁵¹ PL 183,731 B.
⁵² A. a. O., S. 498.

gewesen zu sein. In einer englischen Homilie des zwölften Jahrhunderts wird solche Angst auf die Hemmung timor (nicht verecundia) bezogen *(Fear hindereth the man's shrift who dare not tell the priest his sins, lest what they two know should come out)*.[53] Die einzige mir bekannte Parallele zum Gedankengang des Strickers befindet sich in einer Predigt Bertholds von Regensburg, in der man von drei Dingen liest, die die Beichte verderben: das Sich-Entschuldigen, das Schweigen, das Sich-Rühmen. Hauptproblem für das Schweigen ist die Scham *(,,Owê, bruoder Berhtolt! nu scheme ich mich unmâzen sêre"*[54], und zur Scham trägt die Furcht vor Verbreitung bei *(Sô ist ez als gar verswigen iemer mêr in des priesters herzen, also ob dû ez rehte einem tôten menschen seitest . . . ,,Bruoder Berhtold, ich hân gehôrt, daz etelîche pfaffen die bîhte sagen ir wîben")*.[55] Daß solche Scham und Angst in der Tat seelsorgerisch wichtig war, scheint aus dem angeschlossenen Rat hervorzugehen, der ängstliche Mensch solle seine Pfarre verlassen und in die Stadt gehen, um dort den Dominikanern, Franziskanern oder Zisterziensern zu beichten.[56] Die Verhältnisse legen es nahe, daß der Stricker in der Betonung der schamhaften Angst auf ein aktuelles Problem der durchschnittlichen Pfarre zielte.[57]

Die Dichter präzisiert die zweite List des Teufels nicht, läßt sie implizit im Monolog des Sünders (Z. 236 − 250). Als Ganzes möchte man diese Einstellung mit dem Terminus des Jacobus de Vitriaco *(contemptus presbyteri)*[58] bezeichnen, und gute Gründe dafür sind in dem Verdacht zu finden, die Priester handelten aus Habsucht und ohne Mitgefühl mit der geistigen Not der Gemeinde. Es fällt auf, daß der Stricker diese Kritik ad homines nicht widerlegt. Aus anderen seiner Gedichte weiß man, daß er ausgerechnet die

---

53 Old English Homilies, S. 72.
54 Berthold von Regensburg, I, S. 350.
55 A. a. O., S. 351.
56 A. a. O., S. 351 − 352.
57 Das Vierte Lateranconzil hatte sich emphatisch über die Pflicht der Verschwiegenheit für Beichtväter geäußert (im 21. Kanon: *Caveat autem omnino, ne verbo, vel signo, vel alio quovis modo prodat aliquatenus peccatorem . . . quoniam qui peccatum in pœnitentiali judico sibi detectum præsumpserit revelare, non solum a sacerdotali officio deponendum decernimus, verum etiam ad agendam perpetuam pœnitentiam, in arctum monasterium detrudendum,* Mansi, XXII, 1010).
58 *Quidam autem contemptu presbyteri peccata sua nolunt confiteri,* Sermones in Epistolas et Euangelia Dominicalia totius anni (Antverpiae 1575), S. 236. Jacobus präzisiert die Gründe solcher Verachtung im Priesterstand *(si enim sacerdos eius idiota sit . . .,* ibid.). Raimund von Peñafort kennt als Hindernis die *consideratio culpae maiorum, et maxime praelatorum* (a. a. O., S. 502). Strickers Gedichte ‚Das Weiße Tuch' (Ed. Nr. 139) und ‚Der Hund und der Stein' (Ed. Nr. 95) handeln auch vom contemptus presbyteri im allgemeinen (Z. 177 − 193 bzw. 40 − 43).

Habsucht als Hauptlaster der Pfaffen angeprangert hat[59], was es nicht unwahrscheinlich macht, daß er diesen Teil der Kritik als inhaltsgemäß gerechtfertigt fand. Das soll aber nicht sagen, daß folglich ein Verschweigen der Sünden in der Beichte gerechtfertigt ist. Es kommt eben nicht auf die Person des Priesters, sondern auf das Priesteramt an — auch der geizige Priester hat die Schlüsselgewalt, eine Tatsache, die als Basis der impliziten Verwerfung dieser vom teuflischen Geist eingeflüsterten Kritik dient. Der Sünder mißachtet seinen Pfarrer auch wegen des Verdrusses, den ihm die behauptete Notwendigkeit einer absolut vollständigen Beichte bereitet: *„wer mohte ez allez gesagen, / seit man Got bihtik werden sol? / der weiz ane bihte wol"* (Z. 248 bis 250). Diese für die Buße fundamentale Frage (Petrus Comestor: *Queritur utrum sufficiat soli Deo peccata confiteri, an oporteat ipsa confiteri sacerdoti*)[60] wird im Gedicht nicht beantwortet, wohl der einstimmigen und emphatischen theologischen Tradition halber, die dieses erübrigt.[61] Es ist gleichwohl zu bemerken, daß die Frage außerhalb der impedimenta confessionis erörtert und daher vom Stricker anscheinend aus eigenem Antrieb an diese Stelle gebracht wurde.

Des teuflischen Geistes nächste List betrifft die Habsüchtigen. Im Besitz der unrechten Habe und im Willen, sie zu vergrößern (Z. 252 – 254), verschweigen sie das Laster aus Furcht besonders vor der Forderung nach Rückgabe (Z. 258 – 259). Man vergleiche Raimund von Peñafort: *hec duo impedimenta . . . retrahunt praecipue usurarios, et auaros, qui nihil vellent restituere, et sine fine vellent acquirere . . .*[62] Raimund und der Stricker kennen dasselbe Problem, sehen es aber in unterschiedlichem Kontext, denn Raimund macht diese Beobachtung anläßlich des Hindernisses *Spes . . . diu vivendi, acquirendi temporales diuitias, in quibus quiescat.*[63] Die *duo impedimenta* sind also *timor et spes*. Der Stricker stellt seinen Geizigen nicht als Schablone eines abstrakten impedimentum vor, sondern als einen Menschen, der um den eigenen Unterhalt und noch mehr um den seiner Kinder besorgt ist:

> ,wes solt ich selbe denne leben
> und wa mit bestatt ich mine kint,
> die mir so recht lieb sint
> daz ich ze helle varn wolde
> daz ich an in sehen solde
> daz ich an in gern sehe:
> ich enruchte was mir geschehe.' (Z. 260 – 266)

---

[59] ‚Die tumben Pfaffen' (Ed. Nr. 101), ‚Der Pfaffen Leben' (Ed. Nr. 102).
[60] A. a. O., S. 95*.
[61] Zum Beispiel Petrus Lombardus, IV Sentenzen, 17, 2 – 3 (*,Si sufficiat soli Deo confiteri'*); Alanus de Insulis, ‚Liber poenitentialis' (*,Confessionis necessitas'*, PL 210,300 bis 301).
[62] A. a. O., S. 500.
[63] Ibid.

Da diese selbstaufopferischen Gedanken im Text nicht widerlegt werden, dürfte man versucht sein, die pathetische Rede zu bewundern, dem Geizigen eine gewisse Nobilität der Gesinnung zuzuschreiben und seine Rolle als abschreckendes Beispiel zu bezweifeln. Zum Verständnis der Stelle gehört nicht nur die Lehre, daß die vermiedene Rückgabe unrechter Habe die Buße vereitelt (was Strickers Geiziger eben weiß)[64], sondern auch die weitere Lehre, daß die Erben solcher Habe genau derselben Gefahr ausgesetzt sind wie der Vererbende.[65] Das weiß dieser Geizige leider nicht, sonst würde er nie daran denken, seine geliebten Kinder in die Gefahr der Verdammnis durch ein unrechtes Vermächtnis zu bringen. Sein vermeintlicher Adel beruht auf tragischem Irrtum, der für sich und die Kinder vernichtend sein mag.[66]

Der vierte Schweiger ist der, der seinen Feinden weder vergeben hat noch vergeben will (Z. 269 — 280); er will nicht ehrlich in der Beichte sein, weil er weiß, daß er durch priesterliches Gebot auf seinen Zorn wird verzichten und sich mit den Feinden wird versöhnen müssen. Vom teuflischen Geist mit dem Laster der *ira* erfüllt, verstößt er gegen das Wesentliche der Buße, das in der fünften Bitte des Vaterunsers enthalten ist — die Verzeihung der Mitmenschen, damit Gott uns verzeiht — und vereitelt dadurch das Sakrament. So wichtig dieser Fehler fü. das Seelenleben überhaupt ist, scheint er in der Analyse der impedimenta keine Rolle gespielt zu haben und verdankt seine Stelle im Gedicht wohl des Strickers eigener Bewertung des starrsinnigen Grolls.

Der fünfte Einfluß des bösen Geistes ist im fortwährenden Hang zur Sünde zu erkennen. Für diesen braucht der Stricker wenige Worte (Z. 281 — 286). Der

---

64 Siehe Karl Weinzierl, Die Restitutionslehre der Frühscholastik, München 1936, bes. S. 178 — 180, 186. Petrus Abelardus kennt das Problem der Geizigen, die gegen die Rückgabe unrechten Gutes mit ähnlichen Argumenten protestieren wie Strickers dritter Schweiger: „*Vnde ergo, inquiunt, domus mea uiueret? Quid filiis meis, quid uxori relinquerem? Vnde se sustentare possent?*" (Peter Abelard's ‚Ethics', hrsg. von D. E. Luscombe, Oxford 1971, S. 80).

65 Weinzierl, S. 125 (über John of Salisbury) und 152 (über Robert Courçon). Diese Lehre wird Strickers Achtung verdient haben, weil sie ein Sonderfall des im 39. Kanon des Vierten Laterankonzils erörterten Problems (‚*De restitutione danda contra possessorum, quae non rapuit ipse*') ist: *sancimus, ut si quis de cetero scienter rem talem acceperit, cum spoliatori quasi succedat in vitium* (Mansi, XXII, 1026).

66 Genau wie der Stricker will Berthold von Regensburg vor diesem Irrtum warnen: *der gitige. Den genüeget auch nicht, daz er sich selben ermorde ze dem êwigen tôde, er enwelle sîn eigen kint ermorden und alle die sîn unreht guot nâch sînem tôde besitzent und erbent* (I, S. 136); *Sô sprichet der vater zuo dem kinde: ‚wê dir! wan ich durch dînen willen unrehtez guot gewan anders danne mir got geboten hete.' Sô sprichet daz kint zuo dem vater: ‚nein, ich bin durch dîne gîtikeit êwicliche verdampt unde hâst mich verkoufet in den êwigen tôt'... ir kint nû hüetet iuch vor dem unrehten guot, daz irz iht erbet von vater unde von muoter* (I, S. 193; vgl. I, S. 23, 24, 160, 209 und 272). Thomasin vertritt dieselbe Lehre: *wan ob sîn kint niht enlât / daz sîn vater unrehte gewan, / so ist er ouch verlorn dan* (Z. 7092 — 7094).

Fall derer, *who are wilful to love their sins and are unwilling to forsake them*[67], war in der Literatur über impedimenta gelegentlich mit einbegriffen (Raimund von Peñafort zählt *consuetudo peccandi* und *delectatio peccati* zu den impedimenta poenitentiae[68]), war jedoch von viel weit ausgreifender Bedeugung und kaum als impedimentum confessionis in begrenztem Sinne aufzustellen. Ihn erledigt der Stricker so kurz und bündig, daß man sich fragt, ob er überhaupt nur um der Fünfzahl willen da ist.[69]

Denn mit einer Fünfzahl der Schweiger-Typen beendet der Stricker seine Diskussion der fünf teuflischen Geister. Aufbau und Gehalt des Gedichtes weisen einen merkwürdigen Eklektizismus auf. Man kann nicht meinen, daß der Stricker die fünf seiner Anschauung nach schlimmsten Laster behandelt hat, da der Habsucht, die in seinem Denken die Hauptrolle unter den Sünden spielt, keine eigene Besprechung zuteil wird. Der Stricker hat zunächst die berühmtesten der überlieferten vitia capitalia als Ausgangspunkt gewählt, die luxuria des Fleisches und die superbia des Geistes, dann auf die Ursache des Streits und des Haders übergegriffen, um mit langen Analysen zweier relativ unauffälliger Gefahren zu enden (die Begehungssünde der Lüge, die Unterlassung der vollständigen Beichte). *Der ungeliche geist* mag von ihm sehr wohl als den Hauptlastern zugehörig aufgenommen worden sein, weil auch Alanus de Insulis, in dessen ‚Anticlaudianus' er fast verselbständigt wird, ihn der ira zugeordnet hat.[70] Gleichwohl wird man die Bedeutung der Lastertradition im Strickerschen Gedicht durch Überlegung der Proportionen richtig einschätzen können: für die ersten drei Geister braucht der Stricker 93 Verse (Z. 6 – 98), für die zwei letzten dagegen 188 (Z. 99 – 286). Ohne die von der Wichtigkeit der Buße hergeleitete Aufschwellung des ersten Abschnitts wären die Verhältnisse noch klarer.

Wenn dieses Gedicht vor einem bürgerlichen Publikum vorgetragen wurde, was (vom Thema und von der Art her zu urteilen) nicht unwahrscheinlich ist,

---

67 Old English Homilies, S. 74.

68 A. a. O., S. 502.

69 Allerdings berührt dieser Abschnitt das vom Stricker mehrfach behandelte Problem der aufgeschobenen Buße (vgl. unsere Studie zur Bußlehre). In ‚Dem altgewordenen Sünder' (Ed. Nr. 98) sagt der Stricker, warum der grauhaarige Sünder sich selten bekehrt: *ich sage iu waz in widerstât: / diu liebe die er zen sünden hât, / diu lât sim werden kûme leit, / und diu alt gewonheit ...* (Z. 19 – 23), eine Analyse, die den fünften Schweiger auch betrifft.

70 De Virtutibus et de Vitiis et de Donis Spiritus Sancti, S. 41. Es kommt gelegentlich vor, daß mittelalterliche Gelehrte sich dadurch auf ein Hauptlaster beziehen, daß sie auf eine seiner Unterarten anspielen: siehe Rosemund Tuve, Notes on the Virtues and Vices. Part I, Journal of the Warburg and Courtauld Institutes 26 (1963), 303 (wo vom ‚Anticlaudianus' die Rede ist), und Siegfried Wenzel, The Seven Deadly Sins: Some Problems of Research, Speculum 43 (1968), 16, Anm. 63.

dürfte man seine Proportionen und Aussagen in Verbindung mit den vom Dichter bemerkbaren Lastern bringen, die den durchschnittlichen Bürger gefährdeten. In der bürgerlichen Gemeinde waren Ehebruch, Fornication, Hurerei und Sodomie zwar nicht unbekannt, für eine Minderheit der Bevölkerung jedoch als aktuelles Problem von Belang geblieben. Die luxuria war demgemäß eine krasse, aber nicht umfassende Sünde und hat also als Anlaß zur Erörterung eines allgemeinen Problems in der Buße gedient. Obwohl der superbia keine sozialen Begrenzungen vorgeschrieben wurden, war dieses Laster schon lange als besondere Gefährdung reicher und vornehmer Leute aufgefaßt worden.[71] Diese Auffassung ist auch in des Strickers Darstellung zu spüren, wenn er den Mangel an Erbarmung, die Habsucht, besonders das Verlangen nach unrechter Ehre und Gewalt rügt. In seinem Publikum wären relativ wenige Menschen gewesen, die dieses Laster als Ganzes auf sich selber hätten beziehen müssen. Doch kann der Geist des Haders grundsätzlich jede Person ergreifen, die Ehefrau und den König; kein Mensch entzieht sich von vornherein der discordia, für jeden in jedem Publikum bleibt sie gefährlich. Ähnlich verhält es sich mit der Lüge, besonders die ungewollte Unwahrheit, die der Stricker ohne klare theologische Unterstützung verdammt, und natürlich auch mit Versäumnissen in der für jeden Christen durch das Vierte Laterankonzil als unvermeidliche Pflicht bestätigten Beichte. Das heißt, je weiter der Stricker sich in der Auswahl und Betonung der teuflischen Geister vom überlieferten Lasterkanon entfernt, desto enger hängen seine Äußerungen mit der mutmaßlichen Gefährdung aller Bürger im Alltagsleben zusammen. Darauf kam es ihm an und nicht auf die Fortpflanzung traditionellen Wissens von den vitia capitalia.

Der Schluß läßt sich auch aus der dichterischen Methode ziehen. Die superbia erhält eine katalogartige Behandlung, die den wohlbekannten Inhalt in wenigen Worten übermittelt; das gilt auch für die discordia, mit der Einschränkung, daß der Stricker bei den Familienverhältnissen und besonders bei der Ehe etwas verweilt; seine Besprechung der verfehlten Buße verläuft viel lebendiger, da der von seinen Genossen verhöhnte Geist *listiklichen slichet* (Z. 33), bis er den Menschen *erwischet* und *schundet* (Z. 37, 39) und endlich gefangen nimmt; der Leser lernt im vorletzten Abschnitt verschiedene Lügnertypen kennen, die einem durch entsprechende Fälle im alltäglichen Leben schon

---

[71] Herrscherfiguren (zum Beispiel Nebuchadnezzar) waren bekanntlich mit der superbia verbunden. Der Stricker hat sein Gedicht ‚Vom heiligen Geist' (Ed. Nr. 1) mit dem Beispiel von „Alexander als Prototyp des mit der Superbia behafteten Menschen" beendet (Schwab, Ausgabe, S. 251, Anm. zu 1, 913 – 948). Dieses Verhältnis wirkt in Berthold von Regensburg nach (*hôhvart* ausdrücklich auf *riche liute* bezogen, siehe oben, Anm. 20) und in Strickers ‚Die drei Gott verhaßtesten Dinge' (Ed. Nr. 115), wo die *hôhvart* der armen Leute sich radikal steigern würde, wenn sie reich wären.

bekannt sind und deswegen vielmehr psychologische Porträts als Darstellung scholastischer Kategorien zu sein scheinen; und zwei Beispiele solcher Typen läßt der Stricker im letzten Abschnitt selber agieren: sie stellen sich und ihre Fehler dramatisch durch direkte Reden vor (Z. 236 – 250, 255 – 266). Mit der Entfernung vom Lasterkanon wird die dichterische Teilnahme spürbar größer.

Durch die zwei letzten Abschnitte wird man an das de casibus-Format der Pönitenzliteratur erinnert, das die Laster zergliedert, indem es Einzelfälle von breiter Geltung untersucht.[72] Sowohl wegen der unbestimmten Chronologie der Strickerschen Gedichte als auch der relativ unerforschten Verbreitung der Pönitenzliteratur des dreizehnten Jahrhunderts auf deutschem Sprachgebiet muß die Frage dahingestellt werden, welche Texte dieser Art dem Dichter hätten vorliegen können. Es ist vielmehr anzunehmen, daß er solche gekannt und sie sowohl für das Format als auch für den Inhalt seiner Analysen des Lügners und des Schweigers fruchtbar gemacht hat.

## 2. ‚Die sechs Teufelsscharen' (Ed. Nr. 136)

Genau wie ‚Die fünf teuflischen Geister' behandelt dieses Gedicht eine Reihe seelischer Gefahren, jedoch hat der Stricker die Auswahl von einem ganz anderen Standpunkt getroffen und auf andere Weise ausgeführt. Es ist wahr, daß er sechs Teufelsscharen vorstellt, aber die Gliederung des Gedichts macht deutlich, daß wir eigentlich nochmals mit einer Gruppe von fünf bösen Versuchungen zu tun haben: die erste Schar umfaßt alle Teufel, die den Menschen in der Welt zur Sünde reizen, beansprucht jedoch nur 37 von insgesamt 280 Versen im Gedicht und fungiert als Ursache dafür, daß die Entsagung der Welt vom Dichter empfohlen und gewisse Gefährdungen solcher bekehrten Menschen analysiert werden. Da die Sechs nie in malam partem gedeutet wurde[73], überrascht es nicht, daß die sechs Scharen keine organische Einheit bilden.

Im Gegensatz zu den ‚Teuflischen Geistern' ist diese Komposition klar ausgewogen: die Abschnitte sind ungefähr gleicher Länge, jeder stellt zuerst die

---

72 Zum Beispiel The Summa de penitentia of Magister Serlo. In: Mediaeval Studies 38 (1976), 1 – 53: in der Besprechung der avaritia werden verschiedene Fälle berührt (*Item miles . . . Item religiosi* usw., S. 20 – 23). Das berühmteste Beispiel ist wohl Raimunds Summa (auch Summa de casibus genannt). Eine Übersicht bietet Pierre Michaud-Quantin, Sommes de casuistique et manuels de confession au moyen-âge, XII$^e$ – XVI$^e$ siècles, Louvain-Lille-Montréal 1962.
73 Siehe Meyer, Die Zahlenallegorese im Mittelalter, S. 129 – 135. Es wäre jedoch möglich, die arithmetische Vollkommenheit der Zahl Sechs (= 1 + 2 + 3 = 1 x 2 x 3) mit der vollständigen, in sechs Unterteilungen besprochenen teuflischen Macht zu verbinden.

Teufelsschar und ihr besonderes Übel vor und bietet dann betreffende Heilmittel an.[74] Es entsteht also eine Reihe von vitia und remedia. Das erste vitium, das ein Konglomerat aller Laster weltlichen Lebens ist, hat natürlich als remedium die Weltflucht — das ist allerdings eine grobe Verwendung des geläufigen Schemas von Laster und Heilmittel, das der Stricker in den folgenden Analysen geschickter und präziser anbringt. Die zwei letzten vitia sind acedia und superbia, also Vertreter der vitia capitalia. Zwischen diese allgemein bekannten Flügel setzt der Dichter drei spezifisch für Bekehrte gefährliche Teufelsscharen, die ihre Bekehrung zu vereiteln versuchen, und organisiert das Ganze durch eine auch in ‚Den sechs Versuchungen' (Ed. Nr. 130) angebrachte räumliche Orientierung: die Scharen treten von vorne, rechts, links, hinten, unten und oben an.[75] Wie es in ‚Den sechs Versuchungen' aber nicht in jeder Einzelheit der Fall ist, hängt die räumliche Verteilung der Teufelsscharen eng mit dem ihnen innewohnenden Bösen zusammen und gehört zum Wesentlichen des Gedichts als Kunstwerk. Sie wird am besten nach der Besprechung der einzelnen Scharen zu erörtern sein.

Die erste Schar ist so zahlreich und verfügt über eine so raffinierte Verführungskunst (*ie suzer und ie suzer ser / machent si im zu allen ziten,* Z. 14 bis 15), daß das Weltleben unvermeidlich zum Sündigen führt (*swer mit der werlde wesen wil, / der muz sunden harte vil,* Z. 29 — 30). Verläßt man die Welt — und es wird später zu erwägen sein, was der Stricker mit der Formulierung *die werlt verlazen* (Z. 55, 63, 78; vgl. Z. 33 *die werlt lan*) eigentlich im Auge hat —, dann entflieht man der Gefahr weltlichen Sündigens, doch nicht den Sünden an sich: der religiosus kann ebenso den fleischlichen und geistigen Lastern verfallen wie der Laie, in diesem Gedicht ist es aber nur eine Frage der constantia im guten Willen des bekehrten Menschen. Der Stricker interessiert sich hier nicht für die Weltlichkeit der Ordensleute als didaktisches Thema, sondern für psychologische Probleme der Menschen, die sich erst vor kurzem aus der Welt zurückgezogen haben und aufgrund dieser Probleme eventuell zum Rückfall gebracht werden können.

Das erste Problem (die zweite Teufelsschar) gestaltet sich in Freunden und Verwandten des Bekehrten, die ihm folgende Vorwürfe machen:

> „du hast missetan
> daz du din ere hast verlan.
> du gewinnest nimmer mere

---

[74] Erste Schar, Z. 1 — 37 (Heilmittel, Z. 23 — 37); zweite Schar, Z. 38 — 66 (Heilmittel, Z. 53 — 66); dritte Schar, Z. 67 — 97 (Heilmittel, Z. 87 — 97); vierte Schar, Z. 98 — 134 (Heilmittel, Z. 123 — 134); fünfte Schar, Z. 135 — 164 (Heilmittel, Z. 156 — 164); sechste Schar, Z. 165 — 204 (Heilmittel, Z. 191 — 204); Schluß, Z. 205 — 208.
[75] Vgl. Schwab, Ausgabe, Anm. zu Ed. Nr. 130, S. 270 — 271.

gut noch werltlich ere:
du bist allen dinen vreunden tot" (Z. 47 – 51)

Obwohl in dieser Rede der Ton menschlicher Liebe vernehmbar ist *("du bist allen dinen vreunden tot")*, bildet der Gedanke an Reichtum und Ehre einen wichtigen Teil der Versuchung, allerdings der Gedanke an den Reichtum und die Ehre, die mit der weltlichen Stellung des Bekehrten verbunden sind, d. h., die ihm dank seiner Rolle in der Familie und seiner Beziehungen zu Freunden zukommen würden. Die Versuchung, die die Teufel *mit vreunden und mit magen* (Z. 42) zuwege bringen, ist zweifach: die Rückkehr zur weltlichen Eitelkeit und die Rückkehr zu normalen Beziehungen menschlicher Zuneigung. Damit spielt der Stricker auf das vielleicht größte Problem im Bereich der Novizen an, der Unwille oder expliziter Widerstand der Familie und der Freunde. Schon Johannes Cassian warnte vor dieser Versuchung in ‚De institutis coenobiorum': *Cave ne parentum, ne affectionis pristinæ recorderis, et ad curas hujus sæculi revocatus . . . regno coelorum aptus esse non possis.*[76] Petrus Damiani betrachtete fleischliche Begierde als die gefährlichste Kraft, die einen Mönch zurück in die Welt treiben könnte, nannte aber *prosapia generis* an nächster Stelle[77], und aus den Briefen Bernhards von Clairvaux geht hervor, daß der Abt ständig mit Freunden und Verwandten um die Neubekehrten zu kämpfen hatte: *Amici tui et proximi tui adversum te appropinquaverunt, et steterunt. Revocaverunt te in fauces leonis; Sed inimici hominis domestici ejus . . . Ipsi sunt qui non te diligunt, sed gaudium suum ex te.*[78] In den Klostergeschichten des Caesarius von Heisterbach findet man manche Beispiele für diesen schlechten Einfluß von Familie und Freunden: *Factus itaque novicius, vix tribus vel quinque diebus elapsis, venerunt amici eius dolentes, et ut reverteretur ad saeculum, plurimis verbis exhortantes; habebat hic fratres milites . . . Qui cognita eius conversione turbati sunt, et venientes ad claustrum, multis verbis suaserunt ut rediret ad saeculum . . .*[79] Ohne Zweifel wurde der Verlust dieser Beziehungen als schwere Probe für viele No-

---

[76] PL 49,197 A.

[77] PL 145,737 BD.

[78] PL 182,255 D (Epistola 112); Sp. 527 C (Epistola 322). Vgl. Epistolae 2,110, 111 und 292. Der Zisterzienserabt Etienne de Salley warnt vor der *visitatio parentum* in seinem ‚Speculum novitii', hrsg. von Edmond Mikkers. In: Collectanea Ordinis Cisterciensium Reformatorum 8 (1946), 17 – 68, hier S. 66.

[79] Dialogus miraculorum, hrsg. von Joseph Strange, 2 Bde., Köln – Bonn – Brüssel 1851, I, S. 18 und 20. Hinweise auf andere Geschichten dieser Art von Caesarius und anderen bei Frederic C. Tubach, Index exemplorum. A Handbook of Medieval Religious Tales, Helsinki 1969, Nr. 3319 – 3338. Siehe auch die unechten Geschichten in Alfons Hilka (Hrsg.), Die Wundergeschichten des Caesarius von Heisterbach, III, Bonn 1937, S. 130: *quidam monachus de fratribus suis redire ad seculum temptabitur*; und S. 134: *Cum quidam unicus adolescens, heres patris suis, factus esset monachus . . . pater armata manu venit, ut destrueret monasterium, nisi filius suus redderetur.*

vizen und der Unwille ihrer Familien über die mit ihnen verlorengegangene
oder gefährdete *gut [und] werltlich ere* als Ursprung schweren Drucks gegen
ihre Bekehrung allgemein anerkannt. Insofern fußt der Stricker in diesem Abschnitt viel mehr auf sozialen Tatsachen als geistlichen Quellen.

In solchen Quellen findet man natürlich Anspielungen auf die verführerische
Macht von Ehre und Reichtum, jedoch weniger und flüchtiger, als vielleicht
zu erwarten wäre. Über das Noviziat schreibt der Zisterzienserabt Adam de
Perseigne, daß *amor mundi* einer der vier Bestandteile des alten Menschen ist,
die der Novize bewältigen muß, und *Amor mundi triplici animum vetustate
corrumpit: accendit enim ex desiderio dignitatis, inflat eum appetitu vanæ
laudis, onerat et aggravat divitiis quæstuosis.*[80] David von Augsburg schreibt
für *proficientes* über dieselbe Gefahr: *„Mundus" etiam dupliciter tentat nos:
sive offerendo nobis ea, quibus ad se alliciat, scilicet honores, divitias . . .*[81],
aber in den Geschichten, die Caesarius von den Versuchungen und dem Rückfall erzählt, sind weltliche Ehre und Reichtum verhältnismäßig unwichtig.[82]
Eben war die Entsagung solcher Eitelkeit für jeden Novizen von vornherein
klar und ausgemacht, und zu Strickers Lebzeiten hatten relativ wenige Leute,
die die Welt verlassen wollten, Hoffnung auf Ehre und Reichtum – also
scheint im Hochmittelalter und für den Stricker die Erinnerung an abgetretene Würden an sich kein ernstes Noviziatsproblem gewesen zu sein. Andererseits hätte die Verschmelzung solcher Erinnerungen mit den dringenden Bitten der Verwandten und Freunde, wie sie im Gedicht, nicht aber in der kirchlichen Literatur vorkommen[83], eine für den Neubekehrten psychologisch viel
schwerere Last geschaffen. Die zweite Teufelsschar entsteht aus der Kenntnis
des Dichters von *amor mundi* und den häufigen Versuchen von Freunden und
Verwandten, Novizen wieder in die Welt zu bringen; diese Kenntnisse finden
ihren Niederschlag als *strafen* (Z. 46) in direkter Rede eben dieser Personen.
Vom Heilmittel gegen dieses Übel ist wenig zu sagen: es besteht aus dem
festen Vorsatz, *vreunde* und *vreundes rate* zu entsagen (Z. 54, 64), was für
denjenigen Menschen möglich sein wird, dem Christus das Liebste ist (Z. 61
bis 64).

---

[80] PL 211,614 D. Der Aufsatz von Louis Merton, La formation monastique selon Adam
de Perseigne, Collectanea Ordinis Cisterciensium Reformatorum 19 (1957), 1 – 17, ist
für uns ohne Belang.
[81] De hominis compositione, S. 73 – 74.
[82] Vgl. Bd. I, S. 222: *Reduxit ei diabolus ante cordis oculos delicias saeculi, quas dimiserat . . .*
[83] Bernhard von Clairvaux reiht sie allerdings aneinander: *Vilescit gloria præsens . . .
parentum et charorum renuntiatur affectibus; favores, et honores, et dignitates reputantur ut stercora;* und *Adolescens nobilis . . . sprevit mundum, corpus exposuit, propinquorum renuntiavit affectibus, paratos divitiarum laqueos transilivit . . .* (Epistolae 109, 322;
PL 182,252 A und 527 A).

Die dritte Versuchung ist ausdrücklich ärger als die vorhergehenden (*So kumt die dritte schar iesa, / die tut im wirser den die zwâ*, (Z. 67 – 68). Dies ist die einzige Bemerkung dieser Art im Gedicht, und nichts spricht dafür, daß der Stricker sich eine Steigerung des Bösen als Prinzip der Komposition vorgenommen hat. Es fragt sich also, in welchem Sinne die dritte Schar *wirser* ist. Noch einmal gestalten sich die Teufel als des Novizen Mitmenschen, diesmal gehört jede Person *swem er ist bekant* (Z. 70) dazu, es ist also eine viel größere Gruppe als die vorhergehende und macht die öffentliche Meinung aus. Sie verleumdet den Bekehrten, indem sie eine seltsame Verkehrtheit als Grund seiner Weltflucht annimmt:

> „daz ist der aller boeste man
> den diseu werlt ie gewan.
> ez hat sin bosheit getan
> daz er die werlt hat verlan,
> wan in der eren bedroz
> daz man sin indert iht genoz.
> nu wil er manne noch wibe
> mit gut noch mit libe
> nimmer mer ze helfe kumen.
> sin bosheit hat in uns benumen,
> er hat alle tugent verlazen:
> des muz er sin verwazen!" (Z. 75 – 86)

Seine Weltflucht ist auf *sin bosheit* zurückzuführen, die ihn nicht länger als wohltuenden Christen in der Welt lassen wollte und ihn deshalb in die Isolation religiösen Lebens getrieben hat, wo er niemandem nützt.

Daß Novizen sich nicht selten mit einem negativem Urteil der Umwelt abfinden mußten, darf man als Hintergrund der zwei Kapitel in Davids von Augsburg Schrift an Novizen vermuten, die die Titel ‚De non curando humano iudicio' bzw. ‚Noli moveri detractionibus hominum' tragen[84], dennoch bieten uns diese und vergleichbare Ermahnungen keine Erklärung dafür, daß schmähliche öffentliche Meinung für den Bekehrten eine noch größere Gefahr als Erinnerungen an sein Privatleben oder die Teufel der Weltsünde für Laien bedeutet. Das eigentlich Teuflische an der Schmähung durch Bekannte in diesem Gedicht liegt nicht darin, daß die Bekehrung aus verwerflichen Gründen hervorgegangen sein soll, sondern darin, daß nur durch seine Rückkehr in die Welt der überredete Novize seine *tugend* (Z. 85) würde beweisen und seine angeblichen christlichen Pflichten würde erfüllen können. Die Versuchung ist also, das (scheinbar) Gute zu tun. Schon Petrus Damiani hat sich emphatisch über die teuflische Schlauheit geäußert, die einen Mönch in die Welt *sub specie pietatis* zurückziehen konnte: *Revertere ... domum sub ipso sacrae*

---

[84] De hominis compositione, S. 49 – 52.

*professionis habitu, rege familiam, expone pie vivendi forman, tene super filium ejusque coaevos gravitatis ac modestiae disciplinam* usw., lautet des Teufels Rat.[85] Caesarius erzählt von einem Priester, der das Kloster verlassen will, um seine jetzt recht schlecht verwaltete Kirche in Herlisheim wieder zu betreuen, und von der eigenen Antwort auf diesen Vorschlag: *Tentatio diaboli est, qui vos sub specie boni eiicere conatur.*[86] Dasselbe Urteil trifft des Priesters Wunsch, in die Welt zurückzugehen, *ubi tam canonice vivam, ut alii exemplo meo aedificentur.*[87] In seiner Analyse der dreifachen Versuchung zum Bösen verbindet David von Augsburg die *tentatio sub specie boni* nicht mit Welt oder Fleisch, sondern mit dem Teufel: *Diabolus . . . specialiter duabus tentationibus infestat nos . . . cum mala sub specie boni persuadet, quo improvidos, quos aliter decipere non potest, callide supplantet et a bono deiiciat.*[88] Es ist klar, daß in der klösterlichen Diskussion von den Ursachen des Rückfalls der Bekehrten in die Welt der Wille zum tätigen, christlichen Leben als eine besonders hinterhältige Gefahr verurteilt und direkt mit dem Wesen des Teufels verknüpft wurde. Das ist natürlich eine für das Kloster typische Ansicht, die nicht notwendigerweise vom andächtigen Laien geteilt wurde; an dieser Stelle vertritt der Stricker jedoch die asketische Seite dieser Frage.

Wie im Falle der zweiten Schar, so schafft er in diesem Falle aus Kenntnis der Theorie religiösen Lebens und sicher aus eigener Beobachtung. Er vereinigt das Problem der *detractiones hominum* (David von Augsburg) mit der Verlockung zum Bösen *sub specie boni vel pietatis* (Petrus Damiani, Caesarius, David) und gestaltet auf diese Weise eine Versuchung zum Abfall, der rein pragmatisch betrachtet äußerst schwer zu widerstehen wäre. Seine eigene Wertung dieser Versuchung als *wirser den die zwâ* dürfte jedoch eher auf der Assoziation des scheinbar Guten mit dem Teufel selber[89] als auf subjektivem Urteil basieren, vielleicht auch auf einem Gedankengang wie dem Davids von Augsburg: sogar die Menschen, die den offenen Gefahren der Sünde widerstehen können, werden Opfer der teuflischen Hinterlist, die das Böse in das Gewand des Guten kleidet.

Strickers Heilmittel für dieses Übel ist fast der gleiche Rat, den David von Augsburg den Novizen erteilt: *Stude humano iudicio non moveri nec delectari favoribus nec despectu contristari . . . Laudet te qui vult, vel despiciat,*

---

[85] PL 145,742 CD.
[86] Bd. I, S. 216.
[87] Ibid.
[88] A. a. O., S. 74.
[89] 2 Kor. 11, 14: *ipse enim Satanas transfigurat se in angelum lucis;* vgl. Bernhard von Clairvaux, *Saepe diabolus per speciem boni vult decipere servos dei quando se simulat angelum lucis* (PL 184,1298 C).

*quid ad te? . . . Et cum detrahi tibi intelligis, non movearis, quia, si . . . verum non est, non nocet tibi eorum oblocutio . . .*⁹⁰ Der Stricker verstärkt den asketischen Inhalt solchen Rats, da er die empfohlene Gleichgültigkeit aus der Schmähung des eigenen Lebens folgen läßt, bleibt aber ganz im Geiste des franziskanischen Novizenerziehers:

> swie vil in wip und man
> gesmehen und gescheiten kan,
> daz sol er lazen ane haz
> und tun ie baz und baz. (Z. 93 − 96)

Wenn die ärgste der drei ersten Teufelsscharen ihre Stellung irgendeinem Grundsatz der Komposition verdankt, dann ist dieser in der Tatsache zu finden, daß die Scharen eins bis drei sozusagen äußerliche Versuchungen darstellen, die Scharen vier bis sechs dagegen innerliche. Die erste Schar verkörpert alle Anreize zu den Sünden, die im Weltleben gedeihen − Fallen, die die Welt aufstellt; von außen her kommen die Scharen der Verwandten, Freunde und Bekannten. Stilistisch spiegelt sich dieses Verhältnis in dem dramatischen Monolog ab, der zwar für die erste Schar ausfällt, für die zweite und dritte ein Angriff der draußen in der Welt bleibenden anderen ist, für die folgenden Scharen aber aus dem Mund des Versuchten selber kommt. Die zweite und dritte Schar ist wegen der Argumente, mit denen die Gesellschaft den Entschluß des Bekehrten erschüttern will, gefährlich; die drei letzten Scharen greifen das innere Leben direkt an, drohen mit unmittelbarer Verderbnis des Geistes und drücken sich demgemäß in den eigenen Worten des Angegriffenen aus. So bedeutet die dritte Schar einen Höhepunkt der von der Welt her fließenden Versuchungen.

Mit der vierten Schar kommt eine Änderung in der Analyse: es geht nicht mehr um Kräfte, die die Weltflucht in dem Sinne vereiteln, daß der Bekehrte in die Welt zurückgeht, sondern um die geistige Verweltlichung der Menschen, die noch im religiösen Leben bleiben. Die vierte Schar ruft dem Bekehrten sein früheres Leben so ins Gedächtnis zurück, daß er nicht mehr seine sündige Lebensweise bereut, sondern stolz auf sie ist. In bezug auf Frauen, Reichtum und Ehre war er *der aller werdest ie* (Z. 108), und eine solche Perspektive verrät die Abwesenheit der contritio: *lobt er daz leben iht, / so ist die rewe da niht* (Z. 121 − 122).

Obwohl dieses Problem grundlegend für jedes christliche Leben ist, hatte es gleichviel eine spezifische Bedeutung für Novizen, die sich nicht nur das Sündigen, sondern auch den Hang zum Sündigen abgewöhnen mußten. Unter die vier zu bewältigenden Bestandteile des alten Menschen stellt Adam de Perseigne den *usus* oder die *consuetudo peccandi*, die sich in den ungereinigten

---

⁹⁰ A. a. O., S. 50 − 51.

Gedanken des Novizen offenbart, und klagt über die Zahl der Mönche, deren *interna cogitatio* ihre äußerliche Tugend zum Gespött macht: *O quanti hodie sub religionis habitu vivunt, qui, etsi specietenus mundo vel carni non serviunt, in corde tamen reversi sunt in AEgyptum, et interna cogitatione relapsi sunt in peccatum!*[91] Ähnlich schreibt Bernhard von Bessa, Sekretär von Bonaventura, in seiner ‚Epistola ad quendam novitium': *Siquidem non multum habitus religiosus prodest, si adsit adhuc animus saecularis.*[92] Nun ist es wahr, daß man zwischen dem innerlichen Prahlen mit vergangener Weltlichkeit und der verborgenen Lust zur Sünde unterscheiden kann, doch kommt es in beiden Fällen auf den *amor mundi* und die seelische Richtung an: nur dem Religiösen, der mit *animus saecularis* behaftet ist, können die Erinnerungen an weltliche Verfallenheit oder die Möglichkeit weiterer Sünden positiv vorkommen.

Das Heilmittel gegen diese Teufelsschar besteht erstens aus vollem Bewußtsein des früheren tödlichen Zustands (Z. 123 – 125) und zweitens aus der sich daraus ergebenden tränenreichen Reue (Z. 126 – 131). Die lachrymae contritionis gehören zum Grundbestand klösterlichen Lebens[93], doch wird man Strickers remedium auf keine Quelle zurückführen brauchen – seine Betonung der Reuetränen als Mittel und Zeichen innerer Heilung ist in manchen Gedichten zu finden.[94]

Für unser Verständnis der Teufelsscharen, die von außen auf uns wirken, hat der Stricker in bezug auf den bekehrten Menschen kleine psychologische Porträts von den als Werkzeug gebrauchten Mitmenschen entworfen (zweite und dritte Schar). Das Wesentliche dieser Porträts ist die direkte Rede, der selbstbezeichnende Monolog (Z. 47 – 51, 75 – 86). In der Besprechung der letzten drei Scharen entwirft der Dichter Porträts von den Rückfälligen selber; für den Mann, der sich höchst vergnügt an sein Weltleben erinnert, ist der Monolog der Kern der Charakterisierung (Z. 106 – 114), was auch für den superbus stimmt (Z. 174 – 180), aber hinsichtlich der fünften Schar findet man nur zwei Zeilen direkte Rede (Z. 152 – 153). Hier bietet uns der Stricker vielmehr einen geistigen Typ durch analytische Beobachtung an: den accidiosus. Daß es um das Laster der acedia geht, wird durch Z. 154 (*so wirt er trege und also laz*) bestätigt – *die tracheit* ist Strickers Terminus für dieses vitium (vgl. ‚Vom heiligen Geist', Ed. Nr. 1, Z. 829; ‚Gebet für Kreuzfahrer', Ed. Nr. 151,

---

[91] PL 211,618 B.
[92] In Bonaventura, Opera omnia, Bd. 8, Ad Claras Aquas 1898, S. 663.
[93] Siehe zum Beispiel Kapitel 12 (‚De laude lacrymarum') in ‚De perfectione monachorum' des Petrus Damiani (PL 145,291 – 328) und das an Novizen gerichtete Kapitel in ‚De speculo caritatis', wo Aelred von Rievaulx die *profusio lacrymarum* lobt (Opera omnia, hrsg. von A. Hoste und C. H. Talbot, Turnholti 1971, S. 13 – 161: Liber II, c. 20).
[94] Vgl. Schwab, Ausgabe, Anm. zu Ed. Nr. 150, Z. 28 (S. 275).

Z. 90). Die Beschreibung geht von der Konstatierung aus, die acedia mache einem den Dienst am Herrn widerwärtig (*die tracheit, / diu im gotes dienest machet leit,* ,Vom heiligen Geist', Z. 829 – 830), doch läßt er diese allgemeine Eigenschaft des Lasters, die in angebrachten Abwandlungen allen Begriffen der acedia im Mittelalter zugrundeliegt[95], in vier charakteristischen Verhaltensweisen erscheinen. Erstens, und als wichtigstes Detail aufgefaßt, spürt der Bekehrte körperliche Beschwerden, die ihn seiner Vorstellung nach untauglich zu der *arbeite* (Z. 147) des religiösen Lebens machen; angesichts dieser Gebrechlichkeit sorgt er für das eigene, körperliche Wohl (Z. 136 – 137, 141 bis 142, 154 – 155). Zweitens unternimmt er die Pflichten der Nächstenliebe zögernd und mit Verdruß (Z. 143 – 148); drittens führt er diese Pflichten schlecht aus (Z. 149 – 151); viertens entschuldigt er die eigene Nachlässigkeit mit dem Gedanken, das Versäumte nachzuholen (Z. 152 – 153).
Die acedia wurde seit Evagrius und Cassian als besonders böse Gefahr für Mönche verstanden, deren Inbrunst dadurch in tepiditas oder torpor verwandelt werden könnte. Sicher schreibt der Stricker in vollem Bewußtsein dieser Tradition und der Tatsache, daß besonders die Neubekehrten mit den Teufeln der acedia zu kämpfen hatten — *Noviter conversi de saeculo ... acediae tamen vitio saepe laborant,* schreibt Adam de Perseigne[96], und David von Augsburg warnt den franziskanischen Novizen vor derselben Versuchung: *cave tibi ... a torpore accidiae et pigritiae, quae mentem tepidam et corpus delicatum reddunt et ad bona opera desidiosum.*[97] Aber Strickers accidiosus hat relativ wenig mit den Hauptzügen dieses Typs in der klösterlichen Literatur des zwölften Jahrhunderts zu tun, die sich mit einem inneren Problem befaßte, das als Langeweile, Gleichgültigkeit oder Verdruß mit geistigen Übungen ans Licht kam.[98] Obwohl der von der fünften Teufelsschar gefährdete Mensch auch an „spiritual lukewarmness"[99] leidet, stellt uns der Stricker nur die Auswirkungen dieses Leidens auf den Gebieten des äußeren Gottesdienstes und der seelsorgerischen Tätigkeit vor Augen. Die Symptomatik seines Charakters stimmt mit dem bedeutend neueren Bild des accidiosus überein, das im dreizehnten Jahrhundert feste Gestalt annimmt und damit einen mittelbaren Einfluß des Vierten Laterankonzils auf die populäre Vorstellung vom moralischen

---

[95] Grundlegend für dieses Thema ist Siegfried Wenzel, The Sin of Sloth: Acedia in Medieval Thought and Literature, Chapel Hill 1967.
[96] PL 211,586 A.
[97] A. a. O., S. 42.
[98] Siehe Wenzel, The Sin of Sloth, S. 31.
[99] Wenzel, S. 31.

Leben beweist.[100] Der Stricker beschreibt den Trägen, der ungern und ungenügend seine religiösen Pflichten erfüllt.[101]
Dieser will nicht zur Mette gehen, deshalb tut es ihm weh, so früh aufzustehen (*als er ze metten sol gen, / so tut im we daz uf sten*, Z. 141 – 142). Schläfrigkeit am frühen Morgen gehört zum Kreis der wichtigen Kennzeichen der acedia[102], doch das spezifische Übel, das der Stricker kennt – körperliche Beschwerden, die einen hindern, an der Frühmesse teilzunehmen –, wird auch einem der Exempla von Caesarius zugrundegelegt: *Monachum quendam diabolus . . . ita accidiosum reddiderat, ut quotiens esset ad matutinas surgendum, statim ex quadam pusillanimitate et timore vigiliarum sudore perfunderetur. Putans esse ex infirmitate, iacuit . . .* Endlich sieht der Mönch ein, daß diese *infirmitas* nur eine teuflische Verblendung ist: *Tunc primum sentiens sibi a diabolo per vitium accidiae esse illusum, a phantastico illo sudore se excussit, nec postea tanto torpori facile consensit.*[103] In einer folgenden Geschichte, die auch die Versuchung durch acedia behandelt, macht es Caesarius klar, daß körperliche Gebrechlichkeit mit dem sündhaften menschlichen Wesen verbunden und daher oft als Ausdruck der Sündhaftigkeit zu beurteilen ist.[104] Strickers träger Mensch, dem das Aufstehen wehtut und der sich folglich unnötige Sorgen um die eigene Gesundheit macht (Z. 137 – 138, 155)[105], ist genau wie der Mönch von Caesarius ein *a diabolo per vitium accidiae illusus*.

Die anderen Auswirkungen seiner Trägheit decken sich mit Verfehlungen allgemeiner Art in guten Werken[106], wie sie zum Beispiel von Wilhelm Peraldus

---

100 Wenzel, bes. S. 68 – 78 (der Einfluß des Vierten Laterankonzils); „The shift from a state of mind . . . to external behavior . . . pervades and informs the entire popular image of *acedia* . . . The *acedia* known to Everyman from the early thirteenth century on can be characterized as neglect in the performance of spiritual duties" (S. 88).

101 Strickers Begriff der acedia grenzt an den der körperlichen Trägheit, d. h., dieses Laster drückt sich als Versäumnis in christlicher Tätigkeit aus (vgl. ‚Vom heiligen Geist', Ed. Nr. 1, Z. 781 – 784). Siehe Wenzels Analyse der wechselnden Auffassungen von acedia als vitium spirituale vel carnale, S. 165 – 174.

102 „Descriptions of the effects of sloth cannot so easily be classified, but their common characteristic is to state that *acedia* makes a man . . . unwilling to get up in the morning . . ." (Wenzel, S. 84).

103 Bd. I, S. 197 – 198.

104 Distinctio IV, 30 (Bd. I, S. 199).

105 Die Hauptfigur in Strickers ‚Durstigem Einsiedel' (Ed. Nr. 53) beginnt mit dem Fasten (fleischloser Diät) sich unwohl zu fühlen: er spürt *unkraft* (Z. 113) und verfällt deswegen dem *zwîvel* (Z. 114). Innere Unbeständigkeit wirkt sich als Sorge um das körperliche Wohlsein aus.

106 Ein von Wenzel zitiertes Beichtformular enthält u. a. folgende Bekenntnisse der acedia: *In bono inchoato constans et progressus non fui. Quosdam a bono proposito quandoque retraxi. . . Ego eciam multa bona omisi que facere potui et debui* (S. 199).

ca. 1236 analysiert wurden: Unterarten der acedia sind otiositas, dilatio, tarditas, negligentia usw. (Peraldus kann sechzehn species identifizieren).[107] Des Trägen eigene Worte — „*swaz ich versoume, / daz ervolle ich aber furbaz*" (Z. 152 — 153) — zeigen diejenige Schwäche des accidiosus auf, die durch den Schrei des Raben *(cras, cras)* von Peraldus (u. a.) im Hinblick auf die dilatio gekennzeichnet wird.[108] Es sei jetzt dahingestellt, welche christliche Arbeiten des Worts oder der Tat im einzelnen vom Trägen auf diese Weise beeinträchtigt werden und was man daraus über die Bedeutung des Gedichts als Ganzen lernt. Seine Behandlung dieser Teufelsschar zeigt, daß der Stricker sich gut in den zeitgenössischen Gedankenkreisen über acedia ausgekannt hat.

An dieser Stelle wird sich eine Überprüfung von Schwabs Erklärung des bîspels ‚Die Milch und die Fliegen' (Ed. Nr. 99) wohl lohnen (Schwab, Ausgabe, S. 236 — 238; auch Schwab 1958, S. 155 — 166). Um eine für das Gedicht passende Deutung der „Mücken" zu finden, geht sie von der Schriftstelle Eccl. 10,1 aus *(muscae morientes perdunt suavitatem unguenti),* belegt *muscae* im kirchlichen Schrifttum mit *peccata, daemones, vitia* (was gut zu ihrer Umschreibung der Strickerschen Fliegen als „sündige Gedanken" paßt, Ausgabe S. 236), nimmt eine Änderung von „Salbe" (unguens) in „Milch" an, holt den Begriff der Hitze (= Liebe des heiligen Geistes) von selbst in die Deutung, sagt nichts über *morientes* und schlägt einen ähnlichen Gedankengang als „die Arbeitsweise des *bîspel*-Dichters" vor: „Er benützt Wörter, die durch den Schriftgebrauch Autorität besitzen, seine Auslegung fußt auf der Proprietät der Sache, welche hier durch die Schrift selbst bestimmt wird" (Ausgabe, S. 238). Im allgemeinen mag das für die „Arbeitsweise" stimmen, in diesem Fall befriedigt es jedoch nicht. Erstens sind die Strickerschen Fliegen nicht „sündige" Gedanken. Sie sind weltliche Gedanken (so auch de Boor III,1, S. 241), deren Inhalt aber nicht die Sünde, sondern das Geschäft ist, mit dem der Mann sich im Weltleben befassen muß und soll: er steht in der Kirche *und lat sin hertze unmuze han / mit werltlichem geschefte* (Z. 18 — 19), *er bedenket die tat / waz er allenthalben zeschafen hat / und wi er isliches verenden wil* (Z. 27 — 29, fehlen in Hs. A). Das Schlimme ist nicht der Gedanke an sich, sondern daß er ihn mit in die Kirche bringt: so fehlt es ihm an Inbrunst, er betet ohne innere Teilnahme, *daz sich daz hertze nicht verstat / waz der munt geschaffet hat* (Z. 33 — 34). Zweitens geht es in Eccl. 10,1 gar nicht um Fliegen, die (einen Topf) laue Milch heimsuchen und heiße Milch scheuen, wie Stricker Z. 1 — 10 beschreibt. Das heißt, die von Schwab aufgestellte Erklärung dieses bîspels erhebt manche Bedenken wegen Unstimmigkeiten zwischen Gedicht und vermutetem Hintergrund.

---

107 Übersicht und Gliederung bei Wenzel, S. 195 — 196; vgl. Peraldus, Summa, Bd. 2, S. 174 — 206.
108 Wenzel, S. 107; Peraldus über dilatio, ibid., S. 182 — 198; vgl. Schwab, Ausgabe, S. 237.

Ich glaube vielmehr, daß der Stricker sein Sinnbild für geistige Lauheit als Ganzes direkt aus der Bildersprache der acedia genommen hat. Schwab vermutet, der A-Teil sei „eine Beobachtung aus dem täglichen Leben" (Schwab 1958, S. 157), aber Wenzel macht darauf aufmerksam, daß „An old saying of the desert fathers had compared the spiritually tepid to a pot of lukewarm milk on which the flies readily settle – a simile that among later writers became a favorite image for acedia" (S. 32). Es handelt sich um folgenden Spruch: *Sicut ad succensam ollam muscae non appropinquant; si vero tepida fuerit, insident in ea, et faciunt vermes; ita et monachum succensum igne divini amoris fugiunt daemones, tepidum vero illudunt et insequuntur.*[109] Man sieht sofort, daß dieses Gleichnis wesentliche Elemente des A-Teils des Strickerschen bîspels enthält: heimsuchende (statt tote) Fliegen, Lauheit bzw. Hitze.[110] Die spezifische Deutung des Bildes im Sinne eines im Gebet nachlässigen Menschen findet man in der an Novizen gerichteten Literatur des dreizehnten Jahrhunderts: in seinem ‚Speculum disciplinae ad novitios' warnt Bernhard von Bessa vor acedia unter Empfehlung heißen Gebets und Heranziehung des Gleichnisses: *Frequens et fervens oratio dissipat omne malum. Ollae ferventi muscae non insident.*[111] So ist zu vermuten, daß der Stricker seinen geistiger Hitze ermangelnden Menschen als accidiosus verstanden hat. Das ist nichts eher als wahrscheinlich, denn die Lauheit (tepiditas) war fast gleichbedeutend mit acedia.[112] In seinem ‚Poenitentiale' (ca. 1222) stellt Thomas of Chabham die im Gebet lauen Menschen unter die accidiosi: *Quando enim homo tedio affectus deligentiam aufert serviendi deo et tollit devotionem in obsequiis divinis, peccatum accidie est ... Qui enim indevotus orat, iudicium suum implorat.*[113] David von Augsburg stellt den mit der dritten Art der acedia behafteten Mönch als einen vor, den das Gebet nicht mehr interessiert und der sich während der Andacht mit seinen Geschäften geistig befaßt: *oratio est ei insipida ... festinat velociter explere orationes debitas ... assumit interim alias cogitationes vel occupationes, quibus intendat, donec perficiat Horas vel orationes consuetas ... excogitat*

---

109 PL 73,805; vgl. Migne, Patrologia graeca, Bd. 65, Sp. 350.
110 Wenzel gibt Milch als Inhalt des Topfes an, die jedoch in seinen Belegen nicht erscheint. In einem Brief an den Verfasser teilt er freundlich mit, daß das Bild von Topf, Milch und Fliegen in der ‚Summa praedicantum' des englischen Dominikaners John Bromyard vorkommt: „ ‚Dum enim olla cordis est bene cooperta timore et amore dei ... muscae infernales non poterunt lac innocencie in corde nostro commedere uel inde auferre, quia sicud de olla feruenti, cui ignis magnus subponitur, longius fugiunt, ita de corde inflammato caritate...' This occurs in the entry on *Cogitacio*, C. X, art. 5; in the Royal 7 E. iv. Ms. on fol. 95v,b."
111 A. a. O., S. 585; vgl. die Belege, die Wenzel anführt, S. 109.
112 Siehe die Stellen verzeichnet bei Wenzel, S. 263, sub voce „Tepiditas".
113 Zitiert von Wenzel, S. 249, Anm. 39.

*negotia, quibus occupetur.*[114] In moraltheologischer Sicht gleicht so ein Mönch dem Laien vom Stricker genau.[115]

Stricker ist also in diesem Gedicht viel weniger schöpferisch, als aus Schwabs Darlegung zu schließen wäre, denn sowohl Bild als Deutung verdankt er dem überlieferten Verständnis der acedia. Sehr möglich, daß die merkwürdige Wendung im Gedicht zur Diskussion der Reuewasser (*swer ein trucken hertze hat / daz so gar an eigen wazer ist...*, Z. 48 — 49) auch durch die acedia-Tradition hervorgerufen wurde, denn geistige Trockenheit wurde allgemein mit acedia in Verbindung gebracht: Peraldus spricht von *ariditas spiritualis* in der Vorstellung einer Unterart der acedia, und die berühmten Worte Bernhards von Clairvaux — *Quomodo ita exaruit cor meum... factum est sicut terra sine aqua? Nec compungi ad lacrymas queo* — hätten leicht vom Stricker mit der acedia verbunden werden können.[116] In dieser Beziehung ist es sehr interessant, daß im ‚Durstigen Einsiedel' (Ed. Nr. 53) die Falschheit der *trügenlîchen riuwe* des scheinbar Bekehrten erst ans Licht kommt, als seine Tränen versiegen (spiritual dryness) und er schlafen will (acedia), siehe Z. 91 — 95.

Das Heilmittel, das der Stricker in ‚Den sechs Teufelsscharen' gegen die acedia vorschreibt, ist die Entsagung von *gemach* (Z. 159, 162, 163). Sowohl das Heilmittel wie das Laster ist körperlich konzipiert — um dieser Schar zu entrinnen, muß man nichts Besonderes im Bereich des geistigen Lebens anfangen, bloß sich Mühe geben und sich die täglichen Pflichten sauer werden lassen. Der Stricker stimmt mit David von Augsburg überein, der gegen die pigritia (die zweite seiner drei Unterarten der acedia) den Verzicht auf *gemach* anordnet: „*Pigris*" *utilis est laboris exercitatio et consuetudo incommodi...*[117]

Die sechste Teufelsschar vertritt *die hochvart* (Z. 190, vgl. Z. 203 — 204). Dieses Laster wird ganz anders als im Gedicht von ‚Den fünf teuflischen Geistern' aufgefaßt; dort hat der Stricker eine Anzahl böser Neigungen als Leistungen des spiritus superbiae aufgestellt, hier geht es nur um eines: Gedanken der moralischen Selbstzufriedenheit. Für den Bekehrten ist also der Fehler

---

114 De hominis compositione, S. 133.
115 Dasselbe Bild eines mit weltlichen Geschäften befaßten Kirchgängers, das wir in den ‚Sechs Teufelsscharen' finden, kommt in einer Bertholdschen Predigt vor: *So gêt etelîcher zer kirchen unde stêt oder sitzet unde gênt im die lefsen gar gezal ûf unde nider, unde hât aller guoten andâht eine niht, und er trahtet allez die wîle, wie er dem und dem gutuo, wie er daz unde daz gewinne umbe geringez gelt oder daz tiuwerre âne werde daz er veil hat* (Berthold von Regensburg, I, S. 467). Dieses Bild ist Teil einer Besprechung der accidiosi: *alle die dâ traêge sint an gotes dienste* (I, S. 466).
116 Zitate bei Wenzel, S. 62 und 222, Anm. 65; vgl. seine Erörterung der Verhältnisse zwischen acedia und „spiritual dryness", S. 60 — 63.
117 De hominis compositione, S. 135. Vgl. Davids Charakterisierung der pigritia: *Secunda est torpor quidam pigredinis, qui somnum amat et omnia commoda corporis, horret labores, fugit aspera quaeque, friget ad operationem, otio delectatur* (S. 133).

> auch hochmütige Absonderung, vgl. Kater i. Pezenhaus

des Pharisäers (Lukas 18,9 – 14) die Hauptgefahr der superbia; sogar der Wortlaut erinnert an die Parabel: ‚herregot, nu wis gelobet / daz du mir gebe den sin / daz ich dem nicht gelich bin' (Z. 174 – 176), ‚Deus gratias ago tibi quia non sum sicut ceteri hominum (V. 11). Die dramatische Situation ist insofern gleich, als Strickers Sünder durch den Anblick eines allgemein als Sünder betrachteten Menschen zum Gedankengang gereizt wird (Z. 171 bis 173), der Pharisäer seinen Stolz durch den Vergleich mit dem vor ihm stehenden Sünder präzisiert (V. 11). Da diese Parabel von Christus selber auf die Gefahr der Selbsterhöhung und die Tugend des Sich-Demütigens bezogen wurde (V. 14), hat man sie natürlich als exemplum superbiae verstanden.[118] In seiner Charakterisierung des Bekehrten, der so von der sechsten Teufelsschar verführt wird, *daz er sich selben dunket gut* (Z. 170), lehnt sich der Stricker offensichtlich an das Beispiel des Pharisäers an.

Die Parabel hat sich sehr gut zur Darstellung der superbia als Bedrohung des Bekehrten geeignet, weil dieser leicht dem Stolz über die eigene Reinheit verfallen könnte. Selbstzufriedenheit und abwertende Urteile über andere dürfen die bezeichnende Erscheinungsform der Hoffart unter Religiösen gewesen sein. Das dreizehnte Kapitel seiner Novizenregel (,De non iudicando alios') hat Bonaventura auf diese Gefahr hin angeordnet und den Novizen vorgeschrieben, daß jede Wahrnehmung möglicher Verfehlung bei anderen nur als Anlaß dazu dienen sollte, über die eigenen Verfehlungen Klarheit zu gewinnen: *numquam te transferas ad aliorum iudicium vel contemptum, sed quandoque videris, aliquid fieri, quod tibi displiceat antequam iudices facientem, primo respicias temetipsum, utrum in te invenias aliquid reprehensibile; quodsi inveneris, tunc in illo, in quo alium iudicias, temetipsum condemna, dicendo cum Propheta: „Ego sum qui peccavi, ego sum inique egi . . .".*[119] Dieser Grundgedanke hängt am nächsten mit dem ersten Teil des Heilmittels zusammen, das der Stricker gegen das Übel der sechsten Schar empfiehlt (*so sol er haben tougen / vor sines herzen ougen / sin sunde spat und fru*, Z. 193 bis 195). Die Betrachtung der eigenen Sünden soll ihn zur Überzeugung bringen, daß er keineswegs besser als andere, sondern ausgerechnet der Schlechteste unter ihnen ist, sogar der Schlechteste überhaupt – *die [sunde] suln in dunken so groz / daz er des minnesten genoz / in dieser werlt koume si*, Z. 199 bis 201 –, ein Gedankengang, der seit Cassian als remedium superbiae bekannt war und vom St. Georgener Prediger in der Predigt ‚Von dez gaischlichen

---

[118] Siehe zum Beispiel Bedas Lukaskommentar (PL 92,552 – 553), die Glossa ordinaria und Bonaventuras Lukaskommentar (Opera omnia, Bd. 7, Ad Claras Aquas 1895), besonders zu 18, 11 – 12, S. 454 – 455.

[119] Opera omnia, Bd. 8, S. 487. Bonaventura schließt dieses Kapitel mit einem langen Zitat Bernhards von Clairvaux, das im wesentlichen dasselbe sagt. Vgl. David von Augsburg: *Secundum, ut non iudices vel diiudices de aliis . . . quia talis discussio vana est et saepissime falsa, immo temeraria* (De hominis compositione, S. 46).

mentschen ordnunge' für den Bekehrten so formuliert wurde: *er sol . . . sich selben nit uberhaben und fur den bŏsten und den swechsten sich ahten.*[120] Der dritte Teil des Strickerschen Heilmittels, das Verschweigen der eigenen guten Werke (*swaz er zu gut tu, / des sol er nimmer verjehen,* Z. 196 – 197), ist vom Dichter wohl als implizite Lehre der Pharisäerparabel aufgefaßt worden.[121]

Der Stricker hat das Problem moralischer Selbstgefälligkeit in anderen Gedichten diskutiert. ‚Das Bild' (Ed. Nr. 74) stellt die Stufen des Rückfalls auf, die den Mönch von inbrünstiger Andacht zur Verweltlichung bringen, deren zweite aus der Gewißheit besteht, Gott habe seine Sünden verziehen und ihm das ewige Leben versichert (Z. 58 – 78). In ‚Von der Hochfahrt' (Ed. Nr. 75) handelt es sich um die remedia superbiae, unter denen die Betrachtung der eigenen Sündhaftigkeit verhältnismäßig unwichtig ist (Z. 112 – 124), doch ‚Das weiße Tuch' (Ed. Nr. 139) kennt denselben selbstgefälligen Sünder, dem wir schon bei der sechsten Schar begegnet sind:

> daz dunket den sunder ein genist
> daz er ein sunder nicht ist.
> er denket: ‚wie wil der genesen
> der wol hundertstunt ist gewesen
> unrechter denne ich ie wart?
> der hat sich ubel bewart.'
> . . .
> alsam mŭz der verderben
> und dez ewigen todes sterben
> der ander leute sunde mizzet
> und der sinen gar vergizzet. (Z. 155 – 176)

Nichts deutet darauf hin, daß wir uns diesen Sünder als Mönch vorstellen sollen: wenn auch die Gefahr solcher Hoffart für Ordensleute besonders akut war, bedrohte sie Strickers Ansicht nach auch Laien.

Nachdem wir die sechs Teufelsscharen in ihren Beziehungen zur moraltheologischen Tradition herausgearbeitet haben, wenden wir unsere Aufmerksam-

---

120 Der sogenannte St. Georgener Prediger, hrsg. von Karl Rieder (DTM 10), Berlin 1908, S. 333). Vgl. Cassian, *ut nosmetipsos inferiores omnibus judicantes* (PL 49,475; vgl. Sp. 190 A); Hrabanus Maurus, *nosmetipsos omnibus hominibus inferiores judicemus, et viliores* (PL 112,1355 A; vgl. Sp. 1382 BC).
121 In seinem ‚Liber de modo bene vivendi' (PL 184,1199 – 1306) schreibt Bernhard von Clairvaux in bezug auf jactantia: *Pharisaeus etiam qui orare ad templum venerat, ideo bona sua perdidit, quia jactanter manifestavit . . . si vis omnes virtutes tuas augere et non perdere, absconde virtutas tuas pro elatione; absconde tua bona facta pro arrogantia . . . Absconde tua bona opera, nunquam in medium proferas si quid boni feceris aut dixeris* (Sp. 1259 CD). David von Augsburg lehrt, daß die Brüder unter gewissen Umständen die eigenen *bona* verbergen sollen (De hominis compositione, S. 98).

keit der Organisation des Gedichts zu, d. h. der räumlichen Verteilung der Teufel als struktureller Metapher. Ein solches Schema hat der Stricker in ‚Den sechs Versuchungen' (Ed. Nr. 130) verwendet, wo man Ansätze zur durchdachten Komposition findet: die Angriffe auf die Seele kommen von oben, der Körper wird von unten versucht, begangene Sünden gehen uns nach, des Begehen der Sünden steht vor uns. Nimmt man das chronologische Leben als waagerechte Achse an, dann sind diese vier Gefahren mit Rücksicht auf das traditionelle „höhere" Wesen der Seele logisch geordnet. Aber mit welcher Begründung stellt der Stricker die superbia zur rechten Hand und die Ungeduld zur linken? Jene ist Musterbeispiel für die Laster des Geistes, sollte demnach eine vertikale Anordnung finden; ähnliches gilt für die geistige Schwäche der Ungeduld. Für diese *tentationes probationis* blieben eben nur rechts und links übrig, und das räumliche Prinzip büßt an diesen Stellen seine innere Notwendigkeit ein.

Für ‚Die sechs Teufelsscharen' ist dieselbe Achse in waagerechter Ebene anzunehmen – der Mensch geht als viator oder peregrinus durch sein Leben, will das ferne Ziel des ewigen Lebens erreichen, aber zwischen Mensch und Himmelreich stellt sich ein großes Hindernis in den Weg, das unvermeidliche Sündigen in der Welt (die ersten Teufel, die *vor im alle zit sten*, Z. 6). Hat der viator die Welt durch Gott verlassen, so steht diese Schar nicht mehr zwischen ihm und dem Ziel; er kann jedoch vom Wege abgelenkt werden, entweder nach rechts oder links, kann durch bösen Einfluß vergangener Sünden zurückgehalten werden, in die Trägheit sinken oder in Stolz aufgehen. Also ergibt sich ein fünffaches Schema der Versuchungen für den Bekehrten. Die Scharen zwei bis vier, die wir „äußerliche" Gefahren genannt haben, greifen auf demselben Niveau wie die Schar der Weltsünden an – die zwei Gruppen fehlgeleiteter Mitmenschen von rechts und links, im Willen, den Bekehrten vom richtigen Wege abzubringen, und von hinten die Schar, die ihn inneres Prahlen mit vergangenen Weltsünden lehrt und dadurch seinen Fortschritt bremsen will. Für die „inneren" Gefahren (acedia und superbia) wird die senkrechte Achse gebraucht; die acedia erscheint als Trägheit, wird entsprechend als Laster des Körpers statt des Geistes aufgefaßt[122] und greift von unten an; die superbia, gemäß ihrer Eigenschaft des falschen Steigens und Schwebens (vgl. Lukas 18,14, *Omnis, qui se exaltat, humiliabitur*)[123], erscheint *recht in den luften uber in* (Z. 166). Obwohl wir die Erfindung dieser Metapher als Prinzip der Gliederung dem Dichter zuschreiben dürfen, hängt es eng mit Grundvorstellungen der moralischen Bekehrung zusammen. Apologeten des

---

[122] Siehe oben, Anm. 27.
[123] Siehe Schwab, Ausgabe, S. 268, Anm. zu 119, 203; Hinkmar von Reims: *eos superbiæ spiritus elevat ad tumorem suae altitudinis* (PL 125,873 D). Berthold von Regensburg versinnbildlicht die superbi als Vögel (I, S. 483 – 484).

klösterlichen Lebens haben darauf mit Metaphern des Gehens auf rechtem
Wege häufig angespielt[124], die dem Stricker wohl bekannt waren und ihm die
Idee seiner räumlichen Gliederung hätten liefern können. Man müßte überlegen, ob der Vers *und [er] ist an rechter strazen* (Z. 55), den nur zwei unter
den neun Hss. überliefern und der anscheinend unecht ist[125], nicht doch zum
ursprünglichen Wortlaut gehörte.

Unsere bisherige Diskussion hat versucht, die Aussagen dieses Gedichts unter
Heranziehung geistlicher Literatur zu beleuchten, und diese Literatur ist zum
großen Teil eine klösterliche. Als besonders ergiebig hat sich die Tradition der
Novizenanweisungen herausgestellt. Das war zu erwarten, denn das Problem
der Beständigkeit war offensichtlich akut für die Neubekehrten, die sich an
eine fremde und rigorose Lebensweise gewöhnen mußten. Genau dieses Problem hat der Stricker im bîspel ‚Die Äffin und die Nuß' (Ed. Nr. 37) behandelt: es geht um einen Toren, *der sich in ein geistlich / leben ziuhet / und
schir dar ûz fliuhet* (Z. 26 – 28), weil er *di groze arbeit* (Z. 30) des bekehrten
Lebens nicht aushalten kann. Obwohl Stricker in diesem Gedicht nichts Explizites über die äußere Form des *geistlich leben* sagt, ist die konventionelle
Klosterexistenz anzunehmen – denselben Terminus *(geistlich leben)* verwendet er in ‚Dem Bild' (Ed. Nr. 74, siehe Z. 5 und 34), wo es ausdrücklich um
ein Problem des Klosterlebens geht, auch in ‚Den Spielern' (Ed. Nr. 125,
Z. 22), das einen Aspekt des Verhältnisses zwischen Laien und *geistlichen
liuten* (Z. 43, 69, 96) zum Thema hat und hauptsächlich *münche* betrifft
(Z. 130, vgl. Z. 135). Wie im ganzen Mittelalter war während Strickers
literarischer Tätigkeit das klösterliche Leben die Grundform der Weltflucht,
die ihm die meisten Kenntnisse der Problematik der ‚Sechs Teufelsscharen'
geliefert hat.

Die Frage ist jedoch damit nicht beantwortet, ob es in diesem Gedicht einfach
um ein Problem des Mönchtums geht. Es fällt auf, daß der Stricker weder den
Ausdruck *geistlich leben* noch andere Termini gebraucht, die auf bestimmte

---

[124] Adam von Dryburgh, *Haec via vestra recta, o claustrales, ambulate per eam* (PL 198,197 C); Adam de Perseigne, *magister secundam regulam debet ei . . . praedicare dura et aspera per quæ itur ad Deum. Hoc ei praedicare non est aliud quam . . . ostendere arctam et duram esse viam quae ducit ad vitam* (PL 211,586 C); Caesarius von Heisterbach, *Via ad dexteram, vitam significat monasticam et spiritualem* (Bd. 1, S. 219); David von Augsburg, „*Arcta est via, quae ducit ad vitam*" (De hominis compositione, S. 79); der St. Georgener Prediger in der Predigt ‚Von drier hand closter lut', *sint vest und starkes gemůtes und gând fur uch, du porte ist uf getan dez hymelriches* (S. 283).
[125] Diese Zeile überliefert Heidelberg Cpg. 341 und die Kalocsaer Hs., siehe Carl von Kraus, Mittelhochdeutsches Übungsbuch, 2. Aufl., Heidelberg 1926, S. 103 – 104. In seiner Ausgabe des Gedichts (DTM 17, S. 86 – 89) meint Gustav Rosenhagen, daß die Zeile unecht sei.

Lebensumstände der Bekehrten deuten würden. Er spricht einfach von Menschen, die die Welt verlassen, was natürlich den Klösterlichen als Redensart angemessen ist, aber auch mit anderen Gruppen durchaus vereinbar wäre. In den ersten Jahren des dreizehnten Jahrhunderts hat Innozenz III. die vorgeschlagenen Lebensweisen (propositi) verschiedener Laiengruppen gebilligt, die ihr Vorhaben als Entsagung der Welt verstanden — *seculo abrenuntiavimus* lautet die Formel —, obwohl sie in den eigenen Häusern das bürgerliche Leben fortsetzten.[126] In seinem geistlichen Testament (1226) hat Franziskus von Assisi *exivi de saeculo* geschrieben[127], seine Bekehrung also als Weltflucht verstanden, trotz der Tatsache, daß er als tätiger Christ in der Welt blieb. In diesen Fällen kam es auf innere Gesinnung und nicht auf äußere Lebensumstände an, und wenn der Stricker die Gefährdung eines Menschen analysiert, der *die werlt let durch got / und behaltet elleu sin gebot* (Z. 33 — 34), dann mag er wohl an Formen des bekehrten Lebens gedacht haben, die sehr wenig mit den abgeschlossenen Lebensweisen der Mönche und Kanoniker zu tun hatten.

Das Gedicht selber bietet Hinweise in dieser Richtung. Für die zweite und dritte Teufelsschar zweifelt man nicht daran, daß klösterliche Novizen gemeint sind. Die totale gesellschaftliche Isolation (*„du bist allen dinen vreunden tot"*, Z. 51) wäre sonst schwerlich zu erklären, und hinter dieser Metapher steckt wohl die bekannte Auffassung vom Mönch als einem für die Welt Toten. Die von der dritten Schar herrührenden Vorwürfe weisen ähnlich auf einen Menschen, der sich von der Gesellschaft abgerückt hat (*„nu wil er manne noch wibe / mit gut noch mit libe / nimmer mer ze helfe kumen"*, Z. 81 bis 83); die angegriffene Lebensweise dürfte man passend mit der alten mönchischen Formel *soli Deo vacare* bezeichnen. Aber für die vierte Teufelsschar fehlt jedes Indiz, daß der Stricker die Klosterleute im Auge hatte. Der Mensch, der in der Reue nachläßt und mit Vergnügen an sein Sündenleben sich erinnert, wäre keineswegs nur im Kloster zu finden, denn einer solchen Gefahr ist jeder Büßer ausgesetzt.

Zwar will die Fiktion des Gedichts, daß die sechs Teufelsscharen einen und denselben Bekehrten reihenweise versuchen — folglich steht immer ein Novize in Frage —, jedoch ist der Stricker dieser Fiktion nicht durchgehend treu geblieben. Das ist am klarsten der Fall bei der fünften Schar, die durch Träg-

---

[126] Texte bei G. G. Meersseman, Dossier de l'ordre de la pénitence au XIIIe siècle, Fribourg/Suisse 1961, S. 283, 284 und 288. Vgl. Herbert Grundmann, Religiöse Bewegungen im Mittelalter, 2. Aufl., Darmstadt 1961, S. 107 — 112. Grundmann bemerkt (S. 509), daß diese Formel schon für die bekehrten Laien der Hirsauer Bewegung am Ende des elften Jahrhunderts gebraucht wurde: „(*saeculo renuntiantes* — ohne ins Kloster zu gehen!)."

[127] H. Boehmer (Hrsg.), Analekten zur Geschichte des Franciscus von Assisi, Tübingen und Leipzig 1904, S. 36; vgl. die Regula prima, *Nunc autem, postquam dimisus mundum* ... (S. 20).

heit den Bekehrten an genau derjenigen Tätigkeit hindert, die die zweite
Schar als durch seine Lebensweise sowieso ausgeschlossen beklagt:

„es hat sin bosheit getan
daz er die werlt hat verlan,
wan in der eren bedroz
daz man sin indert iht genoz.
nu wil er manne noch wibe
mit gut noch mit liebe
nimmer mer ze helfe kumen."
(Z. 77 – 83)

so er riten oder gen sol
do er den leuten solt wol
mit worten zu helfe kumen
und mit siner arbeit frumen,
so bedreuset in der arbeite;
in dunket er si unbereite.
(Z. 143 – 148)

In der Lebensweise des von der dritten Schar Versuchten spielt das *ze helfe kumen* (Z. 83) überhaupt keine Rolle; da es an sich eine christliche Tugend ist, kann dieser wegen des Mangels solcher Tätigkeit von den Teufeln getadelt werden. Andererseits gehört das *zu helfe kumen* (Z. 145) zum Wesentlichen der Existenz des von der fünften Schar Versuchten, und insofern er auf solche tätige Nächstenliebe verzichtet, machen die Teufel seine Bekehrung zunichte. Diese Tätigkeit dürfen wir nicht auf die normalen guten Werke innerhalb des Klosters begrenzen (zum Beispiel Empfang und Pflege der Pilger), denn es heißt, der Bekehrte soll manchmal *riten oder gen* zu den Leuten, die seiner Hilfe bedürfen, was mit der sozialen Abgeschlossenheit des von der zweiten und dritten Schar in Anspruch genommenen Novizen schlechthin unvereinbar ist. Der Stricker denkt an einen bekehrten Menschen, der fastet (er fürchtet, er wird *unkreftick,* Z. 137), wahrscheinlich nicht nur die Mette (Z. 141), sondern alle kanonischen Stunden einhält und sich frei in der Welt bewegt, um Werke der Barmherzigkeit zu vollbringen. Diese Vorstellung mag wohl einen Einfluß auf die sechste Analyse ausgeübt haben: hier handelt es sich zwar um ein rein innerliches Problem der superbia, doch wird dieser Stolz durch den Anblick eines berüchtigten Sünders ([*des*] *menschen dem man sünden giht,* Z. 172) auf den Weg gebracht, und es ist kaum plausibel, daß der Stricker uns diesen Mann, ,*der so unchristenlichen lebet / und versigelt mit dem fluch swebet / in des ewigen todes unden / totwunt mit manigen sunden*' (Z. 177 – 180), als Mitglied einer formalen religiösen Gesellschaft vorführen wollte. Nimmt man auch Rücksicht auf die Rhetorik des Bekehrten als Ausdruck der eigenen Sündhaftigkeit, so bleibt doch die Tatsache bestehen, daß er auf die Begegnung mit einem auffälligen Weltling reagiert, die als Ereignis in der Welt vorzustellen ist. Unter den fünf Fällen, die in diesem Gedicht die Versuchung des Bekehrten ausmachen, sind also nur die beiden ersten als spezifische Klosterprobleme zu verstehen, während die beiden letzten andere Formen religiösen Lebens andeuten. Der dritte Fall paßt zu jedem Reuigen.

Damit, mag man einwenden, ist nicht allzuviel gewonnen. Wir wissen ja, wie bunt die religiöse Landschaft war, die der Stricker beobachtete. Es ist möglich, daß er die Bettelorden im Auge hatte, als er vom Trägen sprach, der nicht *zu helfe kumen* wollte – oder schließt die Anspielung aufs Reiten auch diese Brüder aus?[128] ‚Die sechs Teufelsscharen' erlaubt uns nicht, feste Schlüsse über die vom Stricker anerkannten, bekehrten Lebensweisen zu ziehen, macht es jedoch wahrscheinlich, daß er aufgeschlossen war für Menschen, die *die werlt verlazen* wollten, ohne sich von der Welt abzuschließen.[129] Andere Spuren dieser Aufgeschlossenheit verfolgen wir in der Erörterung von seinem Begriff der vita poenitentialis.

3. ‚Die sechs Versuchungen' (Ed. Nr. 130)    *Nr. 135*

Dieses Gedicht beginnt der Stricker mit einem Hinweis auf die sechste Bitte des Paternosters:

        Nach des paternosters lere
        sul wir got biten sere
        daz er unser alle wege
        vor der bekorung pflege
        und uns niht vil versuoche... (Z. 1 — 5)

Den einführenden Teil (Z. 1 — 40) beendet er, indem er seine Analyse von den sechs Arten der Versuchung kundmacht — *diu bekorung diu ist sehs slaht. / der sul wir alle wizzen aht* (Z. 37 — 38) — und diese programmatischen Bemerkungen scheinen die Annahme zu berechtigen, daß der Stricker sich mit der Tradition der Paternoster-Auslegung auseinandersetzen will, so wie er es im Gebet ‚Vaterunser' (Ed. Nr. 7) tut. Seine Kenntnis dieser Tradition ist schon in der Formulierung *und uns niht vil versuoche* bezeugt, denn man hat gewußt, daß die Versuchung notwendig und gerecht ist und daß wir im Paternoster nicht um ein versuchungsfreies Leben bitten, sondern um einen Grad der Versuchung, den wir auszustehen vermögen: Augustinus hat nicht nur die grundlegende Unterscheidung zwischen *tentatio probationis* und *tentatio deceptionis vel seductionis* gemacht, sondern auch über die sechste Bitte gelehrt: *Cum dicimus, ,,Ne nos inferas in tentationem", nos admonemus hoc petere, ne deserti ejus adjutorio alicui tentationi vel consentiamus*

---

[128] Das Reiten wurde den Minderbrüdern in beiden Regeln untersagt: *Nec etiam eis liceat equitare, nisi infirmitate vel magna necessitate cogantur* (Regula prima, Boehmer, Analekten, S. 14); *Et non debeant equitare, nisi manifesta necessitate vel infirmitate cogantur* (Regula bullata, a. a. O., S. 31).
[129] In der durch die Hss. AN überlieferten Redaktion ,,zum Zwecke des Vortrags vor Jerusalempilgern oder Kreuzfahrern" (Zwierzina in Carl von Kraus, Mittelhochdeutsches Übungsbuch, S. 103) sagt der Stricker, daß die Fahrt übers Meer ebenso wohltuend sei wie die Vermeidung aller sechs Scharen zu Hause (Zeilen nach 204). Ich bezweifle, daß dieser auf ein bestimmtes Publikum berechnete Anhang mit seiner Anspielung auf den allgemeinen Ablaß eine überlegte theologische Ansicht des Autors vermittelt. Man vergleiche seine längeren Erwägungen der Kreuzfahrt in ‚Die Buße des Sünders' (Ed. Nr. 142), Z. 279 — 440, die in unserer Studie zur Bußlehre besprochen wird.

*decepti, vel cedamus afflicti.*[130] Später schreibt man, daß wir bitten *ut non permittat nos Deus tentari supra id quod possimus,* oder *ut nunquam permittas a tentatione superari,* oder *ut nunquam sinat vos in tantum a diabolo temptari ut per consensum et delectationem peccati possitis superari.*[131] Am Ende des ersten Abschnitts gibt der Stricker diese Lehre deutlich wieder: *nu sul wir got / . . . / sere biten, / ob uns diu bekorung angesige, / daz si uns niemer obelige, / daz got uns niht enlaze* (Z. 11 – 15).

Doch wenn man die Erörterungen des Paternosters durchmustert, die einen mittelbaren oder unmittelbaren Einfluß auf den Stricker hätten haben können, findet man so gut wie keine Wege eingeschlagen, die in die sechs Kategorien der Versuchung des Gedichts führen. Von Kategorien überhaupt ist selten die Rede: Petrus Abelardus sagt, daß *Tentationum quatuor species sunt,* aber diese *species* (alle *levis* oder *gravis* und *occulta* oder *manifesta*) unterscheiden sich durch die Art der Wirkung und sind nicht mit Strickers Versuchungen zu vergleichen[132]; in seiner Gliederung der *tentationes ad nocendum* stellt Gunther von Pairis sechs Arten auf, die doch mit den Strickerschen außer der Zahl nichts Gemeinsames mehr haben: Versuchung stammt von einem selber, vom Nachbarn oder vom Teufel und wirkt jeweils *in corpore* oder *in anima.*[133] Obwohl die Paternoster-Tradition auffallend unergiebig für das Verständnis dieses Gedichts ist, das im Paternoster seine Grundlage hat, so macht sie doch darauf aufmerksam, daß des Strickers sechste Versuchung eigentlich nicht zur Diskussion gehört. An sechster Stelle kommen die von Gott geordneten *tentationes probationis:*

> ze der winstern hant werde wir so bekort,
> daz uns gedanc, werc und wort
> got machet vil genaeme
> oder vaste widerzaeme.
> . . .
> uns versuochet got beide
> mit liebe und mit leide,
> mit übel und mit guote. (Z. 177 – 180, 213 – 215)

---

130 Siehe den Aufsatz ‚Tentation' in DThC, 15/1, 116 – 127; Augustinus-Zitat (PL 33,502) nach Sp. 117.
131 Zitate: Ivo von Chartres, ‚Sermo de Oratione Dominica' (PL 162,599 – 604, hier 603 A); Petrus Abelardus, ‚Expositio Orationis Dominicae' (PL 178,611 – 618, hier 617 A); Honorius Augustodunensis, ‚Speculum ecclesiæ' (PL 177, hier 822 A).
132 PL 178,617 A.
133 ‚De oratione, jejunio et eleemosyna, libri XIII' (PL 212,98 – 222, hier Sp. 193 bis 194). Bezüglich dieser Frage wurden auch alle Quellen bewertet, die in unserer Analyse von Strickers ‚Vaterunser' (Kap. I) angeführt sind.

Von solchen Versuchungen wußte man zu sagen, *proba me Domine et tempta me*[134], die waren freudig zu erwarten, *Tentari se a Domino atque probari precabatur, ut vel cedens tentationi agnita infirmitate fortior per humilitatem resurgeret, vel stans de virtute sua Deo Gratias ageret*...[135] Es war jedem klar, daß im Paternoster nicht die *tentationes probationis* gemeint waren, daß es nur die Versuchungen zum Bösen behandelte, von denen wir nicht überwunden werden wollten.[136] Sicher war es auch dem Stricker klar, daß *Deus enim neminem ad malum trahit, neminem tentat, ut ad malum inducat*[137], was die Frage nach der Berechigung dieses Teils seiner Komposition wichtig macht.

Der Stricker geht hier eigene Wege durch rhetorische und moraltheologische Verkapselung. Er führt diesen Abschnitt ein und beendet ihn mit den Verben *bekoren* bzw. *versuochen* auf Gott als Handelnden bezogen, er gibt eine ziemlich lange Verhaltenslehre für diejenigen, die durch Gottes Versuchungen erprobt werden (Z. 181 – 201, 205 – 212), aber in dieser Lehre findet man die eigentliche Versuchung *ad malum* eingebettet: *swenne uns der tivel schündet / daz wir gotes gerihte schelten, / des müeze wir sere engelten* (Z. 202 – 204). Das Verbum *schünden* nimmt die Stelle von *bekoren (versuochen)* ein, der Teufel ist hier Subjekt und *de hac tentatione precamur, ut non dimittat nos tentari supra quam nostra fragilitas possit sufficere* (Remigius von Auxerre, a. a. O.). In logischer Hinsicht hat der Stricker natürlich recht – der Teufel reizt zu Ungeduld und Ärger über Proben, die von Gott kommen (Beispiel Job) –, aber mit Rücksicht auf die herkömmliche Einordnung der Versuchungen ist seine Gestaltung dieses Abschnitts gewagt. Seinem Gehalt wird der Z. 34 – 35 vorangestellte Abriß *(da wir gedultic solden wesen, / da habe wir michel ungedult)* kaum gerecht; der Stricker hätte die Beobachtung Schwabs, „links... versucht die Ungeduld" (Ausgabe, S. 270), dankbar empfangen müssen, da sie die wirklichen Verhältnisse sympathisch vereinfacht.

Die einzige Beziehung dieser Versuchungsanalyse zur Tradition der Paternoster-Auslegung besteht also im Negativen, daß der Stricker seine Besprechung der Proben Gottes fast sophistisch mit Hinweis auf die teuflischen Versuchungen zu Ungeduld rechtfertigt. Es fragt sich dann, ob seine Aus-

---

[134] Ps. 25,2; zitiert zum Beispiel von Innozenz III., Sermo 13 de tempore (PL 217,371 C).
[135] Gunther von Pairis (PL 212,194 A).
[136] Remigius von Auxerre: *Una est tentatio, quæ pertinet ad probationem... Altera est, quæ pertinet ad deceptionem et perditionem... Hac tentatione tentat diabolus, ut decipiat et perdat, et nos de hac tentatione precamur, ut non dimittat nos tentari supra quam nostra fragilitas possit sufficere* (,De celebratione missæ', PL 101, hier Sp. 1268 D); vgl. Gunther von Pairis, *Cum ergo petimus non induci in tentationem, de hac triplici tentatione quae fit ad nocendum debet intelligi* (PL 212,194 A).
[137] Hugo von Amiens, ‚De fide Catholica et Oratione Dominica' (PL 192, hier Sp. 1333 C).

führungen unabhängig sind und eine Reihe Versuchungen ad hoc darstellen. Das wäre möglich, denn von der Thematik her sind direkte Verbindungen mit anderen Strickerschen Gedichten zu erkennen. Die beiden ersten Versuchungen entstehen aus dem Problem des Streites zwischen Körper und Seele, der natürlich für den Stricker von fundamentaler Bedeutung war — man vergleiche seine Ausführungen über die böse Herrschaft des Körpers (acedia als *gemach*) in ‚Den sechs Teufelsscharen' (Ed. Nr. 136), auch in ‚Des Teufels Ammen' (Ed. Nr. 111, bes. Z. 137 — 168), und an zahlreichen anderen Stellen.[138] Den Vergleich mit einem *sprachhus* (Z. 54) macht er zum wichtigsten Bestandteil des ‚Stinkenden Hauses' (Ed. Nr. 119).

Das nächste Paar der Versuchungen vertritt die Sünden, die man in vollem Wissen begeht und mit denen man später prahlt. Diese Themen sind besonders wichtig in Strickers Lehrdichtung: sehr viele Gedichte behandeln diejenigen Sünden, gegen die wir durch christliche Unterweisung (in erster Linie Predigt) gewappnet sind und die wir trotzdem begehen — *vraz*, *huor*, Trägheit, Habsucht, Lüge, Stolz usw. Schwabs Charakteristik dieser Versuchung („die Mißachtung der Fähigkeit zur *cognitio* oder *scientia* . . . die Sünden der Welt vom Guten zu unterscheiden", Ausgabe, S. 270) scheint mir zu spezialisiert und scholastisch gefärbt, denn Stricker spricht weniger von der Mißachtung eines Erkenntnisvermögens als vom Sündigen trotz der durch dieses Vermögen vermittelten Kenntnisse:

> wir bekennen wol boese unde guot,
> wie man rehte und unrehte tuot,
> des kunne wir uns wol enstan.
> waz wol od übel ist getan,
> des ist uns alles vil bekant.
> deste vaster habe wir uns geschant
> wider den almehtigen got,
> so wir zebrechen sin gebot. (Z. 105 — 112)

Das *wizzenliche missevarn* (Z. 114) schließt eben einen schuldigen Trotz ein, doch der folgende Abschnitt (vierte Versuchung), der den Mangel an Reue bespricht, nimmt als Ausgangspunkt *die sünde die wir han getan* (Z. 125), was auf das Wesentliche der dritten Versuchung hinweist. Der Stricker hat

---

138 Man findet diese *lîp-sêle*-Lehre in Strickers ‚Karl dem Großen' klar ausgedrückt (hrsg. Karl Bartsch, Quedlinburg und Leipzig 1857, Nachdruck Berlin 1965, Z. 723 bis 726):
> der lîp ist der sêle kneht,
> er sol ir dienen, daz ist reht.
> wil er ir dienest versagen,
> sô sint sî beidiu samt erslagen.

Vgl. Berthold von Regensburg, I, S. 240 — 242.

anderswo das Übel des Prahlens mit eigenen Sünden erörtert, spezifisch den Fall des Menschen, der seine Sünden zum Scherz und zur Unterhaltung macht.[139] Hier betont er, wie so oft, die für das Seelenheil unerläßlichen Reuetränen[140]:

> wir soldens [die sünde] weinende klagen
> gote und unserm bihtigaere.
> si solden uns dunken swaere. (Z. 130 – 132, vgl. Z. 142 – 146)

Die beiden letzten Versuchungen betreffen das Verhältnis des Christen zum Wohlstand: hat er *gewalt od guot* (Z. 149), so besteht die Gefahr der superbia (Z. 161); ist sein Leben auf der anderen Hand *vaste widerzaeme* (Z. 180) durch die *tentationes probationis* (Z. 181 – 183), so mag er der Ungeduld und dem Murren verfallen (Z. 184 – 187). Die in Z. 213 – 215 ausgesprochene Lehre, daß Gott uns zweifach versucht *(mit liebe und mit leide, / mit übel und mit guote)*, legt der Stricker in der fünften *(liebe, guote)* bzw. sechsten *(leide, übel)* Versuchung aus. Er hat auf diese *hochvart* der reichen und gewaltigen Leute an anderen Stellen hingewiesen (siehe unsere Besprechung der ‚Fünf teuflischen Geister', Z. 47 – 64, und ‚Vom Tode', Ed. Nr. 72, Z. 23 bis 58), und die mürrische Ungeduld armer Leute ist das Thema seiner ‚Drei Wünsche' (Ed. Nr. 16; vgl. auch „Die irdenen Gefäße", Ed. Nr. 146, bes. Z. 113 – 122).[141]

Den Inhalt dieser Versuchungsanalyse kann man ohne jede Zuflucht zur theologischen Tradition verstehen. Eigentlich ist er eine einfache Lebenslehre, die im letzten Abschnitt (Z. 225 – 240) zusammengefaßt wird: wir sollen das richtige Verhältnis von Leib und Seele erhalten, die böse Welt meiden und die Sünden bereuen, den weniger Glücklichen womöglich helfen und eigenes Unglück geduldig tragen. Ein Anlaß zur literarischen Formung dieser Lehre dürfte kaum in der kirchlichen Literatur zu suchen sein, zumal verschiedene Schriftstellen hätten dazu dienen können[142], doch damit wird nicht gesagt, daß diese Literatur irrelevant ist. Überlegt man die Struktur der Komposition, dann leuchtet eher das Gegenteil ein.

---

[139] ‚Der ungeratene Sohn' (Ed. Nr. 114), bes. Z. 55 – 59: *daz muz Got ubel behagen / daz wir die sunde mit freuden sagen / und der mer denne lachen / und kůrtzwil da mit machen / beide uns und andern leuten.* Vgl. unsere Besprechungen der vierten von den ‚Sechs Teufelsscharen' und des vierten der ‚Fünf teuflischen Geister'.
[140] Vgl. Schwab, Ausgabe, S. 245, Anm. zu 1, 17 – 40, und S. 275, Anm. zu 150, 28.
[141] Interessant ist es, daß ‚Die Schlange ohne Gift' (Ed. Nr. 118) auf Unglück usw. *(adversa)* als Versuchung des Teufels anspielt (Z. 65 – 83).
[142] Zum Beispiel, die Leib-Seele-Diskussion ähnelt einer Homilie, die sich auf Gal. 5,17 gründet: *Caro enim concupiscit aduersus Spiritum, Spiritus autem aduersus carnem: haec enim sibi inuicem aduersantur*, vgl. Z. 65 – 66: *sus hat der lip an aller zit / wider die sele einen strit.*

*Struktur*

Der Stricker besteht auf einer sechsteiligen Analyse (Z. 37), Schwab hat aber darauf aufmerksam gemacht, daß „Die einzelnen Versuchungen ... innerlich paarweise untereinander verbunden [sind]" (Ausgabe, S. 270), und die Richtigkeit dieser Beobachtung möchte unsere Vorstellung der Thematik bestätigt haben. Es handelt sich also um eine Lebenslehre, die als dreifaches Schema der Versuchung zum Bösen gestaltet ist, wobei jedes Element zweifach betrachtet wird: das erste Element ist die Versuchung zur Herrschaft des Fleisches bzw. Unterwerfung der Seele; das zweite, die Versuchung, daß man *dem boesen site / der werlde* (Z. 227 – 228) folgt bzw. die Sünde nicht bereut; die dritte, die Versuchung zur Hoffart bzw. Ungeduld. Man geht nicht fehl, wenn man die zugrundeliegende Dreiheit als Fleisch-Welt-Teufel versteht. Der Stricker hat sein Gedicht auf dem wohlbekannten Begriff der drei Feinde oder Versucher des Menschen aufgebaut.[143]

Über den Ursprung dieser Dreiheit besteht immer noch keine Klarheit, obwohl der Satz des Augustinus in Sermo 158, *restat tamen lucta cum carne, restat lucta cum mundo, restat lucta cum diabolo*, die Quelle sein könnte (nach Wenzel, S. 49, Fn. 7). Der Stricker hätte seine Kenntnis der Topik aus unzählbaren Quellen schöpfen können, und angesichts dieser Vielfältigkeit erübrigt sich von vornherein die Suche nach einem Muster für seine Darlegung, jedoch lohnt es sich, den Inhalt seiner Analysen mit dem der Tradition zu vergleichen. Was das Fleisch betrifft, sprach man entweder von den Gelüsten im allgemeinen (Adam Scotus: *Trahere te nititur caro, ad voluptatem;* Hugo von St. Viktor: *caro vero desideriorum carnalium turbas excitans, contra nos in praelium exsurgit*) oder man präzisierte („The lust of the flesh was ... gluttony or fleshly desire, and sometimes fornication, lechery, and pleasure"[144]). Der Stricker verallgemeinert in beiden Abschnitten, läßt jedoch keinen Zweifel bleiben, daß er jedesmal vor der verderblichen Versuchung des Leibes, wie sie konventionell verstanden wurde, warnt: *daz aber dem libe sanfte tuot, / daz enist der sele niht guot*, Z. 63 – 64; *wir sin da kleines lobes wert, / ... / so wir des libes ze wol pflegen*, Z. 90 – 93.

Auf den ersten Blick ist es nicht klar, daß der Stricker sich für seine dritte und vierte Versuchung auf die herkömmliche Rolle der Welt bezieht, da diese für Bernhard von Clairvaux und andere aus der Darbietung von Eitelkeiten be-

---

[143] Zur Orientierung dient am besten Siegfried Wenzel, The Three Enemies of Man. In: Mediaeval Studies 29 (1967), 47 – 66; siehe auch Donald R. Howard, The Three Temptations: Medieval Man in Search of the World (Princeton 1966), bes. S. 43 – 75. Der Stricker vertritt die weitverbreitete Ordnung caro-mundus-diabolus (siehe Wenzel, S. 53 bis 57, über Bernhard von Clairvaux, Aelred von Rievaulx, Isaac de L'Étoile, Adam Scotus und Servasanctus von Faenza).
[144] Adam Scotus, PL 153,840 C, und Hugo von St. Viktor, PL 175,235 C (Hinweise Wenzel, S. 55 und 52); Howard, S. 54.

stand – *mundus [suggerit] vana* lautet die aus einer Predigt Bernhards gezogene und weit verbreitete Formel (Wenzel, S. 53) – und manchmal unter dem Einfluß der Versuchungen Christi und des zweiten Teils der Dreiheit in I Joh. 2,16 *(concupiscentia oculorum)* mit der avaritia oder cupiditas verbunden wurde.[145] An anderer Stelle hat der Stricker selber die Versuchung der Welt mit der *gitecheit* gleichgesetzt.[146] In diesen Abschnitten geht es jedoch nicht um vanitates oder cupiditas, auch nicht um die Versuchung des Glücks durch *prospera et adversa*, die Hugo von St. Viktor als das wesentliche Böse der Welt verstand[147], vom Stricker aber als Probe göttlichen Ursprungs aufgefaßt wurde (fünfte und sechste Versuchung). Gleichwohl liegt die Versuchung zum *wizzenliche missevarn* gerade vor uns, d. h. in der gleichen räumlichen Beziehung wie die Teufel der Weltsünden in den ‚Sechs Teufelsscharen' (Z. 1 – 22), und im Abriß spricht er vom bewußten Sündigen als *dem boesen site der werlde*. Demzufolge muß man seine Ausführungen über Sünde und Reue als neuen Gehalt für das zweite Glied des alten Schemas anerkennen.

Die Versuchung des Teufels ist für den Stricker die, die zu Stolz und Ungeduld führt. Wir brauchen keine Worte über das Verständnis der superbia als teuflischer Eigenart zu verlieren, die in der Tradition des Teufels als Versucher zum Vorschein kommt[148], und die Ungeduld wird ausdrücklich in einer Predigt Bernhards von Clairvaux als Ergebnis teuflischer Versuchung aufgeführt: *princeps ipse habens iram magnam . . . insurgit adversos nos; cum videlicet . . . ad iram, ad impatientiam, ad invidiam, ad amaritudinem animi provocamur . . .*[149] Der Stricker macht klar, daß er den Teufel als Urheber ungeduldigen Klagens gegen Gottes Willen betrachtet, durch eindeutigen Hinweis (*swenne uns der tivel schündet / daz wir gotes gerihte schelten . . .*, Z. 202 – 203). Das ist die einzige Nennung des Teufels im Gedicht.

Es scheint unbestreitbar zu sein, daß die Lehren der ‚Sechs Versuchungen' durch die Beziehung auf die Topik der drei Feinde oder Versucher organisiert sind und daß sie zum großen Teil inhaltlich mit diesem Topos übereinstimmen. Manche Fragen harren jedoch der Antwort. Warum hat der Stricker das dreiteilige Schema verdoppelt und seine Analyse mit dem Satz *diu beko-*

---

[145] Siehe Wenzel über Robert Grosseteste, S. 57, und Radulphus Ardens, S. 60 – 61; auch Howard, bes. S. 48 – 54.

[146] ‚Vom heiligen Geist' (Ed. Nr. 1), Z. 705 – 706. Über Strickers Anspielungen auf die drei Versucher, siehe Schwab, Ausgabe, S. 250, Anm. zu 1, 699 – 712.

[147] Wenzel, S. 52; vgl. das andere Hugo-Zitat bei Howard, S. 62, und Petrus Abelardus: *Tria autem sunt quæ nos tentant, caro, mundus, diabolus . . . mundus per prospera et adversa* (PL 178,617 AB).

[148] Wenzel, S. 55, 57 und 62 (über Adam Scotus, Robert Grosseteste und die gewöhnliche Verteilung der vitia capitalia unter die drei Versucher).

[149] Sermo 23 de diversis (PL 183,601 D), Hinweis Wenzel, S. 53.

*rung diu ist sechs slaht* eingeleitet? Warum hat er die traditionelle Welt-Thematik ersetzt? Warum hat er die *tentationes probationis* eingeführt, und wieso hat er das ganze Gedicht von der sechsten Bitte des Paternosters ausgehen lassen, ohne *die selben viende alle dri* („Vom heiligen Geist', Ed. Nr. 1, Z. 711) expressis verbis anzudeuten?

Wir sahen, daß Gunther von Pairis drei Quellen der Versuchung, aber zwei Arten *(in corpore, in anima)* kannte und dadurch zu sechs Versuchungen *ad malum* gekommen war. Sehr verbreitet war die Lehre von der Versuchung als innerlich oder äußerlich[150], zu der Gunther eben verpflichtet ist, und es wäre nicht unwahrscheinlich, wenn man eine solche Unterscheidung der Arten für jeden der drei Strickerschen Versucher konstatierte. Ich finde jedoch nichts desgleichen. Der Unterschied zwischen den Versuchungen eins und zwei ist bloß rhetorischer Art; andererseits sind die dritte und vierte folgerichtig aber nicht innerlich verwandt, die fünfte und sechste betreffen differenziertere Laster des Geistes. Kein Prinzip der Unterscheidung ist den drei Paaren gemeinsam. Meiner Ansicht nach ist der Grund für die Doppelung der drei nicht im Stoff zu finden, sondern im Gerüst – das Prinzip der räumlichen Verteilung der Versuchungen nach oben, unten, vorn, hinten, links und rechts. Daß der Stricker dieses Schema gern hatte, wird nicht nur aus der nochmaligen Verwendung in den ‚Sechs Teufelsscharen' deutlich, sondern auch aus dem poetisch lebhaften Bild des Kämpfers (‚Versuchungen', Z. 216 – 222) und vielleicht aus der Tatsache, daß er im ‚Ernsthaften König' (Ed. Nr. 92) zu den sonst bezeugten drei Speeren einen vierten Speer einbezogen hat: die Gründe christlichen Ernstes wären beliebig zu vermehren, mit dem vierten Speer erreichte der Stricker die symmetrische Verteilung vorn-hinten-rechts-links.[151] Ich halte es für wahrscheinlich, daß sein Interesse an der räumlichen Metapher ihn zur doppelten Behandlung der drei Versucher bewogen hat. Dazu war der Stoff reichlich vorhanden.

Für die neue Welt-Thematik ist die Erklärung auch einfach: obwohl die *gitecheit* als Sonderthema ihm sehr gelegen war, konnte er in dieser kurzen Lebenslehre kaum am Grundproblem der Sünde und Reue vorbeigehen. Denkt er an die Welt, so denkt er an unvermeidbares Sündigen und zugleich an die Hoffnung der Verzeihung für den Menschen, *den / . . . / sine sünde iemer riuwen* (Z. 143 – 144). So hat man in diesem Gedicht, sozusagen sub voce „Welt", erstens das *wizzenliche missevarn* und zweitens die durch nachgelassene Reue vereitelte Buße.

---

[150] Wenzel, S. 59 – 60; vgl. Gottfried Babion, *Abdicatis omnibus terrenis, necesse est instare tentationes interiores et exteriores* (PL 162,1306 B).

[151] Z. 77 – 79: *vorn und hinden, zu beiden siten / wurden in kurzen ziten / vier sper an in gesetzet.* Vgl. Anton Avanzin, Anmerkungen zu den Strickerschen bîspels der Melker Handschrift. In: Innsbrucker Beiträge zur Kulturwissenschaft 6 (1959), 111 – 127, hier S. 121.

Zur Frage der *tentationes probationis* im Gedicht wird man wohl meinen, daß dieses Problem dem Dichter so wichtig zu sein schien, daß er es trotz der theologischen Unterscheidung zwischen *tentatio probationis et deceptionis* aufnahm. In dieser Hinsicht ist es jedoch interssant, daß Petrus Abelardus, der einzige unter den zitierten Theologen, der die drei Versucher in seiner ‚Expositio Orationis Dominicae' erwähnt, an dieser Stelle den Vers Jac. 1,3 zitiert: *scientes quod probatio fidei vestrae patientiam operatur.*[152] Er verbindet den wohlbekannten Nutzen der Versuchung *(Multum enim prosunt tentationes electis, quia per tentationum victoriam pertingunt ad coronam*[153]*)* mit dem Jacobus-Vers, damit die *probatio fidei* eine ähnliche Funktion hat wie der Kampf mit den drei Versuchern: so wird der geläuterte Christ erwiesen. Der Stricker sagt, daß der Mensch der *impatientia* verfällt, der die *probatio fidei in adversis* nicht besteht, so wie er anderen Lastern verfällt, wenn er anderen Versuchungen erliegt. Petrus Abelardus hätte diesem Gedankengang zugestimmt.

Die letzte Frage – warum läßt der Stricker sein Gedicht vom Paternoster ausgehen, obwohl es diesem Gebet inhaltlich doch wenig verdankt? – würde ich mit Rücksicht auf ein vermutetes Laienpublikum ohne Schulbildung beantworten. Das Paternoster war der Grundstein der Frömmigkeit; könnte man ein Lehrgedicht plausibel auf ihm basieren lassen, so hätte es im Bewußtsein der Hörer ein festes Fundament und dürfte um so kräftiger wirken. Die sechste Bitte bot einen idealen Ansatzpunkt für diese Betrachtungen über Fleisch, Welt und Teufel. Der christlich eifernde Berufsdichter findet kaum eine bessere Anfangszeile als *Nach des paternosters lere . . .*

Dieses Gedicht legt gutes Zeugnis für Strickers pragmatische und eklektische Arbeitsweise ab. Er will über die Versuchung schreiben, will aber keine spitzfindigen *distinctiones* vorführen, sondern das, was dem Christen meistens nützt, klar und graphisch auslegen. Im Auge behält er das Bild des Kämpfers, der von sechs symmetrisch verteilten Richtungen angegriffen wird. Das Paternoster, als universal bekannter Text über die Versuchung, muß zur Wirkung gebracht werden, doch weil man viel mehr über die Versuchung an sich von der Diskussion der bekannten Dreiheit *caro-mundus-diabolus* her weiß, muß diese Wirkung eher rhetorisch als stofflich sein. Behandelt man jedes Glied der Dreiheit zweifach, so paßt die Versuchungsanalyse perfekt zu dem räumlichen Schema. Dem traditionellen Gehalt der Dreiheit-Topik fühlt sich der Stricker nicht verpflichtet, er ersetzt ihn gewissermaßen durch Themen, denen er selber große Wichtigkeit beimißt; auf diese Weise wird er Zeuge für die im späteren Mittelalter wahrzunehmende Geringschätzung der drei Ver-

---

[152] PL 178,617 A.
[153] Ibid.

sucher im Vergleich zum Beispiel zu den sieben Hauptsünden: „the Three Enemies of Man provided nothing more than a formula which may originally have been very convenient, in meditation and exhortation, to sum up with conciseness the sources which threatened with disaster the Christian's quest for perfection" (Wenzel, S. 66).

## III. Laienreligiosität und die „vita poentitentialis"

In den meisten seiner geistlichen Gedichte bezieht sich der Stricker dreifach auf das Christentum seiner Zeit. Er erklärt wichtige Aspekte des Glaubens und der Sakramente, zum Beispiel in den großen Lehrgedichten ‚Vom heiligen Geist' (Ed. Nr. 1), ‚Die Messe' (Ed. Nr. 2) und ‚Processus Luciferi' (Ed. Nr. 3); er analysiert die geistigen Schwächen seiner Mitmenschen und stellt richtige Verhaltensweisen dar, zum Beispiel ‚Der blinde Dieb' (Ed. Nr. 70), ‚Die Äffin' (Ed. Nr. 94) und ‚Der eigensinnige Spötter' (Ed. Nr. 123); und er rügt die Stände sowohl der Laien als auch der Geistlichen wegen ihrer Unzulänglichkeiten, zum Beispiel ‚Der blinde Führer' (Ed. Nr. 77), ‚Die Geistlichen' (Ed. Nr. 105), ‚Die Klage' (Ed. Nr. 153). Seine Lehre auf dem Gebiete des christlichen Lebens reduziert sich auf ein relativ einfaches Einhalten grundsätzlicher Bräuche und Rollen, alles auf dem Fundament strengen Sündenbewußtseins. Seine moralischen und theologischen Positionen sind viel mehr traditionell als fortschrittlich, seine soziale Einstellung eher konservativ als liberal.[1] Wollte man ein Rezept für tugendhaftes Leben auf der Basis der Strickerschen Lehrdichtung schreiben, würde es sich kaum von den Ermahnungen gebildeter Prediger der Zeit unterscheiden: die Geistlichen sollen ihre Pflichten gewissenhaft erfüllen, die Laien sollen die Sünde womöglich vermeiden und sich durch die Kirche, die über die Schlüsselgewalt verfügt, leiten lassen.

Es gibt jedoch eine kleine Gruppe von Gedichten, die eine etwas andere Lebensweise für den Laien propagieren und die wir jetzt betrachten wollen. Die Ansichten, die der Stricker in diesen Gedichten vertritt, sind keineswegs heterodox, jedoch vertiefen sie unser Verständnis für seinen Standpunkt in der christlichen Gesellschaft seiner Zeit, der vielleicht doch nicht so ganz ohne Nuancen war, wie es den Anschein haben mag.

Der Stricker widmet zwei Gedichte der Figur des Einsiedels, ‚Der Sünder und der Einsiedel' (Ed. Nr. 88) und ‚Der durstige Einsiedel' (Ed. Nr. 53).[2] In jenem ist die Gestalt durchaus positiv bewertet — er besitzt nicht nur Reinheit des Lebens und christliche Weisheit, sondern auch die Kraft, Erscheinungen

---

[1] Das ist neulich von Joachim Bumke am Beispiel Strickers ‚Gäuhühner' gezeigt worden, ZfdA 105 (1976), 210 – 232.
[2] In seinen Anmerkungen zu den Strickerschen bîspels der Melker Handschrift. In: Innsbrucker Beiträge zur Kulturwissenschaft 6 (1959), S. 111 – 127, hier S. 126 – 127, weist Anton Avanzin auf Varianten der Geschichte von Visionen, die Strickers ‚Sünder und Einsiedel' zugrundeliegt, jedoch scheint mir nichts Wichtiges für Strickers Deutung des Einsiedels aus vergleichender Sicht gewonnen.

religiöser Art zu beschwören. Solche wunderbare Kraft schreibt der Stricker, der in seinen Geschichten sehr zurückhaltend mit dem Übernatürlichen umgeht, keiner anderen menschlichen Gestalt seiner Kleindichtung zu. Dieser Einsiedel ist die einzige Person, die irgendwie über die Grenzen normaler Möglichkeiten hinauskommt. Auch stellt ihn das Gedicht vor eine höchst schwierige Aufgabe, die Bekehrung eines alten Sünders, der in der Buße zu wanken und an der eremitischen Lebensweise zu zweifeln beginnt (Z. 8 bis 17). Strickers eigene Skepsis, daß späte Bekehrung möglich und wirksam ist[3], wird nicht durch dieses Gedicht widerlegt, wenn man auf den einmaligen Einfluß übermenschlicher Kraft achtet, der den Sünder endgültig für die Bekehrung festigt:

> Do der selbe sundere
> von im so groze mere
> ersach und vernam,
> do wart er Got gehorsam
> und beleip dar an stete ... (Z. 89 – 93)

Daß *ein riche sundick man* (Z. 1), der die Sünde bereut, sich überhaupt an einen Einsiedel wendet, geschieht *durch guten rat* (Z. 4), und daß er in der vom Einsiedel empfohlenen Buße (Z. 6 – 7) sein Leben beendet, wird ausdrücklich als Gehorsam gegen Gott gelobt (Z. 92). Es ist klar, daß der Einsiedel nicht nur für die eigenen Sünden büßen, sondern auch als zuverlässiger Ratgeber anderen Menschen zum ewigen Leben (Z. 96) verhelfen kann. Trotz prinzipieller Hochschätzung der eremitischen Lebensweise hat die Kirche im Mittelalter manche Bedenken gegenüber spezifischen Eremiten und ihrer Funktion als geistliche Wegweiser gehegt.[4] Es bestand die Gefahr, daß durch unbefugten Rat kirchliche Lehren mißdeutet und die Autorität des Klerus beeinträchtigt würden. Wenn man sich klar macht, wie gründlich der Stricker sich für das Bußsakrament und den Beichtvater als zentrale Teile der kirchlichen Ordnung einsetzt, wie fest seine Anschauungen auf den stellvertretenden Kräften der geweihten Priester ruhen[5], dann überrascht es, daß er

---

3 Siehe unsere Diskussion dieser Frage in der Studie zur Strickerschen Bußlehre.
4 Siehe Ernst Werner, Pauperes Christi. Studien zu sozialreligiösen Bewegungen im Zeitalter des Reformpapsttums, Leipzig 1956, besonders ‚Eremos und Wanderpredigt', S. 25 bis 52, auch S. 77 – 79, wo die zwei wohl bekanntesten Kritiken des Einsiedlertums – Ivos von Chartres ‚Epistola fratri Rainaldo' (PL 162,260 – 262) und Marbods von Rennes ‚Epistola ad Robertum' (PL 171,1480 – 1486) – zitiert werden.
5 Siehe ‚Die Messe' (Ed. Nr. 2), Z. 495 – 532 (*got hat uns alle pfaffen / an siner stat geschaffen,* Z. 509 – 510; *Swer gote wil sin gehorsam, / der sol sinem bihtigaer sin alsam* Z. 515 – 516); ‚Die Ritter' (Ed. Nr. 152), Z. 87 – 102 (*nu hat got sine pfaffen / ze hirten über uns geschaffen,* Z. 87 – 88); vgl. ‚Den ungeratenen Sohn' (Ed. Nr. 114), Z. 46 bis 47 und die Anspielungen auf den Beichtvater in ‚Vom heiligen Geist' (Ed. Nr. 1), Z. 234 und 301 und in ‚Des Königs alten Kleidern' (Ed. Nr. 71), Z. 97.

im Musterbeispiel eines alten, reichen Sünders diesen Mann nicht zum Priester wegen des kirchlichen Sakraments, sondern *durch guten rat* zu einem Einsiedel schicken läßt, der seine Beichte hört (Z. 55), ihn durch *so groze mere* erschüttert und endlich heilt. Man könnte meinen, der Stricker müßte für den Extremfall dieses Reichen, der in der Jugend *‚ein vil ubel sundere'* (Z. 76) war und im Alter sich nicht geändert hat (‚*nu bist du alt und tust alsam'*, Z. 77), an eine radikale Lösung denken, die außerhalb der normalen pfarrlichen Praxis zu finden war.

Mit dem Pseudo-Einsiedel im Märe, der sein Büßerleben nur zwanzig Wochen aushält (Z. 106), beschäftigen wir uns an dieser Stelle nicht. Es sei nur gesagt, daß das Gedicht das Einsiedlertum keineswegs persiflierend behandelt, sondern seinen Humor aus der Diskrepanz zwischen hohem Ideal und lächerlichem Fall entwickelt.

Im Gedicht ‚Vom heiligen Geiste' (Ed. Nr. 1) hat der Stricker ausführlich beschrieben, wie der Heilige Geist durch einen *guoten man* den Sünder bekehren kann. Die Stelle verdient unser Intersse, da es sicher um einen Laien geht — mit keinem Wort werden kirchliche Verhältnisse angedeutet — und, wenn man die Ansicht Schwabs teilt, um einen Einsiedel: vom Terminus *guot man* ausgehend kommt Schwab zu dem Schluß, ,,hier handelt es sich ganz offensichtlich, wie auch bei Wolfram [Trevrizent] ... um ein Synonym für ‚Einsiedel' ".[6] Doch es ist zu bezweifeln, daß das ganz offensichtlich ist. Gehen wir auch vom Terminus *guot man* aus, den der Stricker wiederholt für diesen Menschen verwendet (Z. 392, 405, 435 usw.). Der Ausdruck als solcher impliziert eher moralische Eigenschaften als äußere Lebensumstände, wäre demnach als Äquivalent für die sonst für diese Figur vom Autor gebrauchten Wendungen *der getriuwe, reine gotes bote* (Z. 431), *der reine* (Z. 464) und für die vom Sünder gebrauchte ,,*der heilige man*" (Z. 447) aufzufassen. Das Wort *einsidel* kommt überhaupt nicht vor, und das ist um so merkwürdiger, als der Stricker es gern gebraucht, wo es eben am Platz ist — zum Beispiel viermal in ‚Dem Sünder und dem Einsiedel' (Z. 5, 7, 18, 22), dreimal im ‚Durstigen Einsiedel' (Z. 158, 257, 267). Das Märe ist auch sonst für die Frage interessant, denn der Einsiedel wird hier auch *guot man* (Z. 231) und ,,*der aller heiligste man*" (Z. 255) genannt, d. h., eine ähnliche Mischung der Bezeichnungen kommt in diesem Gedicht wie an der Stelle ‚Vom heiligen Geist' vor, nur daß der objektive Terminus *einsidel* in diesem vermieden wird. Das Märe macht klar, daß für den Stricker die Termini *einsidel, guot man* und *heilig man* vereinbar waren, liefert aber keinen Beweis dafür, daß *guot man* ein Synonym für *einsidel* ist. Die Stelle im Lehrgedicht, die wir jetzt betrachten, bietet vielmehr einen Beweis für das Gegenteil an: der Heilige Geist fügt es also, daß der

---

[6] Ausgabe, S. 249, Anm. zu 1, 392.

Sünder *kumet zeinem guoten man* (Z. 392), und der Stricker macht ganz klar, daß dieser Ausdruck vom Volk aufgrund einer moralischen Bewertung verwendet wird:

> ... zeinem guoten man,
> der beidiu hat ein guotez leben
> und kan ouch guoten rat geben
> (dar ist er niht durch got komen,
> wan daz er hat wol vernomen,
> daz in diu liute gerne sehent
> und sin zeim guoten manne jehent) ... (Z. 392 – 398)

*Jehent zeim guoten man* — das ist unmöglich mit *guot man* als Synonym für Einsiedel in Einklang zu bringen, denn entweder ist man Einsiedel oder man ist es nicht, das ist eine äußere Frage (daher spricht der Stricker ohne weiteres vom Pseudo-Bekehrten im Märe als *einsidel*), die gar nicht vom Urteil der Gesellschaft abhängt *(jehen ze)*. Im Gegenteil: die Angemessenheit der Wendung *guot man*, als Ausdruck religiöser Verehrung, hängt direkt von der öffentlichen Ansicht über die Lebensqualität des betreffenden Menschen ab.

Am Ende dieser Stelle vom ‚Heiligen Geist' stellt der Stricker die Bekanntschaft mit *guoten liuten* als allgemeine Lehre auf:

> dar umbe sul wir kunde
> der guoten liuten gerne han.
> der heilige geist hat vil getan
> durch ir gebet und durch ir raete
> und durch ir grozen guottaete. (Z. 480 – 484)

Wird auf diese Weise der Begriff *guot man* erweitert, vielleicht um Menschen beiderlei Geschlechts einzuschließen? ‚Die Spieler' (Ed. Nr. 125) kennt den Terminus *guote liute* auch (Z. 107), doch die Zusammenhänge im Gedicht lassen kaum eine andere Deutung zu, als *guote liute* synonymisch für *geistliche liute* (Z. 43, 69) zu verstehen, d. h. als Bezeichnung für die geistlichen Stände, auf die es Z. 481 in ‚Vom heiligen Geist' eben nicht ankommt.[7] Mit Schwab darf man ausschließen, daß Strickers *guot man / guote liute* Nachbildungen der bekannten Katharer-Termini *bonus homo / boni homines* darstellen[8], doch damit ist die mögliche Relevanz der lateinischen Ausdrücke nicht erschöpft. Überraschenderweise scheint es, als ob weder Schwab noch Wapnewski, auf dessen Studie ‚Der guote man im Parzival' sie sich beziehen[9], die

---

[7] In ‚Den Rittern' (Ed. Nr. 152) bleibt es unklar, ob der Stricker nur auf Klosterleute Bezug nimmt: *si [lecker und verschamtiu wip] gebent vil boeser bilde, / guote liute sind ir spot* (Z. 134 – 135).

[8] Ausgabe, S. 249, Anm. zu 1, 392.

[9] Peter Wapnewski, Wolframs Parzival. Studien zur Religiosität und Form, Heidelberg 1955, S. 184 – 187.

Aussagen der Wörterbücher zu diesem Problem zur Kenntnis genommen haben. Ducange verzeichnet *boni homines* nicht nur im katharischen Sinne (die Perfecti), sondern auch als Bezeichnung für die Brüder des Ordens von Grandmont während des elften und zwölften Jahrhunderts; dazu ist hinzuzufügen, daß die sogenannten Sackbrüder (Bußbrüder und -schwestern Jesu Christi), von Innozenz IV. um 1251 bestätigt, in England „Boni homines" genannt wurden.[10] Ebenso war der Terminus passend für orthodoxe Christen, die das religiöse Leben auf sich genommen hatten, vielleicht besonders für diejenigen, die durch augenfällige Askese die Umwelt begeisterten. Lexer sagt folgendes sub voce *guot*: „*guote liute*... auch von demütigen und bussfertigen sündern u. siechen leuten gebraucht", und gibt Belege, die allerdings nicht eindeutig sind, nichtsdestominder einen Verwendungsbereich für den Terminus abgrenzen, der kaum mit „Einsiedeln" und „Ordensleuten" identisch ist.[11]

Bisher sind in diesem Zusammenhang die Wendungen *guote liute / guote menschen* in den Predigten Bertholds von Regensburg unbeachtet geblieben (Belegstellen: I, S. 22, 23, 266, 290, 377, 405; II, S. 17). Man kann nicht sagen, daß Berthold diese Ausdrücke durchweg als termini technici gebraucht, denn es kann sich bloß um Menschen guten Charakters handeln, zum Beispiel Figuren der biblischen Geschichte: *Man liset in der heiligen schrift, daz die guoten liute in der alten ê gesworn hant...* (S. 266, vgl. 290). Dagegen hat es an folgender Stelle damit eine andere Bewandtnis: jedermann weiß wohl, *welich teil im beschert wirt... weder im der guoten menschen teil wirt oder der meide oder der êliute* (S. 377). Der Ausdruck bedeutet hier kaum „gute Menschen" im allgemeinen Sinn, denn damit wären drei voneinander unterschiedene Gruppen nicht erreicht, und die Absonderung durch *oder* wäre sinnlos. Berthold spricht von einer Gruppe moralisch ausgezeichneter Christen, denen ein himmlischer Lohn zukommt, der ihrem irdischen Wandel angemessen ist

---

[10] Ducange, Glossarium mediae et infimae Latinitatis, Bd. I (Nachdruck Graz 1954), S. 699, sub voce „Boni". Über die Sackbrüder siehe LThK, erste Ausgabe IX, 67; zweite Ausgabe II, 819 und IX, 204 – 205.

[11] Lexer, Mittelhochdeutsches Handwörterbuch, Bd. I, Leipzig 1872, Sp. 1121, sub voce „guot", zitiert das Nibelungenlied, Str. 1001, 2 (Hs. A = Str. 1061, 2, Hs. B). Die Zeile lautet *swâ sô man [diu] klôster und guote liute vant*, sie wird von Ulrich Pretzel mit „den Klöstern und ihren frommen Insassen zu" übersetzt (Das Nibelungenlied, kritisch herausgegeben und übertragen von U. P., Stuttgart 1973, S. 167), aber von Helmut de Boor mit „An die Siechenhäuser und Klöster rings im Land" (Das Nibelungenlied..., herausgegeben und übertragen von H. d. B. [Sammlung Dietrich, Bd. 50], Bremen o. J., S. 311). Lexer zitiert auch Das Leben der heiligen Elisabeth, hrsg. von Max Rieger, Stuttgart 1868, Z. 4217: *Wa er icht guder lude vant;* diese Anspielung scheint (auch Rieger, siehe Glossar, sub voce „gût") nicht gleichbedeutend mit *Er fur ... Zu den clostern umme* (Z. 4214/15). Rieger macht darauf aufmerksam, daß die Quelle hier nur von Mönchen und Nonnen spricht (Glossar, a. a. O.); demnach hätte der Verfasser des Lebens mit der Erwähnung *guder lude* andere Fromme einbeziehen wollen.

(ebenso wie bei den Jungfrauen und tugendhaften Eheleuten). Wenn er gegen die Ketzer eifert, will er eine Frage aus dem Publikum hören: ,*Bruoder Berhtolt, wie sülle wir uns vor in behüeten, sô lange daz sie guoten liuten sô gar glîche sind?*' Berthold deutet hier gewiß nicht auf eine Ähnlichkeit in Dogmen, und ich finde die Stelle nur dann sinnvoll, wenn wir sie mit der bekannten moralisch-asketischen Güte gewisser häretischer Sekten verbinden.[12] Indem sie eine sittliche einwandfreie Existenz führen, gleichen die Ketzer *guoten liuten*, und das spräche für eine Bedeutung von *guoten liuten* etwa im Sinne von „beispielhaft christlichen Laien".

Genau diese Bedeutung finde ich in Bertholds Bemerkungen über die teuflische Versuchung, übermäßig zu fasten und zu beten: *daz tuot er den menschen allermeiste, die er sust zu sünden niht bringen mac* (S. 17). Diejenigen, die der Teufel auf diese Weise versucht, nennt Berthold *guote menschen*, und sie zeichnen sich durch Frömmigkeit und Askese aus: *Alsô tuot der tiufel, sô er an guoten menschen niht anders geschicken mac . . . und gît in solichen rât, daz sie den lîp ze sêre an grîfen mit vasten, wazzer und brôt und mit andern dingen . . .* (S. 17). So finde ich, daß Berthold die Ausdrücke *guote liute / guote menschen* spezifisch für Christen verwendet, deren Leben Zeugnis für exemplarische Strenge ablegt, ohne ihrer äußeren Lebensumstände mit einem Wort zu gedenken. So sind wohl auch die Strickerschen Wendungen *guot man / guote liute* zu verstehen.

Zusammenfassend: mit dem Ausdruck *guot man* besagt der Stricker, daß der vom Heiligen Geist erfüllte Mann (Z. 406) genau als solcher von den Leuten, unter denen er wohnt, anerkannt wird; er vermeidet das Wort *einsidel*, weil er sich den *guoten man* nicht als Eremiten vorstellt; der Mann wohnt nicht abgeschlossen von den Leuten, die ihn *gerne sehent* (Z. 397), und die Bekanntschaft solcher Menschen wäre für uns alle zu wünschen. Ein frommer Einsiedel dürfte wohl *guot man* genannt werden (Trevrizent) wegen der Reinheit des Lebens und der Gesinnung, aber auch für die Bekehrten, die ihr neues Leben weiterhin in bürgerlichen Gemeinden führen, wäre die Bezeichnung angebracht.

---

[12] „If we could observe the Catharist Perfect through the eyes of a layman of their time . . . we might be impressed by their appearance as zealous followers of Christ: the Gospels were their guide for conduct; their celibacy and their austerities were those of the monastic ideal . . . their disdain for the material world was rivaled by that of the anchorites whose sanctity was revered by the Church" (Walter L. Wakefield and Austin P. Evans, Heresies of the High Middle Ages, New York and London 1969, S. 49 – 50). „In ihrem ethischen Streben legten sie [die Waldenser] alles Gewicht auf einen rechtschaffenen Wandel, der vor Gott bestehen kann. Von ihren Anhängern verlangten sie die Ausübung einer strengen Lebensführung, in welcher sich der Christ bewähren muß" (Walter Nigg, Das Buch der Ketzer, Zürich 1949, S. 220).

Mit dem Einsidel, der die endgültige Bekehrung des alten Sünders bewirkt, hat dieser *guot man* eine interessante Verwandtschaft, weil beide sich mit den ärgsten Fällen befassen müssen. Der Mann, zu dem der Geist *in milech wise* (Z. 325) kommt – d. h. durch Rat und Tat des *guoten mannes* –, ist Kind des Teufels (Z. 369 – 370), nicht nur böser Sünder, sondern auch Mensch, der sich grundsätzlich der Welt ergeben und Gott entzogen hat (Z. 344, 377). Wegen dieser prinzipiellen Verderbnis der Teufelskinder sind sie nicht *mit der spise der wisen* (Z. 376) zu speisen, die Lehren und Riten der Kirche sind für sie unbrauchbar, gegen Predigt und Sakramente sind sie abgehärtet. Natürlich bestünde immer noch die Möglichkeit unmittelbarer Bekehrung durch den Heiligen Geist, aber in diesem Abschnitt seines Gedichts will der Stricker theoretisch begründen, was er erfahrungsgemäß für wahr hält – abgestumpfte Sünder, die für die Kirche nichts übrig haben, finden den Weg zu Gott durch Anschluß an *guote liute,* die die Kraft bekehrten Lebens außerhalb der Kirche ausstrahlen. Deshalb reiht er diesen Fall psychologischen Bekehrens, wo der Geist mittelbar wirkt und der Vermittler ein Laie ist, unter die Fälle unmittelbaren Eingriffs und kirchenorthodoxer Buße ein.[13] In diesem Fall kommt alles auf das persönliche, menschliche Verhältnis zwischen Sünder und Ratgeber an – im Gegensatz zum Priester gewinnt ihn dieser für Gott dadurch, daß er tiefe Freundschaft zwischen den beiden entstehen läßt (*als liebet er und heimet in / unz er gevahet den gewin, / daz er in beginnet minnen,* Z. 441 – 443; der Entschluß zur wahren Buße folgt). Die geistige Heilung, die auf diese Weise zustandegebracht wird, unterscheidet sich ebenso wesentlich vom kirchlichen Sakrament wie die vom Einsidel durch *groze mere* verursachte Bekehrung des alten Zweiflers.

Wenn auch die überwiegende Mehrzahl seiner Dichtungen eine konventionelle, kirchliche Bußlehre propagiert, war der Stricker für andere gesellschaftliche Formen der geistigen Heilung aufgeschlossen, die dieselben Elemente der contritio, confessio und satisfactio enthielten. Dieser eng begrenzte Pluralismus hängt mit der sogenannten Laienbewegung der Zeit zusammen, obwohl der Stricker sehr vorsichtig darauf anspielt und außerkirchliche Buße nur für die seltensten Fälle in Aussicht nimmt. Seinen Vorstellungen vom religiösen Leben der Laien kommen wir etwas näher, wenn wir seine Äußerungen über das Leben als Bußleistung näher betrachten.

---

[13] Der erste Teil des Gedichts, der „das Wirken des Heiligen Geistes in der Menschenseele beschreibt" (Schwab, Ausgabe, S. 243), reiht in der Hs. A sieben Weisen dieses Wirkens aneinander, unter denen die Milchweise den einzigen Fall einer durch menschliche Vermittlung realisierten Bekehrung darstellt. Sie nimmt auch die meisten Zeilen in Anspruch (160 Zeilen, Z. 325 – 484; an nächster Stelle die Feuerweise, 98 Zeilen, Z. 105 – 202). In der Hs. N. findet man einen Abschnitt von 62 Zeilen über die Salzweise, wo *die liute* (Z. 507, 510) auch eine wichtige Rolle spielen.

Nach Schwab soll das Gedicht ‚Die Buße des Sünders' (Ed. Nr. 142) in drei Redaktionen vorliegen (Ausgabe, S. 272). Tatsächlich deuten die Überlieferungsverhältnisse darauf hin, daß der Stricker die aus der Melker Hs. gedruckten Zeilen durch eine Erweiterung fortgesetzt und dem Ganzen einen auf den Kreuzzug bezogenen Anhang zugefügt hat (Erweiterung und Anhang in Schwabs Ausgabe, S. 196 — 202). Unser Interesse gilt hauptsächlich der Erweiterung, die auf den Begriff vom christlichen Leben als Buße, der im ersten Teil vorgestellt ist, tiefer eingeht. Den Anhang, der die durch Kreuzzug geleistete Buße, aber nicht die vita poenitentialis selber erörtert, besprechen wir als einen Teil der Strickerschen Bußlehre.

Die Schuld des Sündenfalls hat auch nicht Christi Leiden zu tilgen vermocht:

> Adam waz Got ein liebez kint,
> e denne er sines gebotes vergaz
> und einen bösen aphel az:
> den büzet er fumf tausent jar.
> doch ist diu schulde noch so swâr
> daz si noch nicht gebuzet ist,
> swi doch der heilige Krist
> die marter durch den aphel leit ... (Z. 190 — 197)

Diese merkwürdig strenge Deutung der Erbsünde als Wurzel menschlicher Sündhaftigkeit faßt die Aussagen des ersten Teils zusammen und erlaubt uns keine weitere Hoffnung auf eine geläuterte Lebensweise, als weiteren, einzelnen Sünden zu entgehen (Z. 42 — 51) und die Möglichkeit der Gnade etwas größer zu machen (Z. 173 — 178). Diese Hoffnung ist jedoch höchst bedeutsam. Es kommt auf das richtige Verständnis der Buße an, denn der Buße muß sich jeder Christ unterziehen, oder die Last seiner Sünden (wenn nicht seine Sündhaftigkeit) vergrößert sich beständig — Buße ist das Notwendige, obwohl Unzureichende in einem Leben, dem vielleicht die Rettung widerfährt — aber Büßen im Sinne einer auf Erden vollzogenen Genugtuung auch für einzelne, schwere Sünden ist unmöglich:

> swer houbethafter sunde hat
> begangen oder noch begat,
> der mag si Got gebuzen nicht
> ...
> swelich not dem menschen an leit
> die leib oder sele liden muz,
> da mit mag nicht werden büz
> unserz vater Adames schulde. (Z. 173 — 203)

Die Erweiterung dieses Gedichts beginnt der Stricker durch Wiederholung dieser Ansicht:

> der dan wizzen künde,
> wie vil er sünden uf ime hat
> und houbethafter missetat —

> wil er die büezen eine,
> sit alle diu werlt gemeine
> einen apfel niht gebüezen kan,
> so ist er ein vil tumber man. (Z. 216 – 222)

Es folgen unmittelbar der die Hörer fesselnde Befehl *nu merket unser buoze* (Z. 223) und eine Aufzählung traditioneller guter Werke (Z. 227 – 230). So widerspruchsvoll das zuerst wirken mag, erklärt der Stricker die Bewandtnis wie im ersten Teil der Komposition:

> die sünde habe wir vermiten
> und haben anders niht getan,
> wan daz wir behüetet han
> uns vor den sünden die frist,
> daz ir niht mer worden ist. (Z. 238 – 242)

Unser Leben soll auf religiöser *unmuoze* (Z. 224) basieren und als Buße verstanden werden, doch damit ereichen wir nur eine Zuflucht, wo wir nicht mehr sündigen können. Was den eigentlichen Inhalt der Erweiterung ausmacht, ist die Analyse einzelner christlicher Verfahren, um zu verdeutlichen, daß es nicht um verdienstvolle Handlung, sondern um minimale Erwartung geht.

Wir sollen uns für die *buoze* mit *unser guot* (Z. 230) einsetzen, d. h., *daz guot durch got verzern / und ez ouch den dürftigen beschern* (Z. 243 – 244). Solche Spenden und Almosen sind wegen Gottes Eigentumsrecht (Z. 246) vielmehr Pflicht als Verdienst; aus dieser Freigebigkeit kommt uns nur der Nutzen zu, daß wir der avaritia entgehen (Z. 247 – 252). Andächtiges Gebet und die Mühe, *so wir ze mettin uf stan* (Z. 257), lassen uns die acedia meiden (*damit entwiche wir die frist / von dem überigem gemache*, Z. 262 – 263: man denke an die Abneigung gegen Mette und die Liebe zum *gemach* des accidiosus in ,Den sechs Teufelsscharen'). Ähnlich verhält es sich mit Fasten und der gula: *die wile man uns vasten siht, / so sünde wir mit dem fraze niht* (Z. 269 bis 270). Der Stricker greift also drei der *vitia capitalia* heraus, deren Erscheinungen im täglichen Leben des Christen deutlich sind und deren Antithesen mit anerkannten „guten Werken" übereinstimmen, deutet solche Werke jedoch nicht als Verdienste, sondern einfach als vernünftige Lebensweisen, die einen von der Sünde zurückhalten. Es war sicherlich für manche im Publikum verblüffend zu erfahren, daß ihre *guottaete* keine weitere Funktion als diese hatten und daß die Tilgung begangener Sünden gänzlich von Gottes Barmherzigkeit abhing:

> alle des menschen guottaete,
> swie groz si sin, swie staete,
> swie lützel er sich sume,
> so enthabet er sich vil kume,
> daz er die wil niht sündet me.

> swaz er aber habe gesündet e,
> des enwirt im anders niemer buoz,
> wan daz imz got vergeben muoz. (Z. 271 — 278)

Als Ganzes ist das eine Lehre, die ich nicht mit denen der damaligen Theologen zu belegen weiß, obwohl gewisse Beziehungen ans Licht kommen. Klar ist die allgemeine Relevanz zum augustinischen Gedankengut, die Herabsetzung menschlicher Werke und Verdienste zugunsten der Gnade.[14] Den Rat des Engels an den Sünder — ‚*Got ist genaden riche. / du soltest dich gantzliche / an sin genade han verlan*‘ (Z. 65 — 67) — könnte man für einen Nachklang des Ausrufs Bernhards von Clairvaux halten: *Prætendat alter meritum ... mihi autem adhærere Deo bonum est, ponere in Domino Deo spem meam ... Hoc enim totum hominis meritum, si totam spem suam ponat in eo qui totum hominem salvum fecit.*[15] In der Schrift des Alanus de Insulis ‚De articulis catholicæ fidei‘ findet man die Meinung, daß unser Verdienst gegen Gott weiter nichts ist als die Bezahlung einer Schuld — *nihil Deo facimus, quod non teneamur facere ... Ergo meritum nostrum apud Deum non est proprie meritum, sed solutio debiti*[16] —, und diese auf der Definition *mereri sit de non debito facere debitum*[17] fußende Lehre hat eine interessante Beziehung zur ‚Buße des Sünders‘, denn am Ende des ersten Teils braucht der Stricker das Gleichnis der *solutio debiti*, um seine Lehre nochmals zu veranschaulichen: *obe ich einem herren were / schuldik hundert tousent mark* (Z. 148 — 149). Der wichtige Unterschied besteht darin, daß der Stricker unter den Prämissen des bîspels die *solutio* von vornherein ausschließt: *und were min armut so stark / daz ich im niht vergelden kunde* (Z. 150 — 151). Alles, was wir als *merita* in die Waagschale werfen können, wiegt die Last der Sünde nicht auf. Die Metapher der *solutio debiti* wird von Alanus und dem Stricker verschieden gedeutet, die Aussage bleibt jedoch gleich: es ist unmöglich, daß die Menschen Gott zum Schuldner machen *(de non debito facere debitum);* vielmehr bleiben wir trotz jeder Bemühung Gott schuldig (so der Stricker). Folglich müs-

---

[14] Zur Einführung in diese große Frage siehe DThC 10/1, Sp. 639 — 651 über Verdienst bei Augustinus und Sp. 662 — 710 (‚La doctrine du mérite au Moyen Age‘). Die Lehre Augustinus‘ von *merita* als *Dei dona* und sein Gleichnis der Krönung (*Si ergo Dei dona sunt bona merita tua, non Deus coronat merita tua tanquam merita tua, sed tanquam dona sua,* nach DThC 10/1, Sp. 650) werden vom Stricker in ‚Der Messe‘ (Ed. Nr. 2) genau wiedergegeben:

> got enkroenet niht wan sine gebe:
> swie kristenliche ein mensche lebe,
> des ensol im niemen lop geben.
> got git dem menschen rehtes leben
> und kroenet die tugent, die er da git. (Z. 487 — 491)

[15] Zitiert nach DThC 10/1, Sp. 673.
[16] PL 210,608 D.
[17] Alanus, ‚Theologicæ regulæ‘ (PL 210,621 — 684), hier Sp. 677 D.

sen wir uns auf die Gnade verlassen: *non enim ad remissionem peccati operatur libertas arbitrii: de sola enim gratia remittitur culpa . . . Non enim* ex *operibus justitiæ, quæ fecimus nos, sed ex sola gratia salvi facti sumus* (Tit. III, 5), *nec penes nos consistit peccati remissio.*[18]

Diese Gegenüberstellung der volkssprachlichen Zeilen mit Auszügen aus Schriften von Bernhard und Alanus, wobei bewußt die Positionen der Theologen stark vereinfacht sind, besonders was die gratia praeveniens betrifft, soll nur dem Zwecke dienen, mögliche Wurzeln des Strickerschen Gewächses anzudeuten. Man vermutet, daß der Stricker diese oder ähnliche Aussagen über Sündhaftigkeit, Verdienst und Gnade kennenlernte (sicher durch die Predigt, möglicherweise durch eigenes Studium), sie dann durch eigene Gedanken erweitert und in diesem Gedicht zugespitzt formuliert hat.[19] Auf solche Weise erklärt man wohl seine Meinung, daß (zum Beispiel) das Almosengeben für die eigene Seele nur als Vermeiden der avaritia zu bewerten ist. Es geht um die vereinfachende Deutung eines solchen Gedankens: *In hoc enim quod aliquis non facit, non aliquid meretur, sed vitat poenam, quam consequeretur, si faceret . . . Non facere ergo malum expediens [est] ad cautelam . . .*[20] Daß wir die Sünden der avaritia, acedia und gula nicht begehen, hat eben nur den Wert einer Vorbeugung. Das Seltsame beim Stricker ist die Herabsetzung der diesen Lastern entgegengesetzten Tugenden (Almosengeben usw.) zu Merkmalen des moralisch neutralen Lebens. Angesichts menschlicher Gebrechlichkeit will er wissen, daß unsere *guottaete* bloß Bedingungen der Gnade sind und eigenen Wertes entbehren. Man vergleiche Petrus Lombardus in den Sentenzen zu diesem Thema: *resistere tentationibus atque suggestionibus malis meritum est ac bonum remunerabile . . . Nobis autem meritum est aliquando, si malum non facimus, sed resistimus . . .*[21] Das Gedicht ‚Die Buße des Sünders' gibt Zeugnis für eine sehr verdienstfeindliche Haltung des Strikker, der von keinem anderen Gedicht widersprochen wird, obwohl sie von keinem anderen explizit bestätigt wird. Was die meisten Leute seiner Zeit als

---

[18] Alanus, ‚Theologicæ regulæ' (PL 210,666 AB).

[19] Man könnte einen Einfluß der Schule Gilberts de la Porrée in Betracht ziehen, mit der die Lehre *nullum mereri diceret praeter Christum* verbunden wurde — siehe Arthur M. Landgraf, Das Verdienst Christi, in: Dogmengeschichte der Frühscholastik, Bd. 2,2, Regensburg 1954, S. 170 — 253, hier S. 196 — 207. Auch von Interesse ist Johann Auer, Die Entwicklung der Gnadenlehre in der Hochscholastik. Zweiter Teil: Das Wirken der Gnade, Freiburg i. Br. 1951, S. 26 — 40: ‚Kann der Mensch ohne Gnade die Sünde meiden?'

[20] Alanus, ‚Theologicæ regulæ' (PL 210,659 A).

[21] II Sentenzen 24,1 (S. 420). Zwar will Petrus Lombardus die Augustinische Lehre nicht verlassen: *Ex muneribus vel actibus itaque virtutum boni sumus et iuste vivimus; et ex gratia, quae non est meritum, sed facit, non tamen sine libero arbitrio, proveniunt merita nostra, scilicet boni affectus eorumque progressus atque bona opera, quae Deus remunerat in nobis, et haec ipsa sunt Dei dona* (II, Sentenzen 27,10; S. 449).

verdienstvoll erachten würden, hält er für das absolut Rudimentäre, das einen von tieferer Verwicklung in die Sünde zurückhält.

Das Leben muß als *buoze* geführt werden, weil wir sonst dem Hang zur Sünde nachgeben würden: das hat nichts mit der vom Priester auf bestimmte Sünden angeordneten *buoze* zu tun, die den jeweiligen Umständen und Einzelheiten angepaßt sein muß, sondern es ist eine prinzipiell asketische Lebensweise (*alle überige sache / die sind uns sünde benamen!*, Z. 264 — 265), die jedem Laien die Hoffnung auf Gottes Gnade erlaubt. Woher hat der Stricker überhaupt den Begriff solcher *buoze*, wo findet er das Vorbild solchen Lebens?

Wie es unter Christen immer wieder geschehen ist und im zwölften und dreizehnten Jahrhundert besonders dringend zum Vorschein kam, bildet das Leben Jesu das Beispiel für jedermanns Leben: der Stricker mahnt zur imitatio Christi.[22] Einen schönen Abriß dieser Mahnung liefert ‚Die Ritter' (Ed. Nr. 152):

> Crist truoc uns menschliche site
> so gar gedultecliche vor,
> wolde wir volgen sinem spor,
> als er uns die lere vor truoc,
> so waere wir senfte genuoc. (Z. 82 — 86)[23]

Wir finden im Leben Christi das Muster für *menschliche site*, tägliches Verhalten. In diesen Zeilen wird nichts über den Inhalt solcher *site* gesagt, doch im großen Gedicht über die Messe, wo von der Menschwerdung Christi die Rede ist, wird das präzisiert:

> er tete gliche der riuwe,
> do er sich machte niuwe
> mit der bihte, die er sprach ...
> do leiste er buoze swaere.
> er was ein guot leraere.
> dar zuo vertruoc er unde leit
> beidiu smacheit und arbeit.
> er wolde für uns büezen ...

---

[22] Zur Orientierung dient der Aufsatz ‚Imitation du Christ', in: DS 7/2, 1536 — 1601, besonders der Abschnitt über das Mittelalter, 1571 — 1577; siehe auch im Aufsatz ‚Frères mineurs' (5, 1268 — 1422) die Abschnitte ‚Adhérence au Christ' und ‚Épanouissement de l'adhérence au Christ. Vertus franciscaines', Sp. 1277 — 1292.

[23] David von Augsburg nennt Christus den *lêrære des weges:* Du has uns gelehrt, *waz wir gelouben oder getuon suln oder mîden oder lîden, und daz wir ûz dînem vuozspor ninder wenken* (‚Kristi Leben unser Vorbild', in: Deutsche Mystiker des vierzehnten Jahrhunderts, hrsg. von Franz Pfeiffer, Leipzig 1845 [Nachdruck Aalen 1962], S. 342). Der Begriff *sequi vestigia Christi* war schon für das frühe Franziskanertum höchst wichtig (dazu Duane V. Lapsanski, Perfectio evangelica. Eine begriffsgeschichtliche Untersuchung im frühfranziskanischen Schrifttum, München — Paderborn — Wien 1974, bes. S. 51 — 55 und 90 — 92).

> Crist hat die sinen wol bedaht
> mit der helfe und mit dem rate ...
> riuwe, bihte und buoze
> was Cristes unmuoze —
> des sul ouch wir nach im pflegen,
> so erwerbe wir den gotes segen. (Ed. Nr. 2, Z. 958 — 992)

Das Leben Christi ist Muster der *buoze* als dreiteiliges Sakrament, und die anhaltende *buoze* seiner Lebensweise bestand aus asketischer Demut und Not *(beidiu smacheit und arbeit)* und guten Werken *(ein guot leraere, helfe, rat)*. Wollen wir uns unseres Seelenheils sicher sein, müssen wir nicht nur Reue empfinden und die Beichte absolvieren, sondern auch unser Leben als imitatio im Sinne der Entbehrung und Fürsorge für andere umgestalten. Es ist nicht zu leugnen, daß der Stricker die Wirkung solchen Büßerlebens an dieser Stelle viel positiver beurteilt *(so erwerbe wir den gotes segen)*, als er es in ‚Buße des Sünders' tut, aber die Frage des Verhältnisses zwischen Verdienst und rettender Gnade ändert nichts an der Grundvorstellung, mit der wir uns beschäftigen, daß jeder Laie als Büßer durch Askese und tätige Barmherzigkeit sein Leben nach dem Vorbild Christi so zu bilden hat, daß es Gott gefällt. Auch die erste Fassung der ‚Buße des Sünders' mag eine späte Dichtung sein, deren rauher Augustinismus mit dem dunklen Ton des späten ‚Gefangenen Räubers' (Ed. Nr. 126) zu verbinden wäre:

> Daz ist aller gnaden vngenoz
> Ob er anderen vnd mich
> Die sundic laider sind als ich
> Des riches niht vertailet
> Vnd vnser sele hailet
> Die sint von mangen sunden wunt. (S. 219 — 220)[24]

Der Stricker hat sich eine ausführliche Darstellung dieses Begriffs der vita poenitentialis in ‚Des Königs alten Kleidern' (Ed. Nr. 71) vorgenommen. Dieses wichtige Gedicht ist bisher nur von Schwab erörtert worden, deren Bemerkungen sich an verschiedenen Stellen befinden.[25] Wir wollen uns die Zeit nehmen, es etwas näher anzuschauen.

Das Gedicht zeigt die Form des *bîspels* auf, indem es einem erzählenden A-Teil (Z. 1 — 12) einen erklärenden B-Teil (Z. 13 — 134) folgen läßt. Der B-Teil selber wird dreifach unterteilt: $B^1$ (Z. 13 — 30) macht den allegorischen Sinn der Geschichte in seinen Grundzügen klar *(Der herre daz ist Jesus Krist,*

---

[24] Aus der Zeile *Ich bin mit sunden worden alt* (S. 215) darf man schließen, daß dieses Gedicht „Alterswerk" ist (vgl. Schwab, Ausgabe, S. 11, Fn. 2).

[25] Ausgabe, S. 244; Beobachtungen, S. 81 — 82; Lex et Gratia. Der literarische Exkurs Gottfrieds von Strassburg und Hartmanns Gregorius, Messina 1967, S. 43 — 45 (mit Ausgabe des Gedichts, S. 45 — 48).

Z. 13; *die an der sele weln genesen / die suln Kristes spilliute wesen*, Z. 23 bis 24; usw.); B² (Z. 31 – 78) verbindet mittels der Idee der alten Kleidung den allegorischen Sinn mit einer Schriftstelle und legt diese aus; B³ (Z. 79 – 134) erweitert und spezifiziert die in B¹ aufgeführten Beziehungen im Lichte der in B² dargebrachten Lehre. Eine kurze Zusammenfassung (Z. 135 – 142) beendet das Gedicht.

Der A-Teil scheint frei erfunden zu sein, und da es sich kaum um eine Geschichte, vielmehr um eine einfache, der feudalen Gesellschaft wohl bekannte Begebenheit handelt – das Beschenken der Spielleute mit des Herrn alten Kleidern –, wird man Strickers Unabhängigkeit annehmen dürfen. Zugrunde liegt der Begriff der *humana Christi natura* als *vestimentum*[26]; es geht aber nicht um das abstrakt Menschliche des Heilands, sondern um die *menschliche site* („Die Ritter"), die wir im Leben Christi vorgebildet finden und die als *buoze* zu verstehen ist. Daher ist es interessant, daß die *sacramenta Ecclesiæ dicuntur esse etiam vestimenta Christi*[27]; denn so hätte für den Stricker die Gleichung von Christi Menschenleben und der Buße keine Schwierigkeit gemacht. Für ihn bestehen Christi *vestimenta*, seine *altiu kleit* (Z. 19), aus den Übungen heißer Andacht *(venjen, weinen, wachen, gebet)*, aus Züchtigung des Fleisches *(vasten)* und aus mühsamen Werken *(herten werc*, siehe Z. 15 bis 19), die er zusammenfassend *geistlichiu dinc* (Z. 52) nennt. Tragen wir diese Kleidung, so erwerben wir dadurch Christi *triuwe* (Z. 12); *er wil alle die ze gesinde han, / die sin genade suochent / und siner alten kleider ruochent* (Z. 28 – 30).

Das richtige Verständnis dieses Gedichts hängt im wesentlichen von Strickers Anspielung auf 4 Kön. 2, 8 – 15 in den Zeilen 31 bis 37 ab. Die anderen Schriftstellen, die Schwab mit dem Gedicht verbunden hat, scheinen mir verhältnismäßig unwichtig, wenn nicht ganz irrelevant.[28] Auch bezieht sich der Stricker so deutlich auf die Frage des geistigen Doppelmaßes, das dem Jünger durch den Mantel überliefert wurde – *der alte mantel . . . / damit der wissage Elyas / sinem junger gap den volleist / daz an im zwivalt wart der geist, / der an dem meister was einvalt* (Z. 33 – 37) –, daß ich eine Zweifarbigkeit des Mantels, die an dieser Stelle in der Schrift gar nicht erwähnt wird, für belang-

---

[26] Alanus de Insulis, ‚Distinctiones' (PL 210,685 – 1012), hier Sp. 999 D. Siehe auch Erik Peterson, Theologie des Kleides. In: Benediktinische Monatsschrift 16 (1934), 347 – 356, hier S. 355.

[27] Alanus, ‚Distinctiones' (PL 210,1000 A).

[28] Beobachtungen, S. 81, Fn. 3: „2 Cor. 5,24" besteht überhaupt nicht; Rom. 13,4 scheint mir abwegig; Jos. 9,5 und die betreffende Predigt Bertholds von Regensburg sind höchstens assoziativ in Verbindung zu bringen, denn hier sind alte Kleider nur ein Element in einer komplizierten Symbolik – für Berthold bedeuten sie bloß die Beichte (nicht Reue und nicht Buße) – und stehen in keinem typologischen Verhältnis zum Leben Christi.

los halte.²⁹ Der Stricker denkt offenbar an die Geschichte von Elias und Eliseus, als dieser bat *obsecro ut fiat duplex spiritus tuus in me* (V. 9) und nach des Propheten Himmelfahrt den Mantel Elias' aufnahm, mit dem er das Wasser teilte und sein geistiges Erbe bewies: *et pallio Heliae quod ciderat ei percussit aquas . . . et divisae sunt huc . . . videntes autem filii prophetarum . . . dixerunt requievit spiritus Heliae super Heliseum* (V. 14 – 15). Das *pallium Eliae* ist also für den Stricker das Vorbild der alten Kleidung, Elias soll Christus und Eliseus die Christen präfigurieren: *trage wir diu kleit gotes suns, / sin geist wird zwivalt an uns!* (Z. 43 – 44).

Seine Deutung der Stelle ist traditionell. Die Himmelfahrt Elias' deutet auf die *ascensio Dominica*, also Elias bezeichnet Christus; Eliseus ist der *populus Christianus* oder *Ecclesia*, der Mantel ist die *Incarnatio Domini* als heilbringendes Geschenk.³⁰ Für die Exegeten und für unser Verständnis des Gedichts bleibt die Hauptfrage die der Doppelung des Geistes: Wie ist es möglich, daß wir Sünder den Geist Christi *zwivalt* haben? Folgende Antwort gibt Hrabanus Maurus:

*. . . postulat Eliseus, hoc est, populus Christianus ut fiat Spiritus Christi duplex in eis, hoc est, duplex gratia Spiritus Sancti in remissione utique peccatorum et collatione virtutum. Redemptor igitur noster . . . remissione peccatorum non eguit. Opera autem virtutum in Spiritu sancto fecit . . . Bene quidem postulat Ecclesia ut Spiritum duplicem accipiat Christi, quia et remissione peccatorum indiget, qua non eguit Christus, et munere virtutum, quas ex plenitudine sua per Spiritum sanctum tribuit Christus.*³¹

In seiner Auslegung der Schriftstelle zeigt sich der Stricker dieser exegetischen Tradition verpflichtet. *Der gotes sun was sünden fri* (Z. 45), *im was deheines antlazes not* (Z. 71), vgl. Angelomus: *Redemptor igitur noster . . . remissione*

---

²⁹ Vgl. Schwab, Ausgabe, S. 244: „am zweifarbigen Mantel des Elias wird typologisch die doppelte Funktion des Heiligen Geistes . . . aufgezeigt . . ." Wo ist denn von zweifarbigem Mantel die Rede?

³⁰ Hrabanus Maurus, ‚Commentaria in libros IV Regum' (PL 109,11 – 280, hier Sp. 222 bis 224). Siehe auch Claudius von Turin, ‚Commentarii in libros Regum' (PL 50,104 bis 1208, hier Sp. 1182/83); Paterius, ‚Expositio veteris testamenti' (auf Schriften Gregors des Großen fußend, PL 79,685 – 1026, hier Sp. 813); Angelomus, ‚Commentarius in libros Regum' (PL 115,243 – 552, hier Sp. 495 – 497); die Glossa ordinaria; Richard von St. Viktor, ‚Allegoria in vetus testamentum' (PL 175,635 – 750, hier Sp. 714 bis 715); und Anon., ‚Meditatio in passionem et resurrectionem Domini' (PL 184,741 bis 768, hier Sp. 760). Eine ganz andere, mystische Deutung gibt Rupert von Deutz, ‚Commentarius in libros Regum' (PL 167,1059 – 1272, hier Sp. 1254 – 1256); auch von der Tradition abweichend sind Bernhard von Clairvaux, ‚In Ascensione Domini Sermo III' (PL 183,304 – 309, hier Sp. 306 D), und Petrus Comestor, ‚Historia scholastica' (PL 198,1053 – 1722, hier Sp. 1387/88).

³¹ PL 109,224 AB.

*peccatorum non eguit, qui peccatum nullum habuit*[32] ; der Stricker spricht von den *tugenden* in Christi Leben (Z. 49) und vom Geiste *der sin pflac, / da der tugende zierde an lac* (Z. 55 – 56), man vergleiche Hrabanus (u. a.) über die *collatio virtutum, munus virtutum* und *opera virtutum in Spiritu sancto*. In Übereinstimmung mit seiner ständigen Betonung menschlicher Sündhaftigkeit verweilt der Stricker nur kurz bei dem Geist der Tugend, der Christus ausgezeichnet hat (Z. 45 – 56), bespricht lieber unser Bedürfnis nach dem Geist der Reue und Bekehrung (Z. 57 – 78). Nichtsdestominder obliegt es ihm wegen der Wahl der Schriftstelle und der damit verbundenen moraltheologischen Überlieferung, für seine Zuhörer nicht nur über die *remissio peccatorum*, sondern auch über *opera virtutum* zu reden: d. h., in dem Gedichtteil B³ (Z. 79 – 134) müssen wir Aussicht auf die beiden Teile der Wirkung des Heiligen Geistes halten, denn in dieser expliziten Deutung des bîspels für sein Publikum (*Was Kristes altiu kleit sint, / daz merket ir kristenheite kint*, Z. 79 bis 80) geht es um die Buße als Sakrament und auch um eine Tugendlehre, Empfehlungen über *der tugende zierde (sin geist wirt zwivalt an uns!)*.

In jeder der acht Unterteilungen von B³, die mit dem Wort *Krist* (bzw. *Kristes, Sit Krist*) beginnen, stellt der Stricker eine menschliche Sitte Christi vor und empfiehlt die Nachahmung dieser Sitte durch alle Christen. Die ersten zwei Nachahmungen sind *riuwe* und *weinen* (Z. 84, 88), die die contritio cordis als ersten Teil des Bußsakraments ausmachen; die nächsten zwei Nachahmungen betreffen die confessio oris als zweiten Teil des Sakraments (*wir suln uns selbe schuldic geben!*, Z. 92; *also sul wir . . . zu unserm bihtegære gan*, Z. 96 – 97). Zu erwarten wäre jetzt eine Empfehlung der satisfactio operis, wenn der Stricker tatsächlich über die kirchliche Praxis dichten wollte, und diese Empfehlung müßte allgemeiner Art sein, wegen der auf die spezifische Schuld angemessenen Natur der vom Priester auferlegten Bußleistung. Was folgt, ist jedoch eine Bestandsaufnahme der Askese Christi, die unter Anspielungen auf bestimmte menschliche Laster, die dadurch überwunden werden können, als Vorbild für das christliche Leben aufgestellt wird. Die Ausführungen erstrecken sich über 34 Zeilen, wo für die contritio und confessio nur 8 bzw. 12 Zeilen in Anspruch genommen waren. Hier hat der Dichter nicht nur mit dem letzten Teil des Sakraments für die *remissio peccatorum* zu tun, sondern evoziert auch unsere *opera virtutum*.

Da Christus *gevastet / und vil selten gerastet* hat (Z. 101 – 102), so sollen wir auch fasten und Ruhe meiden: *durch vrazheit und durch rasten / git uns got daz himelriche nicht!* (Z. 106 – 107). Aufschlußreich ist hier die Gegenüberstellung von *vasten* und *vrazheit*, denn es liegt nahe, diesen Bemerkungen zu entnehmen, daß derjenige, der nicht fastet, die Sünde der *vrazheit* begeht, daß

---

[32] PL 115,495 B.

das Fasten also als Mittel zur Vermeidung der gula zu verstehen ist. Die in
‚Der Buße des Sünders' vorgelegte Lehre über gute Werke als Vorbeugung gegen Laster schwingt hier mit. Dieser Abschnitt warnt auch vor acedia ([*Krist*]
*hate vil groze unmuoze*, Z. 103[33]) unter geschickter Wandlung der Idee des
Essens: *der mensche sol ouch nicht müezic wesen, / der der ewigen spise wil*
*genesen* (Z. 111 – 112).[34] Damit werden zwei der Hauptlaster menschlichen
Lebens aufgeführt und durch die Nachahmung asketischer Sitten Christi bewältigt. Im folgenden Abschnitt ist nochmals von acedia die Rede und von
dem Ernst, der jedem Christ geziemt (*Krist hat umbe uns gewachet, / er hat*
*nie nicht gelachet*, Z. 113 – 114). Wir wissen von den ‚Sechs Teufelsscharen',
daß es dem Dichter sehr daran gelegen war, *unzitlich slafen* und *bœsiu tracheit*
Z. 116 – 117) zu rügen und als Teufelsarbeit zu entblößen, und an dieser Stelle
ergreift er die Gelegenheit, das *wachen* (Z. 115) als Vorbeugung anzuerkennen. Zwar gehört das Lachen nicht zu den vitia capitalia, doch Strickers Parteinahme für die tristia spiritualis, die den Gehalt seines ‚Ernsthaften Königs'
(Ed. Nr. 92) bildet[35], hat den gleichen Ursprung wie im Falle des Fastens: der
Mensch soll durch Askese an geistig schädigendem Verhalten gehindert werden. Die im nächsten Abschnitt dargebrachte Empfehlung des Gebets (Z. 121
bis 124) gehört dem Thema nach auch zu den remedia acediae. In diesen 24
Versen hat der Stricker ein Gegenbild zum Typus des lauen Christen aus Bestandteilen des Lebens Christi entworfen, aber nur was die persönliche Haltung betrifft, die Regelung der eigenen Triebe und Neigungen.

Der letzte Abschnitt in B³ enthält Anweisungen, deren praktischer Anwendungsbereich nicht ohne weiteres klar ist:

>Sit Krist arbeit und smacheit
>und groze marter umb uns leit,
>well wir des iht geniezen,
>so sol uns des niht bedriezen:
>Wir suln für unser schulde
>und umbe gotes hulde
>etewaz hertes liden

---

[33] Im Text sind *unmuoze* aus *unmouoze* (Z. 103) zu verbessern und der Punkt Z. 39 in ein Komma zu ändern.

[34] Strickers Anspielung Z. 108 – 110 auf 2 Thess. 3,10 hat, soweit ich sehe, keine allgemeine Bedeutung für das Gedicht. Es ist gleichwohl interessant, daß diese Schriftstelle von Franziskus in der Regula prima zitiert wird, wo er von der Arbeit der Brüder spricht: *Et fratres, qui sciunt laborare, laborent et eandem artem exerceant, quam noverint, si non fuerit contra salutem anime sue et honeste poterunt laborari. Nam . . . apostolus dicit . . . ‚Qui non vult operari non manducet'* (Analekten zur Geschichte des Franciscus von Assisi, hrsg. von H. Boehmer, Tübingen und Leipzig 1904, S. 7).

[35] Siehe Joachim Suchomski, ‚Delectatio' und ‚Utilitas'. Ein Beitrag zum Verständnis mittelalterlicher komischer Literatur, Bern 1975, S. 20.

und etewaz liebes miden
und kleiden uns mit der arbeit,
diu Krist durch unsern willen leit. (Z. 125 – 134)

Es handelt sich nicht mehr um persönliche Selbstbeherrschung – das Fasten, das Wachen, der Ernst, das Gebet –, sondern um die Beziehung zur Gesellschaft: so viel geht aus dem Beispiel Christi hervor, der Mühe, Schmähung und Marter auf sich nahm, der diese Nöte von seiten der Umwelt erlitt.[36] Daß der Stricker eine buchstäbliche Nachahmung von Christi Leiden *(groze marter)* empfiehlt, ist natürlich ausgeschlossen. Was soll das denn heißen, *etewaz hertes liden / und etewaz liebes miden?* Was ist die durch Christi Leben vorgebildete *arbeit,* mit der wir uns bekleiden sollen? Die nächstliegende Antwort lautet: Werke der caritas, selbstaufopfernde Tätigkeit im Interesse der Mitchristen, zum Beispiel Pflege der Kranken und Armen. In den ‚Sechs Teufelsscharen' analysiert der Stricker den Fall des Trägen, der den Leuten weder *mit worten zu helfe kumen* will noch *mit siner arbeit frumen* – weil ihm die *arbeit* lästig ist –, und ordnet emphatisch die Entsagung von *gemach* an (siehe Z. 159 – 164). Das sagt so viel wie *etewaz hertes liden / und etewaz liebes miden* und drückt das Sich-Einsetzen für Christus im Alltagsleben aus. In der oben angeführten Stelle des großen Meßgedichts (Ed. Nr. 2, Z. 947 – 992), wo der Stricker von Christus sagt, daß er *beidiu smacheit und arbeit* litt, findet man den Lehrsatz, daß Christus mit Wort und Tat für die Menschen um sich sorgte: *Crist hat die sinen wol bedaht / mit der helfe und mit dem rate* (Z. 980 – 981). Der Stricker will, daß wir uns mit einer solchen in der Nächstenliebe wurzelnden *arbeit* bekleiden und dadurch die imitatio Christi vervollständigen. Die Nachahmung besteht also aus sittlich geläutertem Benehmen und aus christlicher Mühe für die Mitmenschen.

Dieser Teil des Gedichts, habe ich gemeint, stellt die imitatio Christi sowohl als Weg zur *remissio peccatorum* als auch zu *opera virtutum* dar, gemäß dem Programm der *zwivalt* Bescherung des Geistes. Es gibt jedoch keine feste Grenze zwischen diesen Gebieten im Gedicht, vielmehr verfließen sie ineinander. Fasten, Gebet und Vigilien waren normale Bestandteile der sakramentalischen satisfactio operis, aber der Stricker faßt sie nicht nur als begrenzte Leistungen für bestimmte Vergehen auf, sondern auch als Elemente der richtigen Lebensweise – genau wie in ‚Der Buße des Sünders'. Er will, daß unser Wandel auf Erden eine *buoze* sei, wie das Leben des Herrn, und dehnt darum die kirchlichen Bußpraktiken auf das kontinuierliche Leben aus. In jeder Pfarre, wo er sein Brot verdiente, würden diese Praktiken als Verdienste betrachtet worden sein, wenn sie vom Laien aus eigener Initiative ausgeübt waren, und deshalb kann er in diesem Gedicht die kontinuierliche, freiwillige Buße die

---

[36] Vgl. ‚Das weiße Tuch' (Ed. Nr. 139), Z. 83 – 106, wo der Stricker die Mühe des Erdenlebens Christi beschreibt, ohne es mit dem Nachfolgegedanken zu verbinden.

Stelle der traditionellen *collatio virtutum* einnehmen lassen.[37] Unumstritten dürfte die These gewesen sein, daß wir Nützliches vollbringen, wenn wir Vigilien und Werke der caritas aus eigenem Antrieb erledigen, und der optimistische Ton dieses Gedichtes (*swer hie siner alten kleit gert, / der wirt der niuwen dort gewert*, Z. 141 – 142, das Schlußwort), stimmt eher mit ‚Der Messe' (*des* [*Cristes unmuoze*] *sul ouch wir nach im pflegen, / so erwerbe wir den gotes segen*, Z. 991 – 992) als mit ‚Der Buße des Sünders' überein. Jedoch deutet es auf die verdienstfeindliche Stellung dieses Gedichts, daß der Stricker in ‚Des Königs alte Kleider' die Laster der gula und acedia und die Torheit des Lachens ausgerechnet als Fehlleistungen anführt, die durch fortlaufende Bußpraktiken neutralisiert werden können.

Wir sind an der Stelle angelangt, wo wir Strickers Ansichten über Laienreligiosität und das Leben als Buße auf dem Hintergrund geschichtlicher Bewegungen zu sehen versuchen sollen. Im Vergleich zu seiner Betonung priesterlicher Autorität sind seine Anspielungen auf Laienbeichte und die durch Laien zustandegebrachte innere Erneuerung so gering, daß man aus diesen Indizien allein wenig über die mögliche Breite seiner Anschauungen sagen darf.[38] Doch sieht man seine Beschreibung vom Werke des *guoten mannes* in Verbindung mit seinen Ausführungen über das Vorbild Christi, dann vertiefen sie sich gegenseitig.

Im zwölften Jahrhundert hatte man die Nachfolge Christi besonders begeistert in der freiwilligen Armut und der Wanderpredigt gesucht, und viele fromme Christen hatten sich in dieser Begeisterung zusammengeschlossen, um das evangelische Leben gemeinsam zu führen. Die unglücklichen Verwicklungen mancher dieser Gruppen sind bekannt, ihr Testament für das dreizehnte Jahrhundert waren auf der einen Seite die als Ketzerei stigmatisierten Bewegungen der Waldenser u. a., auf der anderen Seite die neuen, orthodoxen Bildungen der Bettelorden. Es liegt auf der Hand, daß der Stricker sich weder für die eine noch die andere direkt einsetzt. Natürlich wollte er nichts mit

---

[37] Strickers bedeutendste Neuerung in der Deutung von 2 Kön. 2,8 – 15 besteht in der Tatsache, daß er keine *tugende* oder *opera virtutum* im üblichen Sinne der Verdienste für uns in Aussicht stellt, sondern nur die von Sünde zurückhaltende Buße. Es fragt sich, ob ein ähnlicher Gedankengang hinter seiner untraditionellen Deutung der im Fegefeuer geläuterten Sünder (‚Die beiden Königinnen', Ed. Nr. 132) steckt: „Beim Stricker ist von den opera misericordiae, welche in allen grundlegenden lateinischen und volkssprachlichen Darstellungen das Urteilsmass abgeben ... weder hier noch sonstwo die Rede. An seine Stelle tritt eben die für den Stricker typische Betonung des Busselements ... Es gilt also für ihn weniger die Einteilung der Auferstehungsordines ‚ordine meritorum' ... sondern ‚ordine satisfactionis in poenitentia' ..." (Schwab, Zum Thema III, S. 37).

[38] Obwohl die Laienbeichte (Strickers Einsiedel und sein *guot man*) keineswegs unbekannt war, haben fast keine Theologen ihr die volle sakramentalische Wirkung gewährt, die ihr in diesen Gedichten zukommt (siehe DThC 12/1, Sp. 965 – 968, mit bibliographischen Hinweisen).

häretischen Ansichten zu tun haben, aber es muß auffallen, daß an keiner Stelle seiner vielen Gedichte, die sich mit zahlreichen Problemen des aktuellen christlichen Lebens beschäftigen, er den Franziskus oder Dominikus namentlich erwähnt (dagegen „Innocentius" in ‚Den Geistlichen' [Ed. Nr. 105], Z. 154), auch nicht ihre Orden irgendwo explizit einbezieht. Es ist völlig klar, daß der Stricker und die Franziskaner sehr viel gemeinsam haben, was die Richtung und den Ton ihrer Lehren betrifft, doch solche Gemeinsamkeiten wären sowieso zwischen verschiedenen Gruppen, Bewegungen, Parteien und Individuen der Zeit aufzuzeigen, und bisher hat man keine geistige Verbindung zwischen dem Stricker und den Bettelorden ans Licht bringen können, die seine vermutete soziale Verbindung auch wahrscheinlich machen würde.[39] Franziskanische Schriften bleiben eine wichtige Quelle für Gedankengänge, die die Strickerschen aufzuhellen vermögen, doch das beweist nur, daß Franziskaner in derselben europäischen Christenheit aufgewachsen waren und auf ihre Problematik ähnlich reagiert hatten wie der Dichter. Hätte dieser seine Lehre über *guote liute*, über die Nachfolge Christi und das Leben als Buße durch Berührung mit dem Franziskanertum geformt, hätte ihm das berühmte Beispiel von Franziskus als imitator Christi vor Augen gestanden, als er diese Gedichte schrieb, dann kann man sein Schweigen — sein Versäumnis, auch ein Wort über den Heiligen und seine Anhänger zu sagen — kaum erklären. Franziskus wurde 1228 heiliggesprochen, der Stricker dichtete wohl bis 1250 oder später.[40]

Soviel sei an dieser Stelle gesagt, denn wir wollen jetzt einige Berührungspunkte zwischen Strickers Lehre und der franziskanischen Bewegung seiner Zeit in Erwägung bringen. Erstens hat Franziskus die Nachfolge Christi als Grundgedanke seiner Existenz anerkannt. Die beiden Regeln beginnen unter Berufung auf das Leben Christi, in dessen Fußstapfen die Franziskaner treten sollen — *Hec est vita evangelii Jesu Christi ... Regula et vita istorum fratrum hec est,*

---

[39] Bernhard Sowinski, Lehrhafte Dichtung des Mittelalters, Stuttgart 1971, S. 60: „Mit seinem *Bîspel* steht der Stricker der franziskanischen Predigt nahe, deren Exemplasammlungen er heranzog"; vgl. John Margetts, Non-feudal Attitudes in Der Stricker's Narrative Works. In: NM 73 (1972), 754 — 774, bes. S. 766 — 768 über den Stricker und franziskanische Tätigkeit in Regensburg; de Boor formuliert vorsichtig, „wenn es sich als richtig erweist, daß der Stricker in seiner religiösen Dichtung unter Einfluß des Franziskanerordens gestanden hat ...", ist dieser Möglichkeit jedoch nicht abgeneigt: „Man wird eher annehmen dürfen, daß sich die Franziskaner ... der raschen und gewandten Feder des bekannten Dichters bedient haben ..." (III—1, S. 232). Vgl. aber Hanns Fischer, AfdA 72 (1960), 82: „Die ... Anklänge an franziskanische Lehr- und Predigtinhalte verdienen besondere Beachtung, sollten aber vorläufig noch nicht zu allzu weitgreifenden Schlüssen mißbraucht werden."
[40] Es fällt auf, daß Franziskus schon in den vierziger Jahren des Jahrhunderts in die deutsche Literatur eingegangen ist: zu dieser Zeit hat Lamprecht von Regensburg die erste vita des Thomas von Celano in deutsche Verse übertragen.

scilicet ... *Domini nostri Iesu Christi doctrinam et vestigia sequi*[41] — und Bonaventura schreibt seine ‚Epistola de imitatione Christi', um dieses Vermächtnis des Heiligen für die Brüder seiner Zeit zu deuten. David von Augsburg stellt das Leben Jesu vor die geistigen Augen seiner Novizen als Exemplar *menschlicher site* in dem Kapitel ‚De meditatione Domini Iesu' seiner ‚De hominis compositione' (S. 25 — 27) und lehrt, daß Christus zu uns kam, *ut ostenderet et aperiret nobis viam virtutum et legem disciplinae suo exemplo* (S. 25). Davids Analyse des Vorbilds Christi stimmt also mit Strickers zweigliedriger Vorstellung von *Kristes altiu kleit* überein, indem die *lex disciplinae* durch *vasten, wachen, unmuoze, biten* und die *via virtutum* (vgl. die *opera virtutum* der herkömmlichen Deutung der Geschichte von Elias' Mantel) durch *arbeit* aus Nächstenliebe vertreten werden. Soviel ich weiß, haben sich weder die Franziskaner noch andere der Metapher der alten Kleidung bedient, wenn sie vom menschlichen Verhalten Christi gesprochen haben, doch wäre diese Metapher als neue Form der alten Idee der imitatio in geistiger Bekleidung anzusehen, die der berühmten alten Formel *nudus nudum Christum sequi* zugrundeliegt.[42] Franziskus hat bekanntlich großes Gewicht auf Kleidung als Widerspiegelung der Gesinnung gelegt, zumal er in der Jugend *in vestibus mollibus et fluidis*[43] lebte, und hat die eigene Bekehrung in der Wahl schlichter Kleider versinnbildlicht. Für unseren Vergleich mit Strickers Lehre ist es sehr interessant, daß in der ersten Regel Franziskus zunächst die einfache Kleidung der Brüder unter Berufung auf Christi Worte empfiehlt, dann eine neue Bekleidung im Himmelreich voraussagt als Ersatz für das Leben der Entbehrung, das die ärmliche Kleidung auf Erden symbolisiert: *nec querant caras vestes in hoc seculo, ut possint habere vestimenta immortalitatis et glorie in regno celorum.*[44] Genau diese *vestimenta* stellt der Stricker als Lohn für das Tragen von *Kristes altiu kleit* in Aussicht: *swer hie siner alten kleit gert, / der wirt der niuwen dort gewert* (Z. 141 — 142).

Noch eine wichtige Beziehung zum Franziskanertum möchte ich im Strickerschen Begriff vom Leben als Buße finden. Sein ‚Testamentum' hat Franziskus so begonnen *(Dominus ita dedit michi fratri Francisco incipere faciendi penitentiam*[45]*)*, daß das Wort *penitentia* mit „franziskanischer Existenz" gleichbedeutend ist. Wenn man die Belege in den Schriften von Franziskus

---

41 Boehmer, Analekten, S. 1 (die Regula prima); vgl. S. 29 (die Regula bullata).
42 Bibliographie über diesen von Hieronymus geprägten Ausdruck bei Oktavien von Rieden, Das Leiden Christi im Leben des hl. Franziskus von Assisi, Rom 1960, S. 68.
43 Thomas de Celano, Vita prima S. Francisci Assisiensis et eiusdem legenda ad usum chori, editae a PP. Collegii S. Bonaventurae, Ad Claras Aquas 1926, S. 7. Über die Tradition der Büßerkleidung siehe G. G. Meersseman, Dossier de l'ordre de la pénitence au XIII<sup>e</sup> siècle, Fribourg / Suisse 1961, S. 93 — 94, Anm. zu *De panno humili sine colore*.
44 Boehmer, Analekten, S. 3.
45 Boehmer, Analekten, S. 36.

sammelt, entsteht eine dreifache Bedeutung für *penitentia:* erstens bedeutet sie das dreiteilige Sakrament, zweitens die sakramentalische satisfactio, und drittens heißt sie die auf innere Neuerung gerichtete Existenzform, die jeder Sünder nötig hat, wenn er nicht untergehen will: „Buße wird . . . zur Gesamtheit allen Wollens und aller Werke, deren es bedarf, um den in der Sünde verderbten Sinn auf den Weg Gottes zu bringen. Es ist die große und entschlossene Umkehr, die wir Menschen immer neu zu vollziehen haben . . . darum bezeichnete er [Franziskus] auch das gesamte Leben eines Christen, der Ernst mit seiner Berufung macht, als Buße."[46] In Strickers ‚Buße des Sünders' und ‚Des Königs alte Kleider' handelt es sich um genau diesen Begriff der vita poenitentialis in Anschluß an die sakramentalische Buße. In Bezug auf seine Lehre der kontinuierlichen Askese und christlichen Tätigkeit darf man einen über das franziskanische Leben geschriebenen Satz zitieren: „La *via poenitentiae* suppose enfin la pratique des vertus qui impliquent de difficiles renoncements . . . elle est inséparable d'une vie de labeur et d'humble condition."[47]

Es ist kaum zu leugnen, daß fast jedes wesentliche Element in ‚Des Königs alte Kleider' auch im Franziskanertum der Zeit zu finden ist — Christus als Vorbild der Zucht und Werke, die Tugend „alter" Kleider und die Hoffnung auf *vestimenta immortalitatis et glorie,* das Leben des gottliebenden Menschen als Buße aufgefaßt. Es fehlt nur die explizite Deutung von Christi Leben als dreiteilige Buße, für die ich außer dem Stricker keinen Gewährsmann ermittelt habe. (Diese Idee basiert jedoch auf dem Grundbegriff der Heilsgeschichte.) Es würde keinem schwerfallen, sich die Entstehung dieses Gedichts in franziskanischen Kreisen vorzustellen, obwohl die oben skizzierten Gründe gegenüber Beziehungen zwischen dem Stricker und den Franziskanern skeptisch machen. Untersuchen wir eine andere Möglichkeit für den geistig-geschichtlichen Hintergrund.

Seit der Jahrhundertwende war die Curia mit der offiziellen Anerkennung und Forderung verschiedener Laiengruppen beschäftigt, die ein religiöses Leben in der Welt führen wollten.[48] Daß diese Gruppen sich stark an der Buße als Lebensweise orientierten, erscheint aus Einzelheiten der Askese der von Innozenz III. gebilligten propositi — eine Gruppe wird sogar *penitentiam agere cupientes* genannt[49] — und führt dann zum Erlaß einer Regel über Büßer von

---

[46] Die Schriften des Hl. Franziskus von Assisi, übers. von K. Eßer und L. Hardick, 2. Aufl., Werl 1956, S. 200 (Erläuterung der Übersetzer zum Begriff „Buße", S. 199 bis 201).

[47] DS, 5, 1292.

[48] Man orientiert sich am besten bei Herbert Grundmann, Religiöse Bewegungen im Mittelalter, 2. Auflage Darmstadt 1961, S. 70 — 156, und Meersseman, Dossier de l'ordre de la pénitence, S. 1 — 7.

[49] Text bei Meersseman, S. 286.

1215[50], die (unter anderem) Fasten, Kleider und Gebetpflichten vorschreibt. Das Wesen dieser Gemeinden wird klar angedeutet durch die Vorschrift, *habeant unum virum religiosum in dei verbo instructum, qui eos moneat et confortet ad penitentie perseverantiam et opera pietatis facienda* (Meersseman, S. 89). Das Leben dieser Gruppen bestand also aus *perseverantia penitentie* und *opera pietatis*, was eben dieselbe Mischung aus persönlicher Askese und guten Werken ist, die wir im Auge haben, und die Bewegung erhält 1221 terminologische Identität durch das wichtige ‚Memoriale propositi fratrum et sororum de Penitentia in domibus propriis existentium'.[51] Spätestens 1221 darf man von einem kirchlich anerkannten Orden hauptsächlich der Laien sprechen, der sich „Fratres et Sorores de Penitentia" nannte und dessen Leben in Hinsicht auf Selbstentäußerung und gute Werke im wesentlichen mit dem vom Stricker propagierten Ideal übereinstimmt. Die Beziehungen dieses Ordens zu den Franziskanern werden immer noch diskutiert. Man hat ihn als Schöpfung des Franziskus aufgefaßt und deshalb vom „Dritten Orden" gesprochen, was doch für die ersten Jahrzehnte des Jahrhunderts nicht stimmt: man findet keinen Beweis für gesetzmäßige Verbindungen zwischen dem Bußorden und den Franziskanern vor 1247, obwohl es wahrscheinlich ist, daß sich viele Laien wegen franziskanischer Fürsorge und Predigt dem Orden anschlossen[52], und man weiß, mit welcher Zurückhaltung der Minderbrüdergeneral Bonaventura sich über diesen Orden (den er einfach „Ordo Poenitentium" nennt) geäußert hat.[53]

Ich halte es für wahrscheinlich, daß der Stricker gute Kenntnisse der Fratres und Sorores de Penitentia hatte und daß seine Lehre vom Leben als Buße in der Nachfolge Christi sehr viel dieser Laienbewegung verdankt. Es ist wahr, daß alle oben zitierten Urkunden sich mit italienischen Verhältnissen befassen — die Entwicklung der Bewegung seit dem Ende des zwölften Jahrhunderts ging südlich der Alpen unvergleichbar schneller vorwärts als im Norden, und die erste Bulle, die ausdrücklich den Bußorden auf deutschem Gebiet anerkennt *(Alexander ... dilectis filiis ministris et fratribus ordinis fratrum de Penitentia in Alemania constitutis)*, stammt aus dem Jahre 1256.[54] Trotz der dürftigen Indizien für die Bußbewegung in Deutschland und Österreich zu Strickers Lebzeiten[55], war sie sicher bekannt — Alexanders Bulle setzt

---

50 Rekonstruierter Text bei Meersseman, S. 88 — 90.
51 Text bei Meersseman, S. 92 — 112.
52 Siehe Meersseman, S. 5 — 7.
53 Opera omnia, Bd. 8, Ad Claras Aquas 1898, S. 368 — 369: ‚Cur Fratres non promoveant Ordinem Poenitentium.'
54 Text bei Meersseman, S. 65.
55 Michael Bihl, De Tertio Ordine S. Francisci in Provincia Germaniae Superioris sive Argentinensi Syntagma. In: Archivum Franciscanum Historicum 14 (1921) 138 — 198 und 442 — 460, kann fast nichts über den Laienorden vor den achtziger Jahren des dreizehnten Jahrhunderts berichten.

voraus, daß die *fratres de Penitentia* genügend zahlreich und selbstbewußt waren, um dieselbe Befreiung vom Interdikt zu benötigen, die er 1246 den Lombarden zugeteilt hatte, und in einer Bulle von 1239, die den Landgrafen Heinrich Raspe von Thüringen betrifft, spielt Gregor IX. auf den Bußorden folgendermaßen an: *dilectus filius nobilis vir lantgravius Turingie et quidam alii terre sue a noxiis retrahi et dirigi ad salutaria cupientes, ad instar fratrum qui dicuntur de Penitentia* . . . (Meersseman, S. 54). Dem Stricker und seinem Publikum war sicher das große Beispiel Elisabeths von Thüringen aus den zwanziger Jahren bekannt, die ihr Leben als Laie in Askese und christlicher *arbeit* beendete und 1235 heiliggesprochen wurde. In der ersten Hälfte des dreizehnten Jahrhunderts erreichte der Begriff freiwilliger Büßerexistenz einen Grad sozialer Konkretisierung, der ihm früher gefehlt hatte. Das Franziskanertum ist der berühmteste Niederschlag dieses Phänomens, aber nicht derjenige, den man sich als bildenden Einfluß auf den Stricker vorzustellen hat.

Blickt man zurück auf die Strickerschen Dichtungen, die uns zur Erwägung der vita poenitentialis veranlaßten, vom Standpunkt eines wandernden Berufsdichters, der mit dem Ordo Poenitentium sympathisierte, dann werden ihre Aussagen etwas präziser und tiefer. ‚Die sechs Teufelsscharen' handelt in erster Linie von den Problemen der klösterlich Bekehrten, doch wird man alle Details im Porträt des accidiosus (fünfte Schar) am besten erklären können, wenn man ihn als Bußbruder identifiziert. Die außerordentlichen Kräfte des Einsiedels (Ed. Nr. 88) verraten des Dichters hohe Bewertung der Potenz einsamen Büßerlebens, die gleichen Ursprungs ist wie das Lob des *guoten mannes* (Ed. Nr. 1) – der Heilige Geist kann den schlichten Laien zum Werkzeug der Gnade machen; der durch Reue geläuterte und der caritas ergebene Mensch kann anderen zur Buße verhelfen. Der *guot man*, den das Volk wegen seines Wandels und Rats hochschätzt, ist am leichtesten als frater poenitentiae zu verstehen, dem es gegeben ist, im Dienst des Geistes zu sein. Könnte jeder Hörer sein Leben nach Strickers Ermahnungen umgestalten, so entstünde eine Gemeinde *guoter liute*, die die Welt durch Beherrschung des Fleisches und Verachtung der Eitelkeit verlassen, sich dem Gottesdienst eifrig widmen und den Werken der Nächstenliebe demütig hingeben wollten, das heißt eine Gemeinde, die sich Christi Nachfolge als einzige der menschlichen Sündhaftigkeit angemessene Buße erstreben würde.

## IV. Die Bußlehre

Schwab hat die Bußlehre als „Hauptzweck der Strickerschen Dichtung" bezeichnet[1] und ihr eine Anzahl Bemerkungen im Ausgabe-Kommentar und den Stricker-Aufsätzen gewidmet. Die Bezeichnung ist treffend, zumal man unter ‚Bußlehre" auch die Lehre von den durch die Mithilfe der Buße zu tilgenden Sünden verstehen kann; in dieser Diskussion geht es jedoch um den enger gefaßten Begriff der poenitentia als des dreiteiligen Sakraments, das die geistige Neugeburt des Sünders durch Reue, Beichte und Buße bewirken kann. Wir werden versuchen, die Aussagen, die der Dichter in ca. zwanzig Gedichten zu diesem Thema gemacht hat, zusammenzubringen und die sich daraus ergebende Lehre auf dem theologischen Hintergrund zu bewerten. Der Stricker hat die Buße in vielen Gedichten berührt, aber sie als ausschließliches Thema nur selten benutzt; es gilt, ein vollständigeres Bild seiner Ansichten zusammenzusetzen, als man es sich aufgrund einzelner Textstellen und der nützlichen, wenn auch ziemlich verstreuten Bemerkungen Schwabs machen kann. Wir nehmen uns die Hauptstadien der Buße in der traditionellen Reihenfolge vor (contritio, confessio, satisfactio). Einige Sonderfragen erscheinen am Ende.

Grundproblem des Sünders in der Moraltheologie um 1200 ist die innere Unbeweglichkeit — solange er keinen Willen zur Bekehrung hat, solange er das Böse nicht bereut, nicht verläßt und nicht nach dem Guten trachtet, solange bleibt er in der Sünde tot. Es gibt zwei Möglichkeiten der Rettung aus dem Sündentod: der Heilige Geist kann den befangenen Menschen gnädig zur Umkehr beleben, ohne jegliche vorausgehende Tat des freien Willens, oder aber der Mensch kann es in sich finden, von der Sündentat abzulassen und sich dadurch für die Gnade vorzubereiten.[2] Obwohl der Stricker die erste Möglichkeit kennt und sich mit ihr in ‚Vom heiligen Geist' (Ed. Nr. 1) auseinandersetzt, ist für ihn die zweite Möglichkeit, die mit dem Satz *facienti quod est in se Deus non denegat gratiam* zusammengefaßt wurde[3], ohne Zweifel wichtiger.

---

[1] Zum Thema III, S. 39 – 40. Ausgabe, S. 241, erwähnt sie Strickers „Aufgabe als Bußprediger".
[2] Siehe Artur Landgraf, Die Vorbereitung auf die Rechtfertigung und die Eingiessung der heiligmachenden Gnade in der Frühscholastik. In: Scholastik 6 (1931), 42 – 62, 222 bis 247, 354 – 380 und 481 – 504, bes. S. 42 – 44.
[3] Ibid., S. 222 – 240.

Seine Darstellung von Lukas in ‚Den vier Evangelisten' (Ed. Nr. 122) gibt Anlaß zum Vergleich zwischen dem Opfertier des Alten Bundes und dem gerechten Leben, das der Christ „opfern" soll: dieser ehrt Gott viel mehr *swen er sich so bekeret, / daz er lazet unrehtez leben* (ll. 122 – 123), als wenn er viele Stiere opferte. Der Wortlaut macht klar, daß der Rücktritt von der Sünde aus eigener Initiative gemacht werden kann. Das reflexive Verbum *sich bekeren* drückt die Verantwortung des Sünders für das eigene Wohl eindeutig aus und wird auch in ‚Dem Gast und der Wirtin' (Ed. Nr. 131, Z. 153) verwendet; man vergleiche die reflexive Formulierung in dem folgenden Satz (*swer sich gote hat gegeben / und geopfert im so rehtez leben...*, Z. 137 bis 138). Der Begriff des selbstgewollten Opfers verbindet diese Stelle mit einem Abschnitt in ‚Der Messe' (Ed. Nr. 2): *swer kristenliche welle leben / und gote liebez opfer geben, / der sol sich machen niuwe* (Z. 429 – 431). Es kommt darauf an, ob der Sünder die Sünde verlassen *welle;* wenn er will, kann er *sich niuwe machen.* (Ähnlich in ‚Der ewigen Verdammnis', Ed. Nr. 127, Z. 49: *swer sich gegen Got erniwet...*) Allerdings darf man solche Äußerungen nicht isoliert betrachten und daher zu dem Schluß kommen, der Stricker betreibe einen Semipelagianismus, denn das Sich-Erneuern heißt, sich das Bußsakrament vornehmen (Z. 432 – 450) und sich dadurch der Gnade Gottes öffnen. Das ist nicht nur dem Gedankengang dieses Abschnitts zu entnehmen, sondern auch an der Syntax zu beobachten: beginnt er mit Verben, die die freiwillige Handlung des Sünders andeuten, so endet er unter klarem Ausdruck der endgültigen Tätigkeit des Heiligen Geistes: *er [got] beginnet in also reinen, / unz er ims [die sünden] so gar erleidet, / daz er in von in allen scheidet* (Z. 448 – 450). Der Geist, der *reinet,* ersetzt den Sünder, der *sich niuwe machet.*

Das Gedicht ‚Die Weisheit Salomos' (Ed. Nr. 117) beschreibt den Moment der inneren Umkehr als Phänomen des menschlichen Willens und verläßt sich dafür auf reflexive Verben: *wil er [der sunder] sich Got nachen* (Z. 117), *swenne er sich wil bekeren* (Z. 119), *swenne er sich dez bewegen hat* (Z. 123), vgl. *swenne er verlat den bosen mut* (Z. 130). Dazu kommen Anspielungen auf den Lohn, den der Sünder sich auf diese Weise schafft – *da er erwirbet den gewin / daz er wirt ein Gotes trout* (Z. 126 – 127), *und erwirbet die himelkrone* (Z. 137); der Gesamteindruck, den diese Darstellung der Bekehrung hinterläßt, ist von totaler Verantwortung des Sünders selbst für die eigene Rettung geprägt.

Dieses Gedicht gilt als Musterbeispiel dafür, daß der Stricker kein Dogmatiker war, der in jeder seiner Schriften eine ausgewogene und mehr oder weniger detaillierte Lehre vorlegen wollte, sondern ein Dichter, der immer das Dichterische berücksichtigen und das Thema einem dichterisch konstitutiven Wort oder Bild angleichen wollte. In ‚Der Weisheit Salomons' hatte er mit dem Bild der Schlange, die über den Stein geht, zu tun, und mit der Erfahrung, daß die

Schlange sich häutet; diese Tätigkeiten des Tieres setzen sich zur Metapher des reuigen Sünders zusammen, und daraus ist eine bildliche Betonung der Rolle solcher Menschen für die geistige Neugeburt entstanden. Ein Geistlicher hätte möglicherweise die Schlange und den Stein als Ausgangspunkt für eine Erörterung der Gnade verwendet, dem Stricker erschien das nicht passend.

Es ist auch wahrscheinlich, daß sich der Stricker aus psychologischen Gründen lieber mit der Fähigkeit und Pflicht des Menschen, die eigene Bekehrung zu beginnen, als mit der Allmacht der Gnade beschäftigte. Keineswegs wollte er sein Publikum in dem Glauben einschläfern, der Mensch bräuchte nur auf die Gnade zu warten und könne inzwischen ruhig weitersündigen. Das wichtige Thema der aufgeschobenen Buße, dem wir uns später zuwenden werden, beruht natürlich auf der Vorstellung, daß jeder freiwillig die Umkehr antreten kann, eine Tatsache, die von höchster Bedeutung nicht nur für die organisierten Bußbewegungen der Zeit, sondern auch für einen unoffiziellen „Bußprediger" wie den Stricker (vgl. Anm. 1) war. So versteht man seine Betonung des Wollens als dogmatisch gerechtfertigte Taktik. In ‚Dem steinigen Acker' (Ed. Nr. 149) stellt folgender schöner Abriß der Strickerschen Rechtfertigungslehre die Tat des Sünders voran *(den schaden entsitzen)*, läßt aber auch die absolut notwendige Gnade unverhüllt erscheinen, macht also die Pflicht und die Grenzen gewollter Umkehr deutlich:

> da von ist sin bester sin:
> swer mit sünden ist geladen,
> daz er den ewigen schaden
> so zitliche entsitze,
> daz im got solher witze
> und solher wisheite jehe,
> da von der sele guot geschehe. (Z. 48 – 54)[4]

Das große Gedicht ‚Vom heiligen Geist' (Ed. Nr. 1) zerfällt nach Schwab „in zwei ... Hauptteile, von denen der erste (v. 1 – 554) das Wirken des Heiligen Geistes in der Menschenseele beschreibt" (Ausgabe, S. 243). Man kann präziser sagen: der erste Teil beschreibt den Heiligen Geist als Vermittler der gratia praeveniens, cooperans und operans. Hier bietet uns der Stricker acht Studien zur Funktion des Geistes in der Rechtfertigung an. Diese Studien zeichnen sich durch Bildhaftigkeit und gedankliche Genauigkeit aus, und jede von ihnen stellt den Sünder als Empfänger einer göttlichen Handlung vor, die ihn in der Verfallenheit erreicht und zur Umkehr bewegt. Diese Vorstellung fehlt den anderen Gedichten, die von der Bekehrung handeln.

---

[4] Dieselbe Vorstellung liegt ‚Dem reinen Gefäß' (Ed. Nr. 150) zugrunde: *er muß sich selbst reinigen, der den heiligen geist enpfahen sol* (Z. 25). Vgl. ‚Den König und seinen Feind' (Ed. Nr. 159): die Fürbitte der Heiligen ist nutzlos für Sünder, *die wile in des ze muote ist, / daz si die sunde niht verbern* (Z. 64 – 65).

Der Geist kommt als Wasser zu dem Sünder, der bis zur desperatio abgesunken ist (Z. 19 — 23), und *bringet im solche riuwe, / der er sich machet niuwe* (Z. 25 — 26). Hier ist die contritio cordis als Gabe Gottes aufgefaßt; das reflexive Prädikat *sich niuwe machen*, dem wir als sprachlichem Merkmal der Willensfreiheit schon begegnet sind, wird hier in grammatischer Abhängigkeit von dieser gottgegebenen Reue gebraucht.[5] Mit den Eigenschaften des Feuers erleuchtet der Geist den Sünder so, daß er die eigenen Sünden zu erkennen und zu bereuen vermag, erweicht oder erhärtet den Sünder durch geistige Hitze, *daz er alle gotes lere / behaltet iemer mere* (Z. 171 — 172) oder *guot wird zallen noeten* (Z. 189), dies alles ohne Anlaß in des Sünders Handlung (Z. 127 bis 202). Wieder erscheint die Reue als Folge der Gnade: *daz machet des heiligen geistes schin, / der daz lieht git und die hitze, / die der riuwe machent witze* (Z. 152 — 154). Zweimal stellt der Stricker den Sünder als einen Schlafenden vor, den der Geist in der Unbewußtheit berührt (Z. 203 — 252, 547 bis 554); diese Bilder des Schlafens, die nach Schwab „aus dem Schema" der Kunftsymbole fallen (Ausgabe, S. 243 — 244), erschienen dem Dichter sehr angemessen, die Passivität des Sünders am Anfang der Erneuerung darzustellen. Kommt der Geist als Wein, so wird der Sünder aus der *unvröude* geholt — die Formulierungen spiegeln Gottes Tätigkeit wider (Gott hat ihn *an sich . . . genomen*, Z. 316; der Geist *nimt in in die fröude sin*, Z. 323); mögen die Teufel eines eingewurzelten Sünders sicher sein, *beginnet im der heilige geist jagen / mit sinen gnaden hin nach* (Z. 384 — 385), so wird er doch gerettet; der in der Sünde verfaulte Mensch kann auch vom Geist zur Bekehrung *(sich bekeren!)* gebracht werden *(den kan des heiligen geistes rat / dennoch vil wol geleren, / daz er sich muoz bekeren*, Z. 500 — 502).

In diesen sieben Abschnitten schildert der Stricker eindeutig die gratia praeveniens. Obwohl die erste Erwähnung des Geistes im Öl-Abschnitt (Z. 67) nach der Beschreibung seelisch wichtiger Ereignisse stattfindet, bildet dieser Abschnitt keine Ausnahme in diesem Teil des Gedichts, denn die Krankheit und Todesangst, die den Hoffärtigen zu dem Punkt bringen, da *im diu hohvart niht enfrumt* (Z. 66), sind die flagella Domini und als solche eine Wirkungsart der Gnade. Also steht in jeder der acht Darstellungen fest, daß der Gnade Gottes nichts unmöglich ist, auch nicht die Heilung der fest in der Sünde haftenden Menschen, denen es an jeder Gemütsbewegung zum Guten mangelt.

Es ist dichterisch und theologisch bemerkenswert, daß sich der Stricker fast durchgehend einer Metaphorik des Lichts bedient, um die Ankunft des Heiligen Geistes zu veranschaulichen. Das steht manchmal im Widerspruch zur

---

5 Nach Hs. A. In Hs. N ist die Grammatik anders *(Daz er sich machet niuwe)*, aber der Sinn nicht. Hierzu Friedrich Ohly, Desperatio und praesumptio. Zur theologischen Verzweiflung und Vermessenheit. In: Festgabe für O. Höfler zum 75. Geburtstag, hrsg. von H. Birkhan, Wien 1976, S. 499 — 556.

programmatischen Metapher des Abschnitts, zum Beispiel wenn es um den
Geist *als ein wazzer* (Z. 17) geht und der Dichter formuliert *kumt im des
heiligen geistes schin* (Z. 24). Der Begriff *schin* taucht dann wieder auf an
zugehöriger Stelle im Feuer-Abschnitt, *daz machet des heiligen geistes schin, /
der daz lieht git und die hitze* (Z. 152 – 153). Natürlich ist von der Proprietät des Erleuchtens in diesem Abschnitt bildlich die Rede – dank des göttlichen Lichtes, *der wisheit glaste* (Z. 140), vermag der Sünder *mit sines herzen
ougen* (Z. 144) die seelischen Makel wahrzunehmen (vgl. Richard von St. Viktor über eine Wirkungsweise des Geistes, *ante mentis oculos turpitudinis
nostrae memoria reducitur*[6]). Handelt es hier vom Sehvermögen des Sünders,
so ist öfters vom Sehen des Geistes zu lesen, d. h. von dem im Lichte der
Gottheit vollzogenen Wahrnehmung des Geschöpfes. Der Feuer-Abschnitt
beginnt mit einer Gleichsetzung in diesem Sinne von *erliuhten* und *bekennen*
(*er erliuhtet und entbrennet / diu herze, diu er bekennet,* Z. 127 – 128); den
von den flagella Domini geschlagenen Menschen *nimmt der heilige geist war /
und kumet* (Z. 67 – 68); des Schlafenden *wirt . . . der heilige geist gewar und
er [tuot] ernstliche dar / mit sinen gnaden einen blick* (Z. 215 – 217), wenn
auch diese Metapher sich ziemlich schlecht mit der hier grundlegenden, aku-
stischen Symbolik des Erweckens verträgt (siehe bes. Z. 204, 220, 226, 245,
252). Soll er vom Geist als Wein handeln, so stellt der Stricker die eigentliche
Umkehr mit Bildern des Lichts und Sehens dar:

> swie verre er si von gote komen
> und sich dem liehte habe benomen,
> swie tief er in der vinster si
> beide trostes und fröuden fri –
> erlougent in da tougen
> des heiligen geistes ougen,
> er kumt her an daz lieht wol . . . (Z. 285 – 291)

Geht es um den Geist als Salz, so kommt er nichtsdestoweniger *mit siner be-
schöude* (Z. 503). Natürlich ist diese Metaphorik für die Gnade weit verbreitet und hilft uns nicht, den Stricker mit bestimmten Theologen oder Trakta-
taten zu verbinden, jedoch liefert sie noch ein Indiz dafür, daß er die theologische Richtung einhält, die von der Bibel über Augustinus zu den Franziskanern läuft.[7]

Die Ausführungen in ‚Vom heiligen Geist' mögen zunächst unvereinbar mit
denen in zum Beispiel ‚Der Weisheit Salomons' erscheinen: entweder bedarf
der Mensch der Gnade von vornherein, um aus dem Zustand des Sündigens

---

[6] Zitiert nach Paul Anciaux, La Théologie du Sacrement de Pénitence au XII$^e$ siècle,
Louvain et Gembloux 1949, S. 162.
[7] Siehe Handbuch theologischer Grundbegriffe, hrsg. von Heinrich Fries, 2 Bde., München 1962/63, I, S. 555 (sub voce „Gnade") und II, S. 49 – 52 (sub voce „Licht").

herauszukommen, oder er hat es in sich, den ersten Schritt allein zu tun. Der Stricker behauptet sowohl das eine wie das andere, gleichwohl zögere ich, ihm den Vorwurf der Inkonsequenz zu machen, und ich würde ungern die Aufgabe unternehmen, seine kontrastierenden Sätze als Wiedergabe einer einheitlichen Rechtfertigungslehre eines theologischen Gewährsmanns zu belegen. Von den Texten her beurteilt scheint es der Fall zu sein, daß der Stricker seine Gedichte zum Thema *facienti quod est in se Deus non denegat gratiam* für sozusagen durchschnittliche Sünder geschrieben hat, die Alltagsmenschen, die sich auch Hauptsünden zur Last legen müssen, aber dem Bösen selbst nicht unterworfen sind und sich immer noch das Heil in Aussicht stellen können. Auf der anderen Seite sind die Sünder in ‚Vom heiligen Geist', die die gratia praeveniens zum Bußsakrament reizt, fast durchweg abgestumpft und verhärtet im Bösen: achtmal analysiert der Stricker ihre tödliche Verfallenheit, bevor er die Wirkung der Gnade beschreibt[8], und es ist unleugbar, daß diese Menschen eine Auslese im Laster darstellen. Nach der längsten dieser Analysen sagt der Dichter, *sol es der sele wol ergan, / daz muoz an dem heiligen geiste stan* (Z. 371 – 372), wobei ich eine Betonung des Wortes „der" heraushöre und diesen Satz wie folgt wiedergeben möchte: Die meisten Seelen können für die eigene Rettung wenigstens das Grundlegende tun *(quod est in se)*, aber diese Seele und diejenigen, die ich jetzt analysiere, brauchen das unmittelbare Eingreifen des Geistes.

Demnach wollte der Stricker in seinen Gedichten darlegen, daß die verschiedenen Grade der Sündhaftigkeit unter den Menschen eine Verschiedenheit des Antritts auf den Weg der Rechtfertigung zur Folge haben. In normalem Verlauf der Dinge waren die Sünder, aus denen sein Publikum ja bestand, in der Lage, freiwillig die Bekehrung zu beginnen, jedoch gab es auch Hoffnung für die Unglücklichen, die sich im Stand des Augustinischen *non posse non peccare* befanden, die sich nicht ohne Hilfe von der *caecitas* oder *obduratio mentis* (Hugo von St. Viktor) befreien konnten.[9] ‚Der steinige Acker' (Ed. Nr. 149) enthält die Skizze eines solchen Sünders, ohne daß etwas über die Möglichkeit seiner Rettung gesagt wird, und das Bild der Seele als eines wegen der Steine der Sünde sterilen Feldes stimmt mit der Idee der *obduratio* gut überein:

---

8 Z. 18 – 23, 48 – 61, 158 – 165, 179 – 186, 205 – 214, 255 – 269, 344 – 370 und 486 – 499.

9 Siehe Polykarp Schmoll, Die Bußlehre der Frühscholastik, München 1909, S. 50; auch DThC, 12/1, Sp. 940 (sub voce „Pénitence", Sp. 722 – 1138). Es ist interessant, daß sämtliche Strickersche Gebete diesem Stand Ausdruck verleihen (*verliez ich deheine sunde ie, / daz enquam von minen tugenden nie,* ‚Bußgebet', Ed. Nr. 8, Z. 71 – 72), was auf die Gattung bzw. Gönner zurückzuführen wäre.

> durch daz sin acker ist bedaht
> mit den grozen steinen gar,
> des enmac der same niender dar:
> die reinen gotes lere,
> die hazzet er so sere,
> daz im die niemer wol behagent,
> die im daz gotes wort sagent. (Z. 62 – 68)

In der frühscholastischen Literatur sind Furcht und Liebe wesentliche Begriffe der Bekehrungslehre. Im allgemeinen gehört der Furcht das Primat in der Reihenfolge der Etappen, durch die sich die Seele zur Neugeburt bewegt, aber die Liebe ist selbstverständlich wichtiger, denn ohne die Liebe kann von Rechtfertigung nicht die Rede sein.[10] Die Furcht selbst hat viele Arten, und nur die, die von der Anerkennung der Gewalt und Gerechtigkeit Gottes hergeleitet wird, ist als *timor Domini*, Gabe des Heiligen Geistes, zu verstehen und folglich zu schätzen.[11] Der Stricker widmet dem *timor Domini* die längste seiner Beschreibungen der Gottesgaben (,Vom heiligen Geist', Z. 745 bis 768), die die Eigenart dieser Furcht sehr sorgfältig deutet: man betrachte zu jeder Zeit mit den Augen des Herzens die eigenen Sünden und die eventuellen Strafen der Seele, *so si an gotes gerihte kume* (Z. 762). Wird das unaufhörlich und aufrichtig getan, *so hastu ein vil saeligez leben* (Z. 765). Es ist wichtig zu bemerken, daß am Anfang dieser Stelle vom freiwilligen Meiden der Sünden die Rede ist (*hastu den sunden wider saget / und bistu des iemer unverzaget*, Z. 747 – 748) – diese Lehre ist sicher die des *quod est in se,* wenn auch die syntaktische Gliederung der Stelle keinen festen Schluß über kausale Zusammenhänge erlaubt. Ähnlich ist die Darstellung in ,Den vier Evangelisten', wo aber nur von der Anerkennung der Sünden statt explizit vom *widersagen* gesprochen wird:

> swenne der sündaer rehte hat
> geschouwet sine missetat
> mit sines herzen ougen,
> der heimelichen tougen
> der nimet der heilige geist war
> und sendet im die vorhte dar,
> daz er siuften beginne
> und die riuwe gewinne . . . (Z. 183 – 190)

Die Reue hängt also von der Gottesfurcht ab, die von der Gande herrührt, aber dieser geht des Sünders Wahrnehmung seiner Sündhaftigkeit voran.

---

10 Siehe Anciaux, S. 154 – 164 (,L'origine psychologique de la pénitence'); Schmoll, S. 17 – 18, 24, 55, 69 und passim.
11 Siehe DThC, 3/2, Sp. 2010 – 2022 (,Crainte').

Wir haben gesehen, daß ‚Vom heiligen Geist' von der Bekehrung ohne Willensakt des Sünders handelt. In drei Abschnitten stellt der Stricker die Furcht als wesentlichen Bestandteil dieser Bekehrung dar, einmal als reinen *timor Domini* und direkte Folge des göttlichen Eingreifens (Z. 222 – 233, vgl. Z. 244 bis 246). Hier ist das Abhängigkeitsverhältnis zwischen Reue und *so groze vorhte / beide ze sünden und ze gote* (Z. 230 – 231) anscheinend umgekehrt — *so beginnet in riuwen . . . und gewinnet vorhte —*, es wäre jedoch unangebracht, von den kopulativen Bindewörtern an dieser Stelle *(so, und)* auf eine feste Sukzession der Ereignisse der Rechtfertigung zu schließen, denn so präzis hat der Stricker mit dem Mittelhochdeutschen nicht gearbeitet. In diesem Abschnitt werden die Verhältnisse jedoch deutlich geschildert: der Geist weckt *uz der sünden slafe . . . und mit der vorhte erschrecket* (Z. 245 – 246), *und denn* (Z. 248) folgt die Eingießung der *caritas* (Z. 249), ohne die keine wahre Reue besteht. ‚Vom heiligen Geist' kennt auch die Furcht vor Katastrophen im hiesigen Leben, die die Seele auf die heilende Ankunft des Geistes vorbereitet (*er . . . fürhtet den tot / von unfride ode von fiures not*, Z. 63 bis 64). Wie in ‚Den vier Evangelisten' *nimt der heilige geist war* (Z. 67) und verwandelt diese weltliche Furcht in den *timor Domini*: Wahrzeichen dafür ist *die diemuot* (Z. 72), die der Stricker im zweiten Teil des Gedichts traditionsgemäß als das durch die Gottesfurcht erzeugte Heilmittel gegen *hohvart* vorstellt: *swer got fürhtet, das ist guot, / gotes vorhte git im diemuot* (Z. 809 bis 810). Im Abschnitt über die Salz-Wirkung des Geistes lesen wir, daß er den Sünder in gesellschaftliche Isolation treibt, damit dieser eine Furcht empfinde *(so fürhtet er zweier slahte not: / der sel und ouch des libes tot*, Z. 515 – 516), die sich zum *timor Domini* entwickelt: „*nu ruoche sich got erbarmen / über mich armen sündaere!*" (Z. 526 – 527).[12]

Der Stricker war bereit, der Furcht eine wichtige Rolle in der Buße anzuerkennen, doch wollte er der Meinung Hugos von St. Viktor nicht in jedem Fall zustimmen, *Poenitentia incipit a timore . . . Timor enim gehennalis poenae ad poenitentiam homo compellitur*[13], weil er für andere Möglichkeiten für den Anfang der Buße aufgeschlossen war. Es fällt auf, daß er sich auf die Furcht nur in einer Minderzahl der Stellen bezieht, die seine Gedanken über die Umkehr enthalten, zum Beispiel in nur drei der acht Abschnitte über Wirkungsweisen des Heiligen Geistes. Es muß aber zugegeben werden, daß die Thematik der rechtfertigenden Liebe sogar seltener ist, was angesichts ihrer unerläßlichen Funktion (Gratian: *sine karitate nulli adulto peccatum remitti-*

---

12  Zu vergleichen ist ‚Die eingemauerte Frau' (Ed. Nr. 112), Z. 109 – 124, die von der Bekehrung der Frau zum ehelichen Gehorsam durch gesellschaftliche Isolation erzählt; vgl. Verf., Immurement and Religious Experience in the Stricker's ‚Eingemauerte Frau'. In: PBB (Tüb.) 96 (1974), 79 – 102, hier S. 92 – 94.
13  Zitiert nach Schmoll, S. 49 – 50.

tur¹⁴) überraschen mag. Der Geist, der wie Feuer ins Herz dringt, wird zwar *diu ware minne* (Z. 131) genannt, wir haben die Stelle schon in Betracht genommen, die von der *triuwe... und minne* als einer auf die Furcht folgenden Stufe der Erneuerung erzählt (Z. 249), und im ‚Gebet für Kreuzfahrer' (Ed. Nr. 151) bittet der Dichter um *riuwe... und rehter minne gelust* (Z. 35 bis 36), aber ich finde nur eine einzige längere Empfehlung der *caritas* im Rahmen der Strickerschen Bußlehre. ‚Der König und sein Feind' (Ed. Nr. 159) handelt von verschiedenen Aspekten der Rechtfertigung, an seine Erörterung der Vergebung reiht der Stricker eine Stelle über *die zwa minne* (Z. 121), d. h. von Gott und den Mitmenschen (Z. 119), die auf Matth. 22,37 – 40 basiert: *swer gotes hulde wil erstreben, / der sol behalten zwei gebot* (Z. 114 – 115). Da an dieser Stelle in der Schrift das Gebot der Liebe nicht ausdrücklich mit der Buße verbunden wird, mag seine Erscheinung in diesem Bußgedicht dem Stricker zu verdanken sein; auf jeden Fall ist sie selbstverständlich und entbehrt hier jeder ergänzenden Beziehung zur Rechtfertigungslehre.

Es ist sehr unwahrscheinlich, daß der Stricker nur deshalb gelegentlich und kurz die Wichtigkeit der *caritas* erwähnte, weil er wenig daran dachte und wenig davon hielt. Man wird den Grund vielmehr darin suchen müssen, daß die Liebe prinzipiell zum christlichen Leben gehört und von der gerechten Existenz nicht wegzudenken ist. Sicher hätte der Stricker jeglichen Bestandteil des Satzes bejaht, *Sine cordis contritione et fide operante per dilectionem et Dei dilectione, nulli adulto peccatum posse remitti* (vgl. Anm. 14), und die *dilectio* war ihm Inbegriff der Reue – empfiehlt er *ganze riuwe* (‚Der König und sein Feind', Z. 110), so spricht er von der Liebe, ohne die Vokabel zu gebrauchen.

In dem oben zitierten Satz findet man einen Hinweis auf die Anwesenheit rechten Glaubens in der Rechtfertigung, eine Lehre, die letzten Endes auf die Paulinische *fides iustificans* zurückgeht.¹⁵ Diese scheint dem Stricker kein dichterisches Thema gewesen zu sein. Höchstens wird davon in ‚Den vier Evangelisten' gesprochen:

---

14 ‚Tractatus de penitencia', in Corpus iuris canonici, hrsg. von Emil Friedberg, Bd. 1, Leipzig 1879, Nachdruck Graz 1959, Sp. 1190; vgl. die Sentenz Gandulfs von Bologna, *Sine cordis contritione et fide operante per dilectionem et Dei dilectione, nulli adulto peccatum posse remitti* (zitiert nach DThC, 12/1, Sp. 735 – 736); vgl. Petrus Lombardus, IV Sentenzen, dis. 18, c. 4, S. 860 *(Nemo enim de peccato vere compungitur... nisi in caritate)*.

15 Über die wichtige Stellung dieses Begriffs in der Theologie der Zeit siehe Artur Landgraf, Grundlagen für ein Verständnis der Bußlehre der Früh- und Hochscholastik. In: Zs. für kath. Theol. 51 (1927), 161 – 194, hier S. 179 – 194.

> [swer] gloubet wol die warheit,
> swaz Lucas schribet unde seit
> von der marter des gotes suns,
> der sich da opfert für uns —
> wil er des glouben wol pflegen
> und lat des niht underwegen,
> so ist er Lucas gelich. (Z. 141 — 147)

Wenn Stricker an eine bestimmte Textstelle denkt, dann wahrscheinlich an Lukas 24,46 — 47: hier wird der zentrale Glaubensartikel des Leidens und der Auferstehung Christi direkt auf die Buße und Rechtfertigung bezogen — *Et dixit eis quoniam sic scriptum est et sic oportebat Christum pati et resurgere a mortuis die tertia et praedicari in nomine ejus paenitentiam et remissionem peccatorum in omnes gentes* . . . So wichtig als theologisches Problem die *fides iustificans* war, der Berufsdichter hat den Glauben wohl als inhärenten Teil jeder menschlichen Handlung in der Buße schlechthin angenommen und weder sich noch das Publikum mit der Frage geplagt, wieso gerade der Glaube rechtfertigte. Auch findet man in der Bußdichtung des Stricker nur eine kurze Lehre über die Hoffnung *(spes veniae)*, die in dem Jahrhundert zwischen Hugo von St. Viktor und Bonaventura immer wieder als Zeichen der wahren Buße hervorgehoben wird.[16] Im Hinblick auf die Wirkung des Heiligen Geistes als Wein gibt der Stricker folgenden Abriß der Hoffnung als Begleiterscheinung der Reue:

> als er gewinnet riuwe,
> so gedenket er an die triuwe,
> daz got niemens kunft versmahet
> und alle die gern enphahet,
> die siner gnaden ruochent
> und die zerehte suochent. (Z. 293 — 298)

Man vergleiche zum Beispiel die Vorstellung Alexanders von Hales von der Hoffnung als einem der Mühlsteine der contritio: *quod conteritur est cor peccatoris . . . a quo conteritur est duplex mola, una superius sursum elevans et haec est spes veniae*.[17]

Aufrichtige Reue im Glauben führt die Hoffnung herbei, ohne solche Reue muß man mit der Verdammnis rechnen. Der Stricker hält fest an dem Satz aus dem Traktat ‚De vera et falsa poenitentia', den Petrus Lombardus in seine

---

16 Siehe Schmoll, S. 50, 62, 104 Anm. 4, 140 und 152.
17 Zitiert nach Schmoll, S. 142, Anm. 4. Vgl. Alanus de Insulis, ‚De sex aliis cherubim' (PL 210, 269 — 280): *Compunctionem duplex causa creat, timor scilicet, et spes. Timor causa inchoativa est, spes consummativa* (Sp. 274 D).

Sentenzen aufnimmt, *Qui autem impoenitens moritur, omnino moritur, et aeternitaliter cruciatur*[18], und macht diesen Gedanken zum Thema von ‚Der ewigen Verdammnis' (Ed. Nr. 127): [*swer*] *stirbet ane riwe / und ane der sele triwe, / so ist er immer ungenesen* (Z. 41 – 43). Zwar betont er in diesem Gedicht auch den Willen zur Sünde, aber das ist nicht als zweites Problem neben dem der Reue aufzufassen, sondern gehört dazu: ohne Abneigung des Willens gegenüber sündigem Handeln gibt es keine wahre Reue (Alanus de Insulis über poenitentia: *pro peccatis contritio, ab eis cessare intendens* . . .[19]). Der Stricker kehrt öfters zum *ane riwe sterben* zurück; in beiden Fassungen der ‚Beiden Königinnen' (Ed. Nr. 132) besteht die Gruppe der *cum judicio damnati* mindestens zur Hälfte aus den Menschen, die *ane riwe* (Z. 219) gestorben sind und so *verteilet* (Z. 207) werden.[20] Nur in scheinbarem Gegensatz dazu stehen die Meinungen im Meßgedicht, wonach *dehein kristen mensche niemer / zuo der helle verteilet wird, / wan der kristenlichiu werc verbirt* (Z. 536 bis 538), denn der Stricker denkt an die Werke als unmittelbaren Ausdruck der Gesinnung und spricht demgemäß von einer Wirkung, deren Ursache vollkommen klar ist: *der unkristenliche tuot, / der hat niht kristenlichen muot* (Z. 539 bis 540).[21]

Reue und Buße sind nicht teilbar. ‚Die ewige Verdammnis' stellt fest, daß man alles bereuen muß, um gerechtfertigt zu werden – *swer sich gegen Got erniwet / und in allez daz geriwet / daz er wider Got hat getan* . . . (Z. 49 bis 51) –, und das ist nicht bloße Redensart. Es wird in ‚Dem König und seinem Feind' präzisiert:

> got kan ganzliche heilen,
> er kan niht sünde teilen!
> er vergit si uns alle gemeine
> ode vergit uns aber deheine. (Z. 77 – 80)

Dieses rhetorische Spiel mit der Idee von Gottes begrenztem Können will natürlich des Sünders unbegrenzte Reue vorschreiben, die unerläßlich für die göttliche Vergebung ist (Petrus Lombardus, IV Sentenzen, 14,2: „*Quod pluribus irretitus peccatis non potest vere de uno poenitere, nisi et de omnibus*

---

[18] ‚De vera et falsa pœnitentia' (PL 40,1113 – 1130, hier Sp. 1128); Petrus Lombardus, IV Sentenzen 20,2.

[19] Zitiert nach Schmoll, S. 90; vgl. Petrus Lombardus, IV Sentenzen 14,2.

[20] Vgl. Schwab, Zum Thema III, S. 42, Anm. 3. Dort ist „Ed. Nr. 124" in „Ed. Nr. 127" zu ändern und den Belegstellen ‚Vom heiligen Geist' (Ed. Nr. 1), Z. 942 – 948, ‚Das stinkende Haus' (Ed. Nr. 119), Z. 176 – 180, und ‚Der Marktdieb' (Ed. Nr. 97), Z. 133 bis 136, beizufügen.

[21] Vgl. Hugo von St. Viktor, ‚De sacramentis Christianæ fidei' (PL 176,188 – 618), *Sed voluntatem sine opere habere non potes, quando operari potes. Non est voluntas si non operatur quod potest* (Sp. 561 B).

*poeniteat"*), und das Verbum *heilen* zeigt deutlich, daß der Stricker sich hier auf die Schrift ,De vera et falsa poenitentia' und ihre Nachfolger bezieht. Die traditionelle Metapher der Heilung des Sünders geht bekanntlich auf die Bibel zurück; sie erhält jedoch eine spezifische Verwendung in der Analyse der vollständigen Buße: *Sunt plures, quos penitet pecasse, sed non omnino . . . non animaduertentes, Dominum simul mutum et surdum a demonio liberasse. Per hoc docet, nos numquam nisi de omnibus sanari.*[22] Die Geschichte von Christi Heilung des *surdus et mutus* (Markus 7,32 – 37) wird also zum Beispiel von der pauschalen Sündenvergebung Gottes, die logisch als *ganzliche heilen* (,Der König und Sein Feind', Z. 77) formuliert wird: *Numquam aliquem sanauit, quem non omnino liberauit.*[23]

Die Beichte erwähnt der Stricker an vielen Stellen, des öfteren in Verbindung mit Reue und Buße, d. h. als zweiten Teil des Sakraments.[24] Es hätte keinen Sinn, diese Anspielungen hier aufzuführen, denn meistens fehlt es ihnen an Problematik; die Beichte ist selbstverständlicher Teil der Erneuerung, sie soll *klar . . . luter . . . unde war* sein (,Gebet für Kreuzfahrer', Ed. Nr. 151, Z. 239 bis 240) und soll normalerweise dem eigenen Beichtvater abgestattet werden (siehe aber ,Vom heiligen Geist', Z. 299 – 301, *so erbeitet er kume, unz daz geschiht, / daz er der sünden vergiht / einem guoten bihtegaere*, und die Hinweise auf Laienbeichte, die in unserer Studie zur Laienreligiosität angeführt werden). Die Sünden sollen namentlich gebeichtet werden, auch wenn sie nicht gezählt werden können.[25] Problematisch sind allerdings Unzulänglichkeiten in der Beichte, entweder das Verschweigen gewisser Sünden (siehe unsere Besprechung des Schweigers in den ,Fünf teuflischen Geistern') oder natürlich die Unterlassung der Beichte überhaupt, die der Stricker zum Ausgangspunkt der Auslegung im ,Stinkenden Hause' (Ed. Nr. 119, Hs. N) nimmt:

> swer denne so boese wesen wil,
> daz er die [sünden] niht gote klaget
> und die bihte niuwan durch daz verdaget,
> daz er die buoze niht wil liden
> und die sünde niht wil miden . . . (Z. 114 – 118)

---

[22] Gratian, ,Tractatus de penitencia', a. a. O., Sp. 1225; vgl. ,De vera et falsa pœnitentia', PL 40,1121.
[23] Gratian und ,De vera et falsa pœnitentia', a. a. O.
[24] Mehrere Belegstellen bei Schwab, Ausgabe, S. 245, Anm. zu 1, 25 – 27.
[25] ,Die Messe', Z. 432 – 436:

> er sol mit rehter triuwe
> sinem bihtigaere künden
> alle die namen siner sünden –
> ob im diu zahl ist unbekant,
> so sag er doch, wie si sin benant . . .

Das war ein geläufiges Problem: *Quosdam arcet a confessione ... timor satisfactionis injungendæ, quosdam propositum vivendi in crimine*[26]. Dem Stricker kam es darauf an, den höchst gefährlichen Stand des Unbußfertigen anzuzeigen, der Gefahr läuft, *daz er ane riuwe stirbet* (Z. 180). Die Unterlassung der Beichte ist ein wichtiges Symptom dieses Standes, nicht Ursache und auch nicht Thema der in Hs. N überlieferten Fassung dieses Gedichts.

Es wird nützlich sein, auf diesen Punkt etwas näher einzugehen. Schwab hat im Kommentar sicher Recht gehabt, daß man das Fehlen der Zeilen 115 bis 150 und 153 – 158 in Hs. A nicht aus ästhetischen Gründen erklären kann, und ich würde ihrer Meinung zustimmen, nach der man die nur in Hs. N überlieferten Zeilen als Erweiterung zu verstehen habe (Ausgabe, S. 266 – 267). Gleichwohl geht es in dieser Erweiterung so deutlich um den immer für den Stricker Ausschlag gebenden guten Willen, daß ich die Ansicht nicht teilen kann, Sinn der Stelle sei es, die „Beichtpflicht" hervorzuheben (S. 267). Zweimal erwähnt der Stricker die unterlassene Beichte (Z. 116, 120), zweimal in demselben Satz wird vom Willen zur Sünde gesprochen (Z. 117 – 118, 125 – 126); so versteht man die Unfertigkeit zur Beichte als Ausdrucksform des sündhaften Willens, um den es in dem beiden Fassungen gemeinsamen Teil des Gedichts deutlich geht (vgl. Z. 162 – 164, 168 – 171, 176 – 180).

Gesetzt, es ist wahr, daß der Stricker den Zweck der Erweiterung in ihrer Betonung der Beichte als Weg zur Rechtfertigung gesehen habe, muß man immerhin bezweifeln, daß diese Absicht seine engere Verbindung mit den Erlassen des Vierten Laterankonzils beweist, wie es Schwab meint: „In diesem Falle scheint N die jüngere Redaktion zu bieten; d. h. die Erweiterung der ersten Fassung ... im Sinne der Propaganda für die von Innozenz III. eingeführte Beichtpflicht" (S. 267). In bezug auf das Gedicht vom Heiligen Geist sagt sie: „Der Stricker zeigt sich hier wieder im Dienst der Reformen des Papstes Innozenz III. ... der eine jährliche Beichte beim eigenen Priester zur unumgänglichen Pflicht jedes Christen machte" (Ausgabe, S. 245). Es steht außer Zweifel, daß gewisse Konstitutionen dieses Konzils dem Dichter bekannt waren – dafür spricht ‚Die Geistlichen' (Ed. Nr. 105, siehe Schwabs Anmerkungen, Ausgabe, S. 265) –, und es wird deshalb plausibel, Strickersche Themen mit anderen Konstitutionen in Verbindung zu bringen, wie ich es zum Beispiel für das Problem der Vererbung unrechten Guts getan habe (‚Die fünf Teufelsscharen'). Man weiß auch, daß in den Jahrzehnten nach dem Vierten Laterankonzil ein bedeutender Aufschwung in der auf die Beichtpraxis zugeordneten kirchlichen Literatur stattgefunden hat. Nichtsdestoweniger muß man im Auge behalten, daß die durch das Vierte Lateranum „eingeführte Beichtpflicht" keineswegs als „Reform" gilt und auch in theologischer Hinsicht nur eine Wiederholung der anerkannten Lehre von der priester-

---

[26] Alanus de Insulis, ‚Summa de arte prædicatoria' (PL 210,111 – 198, hier Sp. 173 B).

lichen Beichte bildete. Man braucht sich nicht viel mit der Fachliteratur zu beschäftigen, um zu der Einsicht zu kommen, daß der Stricker, der eine ziemliche Kenntnis der Hauptrichtungen theologischer Diskussion in der Frühscholastik hatte, aufgrund dieser Diskussion und ohne jede Bekanntschaft mit dem Vierten Lateranum die Beichte genauso hätte empfehlen müssen, wie er es tut.[27] Erstens hatten alle Theologen des zwölften Jahrhunderts die Beichtpflicht bejaht – ,,au XII$^e$ siècle, tous les docteurs, sauf un seul, considèrent la confession comme obligatoire" (die Ausnahme ist Gratian, der keine Stellung zur Frage genommen hat), ,,Mais qu'ils dépendent de Hugues de Saint-Victor, d'Abélard ou de Gratien, les théologiens du XII$^e$ siècle se prononcent resolument en faveur de la confession obligatoire"[28] –, zweitens spiegelte sich diese theologische Einstellung in der Behauptung von Individuen und den Beschlüssen von Konzilen wider, daß die Laien sich der regelmäßigen Beichte unterziehen mußten.[29] Daß das Vierte Laterankonzil diese Beichtpflicht auf einmal im Jahre festlegte, bedeutete eine minimale Erwartung; mancher wollte die Beichte der Laien dreimal im Jahre fordern, zum Beispiel Alanus de Insulis, der den Gewährsmännern des Stricker gehört: *laici vero ter in anno tenentur specialiter confiteri.*[30] Die Regelung der Beichtpflicht durch den Artikel ,Omnis utriusque sexus' des Vierten Lateranums ,,n'apporte aucun changement dans la discipline de l'Église" und auch keine dogmatische Änderung, da der Artikel ,,purement disciplinaire" war.[31]

Damit soll jedoch ,Omnis utriusque sexus' seine große Bedeutung in der Kirchengeschichte nicht abgesprochen werden: Als Beschluß eines ökumenischen Konzils hatte er universale Gültigkeit, viele Christen sind sicher zum erstenmal durch ihn auf ihre Beichtpflicht aufmerksam gemacht worden oder wenigstens durch die vorgeschriebenen Strafen für die Vernachlässigung der Beichtpflicht gezwungen worden, sie ernstzunehmen. Hätten wir uns den Stricker als durchschnittlichen Pfarrlaien vorzustellen, dann wäre es durchaus möglich, seine Äußerungen über die Beichte auf den ,Omnis utriusque sexus' zurückzuführen, aber auch wenn wir nichts bestimmtes über seine Bildung zu sagen ver-

---

[27] Die von Schwab angeführte Sekundärliteratur zur Frage der Beichtpflicht (Ausgabe, S. 245) ist unzulänglich: Maurers Arbeit entbehrt eines selbständigen Wertes, und ,,Haucks Kirchengeschichte IV, 943 ff." (auch von Maurer angeführt!) gibt nicht mehr als einen impressionistischen und unbelegten Entwurf zu einer Darstellung des Problems.
[28] DThC, 3/1, ,Confession' (Sp. 828 – 974), hier Sp. 881 – 882.
[29] Ibid., Sp. 884 – 886. Vgl. DThC, 12/1, sub voce ,,Pénitence" (Abschnitt ,Fréquence de la confession', Sp. 929 – 930: ,,On peut penser . . . qu'à la fin du XII$^e$ siècle, l'obligation pour les fidèles de se confesser au moins une fois par an, était chose courante", Sp. 922).
[30] Zitiert nach DThC, 3/1, Sp. 886.
[31] Ibid., Sp. 893 – 894. Vgl. Raymond Foreville, Latran I, II, III et Latran IV, Paris 1965, über den betreffenden Artikel: ,,on remarquera que l'usage a précédé de longue date la réglementation" (S. 298 – 299).

mögen, so ist es klar, daß er theologisch gebildet war und aller Wahrscheinlichkeit nach mit dem Gehalt dieses Artikels aus früheren, die Sache betreffenden Quellen vertraut war.

Also meine ich, daß es weder notwendig noch logisch ist, Strickers Beichtlehre als „Propaganda für die von Innozenz III. eingeführte Beichtpflicht" aufzufassen. Noch ein Argument dagegen finde ich in seinem Schweigen zu den spezifischen Punkten, die den Gehalt von ‚Omnis utriusque sexus' bilden: der Stricker spricht nie von der Regelmäßigkeit der Beichte, nie vom festen Termin und mit keinem Wort deutet er auf die sie erzwingenden Strafen hin. Von seiner Dichtung her würde man überhaupt nicht wissen, daß nicht weniger als einmal im Jahre gebeichtet werden mußte und daß diejenigen, die dieses versäumten, *ab ingressu ecclesiæ* und vom christlichen Begräbnis ausgeschlossen wurden.[32] Weiter: ‚Omnis utriusque sexus' regelt nicht nur die Beichte, sondern auch die Kommunion. In demselben Satz wird von der minimalen Beichtpflicht und der minimalen Erwartung in bezug auf das Abendmahl gesprochen: *omnia sua solus peccata confiteatur fideliter, saltem semel in anno . . . suscipiens reverenter ad minus in Pascha eucharistiæ sacramentum . . .* (Mansi, XXII, 1010 A). Das längste seiner theologischen Gedichte hat der Stricker über die Messe geschrieben (Ed. Nr. 2), auch hat er zwei kurze, eucharistische Gebete verfaßt (Ed. Nr. 13 und 14), aber es gibt keinen Hinweis in diesen Gedichten auf die geregelte Kommunionspflicht, wie sie vom Vierten Lateranum aufgestellt wurde. Der Stricker deutet sowohl die Eucharistie als auch die Beichte vom theologischen Standpunkt, dem die Erörterungen des Konzils an sich nichts, was nicht schon besprochen worden war, beigesteuert hatten, und auf die kirchengesetzlichen Aspekte der einundzwanzigsten Konstitution, die ihre geschichtliche Bedeutung ausmachen, geht er überhaupt nicht ein. Entweder hat er von ‚Omnis utriusque sexus' nichts Bestimmtes gewußt, was im Hinblick auf seine Kenntnis der Artikel XIV, XVI und XXIX unwahrscheinlich ist, oder er hat sich für dessen Bestimmungen dichterisch nicht interessiert.[33]

Um das Fazit zu ziehen: wenig spricht dafür und viel dagegen, daß „die Erziehung . . . besonders zur Beichte im Sinne der Reform des Papstes Innozenz III." unter die „ganz besondere(n) und aktuelle(n) Anliegen" des Stricker zu stellen ist (Schwab, Ausgabe, S. 242). Soweit man beurteilen kann, entspringt

---

[32] Mansi, XXII, 1010 A: *alioquin et vivens ab ingressu ecclesiæ arceatur, et moriens Christiana careat sepultura.*

[33] Man vergleiche hierzu die Lehre Bertholds von Regensburg, die dem Vierten Lateranum sicher verpflichtet ist: *Diu eine ere ist die man im ze dem minnesten eins bieten sol in dem jâre, daz in* [*sinen heiligen lîchnamen*] *ze ôstern ein ieglich kristenmensche ze rehte enpfâhen sol mit wârer riuwe sîner schulde unde mit lûterr bîhte unde mit ganzem willen, die buoze zu leisten die man im gît . . .* (I, S. 455 – 456).

seine Beichtlehre dem unkontroversen theologischen Lehrgut des zwölften Jahrhunderts und verdankt dem Laterankonzil des Innozenz III. so gut wie nichts.

Dritter Teil des Sakraments ist die Buße *(satisfactio operis)*. Der Stricker erwähnt sie oft und empfiehlt selbstverständlich ihre Annahme als zur Sündentilgung unerläßliche Eigenleistung, zum Beispiel, *swer kristenliche welle leben / . . . / [der] neme die buoze da zuo, / daz er sich der sünden abe tuo* (‚Die Messe‘, Ed. Nr. 2, Z. 429 – 438), . . . *er wil bezzern sin leben / und bitet im mere buoze geben* (‚Vom heiligen Geist‘, Ed. Nr. 1, Z. 461 – 462). In des Dichters Bewertung solcher Buße, wie des ganzen Sakraments, ist eine interessante Veränderung der Emphase zu beobachten. Wie wir in der Besprechung der Reue schon dargetan haben, legt der Dichter großen Wert auf die Fähigkeit des Sünders, durch freiwillige Annahme des Bußsakraments etwas Wesentliches für die eigene Rettung zu tun, jedoch betont er in mehreren Gedichten, daß die Rettung letzten Endes von Gottes Gnade abhängt, und warnt vor der Überheblichkeit, die im Vertrauen auf die eigene Bußleistung besteht. ‚Die beiden Königinnen‘ (Ed. Nr. 132) läßt die Wichtigkeit der vom Priester auferlegten Buße dadurch erscheinen, daß die Christen, die vor der Erfüllung dieser Buße sterben, das Fegefeuer auf angemessene Zeit ertragen müssen[34] — hier ist der Stricker rigoroser als Petrus Lombardus, der in den Sentenzen diesen Gläubigen die Hoffnung läßt, sie könnten wegen der Vollständigkeit ihrer innerlichen Buße (Reue) dieser Nachholung der unvollständigen *satisfactio* entgehen (IV Sentenzen, 20,2). Mit dieser Lehre zu vergleichen ist der erste Teil der ‚Buße des Sünders‘ (Ed. Nr. 142), der die Unmöglichkeit einer Genugtuung durch Bußpraktiken zum Thema hat. Die Verzeihung Gottes ist nicht durch Fasten, Beten usw. zu kaufen – der Engel wirft dem Sünder diese Einbildung vor, *du woldest im daz erkoufen an / daz niman wol vergelten kan* (Z. 77 – 78). In ‚Vaterunser‘ (Ed. Nr. 7) bittet der Stricker um den *antlaz*, den er niht *gedienet* hat, sondern von der Gnade erhalten mag (Z. 47 bis 52). Es gibt keine Inkonsequenz zwischen des Dichters Hervorhebung der notwendigen *satisfactio* und seinen Bestehen auf Gottes Freiheit, denn dies entspricht der theologischen *opinio communis* der Zeit[35], gleichwohl ist sein dichterisches Verfahren in verschiedenen Gedichten so, daß das Dogma keine zusammenhängende Behandlung genießt und der Eindruck dogmatischer Inkonsequenz leicht entstehen kann.

---

[34] Im ‚Stinkenden Haus‘ (Ed. Nr. 119) sagt der Dichter sogar, daß man durch die Buße Gott *mieten* kann (Z. 163), dazu Schwab, Ausgabe, S. 248, Anm. zu 1, 261 – 266.
[35] Siehe DThC, 12/1, Sp. 932 – 934 (‚Valeur respective des diverses parties de la pénitence. La satisfaction‘), auch 14/1 (sub voce „Satisfaction"), bes. Sp. 1176 – 1190. Die *satisfactio* soll zur Tilgung der Sündenstrafen beitragen, hat aber keinen unmittelbaren Einfluß auf Gottes Vergebung der Sünden.

Der Stricker kennt ein ernstes Problem im Bereich der *satisfactio*, und das ist der Ablaß, den der Kreuzfahrer oder Pilger aufgrund solcher Unternehmungen bekommt. In drei Gedichten geht es zum Teil um dieses Problem. Bevor wir die Aussagen analysieren, müssen wir uns den geschichtlichen Hintergrund kurz vor Augen führen.[36]

Ursprünglicher Sinn des Ablasses war es, die priesterlich auferlegte Buße zu ersetzen; er hatte also die gleiche Wirkung auf die *remissio peccatorum* wie diese Buße selbst, war dem Sünder und der Kirche gelegen und wurde also der normalen Buße in manchen Fällen vorgezogen. Von höchster Bedeutung für die Entwicklung der Ablaßpraxis waren die Kreuzzüge, und schon im zwölften Jahrhundert konnte man alle Buße im Leben durch Teilnahme am Kreuzzug nach dem Heiligen Land ersetzen, doch wurden die Ablässe auch schnell auf anderen Gebieten populär, und daher mußte man im Vierten Laterankonzil gegen *indiscretas et superfluas indulgentias* (Mansi, XXII, 1050 E) einschreiten. Das Konzil wiederholte in der großen Konstitution ‚Ad liberandam' die Versicherung des Ablasses für Kreuzfahrer mit sogar verstärkter Andeutung auf Sündenvergebung („a carefully phrased statement concerning the crusade indulgence which, while not referring explicitly to a remission of temporal punishment, came closer than earlier statements to expressing the privilege in terms of a sweeping forgiveness of sin", Brundage, S. 148), und dehnte dieses Privilegium gänzlich auf Personen, die nicht mitfuhren, aber die Kreuzfahrer finanzierten, und teilweise auf Personen, die das Heilige Land finanziell unterstützten, aus.

In der Theorie des Ablasses hat die Theologie große Schwierigkeiten gehabt, mit der kirchlichen Praxis Schritt zu halten. Gratian, Petrus Lombardus und die Viktoriner haben den Ablaß gar nicht besprochen. Petrus Cantor „steht innerlich der neuen Praxis äußerst skeptisch gegenüber", und sein berühmter Schüler Stephan Langton zeigt „die gleiche Unsicherheit in der Bewertung der Ablässe und die Schwierigkeit, die geübte Praxis mit den Grundsätzen der Bußlehre in Einklang zu bringen..." (Poschmann, S. 71, 73). Besondere Mühe mußten sich die Theologen geben, um die Frage nach der Berechtigung eines allgemeinen Ablasses (Musterbeispiel: des Kreuzfahrtablasses) zu lösen, da es dem zuständigen Prälaten unmöglich war, den Grad der Schuld, die Tiefe der Reue und die Stärke des Willens zum Guten bei jedem Individuum zu kennen, dessen Buße durch dieselbe Unternehmung ersetzt werden sollte. Wenn die Buße der jeweiligen Schuld des Reuigen von einem weisen und einsichtigen Priester anzuordnen war, wie wäre dann ein allgemeiner Ablaß möglich?

---

[36] Dazu dienen DThC, 7/2, Sp. 1594 — 1636 (‚Indulgences'); Nikolaus Paulus, Geschichte des Ablasses im Mittelalter, Bd. 1 und 2, Paderborn 1922/23; Bernhard Poschmann, Der Ablass im Licht der Bussgeschichte, Bonn 1948; und James A. Brundage, Medieval Canon Law and the Crusader, Milwaukee and London 1969.

Für uns ist auch eine Nebenfrage von größerem Belang, nämlich diejenige nach dem populären Verständnis des Ablasses: die Päpste wollten wohl den Kreuzfahrern „as complete a remission as possible of the consequences of sin" (Brundage, S. 148) durch die Ablässe versichern, und das Volk hat diesen frommen Wunsch in die Verheißung der *remissio peccatorum* verwandelt. Es achtete nicht auf den Unterschied zwischen Ersetzung der Buße und Verzeihung der Schuld und verstand den Kreuzfahrtablaß als „a complete quittance of all former sins ... the common understanding was that the crusade indulgence wiped away the blot of sin altogether and that the crusader was automatically restored to a state of spiritual innocence" (Brundage, S. 151). Wenn wir Strickers Ausführungen über den Kreuzfahrtablaß analysieren, gelten diese Fragen und Überlegungen als Hintergrund und nicht die in der Hochscholastik entwickelte Theorie des *thesaurus Ecclesiae*, die den Ablaß auf theologisch festen Grund setzte, die aber der Stricker anscheinend nicht kannte (das mögen die Zeitverhältnisse erklären, denn nach Poschmann, S. 82, wurde die Lehre zum allerersten Mal 1230 von Hugo von St. Cher vorgetragen).

In den Handschriften AN steht eine Redaktion der „Sechs Teufelsscharen" (Ed. Nr. 136), „die (wohl von Stricker selbst) angefertigt wurde zum Zwecke des Vortrags vor Jerusalempilgern oder Kreuzfahrern".[37] Abgesehen von kleinen Änderungen in der Wortwahl ist die AN-Redaktion durch einen Epilog bezeichnet, der in N 20 Zeilen trägt, von denen in A das Reimpaar Z. 9 – 10 fehlt. (Ich fuße im folgenden auf dem N-Text.) Zweck dieses Epilogs ist es, die Kreuzfahrt im Hinblick auf den allgemeinen Ablaß zu empfehlen. Das Verständnis des Ablasses ist das populäre, er tilgt die Sünden:

> ir [der Kreuzfahrer] būze ist kurcz ir antlaz groz
> Si werdent schiere ir sv̄nden bloz
> In wirt der gotes gnaden me
> denne den von den ich sagt e
> Die biz an ir ende muzen
> mit so grozer buze buezen (Epilog, Z. 9 – 14)

Überlegt man, daß die Menschen, von denen der Stricker *sagt e*, diejenigen sind, die sich der Welt entzogen und den teuflischen Anfechtungen im religiösen Leben erfolgreich widerstanden haben, dann fällt das überschwengliche Lob des Kreuzfahrtablasses auf. Diese Stelle weist eine sehr pragmatische Berechnung der Mühe und Belohnung auf, indem eine Kreuzfahrt mit lebenslanger Bußpraxis verglichen und dieser vorgezogen wird – als Buße ist die Kreuzfahrt *kurcz* und wird mit *antlaz groz* belohnt, dagegen mag man etliche Jahrzehnte *mit so grozer buze* vollbringen, ohne deshalb ganz sicher zu sein, daß

---

[37] Konrad Zwierzina in Carl von Kraus, Mittelhochdeutsches Übungsbuch, 2. Aufl., Heidelberg 1926, S. 103.

man *sŭnden bloz* wird. Insofern zeigt sich der Stricker dem Kreuzfahrtablaß gegenüber sehr positiv eingestellt, obwohl ich vermute, daß seine höchst positive Haltung in mancher Hinsicht von der seines Publikums herzuleiten ist.

Der Epilog enthält wichtige Einschränkungen der Ablaßgültigkeit, die das Mechanische des Unternehmens (durch Kreuzfahrt bekommt man Sündenvergebung) auf die Gesinnung und Reinheit des Lebens zurückführen: *Swer aber mit rehtem mŭte vnd oŭch mit reinem gŭte Durch got hin ŭber mer vert* ... (Z. 1 – 3). Die Konstitution ‚Ad liberandam' sprach vom Ablaß der Sünden der Kreuzfahrer, *de quibus veraciter fuerint corde contriti et ore confessi,* und ich würde Strickers Hinweis auf *rehten muot* als eine Bedingung des Ablasses damit in Verbindung bringen. Die Fahrt muß man *durch got* machen, also nicht bloß, um die Angst vor Sündenstrafen loszuwerden, auch nicht mit Auge auf die vielen Privilegien.[38] Sehr bezeichnend für den Dichter ist die Bedingung, daß man *mit reinem gŭte* fahren muß, denn das gehört zur Lehre von der Habsucht und wird unten ausführlicher besprochen. Letzte Bedingung ist, daß die Kreuzfahrer *sich dar nach wol bewarn* (Z. 8, Hs. N schreibt das Verbum *webarn*), d. h., daß sie die *staete* erweisen, die dem Stricker ein Merkmal echter Neuerung ist.[39] Trotz dieser im Verständnis des Dichters sehr klaren und bedeutenden Einschränkungen erkennt man ihre syntaktische Abhängigkeit im Satz als Hinweis auf ihre rhetorische Unterordnung: dem Dichter geht es an dieser Stelle ums Lob des Ablasses, den man sich durch die Kreuzfahrt verdient.

Seine Erwähnung des *reinen guotes* als Bedingung der Wirksamkeit des Ablasses verbindet den Epilog mit ‚Dem Marktdieb' (Ed. Nr. 97). Dieses Gedicht handelt vom Problem des unrecht erworbenen Gutes, das der Sünder nicht wieder hergeben will und das seine Buße folglich vereitelt. Der dichterische Terminus ist *daz unreine gut* (Z. 56, vgl. 56, vgl. Z. 106, 114, 115), die Lehre wird am Beispiel eines Kreuzfahrers und Pilgers konkretisiert. Dieser kann sich zur Rückgabe *des gutes* ... / *daz er mit unrecht habe* (Z. 81 – 82) nicht entschließen,

> er wil mit andern dingen
> nach Gotes hulden ringen:
> er nimet daz kruce uber mer
> und wil da meren Gotes her.
> wie hoch der selbe sprunc si,
> er wirt der sunden so niht vri. (Z. 87 – 92)

So verhält es sich auch mit seinen Wallfahrten nach Rom oder Santiago de Compostela, *wie vil er Got mit den verten lob, / er entrinnet dem teufel also*

---

[38] Siehe Brundage, Kap. VI: ‚The Privilege of the Cross: The Temporal Privileges'.
[39] Diese *staete* wird als Sonderfrage unten behandelt.

*niht* (Z. 100 – 101). Die theologische Erklärung, die der Stricker für die Unwirksamkeit des Ablasses unter diesen Umständen gibt, entstammt der Restitutionslehre (siehe unsere Analyse des Schweigers in ‚Den fünf teuflischen Geistern'): fehlt der Wille zur Restitution, so muß man auf mangelnde Reue schließen (Z. 141 – 154). Da es in diesem Gedicht um eine versteckte Form des Wuchers geht (darüber Schwab, Ausgabe, S. 266, Anm. zu 111, 87 – 89) und der heuchlerische Kreuzfahrer ein wohlhabender Mann sein soll (vgl. die ergänzende Ausführung über den Armen am Ende des Gedichts (Z. 165 bis 189), scheint es mir wahrscheinlich, daß der Stricker um eine Degradierung des Kreuz- oder Wallfahrtablasses von seiten derer besorgt war, denen die großen Kosten dieser Unternehmungen wenig bedeuteten. Diese Sorge war den Frühscholastikern, die sich mit dem Ablaß auseinandersetzten, wohl bekannt, denn gegen den Ablaß könnte man prinzipiell einwenden, daß er käuflich wäre und den Ersatz der Buße (fürs Volk: die Sündenvergebung) in ein direktes Verhältnis zum Vermögen brächte.[40]

Strickers ausführlichste Diskussion über die Kreuzfahrt und den Ablaß findet man im dritten Teil des Gedichts ‚Die Buße des Sünders' (Ed. Nr. 142, Z. 279 bis 440, außer Z. 309 – 316 nur in Hss. AN). Er beginnt mit dem populären Dogma der Sündenvergebung, das kurz und bündig vorgetragen wird – *Ein grozez schif treit über se / wol tusent menschen ode me, / die alle ir sünden werden fri* (Z. 279 – 281) –, doch ist dieses Dogma nicht (wie im Epilog der ‚Sechs Teufelsscharen') das Thema der Dichtung. In bezug auf Kreuzfahrt und Ablaß kennt der Stricker hier eine dreifache Problematik: die Abhängigkeit jeder *remissio peccatorum* von der Gnade Gottes; spezifische Gefahren und Vorteile reicher Leute; und die Gültigkeit des guten Willens für Menschen (besonders die Armen), die aus guten Gründen die Fahrt *über se* nicht machen können. An keiner Stelle wird dem populären Dogma widersprochen, auch wenn man eine Kritik seiner de-facto-Begrenzung auf die Glücklichen dieser Welt herauszuhören meint:

> die gesunt sind und riche,
> die varnt vil billiche
> über mer und anderswar,
> daz in der antlaz widervar. (Z. 357 – 360)

Es ist jedoch klar, daß die Thematik dieser Diskussion einer sehr mäßigen Begeisterung des Dichters für den Kreuz- und Wallfahrtsablaß Ausdruck gibt.

In unserer Studie zum Begriff der *vita poenitentialis* beim Stricker haben wir dargetan, daß er für die Sündentilgung größtes Gewicht auf die unverdienbare Gottesgnade legt. Hauptzeugnisse dafür sind die beiden vorhergehenden Teile der ‚Buße des Sünders' (Z. 1 – 278), und erstes Anliegen des Stricker im drit-

---

[40] Siehe Paulus, I, S. 212 – 213, 221 – 222, 230 – 231, etc.; Poschmann, S. 71, 80, etc.

ten Teil ist die Erklärung des Kreuzfahrtablasses als unverdienbare Gabe Gottes. Zuerst spielt er auf die Schiffer an, die gern ihre mühsame Arbeit um *dri marc silbers ode zwa* (Z. 288) betreiben, und läßt uns durch die Kontrastfigur des Kreuzfahrers belehren,

> dem da der antlaz wirt getan
> der bezzer ist dan elliu lant,
> daz im got mer lones hat gesant,
> dan iemen da gedienen kan! (Z. 294 — 297)

Alles, *swaz uns guotes ist beschert* (Z. 300), entstammt Gottes Gnade, den Ablaß sendet er uns, wir verdienen ihn nicht. Wir gleichen den Blinden und müssen von der Gnade geführt werden, Gott gibt dem Kreuzfahrer *sinne und kraft... hoeren, sprechen unde sehen* (Z. 320 — 321). Mit großer Emphase trägt der Stricker die Nichtigkeit der eigenen Leistung für die Rechtfertigung vor, zweifellos um die Hoffart derer zu bekämpfen, die in selbstgefälligem Vertrauen auf dem durch das eigene Unternehmen ermöglichten Ablaß sich ihrer Sünden entledigt fühlen. Der Stricker äußert keine dogmatischen Neuigkeiten, denn in theologischer Hinsicht ist die Rechtfertigung von vornherein und in jeder Erscheinungsform der Gnade Gottes zu verdanken, aber er verlegt die Betonung vom Willen des einzelnen und auch von der stellvertretenden Macht der Kirche — in ‚Ad liberandam' wurde natürlich der Ablaß von der Schlüsselgewalt hergeleitet, *ex illa, quam nobis, licet indignis, Deus ligandi atque solvendi contulit, potestate* (Mansi, XXII, 1067 C) — auf diese unverdiente Gnade. Es ist eine Frage der Perspektive. Anscheinend fand der Stricker den Charakter des Kreuz- und Pilgerfahrtablasses gefährlich für die innere Haltung des Christen.

Diese Gefahr kann sich im Leben des Kreuzfahrers konsequent und verderblich auswirken, und der Dichter analysiert diese Auswirkung im ersten Teil seiner Thematik der reichen Leute. Weil sie es dem Vermögen zutrauen, sich den Ablaß abermals zu verschaffen, fehlt ihnen die Reue und vergeht der gute Wille:

> in saget daz ir tumber muot:
> si haben lip unde guot,
> si mügen aber wol erwerben
> antlaz, e daz si sterben.
> diu fröude und diu zuoversiht
> machent den guoten willen enwiht. (Z. 369 — 374)

Diese *zuoversiht* ähnelt der Sünde der *praesumptio*, nur daß es dem eigenen *lip und guot* (vgl. *gewalt und guot*, Z. 381) statt der Barmherzigkeit Gottes

zutraut, gerettet zu werden.[41] Ergebnis ist eine tiefere Verwicklung in die
Sünde: *so beginnent si verkiesen / den guoten willen leider gar / und nement
boeser werke war* (Z. 378 — 380).

Auf dem ersten Blick scheint der letzte Abschnitt des Gedichts ein Gegenge-
wicht aufzustellen, das der dem Kreuzfahrer drohenden Gefahr des Selbst-
vertrauens die Waage hält. Hier spricht der Stricker vom Vorteil des Reichtums als Mittel zur Verwirklichung der *caritas*, also von der Gelegenheit des
Reichen, Gott sowohl durch innere Gesinnung als auch durch äußere Tätigkeit zu gefallen: *daz ist der besten einer, / der grozez guotes waltet / und die
sele da mit behaltet* (Z. 426 — 428). Die theologische Grundlage ist klar: man
baut auf guten Willen, Gottesliebe und gerechtes Leben und läßt diese dann
in den Werken erscheinen (Z. 420: *und daz mit werken schouwen lat*). Das
bleibt im wesentlichen eine Theologie des guten Willens: der Stricker drückt
präzis aus, daß der Wert der Werke vom Innewohnen des Heiligen Geistes
stammt (Z. 432 — 434), und steht damit fest in der Nachfolge Hugos von
St. Viktor, der christliche Werke als selbstverständliche Folgen des guten Willens, der zu wirken vermag, darstellt: *Sed voluntatem sine opere habere non potes, quando operari potes. Non est voluntas si non operatur quod potest.* Auf
der anderen Seite mag er den Wohlhabenden etwas geschmeichelt haben bei
der Herausarbeitung des großen Lobes und der besonderen Ehren, die ihnen
im Vergleich zu den Armen aufgrund der Werke zukommen (Z. 424 — 425,
437). Oder liegt etwa hinter dieser Rhetorik ein mit Hugo zu vergleichender
Gedankengang, der die *heilicheit* des guten Reichen (Z. 440) auf die durch
Werke vermehrte Stärke seines guten Willens zurückführt? *Ideo post voluntatem etiam opus requiritur, ut ipso opere voluntas augeatur. Tale est cor
hominis ut opere suo amplius inardescat . . . ad bonitatem amandam si rectum
est . . . vix fieri potest ut voluntas opere suo non augeatur* (PL 176, 561 BC).

Von der allgemeinen Thematik des dritten Teils der ‚Buße des Sünders' her
beurteilt müßte diese Erörterung der Werke für Kreuzfahrer gemeint und auf
ihre besonderen Gelegenheiten zugeschnitten sein. Man weiß, daß das Vierte
Laterankonzil die finanzielle Unterstützung der Kreuzfahrer und des Heiligen
Landes in ‚Ad liberandam' zur Basis eines mehr oder weniger vollständigen
Ablasses erklärte[42]; spielt der Stricker auf solche Spenden an, wenn er von
der *michel arbeit* (Z. 429) spricht, die zur Verwendung des Gutes nach Gottes
Willen gehört? Ich zweifle daran. Der reiche Mann, der aus genügend Mitteln
eine passende Zahl von Kreuzfahrern ausrüstete, bekam dafür *plenam veniam*

---

41 Über die *praesumptio* beim Stricker siehe Schwab, Zum Thema III, S. 38 — 52. ‚Die
ewige Verdammnis' (Ed. Nr. 127) rügt *di tumben leute* (Z. 19), die Gott vorwerfen, daß
er nicht aus seiner unendlichen Gnade jeden Christen rettet.
42 Damit wurde allerdings nur „ihre definitive Form" (Paulus, I, S. 207) einer ältern
Praxis gegeben: siehe Paulus, I, S. 204 — 207, und Brundage, bes. S. 154.

*peccatorum* (Mansi, XXII, 1067 D), ohne dabei *michel arbeit* ertragen zu müssen, und der Stricker schätzte solche bequeme Großzügigkeit nicht: *der got gůtes sol gewern / ... můz sin ouch durch in enbern* (‚Die Klage', Ed. Nr. 153, Z. 699 – 700; vgl. ‚Die beiden Knechte', Ed. Nr. 163, Z. 322 – 323, und ‚Die irdenen Gefäße', Ed. Nr. 146, Z. 153 – 160). Gerade diese *arbeit* war eine prinzipielle Frage der Ablaßtheologie.[43] Man muß auch beachten, daß der Wortlaut in diesem Teil des Gedichts (Z. 419 – 440) sehr allgemein gehalten ist; mit keinem Wort wird auf Ablaß, Kreuzzug oder Pilgerfahrt Bezug genommen, mit keinem Wort werden die Reichen als Kreuzfahrer oder ihre Werke als kreuzfahrtsbezogen dargestellt. Ich glaube, daß der Stricker sich in dieser Rede über die Werke der Reichen bewußt von Kreuzzugsdogmen distanziert. Was er sagt, wäre leichter mit Spenden für Arme und Kranke als mit den Unkosten des Zuges nach Jerusalem in Verbindung zu bringen. Ohne gegen den Strich der kirchlichen Kreuzzugslehre gehen zu wollen, hat er in diesen Zeilen die grundlegenden Werke der Nächstenliebe implizit empfohlen.[44]

Diese Tendenz stimmt mit dem Gehalt des längsten Abschnitts überein, wo der Stricker vom Willen der Menschen handelt, die zu den Werken der Reichen nicht taugen (Z. 333 – 355, 381 – 418). Sie können nicht um Ablaß ins Heilige Land fahren, weil sie krank oder arm sind oder gesetzlich gehindert werden (Z. 335 – 338; im folgenden faßt der Stricker diesen Personenkreis als *die armen* zusammen). Am Beispiel solcher Menschen entwickelt er seine Willenslehre. Diese beginnt er mit Hinweis auf Lukas 2,14 (*... et in terra pax hominibus bonae voluntatis*, vgl. Z. 339 – 347), aber er versteht unter diesen Menschen nur die, die guten Willen, aber kein Werk zeigen können: *die, / die guotes willen waeren hie / und guoter werke gesviegen* (Z. 351 – 353). Sehr ähnlich beginnt Hugo von St. Viktor sein Kapitel ‚Quod sola bona voluntas sufficit, si facultas operandi non datur' in ‚De sacramentis': *Angeli de coelo clamant: „Pax in terra hominibus bonae voluntatis." Non dixerunt pax hominibus divitibus... sive multa facere valentibus* (PL 176,560 C). Der Stricker sagt, daß Armut nichts gegen den guten Willen ausrichten kann (Z. 355 bis 356), und so auch Hugo: *non potest voluntatem tollere homini aliqua violentia extrinsecus incurrens... neque paupertas* (PL 176,560 D). Aber es geht dem Dichter besonders um die *staete* des guten Willens (Z. 401), die er merkwürdigerweise durch ungünstige Lebensumstände versichert findet:

---

[43] Paulus (I, S. 214) über die Lehre des Lombardusschülers Petrus von Poitier: „Es muß eben jeder nach seinem Vermögen spenden"; I, S. 216, über die Lehre des Petrus Cantor: „kann ... jemand nicht fasten, so soll er ein so großes Almosen spenden, daß er sich dadurch so viel beschwert fühlt, als durch das Fasten"; I, S. 217, über Stephan Langton und „das Geldopfer, das an die Stelle des Fastens getreten und das manchen noch härter ankommt als die körperliche Bußübung"; etc.

[44] Von anderem Standpunkt aus betrachtet Schwab diese Stelle, Zum Thema III, S. 23 bis 24.

> ... unkraft und unwerdicheit,
> durst, hunger, frost und hitze.
> daz wendet si der unwitze,
> daz man da heizet unmaze! (Z. 388 — 391)

Das ist merkwürdig, weil ‚Die Schlange ohne Gift' (Ed. Nr. 118) eine fast identische Reihe von *adversitates* kennt, die vom Teufel herrühren (Z. 74 bis 77):

> ... so kumt ein unselde dar,
> ein dursten, ein hungern, ein vrīsen, [vgl. Z. 389 oben]
> ein ungeluke und ein verlisen,
> ein unwirde und ein smacheit. [vgl. Z. 388 oben]

Wirkung dieser Leiden ist es, daß der gerechtfertigte Sünder *leget den guten willen nider: / so wirt sin arbeit verlorn* (Z. 82 — 83), also eine genau entgegengesetzte Wirkung im Hinblick auf die *staete* des Willens als die, von der im Verhältnis zum Ablaß die Rede ist. Auch hat der Stricker die Ungeduld und Überheblichkeit der Armen in ‚Den drei Wünschen' (Ed. Nr. 16) scharf kritisiert.[45] Die Psychologie der reuigen Armen, die er in ‚Der Buße des Sünders' (Z. 381 — 418) vorlegt, ist eine sehr optimistische und idealisierte, die zum Lob derer, die sich den Ablaß durch Kreuzzug nicht verdienen können, beitragen soll. Der Weg zur Rechtfertigung dieser Menschen, die den Kreuzzug durch stetige Reue und Gottesliebe ersetzen müssen, entspricht des Dichters Grundvorstellung vom christlichen Leben.[46]

Es ist klar, daß die Tradition des allgemeinen Ablasses, besonders für Kreuzfahrer und Pilger, den Stricker beunruhigte. Es vertrug sich nicht gut mit den Grundlagen seiner Bußlehre — innerliche Umkehr, frommes Leben und Hoffnung auf Gottes Barmherzigkeit —, war jedoch festgelegte Praxis der Kirche. Sein Verfahren in der Analyse ist mit dem der erwähnten Frühscholastiker nahe verwandt, indem er die Praxis nicht direkt angreift, aber wunde Punkte berührt und zentrale Lehren herausarbeitet: der Mensch kauft Gott durch Kreuzzug usw. die Sündenvergebung nicht ab, sie wird ihm aus der Gnade ge-

---

[45] In ‚Den drei Gott verhaßtesten Dingen' (Ed. Nr. 115) sagt der Stricker, daß die Armen wegen *durst, hunger, vrost und hitze* (= ‚Buße des Sünders', Z. 389) demütig sein sollten (siehe Z. 15 — 22); ein Thema des Gedichts ist jedoch *des armen hôhvart* (Z. 3).

[46] Eine ähnliche Stellung nimmt Wilhelm von Auxerre in seiner ‚Summa aurea' ein: er erörtert „die Frage, ob bezüglich des Ablasses der Arme und der Reiche in derselben Lage sich befinden. Er glaubt diese Frage verneinen zu sollen, da der Arme, der kein Geld spenden könne, was den Erlaß der Bußstrafen betrifft, in einer ungünstigeren Lage wäre als der Reiche. Im Grunde genommen sei indessen die Lage des Armen die vorteilhaftere ... wenn man den Bußerlaß, der durch die Reue erfolgt, in Betracht zieht. Denn der Arme wird in der Regel seine Sünden leichter bereuen als der Reiche. Durch die Reue wird aber die Sündenstrafe wirksamer erlassen als durch Almosenspende" (Paulus, I, S. 233).

schenkt; wohlhabende Leute, die selbstsicher auf ein Vermögen bauen, das ihnen wiederholte Ablässe bringen soll, verfallen der Arroganz; Grundlagen der Rechtfertigung sind Reue und guter Wille, ohne die kein Ablaß existiert; Menschen, die nicht pilgern oder sich auf einen Kreuzzug begeben können, sind dadurch im Hinblick auf die Buße keineswegs benachteiligt; reiche Leute mögen daran denken, daß die Verwaltung ihrer Habe für christliche Werke zu Hause Gott sicher nicht weniger gefällt als die Bezahlung eigener oder fremder Kreuzzugskosten. Diese Lehren sind in sich konsequent und stimmen auch mit der Dichtung des Stricker überhaupt überein. Es ist möglich, daß sie zum Vortrag vor Kreuzfahrern oder Pilgern formuliert wurden; für die leichte Bearbeitung der ‚Sechs Teufelsscharen‘ mit ihrem Anhang ist das anscheinend der Fall, aber im ‚Marktdieb‘ baut der Stricker die Kreuzzugsproblematik in die größere Problematik der *werltlich gut* (Z. 25) ein, was kaum auf einen beruflichen Anlaß des Gedichts im Kreuzzug schließen läßt, und im dritten Teil der ‚Buße des Sünders‘ spricht er vom Ablaß der Kreuzfahrer und Pilger so zurückhaltend und drückt die eigene Vorliebe für andere Arten der Erneuerung so klar aus, daß ich der Meinung Schwabs, dieser Teil des Gedichts sei „für Kreuzfahrer" verfaßt (Ausgabe, S. 272), nicht zustimmen kann. In der Zeit zwischen 1220 und 1250 interessierte sich jedermann für den Kreuzzug, auch wenn er nicht persönlich beteiligt war; deshalb braucht man diese Themenwahl des Stricker nicht mit bestimmten Pilgergruppen zu verbinden.[47]

Damit beenden wir unsere Übersicht über die Hauptstadien der sakramentalischen Buße, wie sie der Stricker kennt, und wenden uns einigen Sonderfragen zu. Die erste ist die der Stetigkeit oder des Rückfalls. Wie schon erwähnt, gehört die *staete* zur wahren Buße: ‚Der Sünder und der Einsiedel‘ (Ed. Nr. 88) stellt die unvollkommene Umkehr dar, die an des Sünders Verdruß und Zweifel zerbricht, und zeigt seine Wendung zur *staete* (*do wart er Got gehorsam / und beleip dar an stete*, Z. 92 – 93); ‚Die Messe‘ (Ed. Nr. 2) kennt die *staete* als Bedingung für Gottes Eintritt ins Herz (Z. 440 – 444); ‚Das reine Gefäß‘ (Ed. Nr. 150) betrachtet sie als die Decke des vom Heiligen Geist gefüllten Herzens (Z. 38 – 39). Es mag damit zusammenhängen, daß der Stricker in ‚Dem König und seinem Feind‘ (Ed. Nr. 159) die Stellung einnimmt, *swem got den antlaz selbe git, / der bedarf sin niuwan zeiner zit* (Z. 105 – 106), d. h., die Sündenvergebung verlangt echte *staete*, und wenn diese fehlt, tritt

---

[47] Ich habe es nicht für nötig gehalten, mich mit Friedrich-Wilhelm Wentzlaff-Eggeberts Deutung der Zeilen 211 – 440 von ‚Der Buße des Sünders‘ (Kreuzzugsdichtung des Mittelalters, Berlin 1960, S. 316 – 320) auseinanderzusetzen. Ohne theologische Literatur oder andere Strickersche Dichtungen einzubeziehen, kommt er zu dem Schluß, daß des Dichters Thematik der armen und reichen Menschen, deren Quellen wir in der Frühscholastik bemerkt haben, „den bürgerlichen Geist des Spätmittelalters" (S. 317) und „die bürgerliche geistliche Terminologie, die mit der Mitte des 13. Jh.s einsetzt" (S. 320) verrät und dadurch gekennzeichnet wird!

Gott mit der echten *remissio peccatorum* nicht ein, kirchlicher Riten ungeachtet. Das stimmt nicht mit dem Dogma der Wiederholbarkeit der Buße überein[48]; es bleibt ein Rest Unsicherheit, auch wenn man Strickers Schlußfolgerung respektiert, daß *staete* die Erscheinungsform des guten Willens sei:

> daz missezaeme im [dem obristen ewarte] harte,
> daz er iemen antlaz taete
> ern waere ouch iemer staete.
> ...
> vergaebe got die missetat,
> di man noch muot ze tuone hat,
> waz solde danne der guote muot? (Z. 74 — 93)

Dasselbe Gedicht führt uns tiefer in die Problematik der Schlüsselgewalt. Der Stricker warnt nachdrücklich vor der Annahme, daß die im Rahmen des Bußsakraments empfangene Absolution unfehlbar die *remissio peccatorum* widerspiegelt oder in dieser Hinsicht verpflichtend auf Gott einwirkt. Es passiert manchmal, daß der Priester nichts Gültiges tut, wenn er absolviert:

> gotes antlaz und tumber pfaffen
> die sint niht gelich geschaffen:
> manger ist ze tumben pfaffen komen,
> daz si im die sünde habent genomen
> wol zehenstunt ode me —
> und was doch sündic alsam e. (Z. 99 — 104)

Dieser Standpunkt war in der Frühscholastik wohl bekannt, als man einen der beiden Schlüssel oder einen Aspekt der Schlüsselgewalt in des Priesters *scientia discernendi quos debeat ligare vel solvere* erkannte[49], und zum traurigen Schluß kam, *Sed has [claves] non omnes ... habent sacerdotes. Non omnes, quia multi sunt indiscreti et inscipientes. Vnde dicendum quod scientiam discernendi non habent...*[50] Strickers *tumber pfaffe* ist der des Petrus Cantor, *sacerdos iste, qui malus est et indiscretus*[51], und war anscheinend zahlreich vorhanden: der Lombardusschüler Petrus von Poitier sagt, daß *plures sunt quos damnat ignorantia, quam quos commendat scientia.*[52] Da in der Ansicht dieser theologischen Bewegung der Priester durch Absolution höchstens die Sündenvergebung durch Gott bekanntmacht, kann sein Mangel an Einsicht

---

48 Siehe Gratian, ‚Tractatus de penitencia', dis. 2 und 3; Petrus Lombardus, IV Sentenzen 14,4 *(„Quod peccata saepe dimittuntur per poenitentiam")*.
49 Petrus Comestor, zitiert nach Anciaux, S. 542, Anm. 1.
50 Die ‚Summa Lipsiensis', zitiert nach Anciaux, S. 546.
51 Zitiert nach Anciaux, S. 555.
52 ‚Sententiæ' (PL 211,788 — 1280, hier Sp. 1071 A); ähnlich formuliert in der Summa ‚Ne ad mensam' (siehe Anciaux, S. 576).

und *scientia* zur Folge haben, daß er die Vergebung gewisser Sünden verkündigt, die Gott nicht vergeben hat: nach dem Dekretisten Hugoccio, „nur *clave non errante*, d. h. wenn die *clavis scientiae* oder *discretionis* richtig angewendet wird, hat der Nachlaß Geltung bei Gott".[53] So ist die Meinung des Dichters verständlich, *tumbe pfaffen* mögen den (wahrer Reue oder *staete* ermangelnden?) Sünder zehnmal der Sünden freisprechen, so bleibe er dennoch *sundic alsam e*.

Die Lehren von der *staete* und den *tumben pfaffen* zeigen nochmals Strickers konservative Haltung in der Bußlehre, der, ohne der Kirche ihre Rolle in der Sündentilgung streitig zu machen, immer wieder zur innigsten Gesinnung und Gottes Allmacht zurückkehrt.

‚Der König und sein Feind' (Ed. Nr. 159) reiht mehrere Bußthemen aneinander. Wir haben schon die Unteilbarkeit der Buße, die *staete* als Ausdruck des unerläßlichen guten Willens, das Problem der *sacerdotes indiscreti* und *die zwa minne* besprochen: letztes Thema ist der Wert der guten Werke, die man in sündhaftem Zustand tut. Dieses führt der Stricker als *einen trost* für *die boesen* ein (Z. 131 – 132), und zwar klingt dieser für die Unbekehrten beruhigende Abschnitt ungewöhnlich tolerant (vgl. Schwab, Ausgabe, S. 252, Anm. zu 2, 427 f.), jedoch waren Strickers Äußerungen theologisch festgestellt worden, und nur in der Art ihrer Behandlung wird man Hinweise auf die eigenen Ansichten des Dichters finden.

Petrus Lombardus lehrt *de operibus bonis, quae ab aliquo fiunt, dum malum est*, daß sie *dicuntur remunerari a Deo*, weil sie *ad tolerabilius extremi iudicii supplicium sentiendum* wirksam sind.[54] Im Anschluß daran sagt der Stricker vom Sünder,

> daz im got gar vergilet hie
> die guottat, die er ie begie,
> od im wirt dort gelonet,
> daz sin diu helle schonet:
> swie er si dort iemer mere,
> si brennet in niht so sere
> sam einen, der niht guotes tuot. (Z. 163 – 169)

Andere Scholastiker erweitern die Nützlichkeit solcher Werke: Stephan Langton stellt fest, daß sie wirksam sind *ad temporalium multiplicitatem, ad gratie habilitatem, ad pene eterne diminutionem,* und Hugo von St. Cher kann

---

[53] Poschmann, S. 75 – 76.
[54] IV Sentenzen 15,7 (S. 835).

schon elf Vorteile anführen.[55] Der Stricker schöpft sein Wissen aus der von Langton vertretenen Tradition, die im ‚Libellus de eleemosyna' des Innozenz III. in anderer Reihenfolge erscheint: *Licet ad tria valeat eleemosyna extra charitatem distributa. Vel ad habilitatem suscipiendi gratiam, vel ad mitigationem æternæ pœnæ, vel ad obtinendum bonum aliquod temporale.*[56]

Es verwundert nicht, daß der Stricker wie der Papst verfährt und die *habilitatem suscipiendi gratiam* an erste Stelle setzt. Für den Sünder wäre nichts wünschenswerter als die durch Gnade bewirkte Bekehrung, nichts geht über diese Möglichkeit:

> so mac er die guottat began
> diu gote so liep ist getan,
> daz in gote dar umbe bekeret
> und in diu wisheit leret,
> daz er genade suochet
> und ze jungist wirt beruochet. (Z. 145 – 150)

Der Stricker unterscheidet nach der Qualität der betreffenden Werke, wenn er darauf hinweist, daß nicht alle *ad habilitatem* geeignet sind (Z. 145 – 146), und er behält diesen Unterschied bei, wenn er weiterfährt: [swer] *der guottaete niht mac began, / die got ze liebe welle han* (Z. 153 – 154), soll nicht auf die Bekehrung hoffen, darf sich aber einen Nutzen *ad obtinendum bonum aliquod temporale* in Aussicht halten. Beim Stricker ist dieser Nutzen recht differenziert:

> si [die guottat] giltet im got mit guote
> und schaffet groze huote
> vor vlust und vor siecheit
> und lat im al sin arbeit
> bewenden swie er selbe wil,
> und git im eren so vil . . . (Z. 157 – 162)

Der andere mögliche Vorteil, den der Sünder aus diesen Werken zweiten Ranges ziehen kann, ist die schon besprochene Minderung der Höllenqual.

Wie gesagt, es liegt nur an der dichterischen Behandlung dieser Lehre, durch die man die Ansichten des Dichters erfährt. Erstens ist der erzählende Teil

---

[55] Siehe Landgraf, Die Vorbereitung auf die Rechtfertigung..., S. 45 – 46. Alanus de Insulis kennt zwei Wirkungen: *ut citius convertat Deus cor eorum ad bonum, vel ut tolerabilius sit damnatorum supplicium* (‚Liber poenitentialis', PL 210,281 – 304, hier Sp. 303 B).

[56] ‚Libellus de eleemosyna' (PL 217,745 – 762, hier Sp. 753 – 754; Hinweis Landgraf, a. a. O., S. 46). In einer Predigt Bertholds von Regensburg wird diesen drei Nutzen ein vierter hinzugefügt: *daz dich der tiuvel deste minner mag geziehen zuo sünden* (I, S. 5; vgl. S. 385 – 386).

dieses Gedichts (Z. 1 — 42) ein bîspel für die Hoffnungslosigkeit des Menschen, dessen Wille sich nie zum Guten wendet. Trotz aller Werke *quae ab aliquo fiunt, dum malus est* (Lombardus), geht er verloren:

> swaz wir tuon ze guote,
> die wile uns ist ze muote
> daz wir noch houbetsünde began,
> uns wirt niht antlaz getan
> von dem obristen ewarte. (Z. 69 — 73)[57]

Die Geschichte und diese Auslegung gehen voran, fast nachträglich wirkt *der trost ... / durch daz die boesen niht verzagen* (Z. 131 — 132). Dann lernt *der boese,* daß nur Werke, die Gott besonders gefällig sind, eine *habilitas* zum Empfang der Gnade ausmachen können, und welchen Trost kann er denn in der Tatsache finden, daß er etwas besser auf dieser Welt lebt, bevor Gott ihn der Hölle übergibt, oder dort nicht so ganz qualvoll brennt wie mancher andere? Die psychologische Wirkung dieser Theologie ist es, das Interesse an guten Werken auch unter Sündern wachzuhalten; bis zu einem gewissen Grad ist der Stricker an dieser Wirkung interessiert, doch war sie seinen Hauptanliegen in der Buße weit untergeordnet.[58]

Die letzte der Sonderfragen ist die der späten Buße. Der Stricker behandelt sie in mehreren Gedichten und interessiert sich am meisten für die Gründe, die einen gegen einen Aufschub der Buße bestimmen könnten. Er kennt drei solcher Gründe: psychologisch betrachtet ist es für den eingewurzelten Sünder äußerst schwierig, sich zu ändern; körperlich betrachtet fehlt es den Alten oft an der Fähigkeit, Buße zu leisten; theologisch betrachtet hat der unfreiwillige Verzicht auf Sünde keine Bedeutung, Gott achtet nicht auf den Sündenverzicht alter Leute, die nicht mehr sündigen können. Trotz dieser schwerwiegenden Einwände räumt der Stricker der späten Buße einen Wert ein. Bevor wir uns diese Lehren etwas näher anschauen, wollen wir ihre wahrscheinliche Grundlage kurz skizzieren.[59]

Die im Augustinischen Kanon überlieferte Predigt Nr. 393 (PL 39,1713 bis 1715), die wohl von Caesarius von Arles stammt, warnt vor spätere Buße aufgrund körperlicher Schwäche (*si ad ultimam vitae steterit, nescit si ipsam pœnitentiam accipere ac Deo et sacerdoti peccata sua confiteri poterit,* Sp. 1714) und aufgrund der Willensfreiheit (*Si autem tunc vis agere pœnitentiam*

---

[57] Mit größter Emphase gibt der Stricker dieselbe Lehre im ‚Altgewordenen Sünder' (Ed. Nr. 98), bes. Z. 54 — 78.
[58] Das unmäßige Lob der Werke im ‚Wahren Freund' (Ed. Nr. 144) würde ich lieber auf einen bestimmten beruflichen Anlaß als auf des Dichters eigene Gesinnung zurückführen.
[59] Zu vergleichen sind die Ausführungen Anton Schönbachs über späte Buße, Über Hartmann von Aue, Graz 1894, S. 114 — 119 (zum Eingang des ‚Gregorius').

*ipsam, quando jam peccare non potes; peccata te dimiserunt, non tu illa*, Sp. 1715). Im ganzen ist nach dieser Predigt die Aussicht für späte Büßer ungewiß, deshalb soll man rechtzeitig tätig sein: *Vis te de dubio liberare? vis quod incertum est evadere? Age pœnitentiam, dum sanus es* (Sp. 1715). Ähnliche Themen behandelt die einflußreiche Schrift ‚De vera et falsa pœnitentia' (PL 40,1113 — 1130), deren Wortlaut an manchen Stellen von Gratian (Decretum) und Petrus Lombardus (Sentenzen) übernommen und dabei theologisches Gemeingut des Zeitalters wurde.[60] In Kapitel XVII *(Pœnitentia sera. Quæ vera et quam rara)* weist der Verfasser auf das Problem der Willensfreiheit *(Arbitrii enim quaerat libertatem, ut delere possit commissa, non necessitatem*, Sp. 1127) und auf die körperlichen und geistigen Schwächen, die den Alten an echter Buße hindern, hin *(Quem enim morbus urget, et poena terret, ad veram vix veniet satisfactionem, maxime cum filii quos illicite dilexit praesentes sint, uxor et mundus ad se vocent*, Sp. 1128). Jedoch hebt er hervor, daß die späte Reue nicht ganz ohne Hoffnung ist: *Quae conversio si contigerit alicui etiam in fine, desperandum non est de ejus remissione*, ibid. Eine längere Analyse der Gründe, die gegen einen Aufschub der Buße sprechen, ist in der ‚Summa de vitiis' von Wilhelm Peraldus zu finden, der in der Besprechung der *acedia* ein Kapitel ‚de dilatio conuersionis' schreibt. Peraldus führt vieles im praktischen Bereich an *(Duodecim sunt, quae faciunt ad hoc quod conuersio dilata sit difficilior*, S. 187) und läßt hier, seinem Thema gemäß, jeden Hinweis auf die Wirksamkeit später Bekehrung fehlen.

Die grundlegende Metaphorik des ‚Altgewordenen Sünders' (Ed. Nr. 98) ist die des Bindens. Obwohl im erzählenden Teil vom Binden im positiven Sinne geredet wird — *Swelch hunt ungebunden gât / unz in das alter begât, / der kumt ungern in daz bant* (Z. 1 — 3) —, ändert sich dieser Sinn, wenn der Stricker zur psychologischen Analyse des Sünders kommt. Dieser wird von der Buße durch die *liebe die er zen sünden hât* (Z. 20) und *die alt gewonheit* (Z. 22) zurückgehalten; durch lebenslanges Sündigen hat er seine Chance verspielt, denn *in hât der tivel sô sêre / mit der gewonheit gebunden* (Z. 26 bis 27).[61] Sowohl die Psychologie als auch die Metaphorik des bösen Bindens entstammen dem Begriff des *peccatum habituale*[62], den auch Peraldus für die Frage der *conversio dilata* benutzt: erster der zwölf Gründe ist die *induratio*

---

[60] Siehe zum Beispiel Gratian, ‚Tractatus de penitencia', a. a. O., Sp. 1246/47; und Lombardus, IV Sentenzen 20,1.

[61] Vgl. Berthold von Regensburg, II, S. 10: *sô kumest du denne der sünden in ein gewonheit und veraltest darinnen, daz sie dich denne betrâgen und beswæren zu bîhten ... Alsô verhertest dû in den sünden.*

[62] Siehe Artur Michael Landgraf, Der Begriff des peccatum habituale. In: Dogmengeschichte der Frühscholastik, Bd. 4/1, Regensburg 1955, S. 70 — 154; über das Bild des *vinculum*, bes. S. 129 ff.

der Alten, *De senibus vero in malitia sua induratis non multum sperandum est* (S. 187).

Viel ausführlicher handelt der Stricker von den Merkmalen des Alters, die eine verminderte Bußfähigkeit andeuten. ‚Mahnung zu rechtzeitiger Buße' (Ed. Nr. 96) erzählt von der Trägheit und Schwäche des Alten, der runzligen Haut und dem gebogenen Rücken, verminderter Seh- und Hörkraft (Z. 1 — 15), die ihn zum guten Werk untauglich machen:

> wan swen der man aller gernst
> der guten werke wolde pflegen,
> so ist im sin zunge gelegen,
> sin fuze und sin hende,
> und ligt an sinem ende
> und ist kumen an den tak
> daz er nimmer wol getun mack. (Z. 58 — 64)

Der Stricker warnt auch vor geistiger Altersschwäche ([*er*] *ist worden zu einem toren*, Z. 16), die dem Sünder die nötige *wisheit* und *tugent* rauben (Z. 23 — 28), und er kehrt zu diesem Punkt in dem späten Gedicht ‚Der gefangene Räuber' (Ed. Nr. 126) zurück: *Der stirbet danne lihte / Ane riwe vnd ane bihte / Swenne er ze ainem toren wirt* (S. 215). Dieses Gedicht setzt sich mit den Problemen des Alters intensiv auseinander. In zwei Abschnitten evoziert der Stricker die körperlichen (S. 214) bzw. gesellschaftlichen (S. 216) Nachteile des Alters und bezieht diese auf die Buße: erstens wird man unfähig für die strapaziösen Bußpraktiken, man kann nicht pilgern, beten, fasten, Vigilien halten usw.; zweitens, wenn der Sünder niemandem mehr etwas nützt, will er sich endlich Gott übergeben! Zwischen diesen Stellen setzt der Stricker einen 22zeiligen Abschnitt (S. 215, Anfang: *Swaz ich sag von der vnchraft* ...), der den Zweck hat, den Dichter selbst als ein Exemplar des Bußunfähigen Alters vorzustellen. Für seine Thematik der körperlichen und gesellschaftlichen Gebrechlichkeit ist der Stricker einer langen literarischen Tradition verpflichtet, die auch im Gedicht ‚Ich sich und hor' des Oswald von Wokenstein zum Vorschein kommt.[63] Auf die Einzelheiten dieses Verhältnisses brauche ich hier nicht einzugehen, denn sie liegen in den von Jones vorgelegten Texten und ‚Dem gefangenen Räuber' für jeden bereit, jedoch wird ein Vergleich zwischen dem Strickerschen Gedicht und der letzten Strophe von Oswalds ‚Ich sich und hor' die Hauptgegenstände erhellen.

Am wichtigsten ist es, daß Oswald seine Beschwerden auch als Ursachen verminderter Bußfähigkeit beklagt:

---

[63] Siehe George Fenwick Jones, The ‚Signs of Old Age' in Oswald von Wolkenstein's *Ich sich und hör*. In: MLN 89 (1974), 767 — 786, wo die Tradition reichlich belegt ist.

> Für alle dingk
> solt ich jetz leben got zu wolgevallen,
> mit vasten, betten, kirchengän,
> auf knien venien vallen.
> so mag ich kainem bei bestän,
> seid mir der leib von alder ist einwicht. (Z. 43 — 48)[64]

Diese Beziehung ist anscheinend selten in der Tradition der Altersklage; in Jones' Aufsatz kommt sie sonst nicht vor. Peraldus erwähnt sie nur kurz *(Dum enim infirmi sint, impotentes sunt ad agendam pœnitentiam,* S. 196), aber man wird sie wohl als Weiterbildung der schon in der Predigt des Caesarius niedergelegten Ansicht verstehen *(nescit si pœnitentiam accipere poterit).* Oswald kennt die Verachtung der Gesellschaft, mindestens verspotten ihn die Kinder und *darzü die freulin rain* (Z. 52); er legt damit Zeugnis für Strickers Lehre ab, *Div minnegernden ivnge wip / Ahtent lvtzel sinen lip* (S. 216). Interessant ist es, daß beide Dichter sich selbst als Exemplare des Übels des Alters vorstellen und ihr Publikum mahnen, von den eigenen Beispielen zu lernen und das Leben in religiöser Hinsicht zu bessern *(Age pœnitentiam, dum sanus es):*

> Ach, jüngelingk,
> . . .
> . . . halt dich embor
> mit gaistlichen gedöne.
> wer du jetzund bist, der was ich vor;
> kompst du zu mir, dein güt tat reut dich nicht.
> . . .
> junck man und weib, versaumt nicht gottes huld!
> (Oswald, Z. 37 — 54)

> so man ich wip vnd man
> Daz si sich alle baz bevarn
> Vnd an ir alter niht ensparn
> Ir svnde als ich han getan
> . . .
> Da ziehe sich ain ieslicher bi
> Vnd buze die wil er ivnc si. (Der Stricker, S. 215)

---

[64] Text nach Die Lieder Oswalds von Wolkenstein, hrsg. von Karl Kurt Klein (ATB 55), Tübingen 1962, S. 15. Jones hat Z. 47 — 48 falsch aufgefaßt („For I cannot help anyone now that my body has been crushed by age", S. 769); der Sinn ist sicher die Unfähigkeit zum Bußwerk, vgl. Burghart Wachinger (der Z. 47 mit Hs. A *gestan* liest), „Doch ich vermag bei all dem nicht auszuharren, seit mein leib vom alter nichtig geworden ist" (Oswald von Wolkenstein. Eine Auswahl aus seinen Liedern, Ebenhausen bei München 1964, S. 77).

Als letztes sei bemerkt, daß der Stricker seine *unchraft* nicht nur auf körperliche Ursachen, sondern auch auf die geistig zunehmende Last der vielen Sünden zurückführt: *Nv sind die sunde so manicvalt / Die mit dem alter sint nv chomen / Daz si mir die chraft hant benomen* (S. 215), was mit dem fünften der Gründe des Peraldus übereinstimmt: *quanto aliquis diutius in peccato manet, tanto amplius oneratur peccatis ... onus et poenae et culpae crescit in peccatore: et ideo minus semper potest surgere a peccato, praecipue cum ipse semper debilior fiat* (S. 188).

Seine Behandlung der Thematik des schwachen Alters gehört zum dichterisch Interessantesten in der Bußlehre des Strickers. Vom dogmatischen Standpunkt ist diese Thematik jedoch weniger bedeutsam als die der Willensfreiheit, denn letzten Endes kommt es beim Stricker immer auf den Willen an. In ‚Des Teufels Ammen' (Ed. Nr. 111) verwirft er den Sünder, *der des libes willen gar begat* (Z. 190) und sich nur dann Gott ergeben will, *swenne er werde so krank, / daz er dem tiuvel niht mere tuge* (Z. 192 – 193). ‚Die beiden Königinnen' (Ed. Nr. 132) erzählt von der Verdammnis derjenigen, die *wellent den sunden ende geben, / so si niht me gesunden mugen / und zuo den sunden niht entugen* (Z. 212 – 214), wenn auch die Tatsache ausschlaggebend ist, daß sie *ein so gaeher tot ereilt, daß sie ane riuwe sterbent* (Z. 218 – 219). Die Auslegung der Geschichte vom ‚Gefangenen Räuber' betrifft in erster Linie den Sünder, dem das Alter die Möglichkeit freiwilliger Umkehr nimmt (S. 212 – 214). In ca. 70 Zeilen legt der Stricker Variationen über dieses Thema vor: der Mann, der sündigt, bis *ihm ganzlich abgat / Sin chraft vnd sin frier muot,* kann der Sünde nicht entsagen, denn *Die sünde hant in verlan* (S. 213, vgl. Caesarius, *peccata te dimiserunt*); Gott schätzt die Ablehnung der Sünde nicht bei dem, der *niht gesunden mac, / Wan ez durch rehte not geschiht* (ibid., vgl. ‚De vera et falsa pœnitentia' über *necessitas*), Gott schätzt nur die Enthaltung des Menschen, der *chraft hat vnde mut* und dem die Gelegenheit zur Sünde gegeben ist, *Daz er si tut oder lat* (S. 214). Man fragt sich, ob die Intensität und Ausdehnung dieser Lehre im ‚Gefangenen Räuber' nicht eine tiefe Gemütsbewegung des Dichters in fortgeschrittenem Alter wiedergibt.

Mit dieser Lehre nahe verwandt ist Strickers Mahnung an die Wohlhabenden, ihre Güter nicht bis zum Tode zu behalten und der Kirche nur testamentarisch zu vermachen. Das wäre der verspäteten Buße gleichzusetzen, denn nach dem Tode fehlt einem sowieso die Fähigkeit, materielle Habe für sich selbst zu benützen, so wie es dem Alten an der Fähigkeit fehlt weiterzusündigen. Daß man sich dann erst vom Weltlichen lossagt, entbehrt eines moralischen Wertes. Im ‚Altgewordenen Sünder' ist es sogar eines der Kennzeichen dieses bösen Typs, daß er seine Habe so vererben will:

> in hât der tîvel sô sêre
> mit der gewonheit gebunden
> ...

> er tuot niht anders durch got
> wan, ob er guot geleisten kan,
> daz er des got vil wol gan
> nâch sînem tôde und niht ê. (Z. 26 − 35)

Es mag wohl ein Indiz für die Wichtigkeit dieser Lehre in Strickers Augen sein, daß er seine ‚Klage' (Ed. Nr. 153) in der Hs. A mit einer ausführlichen Darlegung beendet (Z. 675 − 708), d. h., daß die Verfallenheit der Menschen an materiellen Besitz, die sie davon abhielt, diesen zu Lebzeiten dem Willen Gottes gemäß zu verwalten, so arg war, daß sie an letzter Stelle in Strickers Reihe der Klagen zu erscheinen verdiente.[65]

Obwohl die Emphase der Strickerschen Bußlehre gegen die späte Bekehrung gerichtet ist, räumt er (wie schon erwähnt) dieser Reue immer noch einen Wert ein. Die Struktur der Auslegung des ‚Gefangenen Räubers' macht das deutlich: zuerst bespricht er das Problem der Willensfreiheit (S. 212 − 214), dann die Beschwerden des Alters (S. 214 − 216), dann gibt er zu, daß auch späten Büßern verziehen werden kann (S. 217 − 219), und endet mit der Hoffnung auf Gottes Gnade (S. 219 − 220). Die Auslegung schreitet vom tiefsten Bedenken auf die Hoffnung fort, wenn auch die Hoffnung gänzlich auf der Gnade fußt. Der Gedankengang ist im allgemeinen dem des Traktats ‚De vera et falsa pœnitentia' (Kapitel XVII) sehr ähnlich, der vom Problem der Willensfreiheit *(Qui itaque prius a peccatis relinquitur, quam ipse relinquat . . .)* über die Hoffnung für den späten Büßer *(desperandum non est de ejus remissione)* bis zur Gnade fortfährt: *[Deus potest] remunerare ex misericordia quos damnare potest ex justitia* (Sp. 1127/28). Der Stricker faßt die Lage des späten Büßers in einer Metapher zusammen, wenn er sagt, daß solche Buße mit dem schwachen Körper des Sünders zu vergleichen sei:

> So ist sin riwe bi der zit
> Als vnchreftic als sin lip
> . . .
> Ich gihe niht, daz si verloren si
> Da ist aber lutzel lobes bi (S. 216)

Er läßt das Schicksal solcher Menschen offen und formuliert in der Nachfolge der Predigt des Caesarius: *Ich mac nieman gehailen / Ich wil ouch nieman vertailen* (S. 218), vgl. *Numquid dico, Damnabitur? Non dico. Sed nec dico etiam, Liberabitur* (Sp. 1714/15).

---

65 Vgl. de Boor, III−1, S. 244 − 245: „der Gedanke, daß alles irdische Gut nur Gabe Gottes ist und ohnehin ihm gehört, daß Besitz von Gut also bedeutet, Gott sein Eigentum vorzuenthalten, hat den Stricker viel beschäftigt und mag dem Alternden als ein sinngemäßer, ihm am Herzen liegender Abschluß erschienen sein." Vgl. ‚Die beiden Knappen' (Ed. Nr. 163), Z. 369 − 378.

Aber die Möglichkeit wirksamer später Reue findet er durch zwei Schriftstellen bewiesen, deren erste der locus classicus für diese Frage ist: *Licet enim latro veniam meruisset in fine de omni suo crimine* formuliert ‚De vera et falsa poenitentia' (Sp. 1127) und danach Gratian und Petrus Lombardus.[66] Beim Stricker liest man folgende Bearbeitung von Lukas 22,40 – 43:

> Wolt er iemens chvmft vbersehen
> Daz waer dem schachaere geschehen
> Der nie niht guotes getet
> Danne ain vil chlaint gebet
> Vnd aine wenige chlage
> An sinem ivngsten tage
> Die erhorte Got, daz er genas (S. 219)

Diese Geschichte wird ebenso im ‚Bußgebet' (Ed. Nr. 8) bewertet: *daz du so spaete riuwe / dem schachaere geruohest geben, / dar zuo daz ewige leben* (Z. 14 – 16). Die andere Schriftstelle ist die Parabel von den Arbeitern im Weinberg (Matth. 20,1 – 16). Diese legt der Stricker so aus, daß sie als Beweis gerade für die Gültigkeit der späten Reue gilt, und er betont, daß die spät gedungenen Arbeiter früher als die anderen belohnt wurden (vgl. V. 8), was über den logischeren Punkt der gleichen Belohnung hinwegsieht:

> Vns sait der obriste ewart
> Daz dem ê gelonet wart
> Der in den wingarten da gie
> Do sich div versperzit anvie
> Danne dem, der da in gie fru (S. 218)[67]

Auch wenn seine Deutung der Parabel unselbständig ist, ist die Wahl dieser Stelle für seine Einstellung glücklich getroffen, denn sie geht mit Betonung der göttlichen Allmacht und ihrer unerforschlichen Gerichte zu Ende: *Aut non*

---

66 Gratian, a. a. O., Sp. 1246; Lombardus, IV Sentenzen 20,1.

67 Hier bezieht sich der Stricker auf eine traditionelle Deutung der Parabel, die Gregor der Große bezeugt. Bezüglich der verschiedenen Arbeiter, die in die Weinberge geschickt werden, sagt Gregor: *Possumus vero et easdem diversitates horarum, etiam ad unumquemque hominem per ætatum momenta distinguere ... Undecima vero hora ea est ætas ... Quia ergo ad vitam bonam alius in pueritia ... alius indecrepita ætate perducitur, quasi diversis horis operarii ad vineam vocantur.* Gregor erklärt die frühere Belohnung der später Gekommenen unter Hinweis auf die Bekehrung des Schächers: *Et tales ergo paterfamilias vocat, et plerumque ante remunerantur, quia prius ad regnum de corpore exeunt ... An non ad undecimam horam venit latro ...? A novissimo autem reddere denarium paterfamilias coepit, quia ad paradisi requiem prius latronem quam Petrum perduxit* (‚Homilia XIX in evangelia', PL 76,1155/56). Vgl. die nachfolgenden Deutungen von Christianus Druthmarus (PL 106,1422 CD), Hrabanus Maurus (PL 107,1027 AC) und Gottfried Babion (PL 162,1418 AD).

*licet mihi quod o ulo facere? ... Sie erunt nouissimi primi et primi nouissimi* (V. 15 — 16). Diese Worte schwingen in des Dichters Bemerkung zur Geschichte mit: *Da horet groz genade zu* (S. 218).

Überschaut man die Bußlehre Strickers, so sind vier Hauptmomente feststellbar: die Umkehr, sei sie durch eigene *desertio actus peccandi*[68] oder göttliches Eingreifen ins Werk gesetzt, die man durch wahre Reue erkennt; die Notwendigkeit ungehemmter Beichte; das richtige Verständnis des Ablasses; das Problem der verschobenen Buße. Der Stricker hat keine zusammenfassende Darstellung einer Bußlehre verfaßt; im Gegenteil, die Lehren der einzelnen Gedichte sind nicht ohne weiteres in Einklang miteinander zu bringen, obwohl es sich nie um ausgesprochen dogmatische Widersprüche, sondern um große Verlagerungen der Emphase und des Tones handelt. Es entzieht sich unserem Wissen, inwiefern der Kontrast zwischen der Gnadenlehre der ‚Buße des Sünders' und der einfältigen Rede von guten Werken im ‚Wahren Freund' (um ein Beispiel zu nennen) auf die Stellung vermutlicher Gönner zurückzuführen ist, aber mit Einflüssen dieser Art muß man sicher rechnen. Das bedeutet aber kein allzu großes Hindernis für die Erfassung der Stellung des Dichters zu den dargestellten Problemen. Diese besteht aus der festen Überzeugung, daß jeder sich um die Rechtfertigung bemühen und den Weg des Bußsakraments verfolgen muß, daß die meisten Menschen die durch den Heiligen Geist vermittelte *contritio* herbeiführen können durch Verzicht auf die Hauptsünden, aber daß keiner die Sündenvergebung hier auf Erden mit voller Sicherheit erlangen kann. Die Hauptmomente seiner Lehre beleuchten diese Stellung aus verschiedenen Blickwinkeln.

Seine Bußlehre ist seelsorgerisch bestimmt, es geht ihm meistens um Probleme des täglichen Lebens in der Pfarre: man erwartet vom Geizigen oder Unmäßigen, daß er von der *avaritia* bzw. *gula* abläßt; man muß beim Beichtvater offen und ehrlich sein; der Ablaß, den man von den (vielen!) dummen Priestern bekommt, ist wertlos; ändere jetzt dein Leben, denn es ist höchste Zeit! Obwohl seine Bußdichtung unzweifelhaft auf der Basis einer Kenntnis der zeitgenössischen theologischen Diskussion um die Buße entstanden ist, gibt es verschwindend wenig in dieser Dichtung, das einen Theologen interessiert hätte, denn gerade die Probleme, die die Fachleute ansprachen, fehlen in der Lehre des Berufsdichters. Man findet keine Auseinandersetzung mit dem ,,Kernproblem" der Frühscholastik auf diesem Gebiet, der Frage der *fides iustificans*[69]; ,,Die ganze spekulative Kraft von fünf Jahrhunderten erschöpft sich darin, die Verträglichkeit zwischen vorkonfessioneller Sünden-

---

[68] Wilhelm von Auxerre in der ‚Summa aurea', zitiert nach Landgraf, Die Vorbereitung auf die Rechtfertigung..., S. 232, Fn. 101.
[69] Landgraf, Grundlagen für ein Verständnis der Bußlehre der Früh- und Hochscholastik, S. 179.

tilgung und Beichtpflicht erklärbar zu machen"[70], aber dieses Ringen, das zu Strickers Lebzeiten keineswegs beendet war, hat keine Spuren in seinen Gedichten zurückgelassen; auch grübelt er nicht über den für die Sündentilgung notwendigen Grad der Reue oder über das Wiederaufleben der Sünden nach dem Rückfall[71]; die sehr schwierige Frage der priesterlichen Tat in der Absolution beschäftigt ihn nur für den Fall der untauglichen Priester.  Der Stricker war kein Theologe und hat seine Bußdichtung vor einem Laienpublikum vorgetragen; aus diesen zwei Gründen erscheint die Bußtheologie der Zeit bei ihm auf das Pragmatische reduziert.

---

[70] Ibid., S. 166.
[71] Vgl. Landgraf, Der zur Nachlassung der Schuld notwendige Grad der contritio; und Die Streitfrage vom Wiederaufleben der Sünden. In: Dogmengeschichte der Frühscholastik, Bd. 3/2 bzw. 4/1, Regensburg 1955, S. 244 – 276 bzw. 193 – 275.

## V. Zur christlichen Ritterlehre

In der bisherigen Strickerforschung findet man manche Ansätze zur Herausarbeitung einer detaillierten Ritterlehre aus dem Werk des Dichters. Einen bedeutenden Beitrag lieferte Hanns Fischer in dem langen Kapitel seiner Dissertation ‚Der Stricker und sein Verhältnis zur ritterlichen Welt' (Strickerstudien, S. 31 — 98), besonders was ‚Die Frauenehre' (Ed. Nr. 63) und die Gedichte über „ritterliche Minne" (S. 64) betrifft.[1] Fischer ging es in dieser Arbeit jedoch um die Stellung des Dichters zur höfischen Literatur in Deutschland; kirchliche Tradition und theologisches Schrifttum bezieht er kaum in seine Darstellung ein, und das hat meines Erachtens unvermeidlich zur Folge, daß er recht selten tief in die S. 76 — 91 besprochenen Gedichte eindringt. Die Forschung zu den Epen Strickers hat in jüngster Zeit zur Erhellung seiner Ritterlehre beigetragen — mindestens stellt W. Moelleken in einer Studie zum ‚Daniel' die These auf, man finde darin „Des Strickers Ablehnung der Minne und Erhöhung der Ehe zur Klimax im Leben des Ritters"[2], und U. von der Burg behauptet, daß der Stricker in den Epen besonderen Wert „auf die Propagierung ritterlicher Tugenden" setzt „und ... geistliche Ziele und ritterliche Tugenden miteinander (verbindet)"; „Stricker zeigte den Weg, wie man ein guter Ritter und ein guter Christ sein könnte".[3]

Das 1959 von Schwab herausgegebene und kommentierte Gedicht ‚Die Ritter' (Ed. Nr. 152) hat einen machtpolitischen Aspekt christlichen Rittertums, die Verpflichtung zur Unterdrückung der Häresie, zum Thema.[4] 1976 erschienen zwei Aufsätze, die auf den realpolitischen Inhalt Strickerscher Dichtung über feudale Oberschichten eingehen — intersssanterweise kommen J. Bumke (über

---

[1] Fischers Dissertation wirkt stark in Klaus Hofmann, Strickers ‚Frauenehre': Überlieferung, Textkritik, Edition, literaturgeschichtliche Einordnung, Diss. Marburg 1976, nach, bes. S. 223 — 239.
[2] Wolfgang W. Moelleken, Minne und Ehe in Strickers ‚Daniel von dem blühenden Tal'. Strukturanalytische Ergebnisse. In: ZfdPh 93 (1974), Sonderheft, S. 42 — 50, hier S. 49.
[3] Udo von der Burg, Strickers Karl der Große als Bearbeitung des Rolandslieds, Diss. Göppingen 1974, S. 340, 341. Solche didaktische Tendenz erwähnt Rüdiger Schnell nicht, Strickers ‚Karl der Große'. Literarische Tradition und politische Wirklichkeit. In: ZfdPh 93 (1974), Sonderheft, S. 50 — 80.
[4] Vgl. Honorius Augustodunensis: *Vos, milites, estis brachium Ecclesiæ, quia debetis eam ab hostibus defendere ... hos qui malis actibus Ecclesiam impugnant [vos convenit] reprimere, his qui sacerdotibus rebelles sunt resistere. Tali milicia obtinebitis a summo rege præclara beneficia* (‚Speculum Ecclesiæ', PL 172,815 — 1108, hier Sp. 865 A.).

‚Die Gäuhühner', Ed. Nr. 27) und H. Brall (über ‚Daniel')[5] zu entgegengesetzten Resultaten in bezug auf die Stellung des Dichters zum österreichischen Landesherrn und Landesadel: nach Bumke verherrlicht der Dichter die Gewalt des Herzogs, und „sein Publikum dürfte er in Österreich am ehesten am herzoglichen Hof in Wien gefunden haben" (S. 225, Anm. 63); nach Brall stellt der Stricker den Landesherrn als fürchterlichen Riesen dar, „das Landesfürstentum [gefährdet] die Existenzgrundlage von Adel und Ministerialität" (S. 257). Die Resultate sind nicht unvereinbar, da viele Jahre zwischen dem frühen ‚Daniel' und den möglicherweise spät entstandenen ‚Gäuhühnern' liegen mögen und mit der Möglichkeit grundlegender Meinungsänderungen des Dichters in politischer Hinsicht gerechnet werden muß.

In der folgenden Studie untersuche ich ein von der Strickerforschung bisher unbeachtetes Thema, das Problem des rechten Verhältnisses des Besitzenden zum Besitz. Als moraltheologische Frage ist das natürlich nicht ausschließlich für den Ritter relevant, es könnte genauso treffend in Gedichten über den wohlhabenden Bürger vorkommen, aber der Stricker hat es hauptsächlich als Problem der Ritter und Herren aufgefaßt. Der Grund dafür ist vermutlich, daß diese Gruppen die augenfälligen Besitzenden ausmachten, wenigstens in der Lebenssphäre des Dichters. Ich glaube, es wird sich herausstellen, daß das richtige Verständnis mehrerer wichtiger Gedichte über Ritter und Herren erst dann möglich ist, wenn man sie mit ausführlicher Kenntnis seiner Lehre vom Eigentum und Besitz studiert.

## I. Eigentum, Besitz und Habsucht

Der Stricker beginnt sein Gedicht ‚Herrenlob und Gotteslob' (Ed. Nr. 147) mit dem *bispel* (Z. 20) von einem Lehnsmann, der seinen Feudalherrn nicht gern loben hört und überträgt das Verhältnis dann auf Mensch und Gott: *wir sint alle gotes eigen / und han von im allez daz wir han* (Z. 22 — 23). Diesen Gedanken benutzt er in dem Gedicht nur als Basis mehrerer Betrachtungen über Andacht und christliches Leben, d. h., das Gleichnis vom Mensch als *gotes eigen*, der alles, was er hat, als Lehen vom Herrn empfängt, wird nicht näher analysiert. Es war den Hörern zweifellos durchsichtig und bedurfte keiner Erklärung, genau wie der Spruch von Freidank, der dieselbe Lehre in derselben Metapher übermittelt:

---

5 Joachim Bumke, Strickers ‚Gäuhühner'. Zur gesellschaftlichen Interpretation eines mittelhochdeutschen Textes. In: ZfdA 105 (1976), 210 — 232. Helmut Brall, Strickers Daniel von dem Blühenden Tal. Zur politischen Funktion späthöfischer Artusepik im Territorialisierungsprozeß. In: Euphorion 70 (1976), 222 — 256.

> Ezn hât nieman eigenschaft
> wan got mit sîner kraft:
> lîp, sêle, êre unde guot
> deist allez lêhen, swie man tuot.⁶

In ‚Vom Tode' (Ed. Nr. 72) verwendet der Stricker den Begriff von Gottes Eigentumsrecht ohne die Feudalmetaphorik, damit alles, was wir zu besitzen glauben, als Gabe Gottes erscheint (*Er gît uns allez, daz wir hân*, Z. 38), die uns nur auf eine begrenzte Zeit erstattet wird: Güter sind *zergenclich* und das Leben *kurz* (Z. 24), denn mit dem Tode nimmt Gott seine als Mittel seelischer Probe gedachten Gaben zurück.

Wer Einsicht in diese Verhältnisse hat, lehnt sich nicht gegen göttliche Verfügungen auf, sondern nimmt jedes Schicksal gelassen an. ‚Die undankbaren Gäste' (Ed. Nr. 110) will uns in der richtigen Verhaltensweise belehren, die sich aus richtigem Verständnis menschlicher Abhängigkeit ergibt:

> lat uns Got liebes dinges icht,
> so welle wirz fur eigen han.
> ...
> wir klagen sein gut so sere
> sam ez unser eigen were,
> wir waren nicht sin schephere:
> der uns geschuf und daz gut,
> der hat den gwalt daz er tut
> mit uns und mit dem gut
> nicht wan nach sinem mut. (Z. 34 – 52)

Wir haben nichts zu *eigen*, sondern alles von Gott geschenkt, *seit er uns geit und hat geben / leib, sele und allez des wir leben* (Z. 59 – 60). Die zugrundeliegende Metapher im ersten Teil dieses Gedichts handelt von Wirt und Gästen (Z. 1 – 22) und ist also nahe verwandt mit der von Herrn und Lehnsmann. Der Schluß von ‚Den undankbaren Gästen' bringt eine konsequente Entwicklung der unrichtigen Haltung, die zu Klagen über Verlust oder Tod führt, denn solche Leute müssen Gott für einen Verbrecher halten:

> wer icht des unser des wir han,
> daz muste uns Got immer lan,
> oder er wer ein roubere,
> neme er uns daz unser were... (Z. 75 – 78)

Diese ad absurdum führende Folgerung beweist *daz ez [daz gut] sein ist und unser nicht* (Z. 82), und läßt das Gedicht mit etwas rhetorischem Glanz en-

---

⁶ Fridankes Bescheidenheit, hrsg. von H. E. Bezzenberger, Halle 1872, 74,19 – 22. Siehe Bezzenbergers Anmerkung über andere mittelhochdeutsche Formulierungen dieses Gedankens, S. 360, und vgl. Alfons Weber, Studien zur Abwandlung der höfischen Ethik in der Spruchdichtung des 13. Jahrhunderts, Würzburg 1937, S. 16 – 17.

den. Der Stricker verwendete sie anscheinend gern — die Stelle erscheint auch in ‚Der Buße des Sünders' (Ed. Nr. 142, Z. 309 — 316), der Gedanke von Gott als *roubere* auch in ‚Den beiden Knappen' (Ed. Nr. 163, Z. 286) — und Heinrich der Teichner übernimmt wörtlich die oben zitierten vier Zeilen (vgl. Schwab, Ausgabe, S. 272, Anm. zu 142, 309 — 312).

Der Grundgedanke dieser Gedichte ist Urgut christlicher Tradition, das in verschiedenen Abwandlungen die Diskussion über Eigentum von den Vätern bis in die Neuzeit beherrscht: *Domini est terra et plenitudo ejus* (Ps. 23,1; auch I Kor. 10,26).[7] Thomas von Aquin formuliert so: *Deus habet principale dominium omnium rerum*, obwohl er dem Menschen ein abgeleitetes Eigentumsrecht einräumt (*naturale rerum dominium quantum ad potestatem utendi ipsis*, Summa theol. II.II.66.1. ad 1). Paulus hatte auf unseren Besitz als Gabe Gottes klar hingewiesen (*Quid autem habes quod non accepisti?*, I Kor. 4,7).[8] In dem ‚Hirten' von Hermas braucht der Autor das Bild von der Welt als einem Staat, der in der Gewalt eines Herrn steht und in dem wir nur mit seiner Erlaubnis wohnen dürfen — der Mensch soll verstehen, daß ihm nichts gehört und alles der Autorität des Herrn untergeordnet ist *(Scitis, inquit, vos, servos Dei, peregre habitare... Stulte et dubie et miser homo, nonne intellegis, haec omnia aliena esse et sub alterius potestate?... Iuste enim dicit tibi dominus huius terrae: Aut legibus meis utere aut recede de terra mea*[9]). Diese Metapher hängt eng mit den Strickerschen (‚Herr und Wirt') zusammen. Daß Gott der Eigentümer aller Güter ist, wird Strickers Publikum längst bekannt und als Grundstein der drei angeführten Gedichte kaum kontrovers gewesen sein.

Eine weitere Frage ist es, was die Menschen mit den ihnen von Gott gegebenen bzw. anvertrauten Gütern anfangen sollen. Diese Frage betrifft von vornherein nur diejenigen, die mehr haben, als sie bedürfen (wir sehen an dieser Stelle vom Problem: Wie rechnet man Bedarf? ab), und richtet sich im wesentlichen an die Reichen, d. h. an den Adel. Natürlich waren im früheren 13. Jahrhundert weder alle Reiche adelig noch alle Adelige reich, doch für

---

7 Über die christliche Eigentumslehre habe ich mich bei folgenden Arbeiten informiert: A. F. Utz, Kommentar zu Thomas von Aquin, Summa Theol., Bd. 18; Richard Schlatter, Private Property; The History of An Idea, New Brunswick N. J. 1951; Konrad Farner, Christentum und Eigentum bis Thomas von Aquin, Bern 1947: diese Ausgabe habe ich der zweiten vorgezogen, die in Farners ‚Theologie des Kommunismus?', Frankfurt/M. 1969, S. 9 — 90, erscheint, wegen der vollständigeren Dokumentation; Otto Schilling, Der kirchliche Eigentumsbegriff, 2. Aufl., Freiburg i. Br. 1930; Vernon Bartlett, The Biblical and Early Christian Idea of Property. In: Property; Its Duties and Rights, New Edition, New York 1922, S. 87 — 122; und R. W. Carlyle und A. J. Carlyle, A History of Mediaeval Political Theory in the West, 6 Bde., Edinburgh / London 1903 — 1936, bes. I, S. 132 — 146 und II, S. 41 — 49 und 136 — 142.

8 Vgl. Bartlett, The Idea of Property, S. 102 — 103.

9 ‚Hermae Pastor', in: Opera Patrum Apostolicorum, hrsg. von F. X. Funk, Bd. I, Tübingen 1878, S. 334 — 563, hier Sim. I, 1 — 4 (S. 439 — 441).

den Stricker ist die Lehre vom begüterten Lehnsmann immer mit diesem Stand verbunden. Sein Gedicht ‚Der Knecht in Herrenkleidern' (Ed. Nr. 84) macht seine Stellungnahme zu diesem Problem deutlich.

Dieses Stück wird in zwei Fassungen überliefert und gehört zu den Arbeiten des Dichters, die abweichend in der Nikolsburger und der Wiener Handschrift stehen (dazu Schwab, Ausgabe, S. 10). Da es bisher textkritisch nicht erörtert worden ist, muß die Frage nach dem Verhältnis zwischen den Fassungen dahingestellt sein. Dieser Diskussion lege ich die von Zwierzina im Krausschen Übungsbuch herausgegebene Nikolsburger Fassung zugrunde, weil sie auf die Beschreibung des reichen Mannes und der Kleider verzichtet (vgl. Z. 1 – 10 und 15 – 24 der von Pfeiffer herausgegebenen Wiener Fassung), dafür eindringlicher auf die moraltheologische Problematik eingeht (Z. 54 – 88).

Im erzählenden Teil dieses bîspels greift der Stricker zur beliebten Metaphorik des Lehnswesens – *Ain herre het einen bǔkneht* (vgl. die Wiener Fassung, Z. 11: *einen eigen kneht*) / *Der solt im dienen daz waz reht*, Z. 1 – 2. Der Herr beschenkt den Knecht mit prächtigen Kleidern, dieser vergißt darüber seine Dienstpflicht und amüsiert sich; der Herr zieht ihm die Kleider ab, heißt ihn in den Kerker werfen und läßt ihn dort sterben. Die Auslegung dieser Geschichte erklärt die religiösen Pflichten derer, die Gott mit hoher sozialer Stellung, Gewalt und Reichtum ausgezeichnet hat:

> Alz der herre tet sim knehte
> Also tǔt oǔch got vil rehte
> Eine ieglichem hohen man
> Swen er im hat geleget an
> Gebǔrt gewalt vnd richeit
> Daz sint vil wunnekliche kleit
> Die git im got vmbe daz
> Daz er im diene deste baz
> Er zieret in niht wan dar zǔ
> Daz er gǔter dinge tǔ
> Durch sin hulde deste me
> Vnd sinen willen bege (Z. 29 – 40)

Der *hohe man* empfängt von Gott die Güter dieses Lebens zum Zweck christlicher Tätigkeit. Keine andere Absicht verfolgt der Herr mit seinen Gaben *(Er zieret in niht wan dar zǔ)*. Sollte der Adelige diese Gaben mißachten und die erwarteten guten Werke unterlassen, dann wird Gott ihn ebenso strafen wie der Herr seinen untreuen Knecht:

> So nimt er im so in gǔt gewant
> Livte lip vnde lant
> Dar zǔ schaffet er in
> In sinen kercher hin
> Da er immer mǔz brinnen (Z. 49 – 53)

Mag Gott seine *tumpheit* zeit seines Lebens ertragen (Z. 47 – 48), so überreicht er ihn der Hölle nach seinem Tode. Der Stricker präzisiert nicht, welche Werke dem Adeligen wegen seiner Beschenkung mit weltlichen Gütern obliegen, doch ist es klar, daß diese Werke durch Weitergabe des Reichtums zustandegebracht werden: damit soll der Adelige Gott dienen *deste baz* und *deste me,* der Reichtum ermöglicht ihm ein umfangreicheres Dienen, als es der Arme verwirklichen kann. Man denke an die abschließende Stelle der ‚Buße des Sünders' (Ed. Nr. 142), die wir in bezug auf die Bußlehre des Stricker schon besprochen haben:

> daz ist der besten einer,
> der grozes guotes waltet
> und die sele da mit behaltet.
> da gehoeret michel arbeit zuo
> e man mit dem guote tuo
> swaz unser herre got wil! (Z. 426 – 431)

Mit dem Hinweis auf die Hölle (Z. 53) endet die Auslegung der Geschichte, das Gedicht geht jedoch weiter mit einer Rede von der Verwaltung irdischer Güter. Zuerst spricht der Stricker allgemein vom Anvertrauen der Schlüssel als Sinnbild der göttlichen Tat, die uns *Den lip vnd allez daz wir han* (Z. 66) zukommen läßt: wir gleichen den Dienern eines Herrn, denen *daz ampt* (Z. 61) der Güterverwaltung jederzeit widerrufbar anvertraut wird. Wir haben *Die slůzel vnd daz ander gůt / Daz mit den slozen ist behůt* (Z. 57 – 58) nur solange es der Herr will. Es geschieht also kein Unrecht, wenn er uns des Amtes beraubt: *Die slůzel nimt er im wol / Swenn$^e$ er wil vnd swenn$^e$ er sol* (Z. 63 bis 64). In diesem Gleichnis erkennt man die oben besprochene Eigentumslehre des Dichters, die alle Menschen gleich betrifft, aber die Bildhaftigkeit hat sich auf interessante Weise geändert. Statt von feudalem Herrn und Lehnsmann oder von Wirt und Gast zu reden, verkörpert der Stricker seine Lehre in den wirtschaftlichen Beziehungen eines Haushalts (die völlig vereinbar mit feudaler Gesellschaft, aber nicht daraus entsprungen sind). Das ist insofern eine Verbesserung des Gleichnisses vom bekleideten Knecht, als die Kleidung weder zum Amt des Dieners gehört noch an sich einen größeren oder besseren Dienst ermöglicht, dagegen *Die slůzel vnd daz ander gůt / Daz mit den slozen ist behůt* das Wesentliche des Amts ausmachen und die Funktion des Beamten als Vollstreckers des Willens seines Herrn konsequent vermitteln. Aber ich bezweifle, daß der Stricker zum Bild des Verwalters aus bewußter Sorge um dichterische Konsequenz überging; ich meine eher, daß er dazu durch die festgelegte Bildersprache christlichen Schrifttums bewogen wurde, die auf Christi Parabeln zurückgeht. Bevor wir darauf eingehen, betrachten wir den letzten Teil des Gedichts.

Der Stricker gibt Z. 54 – 68 dem Verwalter vom Eigentum Gottes keinen Namen; Z. 69 nennt er ihn *kelner* und fährt fort, über die Rolle des Reichen

— nicht mehr des Menschen überhaupt — als *kelners* (herrschaftlicher Verwalter) zu reden:

> Swelch kelner also missetůt
> Daz er sines herren gůt
> Wehůtet mit vntriuwen
> Daz mag er so dicke niwᵉen
> Wiz er da von verstozen wirt
> Vnd sines herren hůlde enbirt
> Also můz dem mane geschehen
> Den got da zů hat gesehen
> Daz er im enpflhet richtům
> Wil er den ewigen rům
> Da mit niht gewinnen (Z. 69 — 79)

Die rechte Funktion des Reichen ist es, mit dem ihm von Gott befohlenen Gut sich *den ewigen rům* zu beschaffen; das tut er, indem er das Gut nach des Eigentümers Gesinnung verwaltet:

> Den got ze einem hůter hat erkorn
> Der hůte alz gotes můt stat
> Der im daz gůt bevolhen hat (Z. 84 — 86)

Tut er das nicht, so geht er mit dem Tod verloren (*im nimt got daz gůt / Vnd git im ewigen armůt*, Z. 87 — 88). Wieder sagt der Dichter nichts über die Gesinnung des Herrn, der der Reiche zu folgen hat, aber kein Mensch im Publikum hätte gezögert, dieses Gedicht als Propaganda für christliche Freigebigkeit aufzufassen und den Schluß zu ziehen, daß die Reichen aufgrund ihrer Habe zu reichen Spenden für Werke der Liebe und Barmherzigkeit verpflichtet sind.

Das Gleichnis vom *kelner*, der treu oder untreu verwaltet, erscheint an kritischen Stellen in zwei anderen für die Ritterlehre Strickers höchst wichtigen Gedichten: ‚Falsche und rechte Freigebigkeit' (Ed. Nr. 55), Z. 304 — 322, und ‚Die beiden Knappen' (Ed. Nr. 163), Z. 295 — 332. Ich betrachte es als den Angelpunkt dieser Lehre und möchte seine Wurzeln in der christlichen Tradition kurz verfolgen.

Ich habe gemeint, daß der Stricker eine Metaphorik der Haushaltsbeziehungen unter Einfluß der Parabeln Christi annahm. Spricht er vom Anvertrauen der Schlüssel und Güter auf ungewisse Zeit, so hört man einen Nachklang von Matth. 25,14 ff. *(homo ... vocavit servos suos et tradidit illis bona sua)*; schon im Schicksal des treulosen Knechts, den der Herr *hiez ... werfen zehant / In sinen keᵉrchere*, mag eine Erinnerung an das Schicksal des treulosen Dieners dieser Parabel enthalten sein (*Et inutilem servum eicite in tenebras exteriores*, V. 30). Die Metapher von der Güterverwaltung und ausdrücklich vom reichen Menschen als *kelner* entstammt Luk. 16,1 — 13, wo Jesus durch

die Geschichte vom *homo dives* und seinem *vilicus (= kelner)* das richtige
Verhältnis des Menschen zu den Gütern dieses Lebens lehrt. Um die Grundlinien des mittelalterlichen Verständnisses der Parabel aufzuzeigen, zitiere
ich aus der langen Deutung von Bonaventura in seinem Lukas-Kommentar[10],
die die Glossa ordinaria oft benutzt:

> „Homo" iste „quidam" singularis et singulariter dives recte intelligitur Deus . . .
> Huius hominis divitis „villicus" est quilibet homo, qui habet aliquod „posse" terrenum sive dignitatis, sive divitiarum ad dispensandum. Unde Glossa: ‚Villicus est,
> cui Deus aliquas pecunias ad erogandum pauperibus commisit'. . . Humana igitur
> potestas, quoniam non est nisi ad tempus et ab alio collata, non est nisi quaedam
> villicatio et oeconomia . . . Talem villicum rerum praesentium se existemabat Iob,
> cum dicebat . . . ‚Dominus dedit, Dominus abstulit, sicut Domino placuit, ita
> factum est' . . . (zu 16,1, S. 403)

So ist es klar, daß der Besitzer irdischer Habe als *kelner* des Herrn aufzufassen ist und daß seine Funktion mit den Worten *ad dispensandum* und *ad erogandum pauperibus* angeschnitten wird.

> „Bona" namque Dei „dissipat" qui temporalia ista vel male „retinet", vel male
> „accipit", vel male „dispensat". Unde Glossa: ‚Dissipatio est, quando male congregantur, vel non bene expenduntur.' Et ratio huius est, quia bona temporalia
> sunt, ut per haec acquirantur bona aeterna. Cum ergo haec temporalia sic habentur, quod propter illa aeterna perduntur; tunc absque dubio „dissipantur" . . .
> Tunc autem haec temporalia bene dispensantur, quando in opera misericordiae
> distribuuntur . . . Tunc autem hic villicus apud Dominum „diffamatur", quando
> clamor pauperum ascendit ad Dominum . . . (zu 16,1, S. 403 – 404)

Die Reichen verwenden den ihnen anbefohlenen Reichtum mit Recht und
Einsicht, wenn sie ihn an die Armen verteilen: das ist gerecht, weil der Eigentümer diese dispensatio von seinen Verwaltern wünscht, und es ist weise, weil
die Verwalter durch solchen Verbrauch der *bona temporalia* sich die *bona
aeterna* aneignen können (vgl. den Stricker, *den ewigen rům da mit gewinnen*,
Z. 78 – 79). Dagegen werden die Besitzenden vor Gott angeklagt, die *bona
temporalia* entweder den Mitmenschen vorenthalten oder schlecht austeilen.

> „Qui fidelis est in minimo et in maiori fidelis est"; quasi dicat: licet ista temporalia contemnenda sint tamquam minima, tamen fidelis horum dispensatio non
> debet contemni, quia et eadem est fidelitas in re magna et parva, et fidelis dispensatio rerum temporalium disponit ad fidelem dispensationem et custoditionem
> spiritualium et aeternorum. Unde Glossa: ‚ „Qui fidelis est in minimo", id est in
> pecunia cum paupere participanda, „et in maiori est fidelis", adhaerens Creatori.'
> . . . magnum est periculum male dispensare haec temporalia bona, quia propter
> infidelem dispensationem perdit quis divitias veras. Unde Glossa: ‚Si divitias carnales, quae labuntur, non bene dispensatis, veras et aeternas divitias quis dabit
> vobis'? (zu 16,10 – 11, S. 408 – 409)

---

10 Opera omnia, Bd. VII, Ad Claras Aquas 1895, zu 16,1 – 13, S. 402 – 412.

Die Besitzenden beweisen ihre Treue durch *fidelis dispensatio* der Güter; fehlt diese, so ist jene zu bezweifeln. Ihr Seelenheil hängt direkt vom gerechten Gebrauch irdischer Habe ab, denn wenn sie diese *temporalia* nicht nach Gottes Willen verwalten, d. h. nicht für die *opera misericordiae* verwenden, dann gibt Gott ihnen die *veras et aeternas divitias* nicht (vgl. den Stricker, *Vnd [got] git im ewige armůt*, Z. 88). Daß der Stricker seine Lehre von *kelner* in der Nachfolge dieser Parabel dichtete, scheint nicht bestritten werden zu können. Spricht er von der *vntriwen* des bösen *kelners* (Z. 71, 81), so meint er die *dispensatio infidelis;* wenn er die Herabsetzung des *kelners* von seinem Amt erwägt (*Wiz er da von verstozen wirt / Vnd sines herren hůlde enbirt*, Z. 73 bis 74), so folgt er dem Verlauf der Geschichte (*redde rationem vilicationis tuae iam enim non poteris vilicare*, V. 2). In dem Ernst und Nachdruck seiner Lehre gleicht er dem Petrus Damiani, der den Besitzenden jedes Recht auf Besitz abspricht und lediglich die Verantwortung des *dispensator (vilicus, kelner)* anerkennt: *Qui ergo divites sunt, dispensatores potius jubentur esse, quam possessores: et non proprii juris debent deputare quod habent, quia non ad hoc bona transitoria perceperunt, ut deliciis affluant, vel in proprios hæc usus insumant, sed ut administrationis fungantur officio, dum in commisso permanent villicatu.*[11]

,Der Knecht in Herrenkleidern' zerfällt (in der Nikolsburger Fassung) in drei Teile: mit dem Gleichnis vom faulen Knecht macht der Stricker klar, daß adelige Menschen besondere Pflichten gegen Gott haben (Z. 1 – 53); das Gleichnis vom Menschen, dem ein Amt (Schlüssel und Gut) anvertraut wird (Z. 54 – 68), zeigt, daß wir nichts Eigenes haben, verallgemeinert auf diese Weise den Gehalt des Gedichts und schafft den Übergang vom Bild des reichen Menschen als Knecht zum Bild des Besitzenden als *vilicus;* das Gedicht gipfelt in der Lehre vom Besitzenden als *kelner,* der des Herren Habe gut oder schlecht verwaltet und dadurch Seligkeit oder Verdammnis verdient (Z. 69 bis 88). Implizit ist gute Verwaltung identisch mit Einsatz des Besitzes für die Nicht-Besitzenden. Die andere Fassung (Hss. AHK) dieses für die Ritterlehre des Dichters zentralen Gedichts wirkt zierlicher und glatter, was eine Bearbeitung beweisen könnte, es ist jedoch sehr unwahrscheinlich, daß der Dichter das wesentliche Gleichnis vom *kelner* aus diesem Gedicht herausgenommen hätte, und ich bin der Meinung, daß die Wucht und Intensität des Nikolsburger Textes Merkmale einer späteren Fassung sind, in der es dem Stricker mehr auf Kraft der Aussage als auf künstlerische Ausformung ankam.

Diese Lehre ist notwendiger Hintergrund für den Teil ,Der irdenen Gefäße' (Ed. Nr. 146), in dem der Stricker vom Reichen handelt (Z. 139 – 160). Wenn dieser mit dem von Gott stammenden Gut nur für sich leben will, *und*

---

11 ,Opusculum nonum. De eleemosyna' (PL 145,207 – 222), hier Sp. 210 D – 211 A.

*wil deheinen bresten han / durch Got noch durch der leute gunst* (Z. 144 bis 145), so ist seine Seele nicht der Rettung wert. Es genügt nicht, daß er Almosen spendet, wenn diese keine Beeinträchtigung seines Reichtums bedeuten; wenn jemand zum Beispiel nur den überflüssigen Gewinn von Eigentümern durch Got verschenkt, die Eigentümer selbst und den damit verbundenen Lebensstandard behält, hat das keinen Wert:

> sein geben daz enhilfet nicht,
> swenne ez mit schaden nicht geschicht.
> er gibet nicht anders durch daz jar
> wan als der nagel und har
> besneidet so ez wirt ze lanch:
> diu gab hat so kleinen danch,
> diu im ze schaden nicht enkumt,
> daz si ouch der sel nicht frumet. (Z. 153 – 160)

Die konsequente Befolgung dieses Prinzips des *brestens* und *schadens,* das dem Glauben an die Besitzenden als Verwalter eines für alle Menschen bestimmten Guts entspringt, würde eine ausgesprochene Nivelierung der wirtschaftlichen Unterschiede in der Gesellschaft zur Folge haben. Der Stricker macht Ernst mit dem Gedanken, daß die Reichen nur das Notwendige *(necessaria)* für sich in Anspruch nehmen dürfen und sonst alles den Armen geben sollen (vgl. Petrus Cantor: *Necessaria ergo retine tibi et familiae tuae, quæ vero supersunt pauperibus distribue . . . qui multum habet in temporalibus non abundat, quia super necessaria nil sibi retinet, sed aequaliter pauperibus distribuit*[12]), und schätzt das Notwendige anscheinend nicht sehr hoch. Man vergleiche die vorsichtige Stellungnahme Thomas von Aquin zu dieser Frage: von dem zu geben, was man braucht, um *secundum conditionem vel statum personae propriae et aliarum personarum quarum cura ei incumbit* zu leben, wäre zwar gut, aber *non cadit sub praecepto, sed sub consilio* (Summa Theol. II.II.32.6. resp.).

Die Auslegung des ‚Falschen Blinden' (Ed. Nr. 58) fußt auch auf der Pflicht des Besitzenden, den Besitz weiterzugeben. Es handelt von einem Mann, *der sîn selbes varnde guot / got und den liuten versaget* (Z. 84 – 85), indem er seinen Besitz verleugnet. Geht er ihm verloren, dann prahlt er mit dem ehemaligen Reichtum (und stellt sich so als Lügner und Habsüchtiger bloß). Die Freude des Dichters über einen derartigen Verlust hat mit dieser Bloßstellung zu tun – *alrêst sô mag man kiesen; / ez wær anders iemer tougen* (Z. 102 bis 103) –, doch dahinter steht die Ansicht, daß reiche Menschen, die ihr Verwaltersamt schlecht ausüben, dieses Amtes beraubt werden sollen *(iam enim non poteris vilicare).* Das geschieht sowieso durch den Tod, aber um so besser,

---

[12] ‚Verbum abbreviatum' (PL 205,23 – 370, hier Sp. 287 AB).

wenn die Vorsehung es auf dieser Welt geschehen läßt: *ich wil des gote danc sagen, / swenne er guotes âne stât, / der es gar verlougent hât* . . . (Z. 106 bis 108).

Das kleine Gedicht ‚Die Äffin' (Ed. Nr. 94) erzählt von dem Menschen, der sich weltlicher Habe nur angesichts des Todes entäußern kann:

> daz liebe kint ist werltlich guot,
> des man sich müelich abe getuot.
> daz hât mangr unz an den tac,
> daz ers nicht mêre gehaben mac. (Z. 33 — 36)

Innerhalb des Gedichts erklärt uns der Dichter nicht, in welcher Hinsicht dieses Benehmen töricht oder lasterhaft ist, aber wir begreifen wohl, daß alles Gut dem Prinzip der Verteilung unterliegt und daß der Besitzer, der es bis zum Lebensende für sich behält, genauso handelt wie der Sünder, der die Buße bis zum Lebensende aufschiebt: das Richtige tut er nur, weil das Falsche nicht mehr möglich ist, und das hat keinen Wert. Diese Lehre erscheint auch als letzter Teil der ‚Klage' (Ed. Nr. 153) in der Fassung der Wiener Hs. (Z. 675 bis 708), in dem der Stricker mit einem schönen Paradoxon formuliert:

> so im diu sele uz get,
> so hat er niht gůtes mere
> wan swaz er durch gotes ere
> mit willen hat gigeben ê,
> daz hat er und niht me. (Z. 690 — 694)

Nur das Gut, das man vor dem Tode verschenkt hat, begleitet einen in den Tod: das gibt die Lehre Bonaventuras (und vieler Früherer) wieder, *bona temporalia sunt . . . per haec acquirantur bona aeterna . . . haec temporalia bene dispensantur, quando in opera misericordiae distribuuntur.* Der Stricker meint auch, daß das schon im Leben an die Armen verteilte (weltliche) Gut mit dem Geber als (geistliches) Gut zum Jüngsten Gericht geht; der Tod beraubt ihn des restlichen Besitzes vollkommen. Auch an dieser Stelle hören wir, daß nur solche Geschenke, die Entbehrung fordern, bei Gott gültig sind (Z. 698 — 700).

Der Mensch verhält sich nur richtig zum materiellen Besitz, wenn er einsieht, daß dieser ihm von Gott anvertraut wurde zum Zweck der *opera misericordiae* und wenn er diesen Zweck durch tiefgreifendes Geben verwirklicht. Das gehört zu den Grundlehren des Dichters, und in der Erörterung seiner Gedichte über den Ritterstand werden wir die Auswirkungen dieses Glaubens nie aus den Augen verlieren. An dieser Stelle wird es sich lohnen, Stricker's Äußerungen zum Problem des unrichtigen Verhältnisses Mensch / Gut zu mustern, da diese Fehlbeziehung (laut seiner Dichtung) das gesellschaftliche Leben seiner Zeit stark geprägt hat und eine ständige Gefahr für den Ritter bedeutete.

Die zwei Herrscherfiguren der ‚Beiden Königinnen' (Ed. Nr. 132) sind *die himlischen wisheit* (Z. 69) und die *werltlich wisheit* (Z. 85); die verderbliche Kraft dieser zeigt sich im Bereich der Güter, indem die Menschen darüber Gott vergessen:

>si leret gwinnen wider gote
>unreht guot und unreht ere.
>. . .
>si ist valsch und unreine
>und ist allen den gemeine
>die daz guot so sere minnent,
>daz si gote dar umbe entrinnent. (Z. 88 — 98)

Diese Sentenz ist sehr allgemein gehalten und bezeichnet eine nicht christliche Einstellung, Verfallenheit an das Vergängliche. Ich kann die Meinung Schwabs nicht teilen, hier fänden wir eine „radikale Auffassung", eine „am Armutsideal festhaltende Auffassung", die der Stricker durch Revision gemildert habe: *daz guot* (Z. 97) wird in *daz vnreht guot* (Hs. A) geändert (zum Thema III, S. 23). Erstens war schon Z. 89 von *unreht guot* die Rede (was Schwab nicht erwähnt), *daz guot* (Z. 97) wird wohl dasselbe bedeuten und nur aus metrischen Gründen ohne Adjektiv vorkommen. Zweitens kann man kaum ein „Armutsideal" aus der Idee konjizieren, daß man wegen materiellen Besitzes Gott nicht entrinnen soll. Das ist rudimentäres Christentum. Es geht eher um das falsche Verhältnis zum Besitz, das mit den Prädikaten *gewinnen wider gote* und *so sere minnen* ausgedrückt wird. Auch wenn beim Stricker der Terminus *unreht guot* oft unethische, manchmal wucherische Handlung impliziert[13], ist hier die Relevanz der Aussage so breit — sapientia mundi verdirbt einen guten Teil der Menschheit —, daß ich ein allgemeineres Phänomen als wirtschaftlichen Schwindel in Betracht ziehen möchte: das Sich-Aneignen von Gut gegen den Willen Gottes. Das hieße *gwinnen wider gote,* und das erworbene Gut wäre *unreht,* weil für andere bestimmt. Petrus Damiani bietet eine schöne Formulierung der Verteilung von Reichtum als Gerechtigkeit (justitia), die umgekehrt hinter dem Begriff des ungerechten Guts stehen mag: *qui stipem pauperibus erogant, aliena reddunt, non sua distribuunt. . . Ille quippe facit misericordiam, qui propria tribuit; ille vero justitiam facit, qui quod alienum est, reddit* (PL 145,211 A).[14] Menschen, die Güter gewinnen

---

13 Siehe zum Beispiel ‚Die fünf teuflischen Geister' (Ed. Nr. 161), Z. 253; ‚Den Marktdieb' (Ed. Nr. 97), Z. 81 — 82; ‚Die Klage' (Ed. Nr. 153), Z. 324.

14 Anscheinend hängt Petrus hier von Gregor dem Großen ab: *nam cum quælibet necessaria indigentibus ministramus, sua illis reddimus, non nostra largimur; justitiæ debitum potius solvimus, quam misericordiæ opera implemus. . . Cum enim largitatem impensam pauperibus præmisisset, non hanc vocare misericordiam, sed justitiam maluit; quia quod a communi Domino tribuitur, justum profecto est, ut quicunque accipiunt, eo communiter utantur* (‚Liber regulæ pastoralis', PL 77,13 — 128, hier Sp. 87 B).

(auch auf untadelhafte Weise) und sie den Armen verschließen, *gewinnen wider gote* und minnen *daz guot so sere . . . / daz si gote dar umbe entrinnent.*
Wir haben schon eine Stelle in ‚Der Klage' (Ed. Nr. 153) besprochen, in der der Stricker das Vorenthalten von Besitz bis zum Tode beklagt. Auch an anderen Stellen in diesem Gedicht analysiert er die verfehlte Einstellung seiner Gesellschaft zum Gut. Ein sehr interessanter Abschnitt skizziert den bösen Typ, der unrecht handelt und doch geehrt wird:

> der mit verscholten listen
> unreinez gut gewnnen hat
> und aller tugende ane stat
> und got noch menschen liebe tůt,
> er git sele und ere umbe gůt
> und ist des gutes eigen,
> daz můz er also zeigen
> daz erz niht minnern getar.
> er můz vil schælchlichen dar
> immer dienen und geben
> und getar niht anders geleben,
> wan daz erz immer meret.
> daz man den nu baz eret
> danne einen biderben armen,
> daz muze got erbarmen. (Z. 296 – 310)

Was uns an dieser Skizze besonders interessiert, ist die Tatsache, daß dieser Besitzende sein Gut *niht minnern getar,* sondern sein Leben nur so ordnen kann, *daz erz immer meret.* Da hat man wieder Strickers Lehre von *bresten* und *schaden* in der Freigebigkeit, denn das Geben, das den Besitz nicht vermindert – das Geben aus Gewinn, das eine hohe Summe betragen mag, jedoch die Habe des Gebers weder verkleinert noch einen gewissen Zuwachs derselben verhindert –, ist ein Merkmal unchristlicher Gesinnung. Die Tatsache ist auch in anderer Hinsicht aufschlußreich: sie ist eine von nur zwei nachweisbaren Feststellungen in dieser Skizze (die zweite ist, daß der Reiche geehrt wird), wenn man die Wahrscheinlichkeit objektiven Wissens vonseiten des Dichters und seines Publikums schätzt. Es steht für jeden fest, daß dieser Reiche sein Gut nicht vermindert, sondern vermehrt – das ist eine objektive und öffentliche Sache, ebenso die Ehre, die er hat. Aber woher weiß der Dichter, daß sein ursprüngliches Gut unrein war und schuldhaft erworben wurde? Woher weiß er, daß dieser keine einzige Tugend besitzt und geistig zum Sklaven der Habe *(des gutes eigen)* geworden ist?

Das ist eben moralische Rhetorik (wenn auch der Vorwurf der *verscholten listen* dann und wann, für eine bestimmte Person, zu verifizieren wäre), eine Rhetorik, die zur Anschwärzung des Menschen dient, der seinen Reichtum nicht durch großzügiges Geben reduziert. Obwohl der Stricker gewissermaßen die Darstellung der Genese des Falls anbietet, die vom Ursprung des Übels in der Vergangenheit *(unreinez gut)* über böse Auswirkung auf den Charakter *(aller tugende ane)* und Geist *(des gutes eigen)* bis zum lasterhaften Lebensstil in der Gegenwart weiterschreitet *(und getar niht anders geleben, / wan daz erz immer meret)*, ist es dennoch klar, daß er im Auge behält, daß der Reiche seine Güter nie verkleinert: die Geschichte der Genese Z. 296 – 301 faßt er so zusammen, *daz mûz er* also zeigen / *daz erz niht minnern getar*. Genau wie im ‚Falschen Blinden‘ (Ed. Nr. 58) seine Habsucht und Lüge durch das Benehmen des Geizigen selbst nach dem Verlust der Habe ans Licht kommt, so beweist der Reiche sein gründlich falsches Verhältnis zum Gut, indem er sein Verwalteramt leugnet und den ihm anvertrauten Besitz sich anzueignen versucht. Durch Verzicht auf umfassendes Geben und aus Sorge für die Vergrößerung seiner Habe *mûz er zeigen*, daß er moralisch verdorben ist und zu Unrecht hat, was er besitzt. So wirkt sich das Übel aus. Die Behauptungen über die Genese sind Rückschlüsse, die der Stricker auf der Basis beobachteter Kargheit macht. Sein Publikum hätte nicht mehr gezögert, ihnen Glauben zu schenken, als das Publikum eines Heiligenlebens zögerte, die wesentliche Wahrheit der behaupteten Details anzunehmen: einmal bewiesene Güte oder Bosheit bürgt für die Zuverlässigkeit aller folgenden Geschichten.

Dieser Abschnitt des Gedichts wirkte auf das Publikum als Propaganda für radikale Freigebigkeit: kannte man einen Besitzenden, der sein Gut nicht (dadurch) verringerte, sondern vermehrte – und solche waren überall zu finden! –, so müßte man das strenge Urteil gegen ihn fällen, daß er unchristlich gehandelt hätte und der Verdammnis entgegenwirke. ‚Die Klage‘ als Ganze vertritt eine sehr feindselige Stellung des Dichters gegenüber den Reichen.[15] Man denkt an den in einem Brief von Hieronymus zitierten Satz, der im Hochmittelalter als Augustinisches Gut vorkommt, *Omnis dives aut iniquus, aut heres iniqui est.*[16] Die Reichen sind in irgendeiner Weise verantwortlich dafür, daß *froude* aus den deutschen Ländern verschwunden ist:

---

15 In dieser Hinsicht besteht kein Unterschied zwischen der Fassung in Hs. H und der in Hs. A (nach Schwab, die „Missionsfassung": Zum Thema III, S. 51). Meiner Untersuchung steuern die Aufsätze in Études sur l'histoire de la pauvreté, hrsg. von Michel Mollat, 2 Bde., Paris 1974, leider wenig bei.

16 Zitiert in Bonaventuras Lukas-Kommentar zu 11,13, S. 287 und zu 16,9, S. 408; siehe S. 287, Anm. 10 über Herkunft und Zuschreibung. Vgl. Freidank, 43,14 – 17:

> Man kan mit keinen dingen
> rîchtuom zesamne bringen
> ân sünde und âne schande gar;
> des nemen die rîchen hêrren war.

Dazu Günter Eifler, Die ethischen Anschauungen in ‚Freidanks Bescheidenheit‘, Tübingen 1969, S. 150 – 152.

> diu werlt ist gar gehȫnet.
> unfroude ist nu gechrȫnet;
> der habent die richen gesworn
> und habent fur die froude erchorn
> Vnd tragent ir wafen alle. (Z. 17 – 21)[17]

Der Stricker geht weiter darauf ein mit der Erweiterung eines Spruches Walthers von der Vogelweide[18]: die Alten, die Weisen und die Adeligen sind vom Hof vertrieben worden, und die Reichen — die mit den anderen nicht zu verwechseln sind! — bleiben als alleinige Instanz:

> Ich klage des hoves laster:
> ...
> der richen stul ist da beliben;
> die dri sint von dan vertriben.
> der riche stet fur sich einen
> und fur ander deheinen;
> man sol in ouch niht fur anders han. (Z. 113, 159 – 163)

Obwohl ich den Terminus Schwabs („Armutsideal") nicht für treffend halte, sind die Indizien für ein Ideal des Stricker sehr zahlreich, das aus freiwilligem, großzügigem Verbrauch ihres Reichtums von den Reichen der Erde für das Wohl der Besitzlosen besteht. Anscheinend wollte er die Worte des Paulus als ernstes Gebot verstehen: *divitibus huius saeculi praecipe non sublime sapere / neque sperare in incerto divitiarum / sed in Deo qui praestat nobis omnia abunde ad fruendum / bene agere / divites fieri in operibus bonis / facile tribuere / communicare / thesaurizare sibi fundamentum bonum in futurum / ut adprehendant veram vitam* (I Tim. 6, 17 – 19).

Ein wichtiges Merkmal der seelischen Verdorbenheit des Reichen war seine Leibeigenschaft in bezug auf das Gut *(und ist des gutes eigen)*. Das ist nicht bloße Redensart, sondern gibt die Problematik von Luk. 16,13 wieder: *non potestis Deo servire et mamonae*. Das richtige Verhältnis zum Gut basiert auf Herrschaft, damit man in geistiger Freiheit schaltet und waltet — das heißt *Deo servire*; falsch wäre eine Unterjochung des Gutes *(mamonae servire, des gutes eigen sin)*, die sich als Geiz und Gewinnsucht äußert. Über den Lukasvers schreibt Beda: *Et tamen non dixit: Qui habet divitias, sed qui servit divitiis. Qui enim divitiarum servus est, divitias custodit ut servus. Qui autem servitutis excussit iugum, distribuit eas ut Dominus.*[19] Nach Beda wäre also die Frage, ob Gott oder dem Reichtum gedient wird, danach zu beantworten, ob das Gut beibehalten oder verschenkt wird, und die Tragweite dieser An-

---

[17] Z. 21 nach Hs. H; der Wortlaut in Hs. A ist *tragen diu wafen alle*.
[18] Siehe Fischer, Strickerstudien, S. 153 – 155.
[19] „In Lucae evangelium expositio" (PL 92,301 – 634), hier Sp. 532 A.

schauung im Mittelalter wird man von den Bemerkungen Bonaventuras richtig schätzen können: *Dicitur autem „servire mammonae" in cuius affectu divitiae dominantur... Unde Glossa: ‚Non ait: „habere divitias", sed „servire". Servit qui divitias custodit ut servus; sed qui servitutis excussit iugum distribuit ut dominus'* (zu 16,13, S. 411).

Dieser Formulierung des Problems widmet der Stricker das Gedicht ‚Der Schalk und die beiden Könige' (Ed. Nr. 31). Der eine König zwingt den Schalk, ihm zu dienen, handelt also *ut dominus* und bekommt dafür *ein lant vol / Lobes vnd eren* (Z. 30 – 31); der andere König liebt den Schalk so sehr, *Daz er in die krone tragen hiez* (Z. 63), macht sich also zum *servus* und wird *gehȫnet* (Z. 66). Die Könige bedeuten *Die edeln vnd die richen / Der herren ist deheiner   Ern si der zweier einer* (Z. 70 – 72), und der Schalk ist natürlich *sin varnde gvt* (Z. 73). Die auf Luk. 16,13 zurückgehende Lehre bedarf keiner Auslegung:

| | |
|---|---|
| Daz mvz der werlde wol behagen | Swelch herre dem sin rechte tvt |
| Swenne er iz dienstes niht erlat | Ez kan in vrevde vil beiagen |
| Beide gotes vnd der levte gvnst | Ez dient im daz er immer hat |
| . . . | Daz ist ein herliche kvnst |
| Der herre hat niht herren mvt | Der sinen schalk daz varnde gvt |
| So trevtet vnd minnet | Daz er niht der mit gewinnet |
| Der levte lop. nach gotes lon | |
| . . . | Swen daz gvt also swachet |
| Vnd er daz gvt doch eret | Vnd iz minnet vnd meret |
| Da treit der schalk die krone | Er dient im also schone |
| Dem gvt als er sin aigen si | |
| . . . | Der eine ist herre vberz gvt |
| Svst sint die herren gemvt | Der ander ist des gvtes kneht |
| Den dient ez vaste daz ist reht | |
| Der dient im vmbe gotes haz | (Z. 74 – 107) |

Einen Mittelweg zwischen dem Dienst Gottes *(distribuere)* und dem Dienst des Reichtums *vmbe gotes haz (custodire)* erkennt der Stricker nicht an. Interessant ist das Detail, daß *des gvtes kneht* seine Habe nicht nur behalten, sondern auch *mêren* will (Z. 96), denn das hat auch den bösen Reichen in ‚Der Klage' gekennzeichnet. Der Stricker betrachtet den nicht verteilten Gewinn, den Besitz einbringt, äußerst negativ.

Diese Frage des Zuwachses der Habe erscheint in der Lehre des ‚Verflogenen Falken' (Ed. Nr. 48). Der Stricker scheint zwischen den Methoden des Kaufmanns und einer wirtschaftlichen Handlungsweise, die dem Ritterstand ziemt, zu unterscheiden:

> die valschen richen dunket reht
> — er si ritter ode kneht —,
> swie er sin guot gemere,
> daz man in billich ere:
> swelch ritter sich daz ane nimt,
> daz einem koufman wol gezimt —
> der tuot dem valken niht gelich:
> er hœnet daz leben unde sich. (Z. 123 – 130)

Nur den *valschen richen* ist es gleichgültig, *swie* ein Mann *sin guot gemere*. Hier ist die Spitze gegen kaufmännische Praktiken gerichtet — zu vergleichen ist die Stelle der ‚Klage' (Z. 329 – 338), wo von der künstlichen Beeinflussung des Marktes für Naturerzeugnisse durch die Gütereigentümer geredet wird — und nicht gegen Behaltung des Gewinns an sich. Jedoch überwiegen die Falschen so sehr in der Gesellschaft (sechzig zu eins: Z. 103 – 108), daß unmoralische Eigentumspolitik als Norm gelten muß und das Gedicht folglich eine scharfe Kritik an den durchschnittlichen, begüterten Rittern übt.

Bisher haben wir unser Thema als Standesproblem dargestellt, um das Fundament der christlichen Ritterlehre des Dichters klarzumachen. Am Ende dieser Diskussion ist es angemessen, das Blickfeld etwas zu erweitern und die Strikkersche Lehre vom Adeligen (Reichen) als *vilicus Dei* in den Rahmen seiner Äußerungen über das falsche Verhältnis zum Gut der verschiedenen Stände zu setzen.

Die falsche Welt säugt die Teufelskinder, eine ihrer Brüste ist *gitecheit* (‚Des Teufels Ammen' [Ed. Nr. 111], Z. 30). Der Stricker stellt zehn Beispiele habsüchtigen Benehmens vor (Z. 79 – 99), die von Mord und Raub bis Glücksspiel und Meineid gehen, aber nur zwei sind mit bestimmten sozialen Klassen verbunden: der Herre *vaehet die liute umbe daz guot* (Z. 80), und der Kaufmann wendet sich an Lug und Trug (Z. 93 – 99). Zweimal wird der Wucher erwähnt, je nach Art des Pfandes (Z. 87 – 89); viel intensiver greift der Stricker im ‚Wucherer' (Ed. Nr. 133) an, obwohl dieses den Sprüchen Freidanks verpflichtete Gedicht[20] fast nichts über die Soziologie oder Technik des Wuchers sagt (wichtige Ausnahme: Z. 205 – 220 über *satzunge*, vgl. Schwab, Ausgabe, S. 266, Anm. zu 11,87 – 89). Gleichviel scheint der erste Satz auf die sehr weite Verbreitung dieses Lasters unter den Ständen hinzuweisen: *Ez si dorf, stat oder lant, / ez wirt unselic zehant / kumt ein wucherere dar* (Z. 1 – 3). Das heißt, unter Bauern des Dorfs, Bürgern der Stadt und Herren des Landes treibt der Wucher sein Unwesen.

Die geistlichen Stände verfallen der *gitecheit* auch: simonistische Handlungen unter Priestern sind bekannt (siehe ‚Den blinden Führer' [Ed. Nr. 77] und

---

[20] Über Strickers Benutzung von Freidank siehe Fischer, Strickerstudien, S. 150 – 156.

Schwabs Anmerkungen), und die letzte Stufe im Abfall des Mönchs (,Das Bild', Ed. Nr. 74) beruht auf dem falschen Verhältnis zum Gut:

> so let in ouch nicht muzik wesen
> der tiufel und ouch sin list,
> der der geitikeit meister ist:
> er beginnet denken an daz gut.
> swenne er allen sinen mut
> so gar an daz gut lazen hat ... (Z. 84 – 89)

Der Pfarrer mag dieselbe Missetat begehen wie der karge Reiche, wenn er das Gut der Kirche als sein eigenes bewertet und es den Bedürfigen vorenthält:

| Horet wie der pfaffe bose tvt | Er verstilt got sin varnde gvt |
|---|---|
| ... | |
| Nv merket dise missetat | Swaz gvtes ein ieslich kirche hat |
| Daz gibt man got des ist ez ovch | So man danne einen geweichten govch |
| Da heizet sin an gotes stat | |
| ... | |
| Sin erge wirt so veste | Daz er arme vnd geste |
| An sin genade lezet varn | |

(,Der Pfaffen Leben' [Ed. Nr. 102], Z. 79 – 95)

Die erste der vielen Bosheiten der *übelen wiben* ist es, daß sie die christliche Haltung ihrer Männer in bezug auf Besitz zerstören; sie sind ja Ursprung der Kargheit und Habsucht, *diu got vil sele hat genomen* (,Von übelen wiben' [Ed. Nr. 113], Z. 47). Ist der Mann anfangs so eingestellt *daz im der heilige christ / und al der werlde friuntschaft lieber ist / danne silber oder golt* (Z. 51 – 53), so bringt ihn die Frau gleichviel dazu, daß er nichts verschenkt, das Gut bis zum Tode behält (Z. 55 – 65) und auf diese Weise *mit grozer erge / und mit gitichlicher cherge / die werlt verliuset und got* (Z. 67 – 69). Diese Analyse gilt für alle Stände der Laien und wird mit Hinweis auf eine Parabel Christi mit Nachdruck zum Schluß gebracht:

> uns saget christ von einem man,
> der gut vil rehte gewan.
> daz gut wolt er ein haben,
> des wart er in der helle begraben.
> also wirt noch allen den getan,
> die groze gut wellent eine han. (Z. 79 – 84)

Der Stricker spielt auf Luk. 12, 16 – 21 an, die Geschichte vom reichen Mann, der den großen Gewinn seiner Felder (und solches ist *vil rehte gewonnenes Gut!*) für sich allein verschließen wollte und gar nicht daran dachte, ihn als Almosen zu verteilen. So stirbt er ohne geistliches Gut: *sic est qui sibi thesaurizat et non est in Deum dives* (V. 21). Der Stricker verwendet diese Parabel genau in dem Sinne der Glossa ordinaria, die sie ein *exemplum ad declinandam avaritiam temporalium* nennt[21], und betont damit, daß kein Mensch *groze gut* für sich allein *(eine)* haben darf.

Zum Abschluß unserer Besprechung der Strickerschen Eigentumslehre greifen wir drei Zeilen aus ‚Frau Ehre und die Schande' (Ed. Nr. 156) heraus. Es wird sich lohnen, die Analyse dieses sehr wichtigen Gedichts etwas vorwegzunehmen, um unser Bild der Theorie Strickers von Eigentum und Christentum zu vervollständigen.

> ‚Got engab nie manne gut
> Daz erz hete eine,
> wan daz ez were gemeine.' (Z. 510 — 512)[22]

Die Güter der Erde sollen die Menschen *gemeine* haben: das ist die gegen Privateigentum gerichtete Lehre der Väter, die zu Strickers Lebzeiten noch von großer Bedeutung war. Diese Lehre hat Ambrosius am klarsten ausgedrückt: *natura enim omnia omnibus in commune profudit; Dominus Deus noster terram hanc possessionem omnium hominum voluit esse communem, et fructus omnibus ministrare; Justum est igitur ut si aliquid tibi privatum vindicas, quod generi humano, immo omnibus animantibus in commune collatum est, saltem aliquid inde pauperibus aspergas.*[23] Ambrosius zugeschrieben war im Mittelalter der Kommentar des Ambrosiaster: *quia sciens qui largitur, omnia Deum communiter omnibus dare . . . idcirco dividit cum eis, qui copiam terræ non habent; ne beneficiis Dei privati videantur. Justus ergo est, qui sibi soli non detinet, quod scit omnibus datum . . .*[24] Isidor stellte als einen Teil des Naturrechts den Begriff *communis omnium possessio* auf, der zum „Gemeingut der Scholastik" wurde[25], und Gratian schreibt in seinem Dekretum: *Nam jure naturæ sunt omnia communia omnibus . . .*[26]

Daß diese Lehre sich schlecht mit den Tatsachen vertrug, war schon den Vätern aufgefallen, und sie wurde dadurch modifiziert, daß Privateigentum als

---

21 Vgl. Bonaventura: *Hic secundo revocet a sollicitudine avaritiae „per exemplum terribile" . . . „Thesaurizat sibi" qui thesauros sibi in terra multiplicat . . . „in Deum" autem „dives est" qui abundat in meritis et operibus pietatis* (zu 12, 16 — 21, S. 317 bis 319).

22 Z. 511 nach Hs. A; der Wortlaut in Hs. H ist *daz er iz het aleine.* Das Prädikat *guot eine han* erscheint auch in ‚Von ubelen wîben' (Ed. Nr. 113), Z. 84, und ‚Den beiden Knappen' (Ed. Nr. 163), Z. 350, jedesmal in negativem Sinne.

23 Zitiert nach Carlyle, Mediaeval Political Theory, I, S. 136, Anm. 3, und S. 137, Anm. 2.

24 Zitiert nach Carlyle, ibid., S. 137 — 138, Anm. 4.

25 Martin Grabmann, Das Naturrecht der Scholastik von Gratian bis Thomas von Aquin. In: Mittelalterliches Geistesleben, 3 Bde., München 1926 — 1956, I, S. 65 — 103, hier S. 69. Vgl. Carlyle, ibid., S. 142 — 143.

26 Zitiert nach Carlyle, II, S. 136, Anm. 2.

unvermeidliche Folge des Sündenfalls und Auswirkung der sündhaften menschlichen Natur betrachtet wurde. Ambrosius schrieb: *Natura igitur jus commune generavit, usurpatio jus fecit privatum;* der große Kanonist Rufinus sah Privateigentum durch lange Tradition legitimiert: *ita et quod aliquid proprium possideretur, ardente aliquorum cupiditate primitus factum est quod tamen postea ex longevo usu et legum iustitutione irreprehensibile judicatum est.*[27] Das Naturrecht stellte also ideale Verhältnisse dar, die für die aktuelle Welt nicht verbindlich sein konnten. Obwohl die Pflicht des Almosengebens keineswegs durch Anerkennung des Privateigentums aufgehoben wurde, ergab sich daraus eine tiefgreifende Verschiebung der Problemstellung, da die Austeilung von Eigentum nicht mehr als Sache der Gerechtigkeit zu bewerten war. Im Hinblick auf die Beziehungen zwischen Eigentümern und Besitzlosen kann man wohl von einer „revolution in the theory of property" sprechen, die sich im dreizehnten Jahrhundert vollzogen hat.[28]

Wo steht der Stricker in diesem Prozeß? Es besteht kein Zweifel, daß er alle Besitzenden für Almosengeben als Gerechtigkeitssache verantwortlich macht. Soll man aber vom Verbum *geben (Got engab nie manne gut . . .)* auf ein bedingtes Eigentumsrecht schließen, das mit dem von Thomas von Aquin Behaupteten zu vergleichen wäre *(homo habet naturale rerum dominium quantum ad potestatem utendi ipsis,* Summa Theol. II.II.66.I. ad I)? Ich glaube, daß das aus den Gedichten nicht endgültig zu entscheiden ist, jedoch steht das Prinzip fest, daß kein Mensch Gut von Gott erhält, *Daz erz hete eine,* und daß alles Gut für die Menschen *in commune (gemeine)* bestimmt ist. Dem Stricker waren die strengen Formeln der Tradition sicher bekannt – *omnia omnibus in commune, omnia communiter omnibus, communis omnium possessio* –, und er wird an ihnen, die ihn sehr ansprachen, nicht viel herumgerätselt haben. Die Kraft seiner Ritterlehre entspringt einem relativ einfachen Glauben an die Sündhaftigkeit privaten Reichtums.

### 2. „Milte": Die Pflege der Fahrenden

#### a) ‚Die Herren zu Österreich' (Ed. Nr. 164)

Der Stricker erzählt Z. 1 – 34 die Geschichte vom Fresser, der durch übermäßiges Essen zum Fastenden wird. Durch die Analogie zu den früher äußerst freigebigen Herren von Österreich, die jetzt geizig sind, leitet er eine Analyse des Verhältnisses zum Besitz unter den Herren des Landes ein. Diese zerfällt in drei Hauptteile: die quasi-geschichtliche Kontrastierung (Z. 35 – 69), die

---

[27] Zitiert nach Carlyle, ibid., S. 139, Anm. 1.
[28] Schlatter, Private Property, S. 47.

Beschreibung böser Zustände in der zeitgenössischen Gesellschaft (Z. 70 bis 137) und die Lehre von *rechter milte* (Z. 138 — 202). Das Stück als „Heischgedicht" zu verstehen, wäre nicht völlig unangebracht[29], würde aber seinen Ernst und seine Tragweite sehr unterschätzen.

Es kann sein, daß die Gegenüberstellung von Einst und Jetzt tatsächlich auf die veränderten Umstände in Österreich nach dem Tode Leopolds VI. hinweist (Fischer, ibid., S. 122), aber man muß die keineswegs unproblematische Darstellung des „Einst" richtig verstehen, bevor man das Gedicht als Geschichtsquelle verwertet. Zu d e r Zeit belohnten die Herren *ane maze* (Z. 49) alle, die zu ihnen kamen: *swer ir genaden ruchte, / der vant da swaz er suchte* (Z. 53 — 54). Dieses *unmezliche geben* (Z. 58) hatte zur Folge, daß der Zudrang unerhört stark wurde und die Nachfrage nicht zu stillen war; darum, *daz si unmaze muzzen lan* (Z. 64), verfielen die Herren in das entgegengesetzte Extrem — *des wart verkert ir leben* (Z. 65) — und wurden geizig. Die Ausdrücke *ane maze, unmezlich* und *unmaze* deuten auf die Falschheit unterschiedloser und unbegrenzter Freigebigkeit (was das Hauptthema von ‚Falscher und rechter Freigebigkeit' [Ed. Nr. 55] ist), und auch das lebhafte Bild, das der Stricker am Ende des Gedichts für dieses „Einst" braucht — *do man si zu der milte treip / so man die tregen ochsen tut*, Z. 182 bis 183 —, vermittelt seine kritische Einstellung. Die Herren verpaßten den tugendhaften Weg des weisen Gebens, der zwischen Verschwendung auf der einen Seite und Geiz auf der anderen liegt (Ausführlicheres zu diesem Begriff in der folgenden Studie zum ‚Pfaffen Amis') —, die geschichtliche Polarität unterliegt einem ethischen Begriff, der uns vor der Annahme bestimmter Umstände unter geschichtlichen Herrschern als Anlaß der Dichtung warnt.

Es sei bemerkt, daß sich diese Erklärung adeliger Kargheit ausschließlich mit Beziehungen zu den Fahrenden (den *gernden,* Z. 62) befaßt und nichts über die Beziehungen zwischen Herren und Rittern sagt, auf die der Stricker Z. 112 — 137 eingeht.

Die kritiklose Beschenkung der *gernden* schlug in Geiz um und verdarb die Gesellschaft. Zwar gibt es noch *vil biderben* (Z. 71), aber sie sind auf perverse Weise mit den *wandelberen* (Z. 79; auch *valschen* genannt, Z. 88, 94) befreundet, was öffentliche Kritik an diesen verhindert (Z. 84 — 87, vgl. Z. 170, 193). Man kann die Guten nicht loben, denn das ertragen die Falschen nicht:

> si steckent in der schanden kloben,
> des nement si niemans lob vůr gut.
> swie rechte man dem rechten tut,
> so man in lobte durch rechte sult,
> daz ist der valschen ungedult. (Z. 90 — 94)

---

[29] Vgl. Fischer, Strickerstudien, S. 88.

Zu diesem Gedanken vergleiche man Folgendes aus der Spruchdichtung des Konrad von Würzburg:

> Des argen ôre müeze sîn verwâzen und vertüemet,
> daz niht wil hœren dâ man tugentrîche liute rüemet!
> ...
> alsô muoz êrenblôzer schalc der frumen lop vermîden,
> wan der bœse nîden
> wil iemer tugentrîchen man.[30]

Für den Stricker verhindert die überwiegende Zahl *der grimmen nidere* (Z. 95) nicht nur das Lob der Guten, sondern auch alle Formen höfischer Kunst und führt zum Vorzug solcher Verbalunterhaltungen, die weder *gezogen* noch *rein* sind (Z. 97 — 102).

Man sieht also, daß eine falsche Beziehung zum Besitz im Herrenstand bittere Früchte für die höfische Gesellschaft (einschließlich der an diese angewiesenen Berufsdichter) gebracht hat: das Niveau der Kultur ist drastisch gesunken, ehrliche Beurteilung der Guten und Bösen ist unmöglich geworden. Aber noch Schlimmeres ist zu berichten. Frauen werden nicht verehrt wie früher (Z. 106 bis 111), und die Ritter, deren standesmäßige Existenz vom Besitz des Herrn abhängt, werden vernachlässigt:

> man gab in hoheu ravit
> und guteu kleider zu aller zit
> ...
> man sach den der mit ritters kraft
> mit gantzem harnasche reit,
> dem nu niemen grawen kleit
> noch ein gurren geben wil.
> man sihet nu hengest ritter vil,
> die doch wol rosse weren wert. (Z. 115 — 125)

Indem sie ihr Gut den fahrenden Praktikern von *sagen, singen, seitenspil* (Z. 128) und den unbegüterten Rittern vorenthalten, verschulden die Herren existentielle Sorgen dieser ehrbaren Leute und tragen direkt zur moralischen Verwilderung der Gesellschaft bei: *ungezogeneu wort unreine* (Z. 100) haben Zugang zum Hof, diesen vermeiden die Ritter (Z. 133: *nu sint si gerner anderswa*, bemerkt der Stricker dunkel).

Solche Gedanken faßt der Literaturhistoriker normalerweise als die Topik des Kulturverfalls auf. Die ersten zwei Teile dieses Gedichts enthalten sicher Topisches auf dem Gebiet der Verfallserscheinungen, aber in der Tatsache, daß diese Erscheinungen konsequent auf die Verschließung adeliger Güter

---

[30] Kleinere Dichtungen Konrads von Würzburg. III. Die Klage der Kunst, Leiche, Lieder und Sprüche, hrsg. von Edward Schröder, 2. Aufl., Berlin 1959, S. 63 (32,241 — 248).

vor den legitim Begehrenden zurückgeführt werden und daß diese Verschließung sich als Reaktion auf unbesonnenes Vergeben eingestellt hat, finde ich einen untopischen und bezeichnenden Gedankengang des Dichters.[31] Es gelang den Herren von Österreich nicht, ihre Habe zum richtigen Dienst anzuwenden (vgl. ‚Den Schalk und die beiden Könige'); das ist die Wurzel des Unheils. Bis Z. 138 verläuft das Gedicht ohne expliziten religiösen Einschlag, das sollte uns jedoch nicht über die religiösen Prämissen hinwegtäuschen.

Im letzten Teil des Gedichts untersucht der Stricker das Problem *rechter milte* (Z. 195). Es gilt, zwischen *gebenden* und *milten* (Z. 161 – 162) zu unterscheiden. In der alten Zeit *do waz die milte ein lant sit* (Z. 141), jeder Herr fühlte sich zum Geben entweder moraltheologisch verpflichtet oder durch Furcht vor Spott und Geringschätzung gezwungen (Z. 156 – 160). Da jeder Herr gab und die Gesinnung des Gebers verborgen blieb, lobte man den Herrn aufgrund des Geschenks und beging manchen moralischen Fehler dabei: *so der arge riche muse geben, / so gap er so daz man sin leben / fur den milten armen lobte* (Z. 163 – 165). Jetzt hat sich die Situation geändert, *sit man nu niemen schelten sol* (Z. 170); kein Herr fürchtet sich vor Spott, jeder darf ungezwungen nach der Gesinnung handeln, und so entlarven sich die damals bloß Gebenden, indem sie nicht mehr geben:

> swer aber ê vil gegeben hat
> und nu sin geben dar umbe lat
> daz man im ez niht verwizzen mak,
> den gesahe man nie deheinen tak
> mit rechter milte leben. (Z. 191 – 195)

Andererseits erkennt man die Freigebigen, die ohne den Druck sozialer Konvention als treue Christen ihren Besitz verteilen:

> ... nu niemen leret
> die milte in disen ziten sint,
> wan Got und Krist, Gotes kint,
> und der vil heiliger Geist.
> ...
> sinen gebent zu niht wan durch Got
> und durch kristenliche trewe ... (Z. 146 – 153)

---

31 Ohne literarischen Einfluß erwägen zu müssen, wird man die parallelen Gedankengänge in der Trobadordichtung interessant finden, auf die Erich Köhler aufmerksam macht: Reichtum und Freigebigkeit in der Trobadordichtung. In: Estudis Romanics 3 (1951/52), 103 – 138, bes. über Marcabru, S. 108. Siehe auch Köhlers Ideal und Wirklichkeit in der höfischen Epik, 2. Aufl., Tübingen 1970, S. 22 – 36, über Freigebigkeit als feudal-adelige Tugend.

Ihr freiwilliges Geben beweist, daß sie auch damals *von des heiligen geistes meisterschaft / und von getrewes herzen kraft* (Z. 189 – 190) gehandelt haben.

Diese Betonung der Gesinnung als Fundament des moralischen Urteils haben wir schon in unserer Studie zur Strickerschen Bußlehre besprochen. Sie gehört zur Essenz seines Christentums. Ihre Verbindung mit der *milte* hätte der Stricker von anderen lernen können, zum Beispiel von Thomasin von Zirclaria:

> Diu milte ist ein tugente guot
> und hât ir wurze in rîchem muot.
> nu sage waz milte müge sîn?
> si ist des rîchen muotes schîn.
> daz geben heizet milte niht,
> doch wizzet daz ez geschiht
> von der milte, der gerne gît.
> . . .
> dâ von wizzet daz diu gâbe ist
> der milte zeichn niht zaller vrist,
> wan swelich man durch ruom gît,
> sîn ruom hât zuo der zît
> der milt zeichen verstoln gar . . . (Z. 13951 – 13981)

Diese Deutung der ritterlichen Tugend *milte* überträgt genau die Theologie des Almosengebens, wie sie Freidank zusammenfaßt:

> daz [almuosen] leschet sünde z'aller zît,
> dâ manz mit guotem willen gît.
> . . .
> swerz gît mit guotem willen dar,
> dem werdent die vier lœne gar. (39,8 – 14)[32]

Im Anschluß an II Kor. 9,7 lehrte man, daß *Hilaritas facienti eleemosynam semper adesse debet*[33], was mit dem Strickerschen Bild des *argen richen* zu vergleichen ist, der *nach der gabe tobte / mit herzeklicher rêwe* (Z. 166 – 167; vgl. Freidank 86,16 – 17: *Diu milte niht von herzen gât, / swer nâch gâbe riuwe hât*). Der Stricker lehrt die Herren zu Österreich Freigebigkeit *von des heiligen geistes meisterschaft*, die mit dem wahren, aus christlicher Liebe gegebenen Almosen identisch ist, das Innozenz III. beschrieb: *Deus magis attendit modum in facto, quam factum in modo . . . Attende prudenter quod dicit Apostolus: ,Si distribuero omnes facultates meas in cibos pauperum, charita-*

---

[32] Siehe Eifler, Die ethischen Anschauungen in ‚Freidanks Bescheidenheit', S. 271 bis 297 (‚Gesinnung und Wille als Grundlage der Sittlichkeit').
[33] Gunther von Pairis, ‚Die oratione, jejunio et eleemosyna libri XIII' (PL 212,101 bis 222), hier Sp. 213 A.

*tem autem non habeam, nihil mihi prodest.' Vera igitur eleemosyna de vera charitate procedit.*[34]

Das Gedicht stellt für die Herren ein richtiges Verhältnis zum Gut auf, das aus christlichem Verteilen besteht, und läßt das Gegenteil in geschichtlicher Konkretisierung erscheinen: kritikloses Vergeben, geiziges Behalten. Zweifellos wird die Sorge des Dichters um Lebensunterhalt dadurch verraten, daß die *gernden* so an der Spitze der Argumentation stehen, aber seine Argumente wurden nicht ad hoc erfunden, gelten nicht als bloße Legitimation selbstsüchtigen Bittens, sondern führen seine gründlichen Gedanken über Eigentum, Besitz und Habsucht, die wir besprochen haben, im Bereich des höfischen Lebens fort.

### b) ‚Falsche und rechte Freigebigkeit' (Ed. Nr. 55)

Die Geschichte von zwei Beizjägern, deren einer schlecht, der andere gut jagt (Z. 1 – 38), bezieht der Stricker auf *milte leute*. Die damit eingeführte und sehr ausgedehnte Lehre von Besitz und *milte* läßt sich etwa folgendermaßen gliedern:

I. Der Unterschied zwischen *milte* und Verschwendung; so unterscheidet man Geber und Empfänger (Z. 39 – 68).
II. Die Empfänger sind entweder
   A. schlecht (mit dem Teufel, kunstlos) oder
   B. gut (mit Gott und Kunst) (Z. 69 – 92).
III. Die Geber sind entweder
   A. schlecht, mit spezifisch bösen Eigenschaften (Z. 93 – 118, 132 bis 172), oder
   B. gut, d. h. christlich handelnd (Z. 119 – 131, 173 – 254).
IV. Abschließende Vergleiche:
   A. Gott ist *der eren munzere* (Z. 255 – 292),
   B. der reiche Mann ist Gottes *kelner* (Z. 293 – 322).

Hier läßt der Stricker die Reichen, die nicht geben, als ob sie nicht existierten, ganz außer Betracht — man wird dieses Gedicht deshalb nicht in die Zeit vor dem Tode Leopolds VI. setzen brauchen! Es geht um ein moraltheologisches Problem, das nicht zeitgebunden ist.

Der reiche Mann, der ohne Umsicht gibt, *der swendet gut sam der da tobet* (Z. 47) und verdient kein Lob, denn er gibt *unbescheidenliche* (Z. 49). Es ist ihm egal, wer seinen Besitz bekommt: er will nicht wissen *wer er si / der sin gut billich neme: / er git ot, ern ruchet weme* (Z. 66 – 68). Ihm gegenüber

---

[34] ‚Libellus de eleemosyna' (PL 217,745 – 762), hier Sp. 751 A.

stellt der Dichter den Mann, der sich der Kunst und des Christentums der Begehrenden als Maßstab bedient und damit Gottes Wohlgefallen und die Verehrung der Gesellschaft erntet:

> swer sin gut gerne geben wil
> beide durch Gott und durch ere,
> dern geb ez niemen mere
> wan den die gute kunst hant
> und sich mit tugenden begant
> und gerne kristenlichen lebent
> und ouch nach eren selbe strebent. (Z. 52 – 58)

Natürlich ist der Stricker zu dieser Gruppe zu zählen. Er unterscheidet also zwei Kategorien eventueller Empfänger, die durch ästhetisch-religiöses Niveau klar getrennt sind, und erlaubt einen moralischen Wert nur der Gabe, die an die höhere, ihn einschließende Gruppe gerichtet wird.

Das alles ist in der Spruchdichtung des dreizehnten Jahrhunderts nicht unbekannt. Ästhetische Kritik der Spruchdichter an den *kunstelosen* ist eine beliebte Topik[35]; Kritik an der Freigebigkeit der Leute, die diese *kunstelosen* beschenken, greift manchmal die *valschiu milte* direkt an[36] – in seiner ‚Klage der Kunst' verurteilt Konrad von Würzburg den, der als *milter* gilt, aber seinen Besitz an die falschen Personen vergibt (‚*swer künstelôsen diete / guot umbe êre gebe alsô,*: Str. 26; ‚*swer rehte kunst niht minne / und doch hie milten namen truoc,*' Str. 30); und die *kunstelosen* werden anderswo im Hinblick auf christliche Moral verunglimpft.[37] In dem bekannten Spruch Friedrichs von Sonnenburg über die *wîsen gernden* findet man eine Charakteristik, die im Geist (wenn nicht in der Rhetorik) mit der vom Stricker *(... die gute kunst hant / und sich mit tugenden begant / und gerne kristenlichen lebent)* übereinstimmt:

---

35 Siehe Gustav Roethe, Die Gedichte Reinmars von Zweter, Leipzig 1887, Nachdruck Amsterdam 1967, S. 187 – 189, und Kurt Franz, Studien zur Soziologie des Spruchdichters in Deutschland im späten 13. Jahrhundert, Göppingen 1974, S. 77 – 82.
36 Siehe Bruno Boesch, Die Kunstanschauung in der mittelhochdeutschen Dichtung, Bern / Leipzig 1936, S. 224 – 226.
37 Roethe, S. 189; Boesch, S. 228 – 229. Aufschlußreich für die ganze Frage ist Ernst Robert Curtius, Europäische Literatur und lateinisches Mittelalter, Bern 1948, Exkurs VII: ‚Die Existenzform des mittelalterlichen Dichters' (S. 464 – 468) – „Wie und wem soll man schenken? Diese Frage wird in der Literatur des 12. Jahrhunderts immer wieder behandelt" (S. 467).

> Die wîsen gernden, dast mir kunt,
> si hazzent offenbære
> untriuwe, unfuore, unrehtez leben
> ...
>
> si habent got vor ougen,
> si enpfâhent gotes lîchamen
> unt habent ze Kriste pfliht;
> ouch kunnen si sich sünden schamen
> und bitent umb die kristenheit: daz tuot kein tiuvel niht.[38]

Hier bekämpft Sonnenburg die strenge kirchliche Meinung, die auf Augustinus zurückgeht, daß man Teufeln opferte, wenn man weltliche Unterhalter belohnte — Gunther von Pairis: *quidam homines perditissimi, qui ea quæ pauperibus eroganda erant scurris et histrionibus largiuntur, cum scriptum sit: „Qui donat histrionibus immolat daemonibus"*[39]; sein Hinweis darauf, daß *kein tiuvel* das Abendmahl empfängt, hängt mit der traditionellen Verweigerung des Sakraments gegenüber den *histrionisbus et mimis* zusammen, wie sie von Johannes von Salisbury bezeugt wird: *Sacrae quidem communionis gratiam histrionibus et mimis, dum in malitia perseverant, ex auctoritate Patrum non ambigis esse praeclusam.*[40] Sonnenburg will sich nicht zu dieser Kategorie zählen lassen.

In der Spruchdichtung findet man jedoch kaum eine so umständliche Anschwärzung der gemeinen Unterhalter wie die Strickersche. Sie sind buchstäblich *des teufels kint* (Z. 79), sie lebent *ane vorcht und ane schame / wider Got und die ere* (Z. 82 – 83), der Teufel freut sich über reiche Gaben an sie (Z. 85 – 88) usw. Wieder könnte man den Kern dieser Stelle als Topik auffassen, wie es der Fall für die Klage über die höfische Gesellschaft in ‚Den Herren zu Österreich' war, und die Umständlichkeit wäre demzufolge von der Gattung her zu erklären: ohne den formalen Zwang des Spruchs hätte der Stricker seinen Gefühlen freien Lauf lassen können. Aber das hieße ohne die in vielen Gedichten bewiesene moralische Strenge des Dichters rechnen, die es mir wahrscheinlich macht, daß er mit dieser Polemik gegen gemeine Spielleute unmittelbar auf rigorosen kirchlichen Ansichten fußt, die er aufrichtig und ohne Rücksicht auf Eigennutz teilte. Seine Einstellung vergleiche ich mit der Bertholds von Regensburg, der an *gumpelliute, gîger unde tambûrer ... alle die guot für êre nement* seinen Zorn ausläßt:

---

[38] Friedrich von Sonnenburg, hrsg. von Oswald Zingerle, Innsbruck 1878, S. 52 (I, 7).
[39] PL 212,212 B. Siehe auch Edmond Faral, Les jongleurs en France au Moyen Age, Paris 1910, S. 26 – 28 und die Belegstelle 85a, S. 288 – 289. Sonnenburg beginnt diesen Spruch mit einem Bild für solches Opfer: *die möhtenz alse maere / dem tiuvel stôzen in den mund ...*
[40] Zitiert nach Faral, S. 286.

> Wan allez ir leben habent sie niwan nâch sünden unde nâch schanden gerihtet unde schament sich deheiner sünden noch schanden. Unde daz den tiuvel versmâhet ze reden daz redest dû, und allez daz der tiuvel in dich geschütten mac, daz læzest dû alles vallen ûz dînem munde. Owê, daz ie dehein touf ûf dich quam! wie dû des toufes unde des kristentuomes verluokent hâst![41]

Der Stricker übt auch scharfe religiöse Kritik an den Besitzenden, die solche Verworfenen unterhalten — *ez nimt Got selten vür gut / swaz man dem teufel liebes tut* (Z. 69 — 70); er findet, daß sie Mitschuld an der unchristlichen Lebensweise haben:

> swer die verschanten treutet
> und in minne und ere beutet,
> der wil ir traut geselle wesen
> und mack niht ane sie genesen. (Z. 89 — 92)

Solche undiplomatischen Vorwürfe den Herren zu machen, die Spenden an die *gumpelliute* entrichteten, würde nur einer tun, der mit der strengen Tradition der Kirche zu diesem Problem bekannt und dem es damit Ernst war. Berthold von Regensburg formuliert so: *Und allez daz man dir gît, daz gît man dir mit sünden; wan sie müezent gote dar umbe antwürten an dem jungesten tage die dir gebent. Alsô gît man dirz mit sünden, und alsô enpfæhest dû ez mit sünden und ouch mit schanden* (I, 155). Bis zu Z. 92 ist der Stricker also bemüht, das Problematische einer kritiklosen Freigebigkeit darzulegen: beschenkt man gemeine Leute, die den Glauben (und die Kunst) zuschande machen, so verstößt man gegen die Kirche und bringt sich selbst in Schuld. Die Beziehung zur spruchdichterischen Topik ist klar, reicht aber nicht zum Verständnis dieses Teils des Gedichts aus.

Der Stricker führt den nächsten Teil mit einem geschickten Parallelismus ein: *die kunstelosen nemer lebent / des kunstelose geber gebent* (Z. 93 — 94; damit zu vergleichen ist die Zeile des Unverzagten, *Die künstelosen edelen gebent den künstelosen liuten*[42]). Es folgt eine Analyse der *kunst* des Gebens. Der Mann, der diese nicht hat, gibt *durch sinen mut* (Z. 95), *durch sin selbes mut* (Z. 116), d. h. aus Eitelkeit, ohne seine Handlung aus christlicher Ethik abzuleiten. Seine Verschwendung bringt ihn dazu, daß er nichts für ehrbare Leute übrig hat (Z. 100 — 112). So begierig ist er, sein Gut zu verschenken, daß er auf einen würdigen Empfänger nicht zu warten vermag: *e erz behielt untz an daz zil, / er wurfes in ein wazzer e* (Z. 142 — 143; vgl. Reinmar von Zweter, *Ist milte ein tugent, als man ir gîht, / sô weiz ich wol an ir, daz si*

---

41 Berthold von Regensburg, I, S. 155 (Hinweis Faral, S. 28).
42 Minnesinger, hrsg. von F. H. von der Hagen, 4 Bde., Leipzig 1838 (abgekürzt HMS), III, S. 46 (III, 7).

*lêrt guot hin werfen niht,* 120,1 — 2).⁴³ Aber Verschwendung ist nicht das einzige Merkmal des Mannes, der *ane kunst und ane milten mut* ist (Z. 165), denn er mag geizig sein und viel verheißen, was er nicht zu erfüllen bereit ist: *[er] geheizzet der gabe vil / der er doch geben niht enwil, / und wil der geheizze eren han* (Z. 151 — 153), vgl. Freidank (*Maneger der gelobet vil, / des er doch niht geben wil,* 111,13 ab) und Wernher von Elmendorf (*is sint allir schanden meiste, / daz man vil gelobe vnd lutzil leiste, / vnd di lute mit schoner rede leite,* Z. 345 — 347⁴⁴). Er mag lange zögern und nur dem beständig und aufdringlich Bittenden etwas gewähren, um ihn loszuwerden — so wissen Gott und der Bittende, daß er *ane milten mut* ist. Der Typus des Aufschiebenden ist der didaktischen Dichtung des Hochmittelalters geläufig: „*Den milten tuot verziehen we,*" so redet her Vridank den tumben vür durch guote lere (Rûmelant von Schwaben⁴⁵).

In seiner Charakteristik des bösen Reichen verläßt sich der Stricker auf gängige Bezeichnungen, die sich mit seinen eigenen Ansichten wohl decken, aber an erster Stelle topisch erscheinen. Das ist nicht der Fall bei seiner Beschreibung des Reichen, der *meisterlich geben kan* (Z. 119), der die *kunst* des Gebens (Z. 173) beherrscht.

Dieser will den Menschen kennen, dem er gibt: *der muz haben tugende und kunst* (Z. 122). Hier erwähnt der Stricker ästhetische Bewertung zum letztenmal im Gedicht, denn in den folgenden zweihundert Zeilen ist nur von einer christlichen Beurteilungsweise die Rede, die auf der Übertragung der Almosenlehre auf die Beziehungen zwischen Herren und besitzlosen Berufsdichtern basiert. Diese Übertragung führt der Stricker progammatisch ein:

> swer arm ist und tugenthaft,
> da hat die gabe groze kraft,
> si ist almusen und ere.
> in lobet ein gabe mere
> und frewet im langer sin leben
> der waiz war umb er sol geben
> und wem und wenne und wi und wa,
> und ninder geben wil wan da,
> denne jenen siner gabe viere . . . (Z. 123 — 131)

---

⁴³ Andere Belege zum Laster der Verschwendung in folgender Studie zum ‚Pfaffen Amis'.

⁴⁴ Hrsg. von Joachim Bumke (ATB Bd. 77), Tübingen 1974. Vgl. Thomasin, Z. 14403 bis 14466. In der Auslegung zu seiner Fabel ‚Der Wolf und der Hund' (Ed. Nr. 66) analysiert der Stricker verschiedene Aspekte der fehlerhaften *milte,* einschließlich Verschwendung und falscher Verheißung (Z. 61 — 104).

⁴⁵ HMS, III, S. 69 (2). Vgl. Freidank 86,14 — 15 und 112,1 — 4; Thomasin, Z. 14259 bis 14316; Wernher von Elmendorf, Z. 337 — 352. Wie Freidank, Thomasin und Wernher erwähnt Innozenz III. den Spruch *Bis dat qui cito dat* (‚Libellus de eleemosyna', PL 217,754 D — 755 A).

Die Gruppe der Interrogativa *(war umb, wem, wenne, wi, wa)*, die die erkenntnistheoretische Haltung des wahrhaft *milten* umreißt, entstammt der Diskussion der „Umstände" beim Almosengeben: man wußte, daß nicht jedem und zu jeder Zeit gegeben werden sollte, es kam darauf an, die *circumstantiæ* richtig zu beurteilen: *Multum ergo contingeret eleemosynam retardari, sic semper oporteret inter bonos et malos discerni . . . Sane benefaciendum est in bonis et malis, et justis et impiis, et amicis et inimicis . . . sed in talibus ponderandæ sunt circumstantiæ . . .* (Innozenz III., a. a. O., Sp. 756 CD). In dieser Erörterung des Problems: Wem soll man geben? spielt Innozenz III. auf die grundlegenden Verse Jesus Sirach 12,1 – 6 an, die dem Stricker wohl bekannt waren und direkt zur Schärfe seiner Polemik gegen unwürdige Empfänger beisteuerten: *si benefeceris scito cui feceris . . . benefac iusto et invenies retributionem magnam et si non ab ipso certe a Domino . . . da bono et non receperis peccatorem . . . benefac humili et non dederis impio . . .*

Es war aber nicht nur über die Güte oder Bosheit des Bittenden nachzudenken, sondern auch über die eventuelle Auswirkung der Gabe auf seinen Charakter und sein Leben – als Menschen verdienten die Bösen Almosen, die sie jedoch in der Sünde fördern könnten und deshalb zu verweigern waren: *Unde peccator prohibetur suscipi, et impio dari vetatur, videlicet ne per susceptionem vel dationem hujusmodi foveatur impius in peccato. Non ergo subveniendum est talibus occasione forendæ culpæ* (Innozenz III., a. a. O., Sp. 757 B). Man mußte sich also viele Fragen stellen, um richtige Entscheidungen im Almosengeben zu treffen: *Circumstantiæ eleemosynarum hæ sunt: „Quis, quid, quantum, cui, ubi, quando, quare"* (Alanus de Insulis[46]); *quis sit ejus effectus, quid dandum, et quomodo, et quo ordine, quantum, qualiter et de quo, quibus, quot, et qualibus* (Petrus Cantor[47]); *in talibus ponderandæ sunt circumstantiæ, ut possit discerni, quando, et quomodo, et ubi, et cui magis debeat subveniri* (Innonzenz III., a. a. O., Sp. 756 D).[48] Mit den Reihen von Alanus und Innozenz hat der Stricker vier seiner fünf Umstände gemeinsam (es fehlt bei Alanus das *wi / quomodo* und bei Innozenz das *war umb / quare*); die Gruppe von Innozenz *quando, et quomodo, et ubi* wird vom Stricker sozusagen genau übersetzt *(wenne und wi und wa)*.

Mit dieser Gleichsetzung des *milten* mit dem weisen Almosengeber ist der Stricker bereit, die Gottgefälligkeit seines Lebens hervorzurufen, d. h. die christlichen Werte adeliger *milte* zu evozieren. Das beschäftigt ihn über 150 Zeilen (Z. 172 – 322), er macht nur einen kleinen Abstecher Z. 187 – 210,

---

46 ‚De arte prædicatoria' (PL 210,111 – 198, hier Sp. 175 C).

47 ‚Verbum abbreviatum' (PL 205,286 B).

48 Siehe auch die Sentenz Anselms von Laon ‚De elemosina danda', in der drei Faktoren analysiert werden *(quid, qua intentione, a quo detur)*. In: Odon Lottin, Psychologie et morale aux XII$^e$ et XIII$^e$ siècles, Tome V, Gembloux 1959, S. 67 – 68.

um über die richtige Weise im Verschenken kleiner und großer Gaben zu belehren: *tougen* bzw. *offenliche* (Z. 191, 208). (Damit kann ich nur die Unterweisung Thomasins von Zirklaria im ‚Wälschen Gast' vergleichen, *swaz êret eines mannes leben gebe man offenlîchen* und *swaz dâ hilft der armuot gebe man tougenlîchen,* Z. 14589 – 14608. Die Gedankengänge der beiden Dichter sind jedoch ganz verschieden.) Die zentrale Stellung in diesen Ausführungen nimmt eine geistreiche Metapher ein: der christlich gebende Herr ist *ein wiser koufman* (Z. 176).

Die Logik der Metapher ist klar, denn nach kaufmännischer Art gibt man vom Besitz und erhält Güter, aber die Güter sind hier nicht materieller, sondern geistiger Natur. Der Reiche gibt materielle Habe und erhält *Gotes und der werlde gunst* (Z. 174), *Gotes hulde und ere* (Z. 178) und erwartet keinen Dienst von dem Menschen, der empfängt (Z. 182 – 183) – *er wartet des lones hin zu deme / der nihtes ungelonet lat, / von dem er gut und ere hat* (Z. 184 – 186). Dieser Hinweis auf Gott als Eigentümer und Ursprung unseres Besitzes zeigt, daß der Stricker alle wahre *milte* als eine Handlung aus Gerechtigkeit betrachtet. Indem man Gut an würdige Arme verteilt, gibt man es dem Eigentümer zurück und bekommt den Lohn des christlich Handelnden, Gottes Wohlgefallen und die Verehrung der christlichen Gemeinde. Wenn auch die Metapher vom *wisen koufman* auf logischer Ebene schlicht und einfach ist – man könnte einwenden, daß der Reiche *Gotes hulde und ere* mit Besitz erwirbt, der ihm nicht gehört! –, so ist sie dafür rhetorisch gewagt. Wir haben schon gesehen, daß der Stricker kaufmännische Praktiken im Wirtschaftsleben zum Inbegriff des Unritterlichen macht *(swelch ritter sich daz ane nimt, / daz einem koufman wol gezimt / . . . / er hoenet daz leben unde sich*[49]), und im allgemeinen steht der Stricker im Kreis der Didaktiker (Thomasin, Freidank), denen der Kaufmann eine moralisch verdächtige Figur ist (man erinnere sich an die Details kaufmännischen Betrugs in der Besprechung von *giteicheit,* ‚Des Teufels Ammen' [Ed. Nr. 111], Z. 93 – 99). Thomasin stellt den Kaufmann dem Freigebigen gegenüber:

> ob er nâch reht niht geben kan,
> so ist er niht ein milte man.
> der ist ein koufman gar
> der durch gewinn gît, daz ist wâr.
> (Z. 14329 – 14332; vgl. Z. 14501 – 14504)

Nach Thomasin denkt der Kaufmann an Gewinn, wenn er gibt, aber der *milte man* nicht, eine Anschauung, die der Stricker dadurch geschickt variiert, daß er den echt Freigebigen im Bewußtsein eines geistigen Lohns von dem, *der*

---

[49] ‚Der verflogene Falke' (Ed. Nr. 48), Z. 127 – 130; vgl. unsere Bemerkungen im ersten Abschnitt dieser Studie.

*nihtes ungelonet lat,* handeln läßt. So unterscheidet er den gemeinen Kaufmann ständisch und moralisch vom *wisen koufman.*[50]

Der Stricker meint zuerst, daß der Adelige, der Gott gefallen und die Ehre der Welt erwerben will, seinen Besitz für Gott verwenden soll: *der Gott und ere minnet, / dem git er daz selbe gut* (Z. 180 – 181). Nachher präzisiert er, daß Ehre eine Funktion der christlichen Verwendung von Besitz ist, daß es für Herren keine Ehre geben kann, die nicht auf diese Weise von Gott „gekauft" wird. Teilt der Mann, *der edel und riche si* (Z. 211), sein Gut um Gottes Willen aus, so erhält er *êre* als Folge dieser caritativen Tat:

> swer Got zu vorderst eret,
> des ere wirt gemeret
> beide hie und ewicliche dort.
> swer umb den ewigen hort
> zu vorderist sin gabe git,
> daz let die ere ane nit.
> die ere ist Got undertan,
> si let in gerne vor gan,
> er ist ouch ninder ane sie,
> si waren mit ein ander ie
> und sint entsamt immer.
> ern gewinnet ere nimmer
> der si niht koufet zu Got. (Z. 217 – 229)

Dieser Abschnitt des Gedichts führt die Metapher vom *wisen koufman* implizit weiter. Mit vielen Wendungen spielt der Dichter auf den Handel zwischen Herren und Gott an: *Got der hat ere veile. / im wirt ere vil ze teile / der si da zu im kouffen wil* (Z. 233 – 235); *die wisen geber wizzen wol / daz man die ere kouffen sol / zu Gote, der si veile hat* (Z. 241 – 243; vgl. auch Z. 246 – 249, 252 – 254). Mit Augustinus sagt er: *Si amas illum, eme illum ab illo* (PL 38, 253).

Diese Rhetorik hängt eng mit der Topik der Spruchdichtung zusammen, die den Dienst der Dichter an den Adeligen in der Formel *guot umb ere nemen* zusammenfaßte.[51] Da die Dichter ihre Mäzene gegen Belohnung öffentlich

---

50 Christlicher Überlieferung wird er vieles bei der Gestaltung dieser Stelle verdankt haben: *Foeneratur Domino qui miseretur pauperis* konnte man in der Schrift lesen (Prov. 19,17), und Jacobus de Vitriaco verwendet in einer Predigt *ad mercatores et campsores* fast die gleiche Metapher wie der Stricker: *Bonus est mercator qui dat paleam temporalium, ut inde emat granum aeternorum horreorum . . . Christus enim bonus est venditor . . . Bonum est ergo cum tali mercatore habere commercium* (aus den ‚Sermones vulgares' in Analecta novissima spicilegii Solesmensis, hrsg. von J. B. Pitra, II, Paris 1888, S. 432).

51 Siehe Franz H. Bäuml, *Guot umb êre nemen* and Minstrel Ethics. In: JEPG 59 (1960), 173 – 183; de Boor, III–1, S. 417: „Gut für Ehre: das ist das Stichwort, unter dem sich die wandernden LIteraten sittlich rechtfertigen."

verehrten, könnte man unverblümt von diesen als *êren koufaeren* und von jenen als *verkoufaeren* reden[52], aber man wußte schon mit dem Terminus *durch got* eine gute Miene zum bösen Spiel zu machen.[53] Der Stricker scheint sich dieser Topik wohl bewußt zu sein, aber in seiner Behandlung der Formel — *er muz wesen Gotes bot / der gut umb ere nemen sol* (Z. 230 — 231) — liegt ein viel tiefer gründendes Verständnis der *milte,* als wir unter den Spruchdichtern finden. Nicht aufgrund des erhabenen Wesens der Kunst ist der Dichter *Gotes bot*[54], sondern weil er das, was dem Herrn gehört, in seinem Namen empfängt. Die Freigebigen sind zwar *der ere koufaere,* aber der *verkoufaere* ist nicht mehr der Dichter, sondern Gott, *der si veile hat.* Konsequent und klar stellt der Stricker Freigebigkeit als eine Sache zwischen Adeligen und Gott dar, die dem würdigen Berufsdichter (unter anderen Bedürftigen) zwar wohltut, aber nicht aus dem Grunde unternommen werden darf, damit die Adeligen sich vom Dichter loben hören.

Der Stricker fährt mit seiner Metaphorik des Handels im ersten der beiden Schlußvergleiche weiter. Der Mann, der *gewalt und gut / und sines willen vil hat* (Z. 256 — 257), aber unchristlich lebt, hat keine wahre Ehre: *er ist betrogen sere, / ez ist valsch nach eren geslagen* (Z. 262 — 263). Trägt er dieses falsche Geld vor *der eren munzaere* (Z. 265), so bekommt er die angemessene Strafe: der *nimt im ... / den lip und alle sine habe* (Z. 272 — 273), und so wird es allen ergehen, *die mit valschen eren ir leben / untz an daz ende bracht hant* (Z. 276 — 277). Das ist die Lehre von ‚Dem Knecht in Herrenkleidern' (Ed. Nr. 84) in einem neuen Bild, der Lehre vom reichen Mann, der seinen Reichtum nicht für die Armen einsetzt und darum von Gott verurteilt wird. Das dem Münzsystem entstammende Bild bewahrt den Bezug zum *wisen koufman*[55], ruft auch die Metaphorik der Parabel Christi ins Gedächtnis, die von der richtigen Betreuung der Münzen erzählt (Matt. 25,14 — 30; Luk. 19,12 — 26). Dieses Gleichnis verbindet der Stricker zum Schluß des Gedichts (der Metapher vom *kelner*) mit einer Rückschau über die gedeutete Erzählung am Anfang (Z. 283 — 303), was für die durchdachte Komposition des Stücks bürgt und niemanden daran zweifeln läßt, daß der anfängliche Hinweis auf

---

52 Meister Kelin: *êren koufaere ist niht vil, verkoufaere ist genuok,* zitiert von Hans Steinger, Fahrende Dichter im deutschen Mittelalter. In: DVjS 8 (1930), 61 — 79, hier S. 75.

53 Steinger, ibid.; Bäuml, bes. S. 180 — 183, wo er ‚Falsche und rechte Freigebigkeit' bespricht.

54 Siehe Fritz Tschirch, Das Selbstverständnis des mittelalterlichen Dichters. In: Beiträge zum Berufsbewußtsein des mittelalterlichen Menschen, hrsg. von Paul Wilpert, Berlin 1964, S. 239 — 285, hier S. 264 — 268.

55 Vgl. Jacobus de Vitriaco: *Diabolus autem in nundinis suis commodat ad usuram falsam monetam, id est peccata, praetendendo falsam delectationem ... Nam falsi denarii suaviores esse dicuntur* (loc. cit.).

*milte leute* (Z. 42) eine Problematik andeutete, die im wesentlichen die Strikkersche Eigentumslehre ist. Diese Lehre kommt am Ende ganz unverhüllt zum Ausdruck im Vergleich vom untreuen *kelner,* den wir schon erörtert haben:

> swelchez herren kelnere
> so ubermutick were,
> so here und so unwise
> daz er im sin spise
> niht engebe swie er wolte,
> ich wen er drumbe dolte
> zu rehte sines herren zorn.
> also hat er Got verlorn
> swer grozes gutes waltet
> und daz vor Got behaltet.
> daz gut ist allezsamt Gotes. (Z. 307 – 317)

c) ‚Der Weidemann' (Ed. Nr. 41)

Dieses Gedicht trägt unserer Studie wenig Neues bei, verdient gleichwohl als Strickersche Handhabung mehrerer Begriffe und Probleme, die wir schon herausgearbeitet haben, eine kurze Besprechung.

Die relativ lange Erzählung (Z. 1 – 81) stellt zwei Arten von Jagdhunden vor – die, die gute Ausdauer besitzen und die, die die Jagd bald aufgeben. Die Jagd deutet der Stricker als Suche nach Ehre: manche verharren darin, damit sie sich Ehre ständig schaffen; andere sind bald fertig und erwerben Ehre nie. Wenn man nicht ganz an der Oberfläche des Gedichts hängenbleiben will, muß man erkennen, daß der Stricker dem Wort *ere* dieselbe Bedeutung beimißt, die es in ‚Falscher und rechter Freigebigkeit' aufzeigt. Es bedeutet die Anerkennung Gottes und der christlichen Gemeinde, die dem Herrn zuteil wird, der seinen Besitz um Gottes willen verschenkt:

der Got und ere minnet,      der Got und ere minnet,
dem git er daz selbe gut.      swaz er immer gewinnet,
(‚Freigebigkeit', Z. 180 – 181)      daz gert er um ir beider gunst.
                                       (‚Weidemann', Z. 97 – 99)

Die Jagd auf Ehre heißt soviel wie der Handel mit Gott, *der si veile hat,* und der Stricker faßt dieses Leben im Prädikat *tage und gut ritterlich vertun* zusammen (Z. 113 – 114).

Den Rittern, die diese Existenz des ständigen Beschenkens und Verteilens führen, stellt er eine lasterhafte Gruppe gegenüber, die die Tugendhaften *zu einer kurzen vrist* (Z. 125) überschatten mögen, aber *unlange da bi* (Z. 130) bleiben, d. h., die von ihrem Besitz nur gelegentlich spenden. Diese sind artverwandt mit den anderen, denen die *rechte milte* fehlt, denen wir schon in ‚Den Herren zu Österreich' und ‚Falscher und rechter Freigebigkeit' begegnet sind — den Verschwendern, den Geizigen, den Ungerngebenden, den Eitlen, den Aufschiebern —, aber man braucht nicht meinen, daß der Stricker seine Problematik der fehlenden Ausdauer im Verteilen frei erfunden hat. Es ist interessant, daß Innozenz III. seinen ‚Libellus de eleemosyna' mit einem Kapitel über die Notwendigkeit der *perseverantia* im Almosengeben (PL 217, 759 — 762) beendete. Von dieser Schrift (und wohl anderen) hätte der Strikker den Grundgedanken dieses Gedichts beziehen können.

Seine polemische Schärfe aber entspringt der Behauptung, daß der Unbeständige, gleich den Dorfhunden, von schlechter Abstammung ist, *halp ritter und halp gebauer* (Z. 126). Nicht nur das, denn er *ist ein wucherer e gewesen / und wil mit wucher wol genesen* (Z. 127 — 128): eine merkwürdige Anschwärzung derjenigen, die des Dichters Ansprüche im Verschenken nicht erfüllen! Ist das wörtlich zu nehmen? Übt der Stricker soziale Kritik an bestimmten Herren, denen man Vorwürfe hinsichtlich ihrer Abstammung machen könnte und in deren Wirtschaft der Wucher eine auffällige Rolle spielte? Das ist möglich und wäre mit der Kritik Meister Stolles zu vergleichen, die dieselbe Mischung von unedler Abstammung und wucherischer Wirtschaft rügt:

> Wuocher unt versaz hat vil der niuwen herren gebraht,
> der gekünnes man bi welfes siten kleine hat gedaht;
> swer nu hat guot, der swuere wol,
> daz sin burt ob eime keiser wære.[56]

Aber Meister Stolles Klage über das Aufkommen eines Geldadels *zuo der herren rate* (ibid.) scheint mir zugleich allgemeiner und objektiver als die Verunglimpfung Strickers, die genau genommen nur die Söhne einer Mißheirat betrifft *(halp ritter und halp gebauer)*, die sich ausschließlich mit Wucher befassen. Daß er damit auf wirkliche Personen anspielte, ist nicht von der Hand zu weisen, doch gibt es eine andere, für die Art der Strickerschen Dichtung plausiblere Erklärung.

In einem schon besprochenen Abschnitt der ‚Klage' (Ed. Nr. 153, Z. 293 bis 310), der vom bösen Reichen handelt, sind die genetischen Details als Rückschlüsse aufzufassen, die man angesichts einer lasterhaften Lebensweise machen muß: der Reiche, der sein Gut den Bedürfigen vorenthält, hat sich *unreinez gut* auf unehrbare Weise erworben und sich diesem unterjocht. Ebenso müßte man, der Ansicht des Stricker nach, für den Fall eines Mitglieds des Ritterstandes folgern, dem es nicht Ernst mit der Freigebigkeit war. Da die christliche Freigebigkeit (= die Jagd auf Ehre) zum Wesen dieses Standes ge-

---

[56] HMS, III, S. 9 (I, 28). Interessant ist es, daß Marcabru (u. a.) den Geiz unter Adeligen „auf die Blutmischung mit Nichtadligen zurückführt" (Köhler, Reichtum und Freigebigkeit, S. 113).

hört, muß man die Zugehörigkeit eines Mannes zum Stand bezweifeln, der nicht freigebig ist (d. h., der nur sporadisch verschenkt). Das bezweifelt der Stricker mit dichterischer Polemik, indem er diesem Geizigen schlechte Abstammung und lasterhafte Wirtschaftspraktiken zuschreibt. Wehe dem angeblichen Ritter, der Mangel an *perseverantia* im Verteilen seines Besitzes aufweist, denn der Stricker verweist ihn rhetorisch aus der Ritterschaft!

Dieser Polarisation des Publikums folgt die Polarisierung der Fahrenden. Die von den Zwittern Begünstigten, die sie selbstverständlich loben, werden in künstlerischer Hinsicht geschmäht:

> Swer beide lange und vil
> den selben zwitarn loben wil
> niht me wan durch den einen schal,
> daz lop wirt schire so smal,
> ezn fullet niemen sin oren.
> ich erloube wol den toren
> daz si die zwitaren loben.
> hat man daz schire vur ein toben,
> daz zimt dem lober wol
> und jenem dem daz lop sol. (Z. 133 – 142)

Dagegen sind *die wisen* – die Gruppe echter Künstler, zu der der Stricker eben gehört – durch ihre Beziehungen zu *den steten* nachzuweisen; diese genießen ihre ständige Jagd auf Ehre (christliche Freigebigkeit) dadurch, daß sie in *hofflicher kunst* gefeiert werden und die Verehrung der Mitchristen erhalten:

> Ich gan daz wol den wisen
> daz si die stete prisen.
> der steten lop sol stete sin,
> in steter tugende lihter schin
> der leuchtet von der eren fewer.
> man sol in geben zu stewer
> gantzes lop von hofflicher kunst
> und aller rechten leute gunst. (Z. 151 – 158)

Man dürfte sich die Entstehung von dem ‚Weidemann' so vorstellen: im Stand der ritterlichen Mäzene gab es eine mehr oder weniger zahlreiche Gruppe, auf die man sich nicht verlassen konnte – zumindest, wenn man menschlich und künstlerisch mit dem Stricker vergleichbar wäre; in moraltheologischer Sicht war diese Unbeständigkeit ein Laster, das sich gar nicht mit dem Wesen der Ritterschaft vertrug; um diese Gruppe möglichst scharf zu kritisieren und die sowohl moralischen als auch gesellschaftlichen Vorzüge der Freigebigen aufzuweisen, griff der Stricker ihre Abstammung und Sittlichkeit an und verspottete die *toren*, deren Gönner sie waren. Das Gedicht ist bissiger als die anderen, die eine ähnliche Thematik haben, aber es fußt auf denselben Anschauungen von der christlichen Pflicht des Besitzenden.

### 3. Besitz, Ehre und Schande

#### a) ‚Die freigebige Königin' (Ed. Nr. 32)

Dieses bîspel ist etwas ungewöhnlich, weil der lange, erzählende Teil (Z. 1 bis 114, mehr als die Hälfte des Gedichts) einige für unser Verständnis wesentliche Züge enthält – die in diesem Teil handelnden Figuren erhalten vom Dichter eine moralische Typisierung, die die folgende Auslegung bis zu einem gewissen Grade vorwegnimmt. Nichtsdestoweniger ist der Gehalt des Stücks nur nach eingehender Analyse der letzten 38 Verse richtig zu beurteilen, die die Verbindung zwischen der Eigentums- und der Ritterlehre des Stricker knüpfen.

Er konstatiert zwei Ritter, identifiziert sie als *der arme* (Z. 33, 37, 47, 70, 108) und *der riche* (Z. 35, 45, 49, 78, 89) und ordnet diese schließlich der personifizierten Ehre bzw. Schande zu. Der Kontrast besteht nicht nur aus der äußeren Erscheinung, sondern auch aus der vermuteten Lebensweise. Der Arme ist vor kurzem aus Gefangenschaft mit eigenem Besitz losgekauft worden:

> dem was sere misse gangen,
> er was mulich gevangen
> und beschatzet also sere
> daz er niht het mere
> wan vil boese grawe cleit,
> und ein so armes pfert reit
> daz in vil choume getruck. (Z. 15 – 21)

Dem Anschein nach hat der Reiche nichts mit dem Krieg zu tun, sondern nur mit ritterlichem Spiel:

> der was gezimieret
> und in allen weiz gezieret
> als er turnieren wolte
> und iezu sprengen solte. (Z. 29 – 32)

Der Reiche vertritt genau die Haltung, die der Stricker in ‚Der Klage' (Ed. Nr. 153) bedauert: er bewertet nur das vom Reichtum abhängige Äußere und will sich nicht in der Gesellschaft des Armen am Hof der Königin sehen lassen (Z. 50 – 69, vgl. ‚Die Klage', Z. 113 – 166, 293 – 310). Um das zu vermeiden, kehrt er von der Straße ab und wird im Wald getötet (Z. 103 – 107); der Arme gelangt zur Königin, die ihn reichlich beschenkt (Z. 108 – 114). Daß die Suche des Reichen fehlschlägt, scheint durch das Gegebene der Geschichte prädestiniert zu sein, denn die Königin ist wegen Freigebigkeit berühmt (sie gibt jedem Ritter zwanzig Mark), die dem Reichen wenig bedeuten würde. Der Stricker hebt hervor, daß arme Ritter sie besuchen (Z. 10 – 12), die sie grundsätzlich mit dem Notwendigen ausstattet (Z. 112 – 114). Bei ihr hätte der Reiche nichts zu suchen.

Es überrascht zunächst nicht, daß die Königin *vrow Ere* (Z. 121) ist und daß die zwanzig Mark, die sie dem suchenden Ritter gibt, die Skala ritterlicher Tugenden ausmachen (Z. 125 – 128), aber das scheint unvereinbar mit dem religiösen Begriff der *ere,* den wir den gerade besprochenen drei Gedichten entnommen haben. Hier geht es um höfische Werte, die dem Ritter von der Ehre zukommen — *minne, gǔte, vreude, zucht* usw. Diesem konventionellen Teil des Gedichts läßt der Stricker einen persönlicheren folgen, der die Transzendenz der Lehre ans Licht bringt und die Bedeutung der *ere* in der uns bekannten Form festlegt.

Zuerst werden die Kontrastfiguren in ihrer Beziehung zum Besitz präzisiert:

> Ist nu ein arman so gemut
> daz er daz beste gerne tut,
> so hast in der der des hordes phliget
> und sin gedanch dar an liget
> wie der den muge gemeren. (Z. 179 – 183)

Der materiell Arme ist geistig auf *das beste* eingestellt, der Reiche ist dem geliebten Gut auch geistig unterworfen — hier kommt nochmals zum Ausdruck der Verdacht des Dichters gegen die Menschen, die ihren Reichtum vermehren wollen (vgl. ‚Die Klage', Z. 306 – 307: *und getar niht anders geleben, / wan daz erz immer meret*). Der Haß dieses Reichen gegen den Tugendhaften (Armen) ist eine Art Naturfeindseligkeit, die sich auf ihn tödlich auswirkt, so daß er *zu der Schanden* kommt (Z. 190) und geistig stirbt: *so ist er Got und der werlde tot* (Z. 193). Die Aussage ist einfach. Der reiche Mann, der seinen Besitz nicht austeilt, sondern *des hordes phliget* und seine Gedanken nicht an dessen christliche Entäußerung, sondern an die entgegengesetzte Vermehrung richtet, erntet die Verachtung der Welt und den ewigen Tod.

Obwohl der gute Ritter *der arme* ist, zögere ich immer noch, von einem „Armutsideal" des Strickers (Schwab) zu sprechen. Dieser Ritter hat sein Gut im ehrbaren Verfolgen seiner standesgemäßen Pflichten verbraucht, wird jedoch von den Herren, die ihre Pflichten anerkennen, wieder standesmäßig unterhalten: soviel scheint aus der Beschenkung mit *ros, phert, kneht und kleit* (Z. 110) hervorzugehen, die zwar im ersten Teil des Gedichts steht, aber zu den bedeutenden Bestandteilen gehört, und aus der Klage des Dichters über böse Herren, die die Ritter mit schlechten Kleidern und Pferden leben lassen (‚Die Herren zu Österreich', Z. 115 – 137). Ein Ritter muß nicht arm sein, um gut zu sein; er soll das für seinen Stand und seine Funktion Notwendige haben, aber wenn er es hat, verliert er jeden Anspruch auf weiteren Besitz. Das ist der Sinn der Beschenkung mit *ros, phert, kneht und kleit*, Güter, auf die der Dichter zusammenfassend als *die notdurfte* (Z. 197) anspielt (vgl. Petrus Cantor über *necessaria*). Diese gibt ihm die Königin, *da mit er furbaz gelebe* (Z. 198).

Wenn der Stricker diese *notdurfte* auf geistiger Ebene zu deuten beginnt, scheint eine Unstimmigkeit einzutreten: *Die notdurft der man sol genesen, / ze war daz muz die ere wesen* (Z. 199 – 200). Die (Frau) Ehre gibt zwanzig Tugenden, wie soll sie sich selbst auch geben? Welcher Zusammenhang besteht zwischen der Deutung der von Frau Ehre gegebenen zwanzig Mark als ritterliche Tugenden und der Deutung der von ihr gegebenen *ros, phert, kneht und kleit* als *ere*? Ich glaube, daß die Deutungen nicht konsequent aufeinander bezogen sind und daß die *ere*, die für eines jeden Wohlergehen unerläßlich ist (*swer niht eren hat, / des wirt benamen nimmer rat*, Z. 203 – 204), gerade die *ere* ist, die der Besitzende bei Gott zu kaufen hat (,Falsche und rechte Freigebigkeit', Z. 211 – 254). Im letzten Abschnitt der ,Freigebigen Königin' (Z. 199 – 216) erweitert der Stricker den Rahmen des Gedichts und nimmt dafür eine kleine Inkonsequenz, was Wort und Begriff *ere* betrifft, in Kauf. Die Ehre, die jeder unbedingt nötig hat, ist Gottes Wohlgefallen, das jedem wahren Christen zuteil wird – darüber belehrt uns der Dichter in dem anscheinend trockenen Wortspiel, das das Gedicht zum Schluß bringt:

> nu eret doch Got sine kint
> daz si zu Gotes riche sint,
> daz ist in ein michel ere.
> nu eret si Got noch mere:
> er gebeutet uns bi unser e
> daz wir si eren immer mê.
> sit sich Got an ere cheret
> und den so grœzlich eret
> der mit eren e bejaget,
> des wirt im ere gar versaget
> der niht mit werken eren gert,
> dern wirt ir nimmer gewert. (Z. 205 – 216)

Die Seligkeit der Erretteten ist die ihnen gespendete *ere* Gottes und demzufolge die Verehrung der christlichen Gemeinde – die göttliche Belohnung und soziale Anerkennung ihres christlichen Lebens. Die haben *mit eren ere bejaget*, d. h. durch gute Lebensführung den wesentlichen Lohn des Christen erstrebt und erhalten. Dieser wird aber dem Menschen versagt, *der niht mit werken eren gert* – der nicht durch gute Werke sich den ewigen Lohn erringen will. Also formuliert der Stricker grundlegende Wahrheiten des Christentums mit den Wörtern *ere* und *eren*.

Überträgt man diese Wahrheiten auf die spezifische Problematik des Gedichts, so wird der religiöse Sinn der Kontrastfiguren klar. Der Reiche, *der des hordes phliget,* versäumt gute Werke und wird von Gott nicht geehrt (gerettet). Das Leben des Armen führt ihn zur *ere:* da wir nichts von caritativen Werken hören, müssen wir die seinen Besitz verbrauchende ritterliche Tätigkeit als gültigen Ersatz hinnehmen, der ihm das ewige Leben zukommen läßt, und das wird sich als Lehre der ‚Beiden Knappen' (Ed. Nr. 163) herausstellen. Im Grunde genommen legt dieses Gedicht noch ein Zeugnis für die Strickersche Lehre von Eigentum und Besitz ab, die hier als ritterliche Lehre angeboten wird.

### b) ‚Frau Ehre und die Schande' (Ed. Nr. 156)

Aus diesem langen Gedicht kann man drei kompositionelle Bestandteile herauslösen. Eine epische Handlung bildet den Rahmen: der Ritter sitzt vor seinem Tor, spürt Unbehagen darüber, daß noch ein Gast ankommt, nimmt diesen jedoch auf und bewirtet ihn (und zukünftige Gäste) großzügig (Z. 1 bis 18, 518 – 538). Diese epische Handlung schließt eine allegorische ein: die weiblichen Gestalten der Ehre und Schande erscheinen; jede will den Ritter überreden, sein Leben nach ihren Geboten zu führen; schließlich wird die Schande von der Ehre gebunden und verprügelt. Ihr Streit über den Ritter nimmt die Form eines Streitgedichts an: er schlägt vor, daß sie miteinander disputieren, und verspricht der Siegerin Gehorsam; sie reden um die Wette (70 v. H. des Gedichts, wenn man die einführenden Reden, Z. 24 – 34, 51 bis 107 und 121 – 172 dazu zählt), und am Ende siegt die Ehre.

Die Allegorie und das Streitgedicht gehören eng zusammen; angesichts des häufigen Vorkommens allegorischer Figuren in der Tradition des lateinischen Streitgedichts, die manchmal konkret aufeinander bezogen sind (einige Gedichte enden wie das unsrige mit einer ,,Prügelszene zwischen den Partnern"[57]), ist es wahrscheinlich, daß der Stricker die allegorische Handlung und die eingeschlossene Debatte als eine Einheit konzipierte. Diese Tradition kennt auch die erzählende Einleitung zum Wortstreit und der Bericht am Ende (Walther, ibid.) — möglich, daß der Stricker sein ganzes Gedicht bewußt nach dem Muster des zu der Zeit besonders in lateinischer Sprache ausgebildeten Streitgedichts gestaltete.[58] Wie dem auch sei, es empfiehlt sich, unsere Analyse nach

---

[57] H. Walther, Das Streitgedicht in der lateinischen Literatur des Mittelalters, München 1920, S. 187.

[58] ‚Frau Ehre und die Schande' wird von Hermann Jantzen, Geschichte des deutschen Streitgedichts im Mittelalter, Breslau 1896, nur mit kurzer Inhaltsangabe erwähnt (S. 61). Ausführlicher ist die Behandlung von Ingrid Kasten, Studien zu Thematik und Form des mittelhochdeutschen Streitgedichts, Diss. Hamburg 1973, obwohl die Verfasserin an den Eigennutz des Dichters als Fundament des Gedichts festhält (,,Hinter der moralischen

den drei Schichten der Komposition zu gliedern. Obwohl die Debatte vom Dichter sehr in den Vordergrund gestellt wird, dürfen wir sie relativ kurz erörtern, denn ihre Rhetorik, ihre Prämissen und Wendungen sind uns durch unsere Beschäftigung mit anderen Gedichten des Stricker zum Thema *guot* und *ère* weitgehend bekannt geworden. Dagegen enthält die allegorische Handlung Neues und Interessantes, und der epische Rahmen ist für die literaturgeschichtliche Stellung des Gedichts wichtig.

Die Argumente, die auf jeder Seite vorgebracht werden, beziehen sich entweder auf das private Leben des Ritters, auf seine gesellschaftliche Verbindungen oder auf sein Seelenheil. Alle kreisen um den zentralen Punkt: Wie soll sich der Ritter zum Gut verhalten? Wieviel seines Besitzes soll er verschenken (wenn überhaupt!), wieviel für sich behalten? Die Schande verspricht ein privates Leben von großer Behaglichkeit und Geborgenheit, das auf dem stets wachsenden Gut beruht:

> ‚ich heiz in safte ligen gan
> an ein bette ze allen ziten,
> daz ist senfter denne riten.
> dar zu beslûz ich im daz tor
> und lazze alle die da vor
> die im in daz ore lûten
> und in vil sere mûeten
> ...
> daz gut daz er mit den verlur,
> da mit chouffe ich im vur
> beide win und korn.
> dazu wirt nimmer verlorn;
> wan e ez chom in sin vaz
> so lihe ichz aber vurbaz
> und mache in zu einem wisen man.
> ...
> nu hilfe ich im daz er sanfte lebet
> und in dem richtum swebet.' (Z. 212 – 236)

Das *sanfte ligen* und *leben* ist das Laster der acedia[59], hier mit dem Verzicht auf Gastfreundschaft und dem lasterhaften Wucher (*vürkoufen* und *lîhen* von Wein und Getreide) zu einem Bild des unritterlichen Lebens kombiniert. Die Schande lobt wieder den *gemach*, den sie ihren Dienern bereitet (Z. 353), und die Ehre greift gerade diese Faulheit als Inbegriff der Schande an (‚*der mich*

---

Polarisierung von Geiz und Freigebigkeit ist . . . das handfeste Interesse eines Dichters, der auf die Großzügigkeit seines Herrn angewiesen ist," S. 63). Über das Streitgedicht beim Stricker siehe Karl-Heinz Göttert, Theologie und Rhetorik in Strickers Weinschlund. In: PBB (Tüb.) 93 (1971), 289 – 310, hier S. 296.
[59] Vgl. unsere Ausführungen zu den ‚Sechs Teufelsscharen' im zweiten Kapitel.

*versprichet durch gemach...',* Z. 405); in seinem Urteil sieht sich der Ritter vor die Wahl gestellt, entweder Gott oder *gemach* zu folgen (Z. 465 – 469).[60] Gastfreundschaft empfiehlt die Ehre als *,daz beste'* (Z. 149, siehe Z. 150 bis 161) und in ihren Schlußbemerkungen setzt sie den Dienst der Schande der wucherischen Sorge um Besitz gleich:

> ,wil du der Schande bi gestan,
> so soltu werben umbe gut
> recht als ein wucherere tut.
> du solt beide tag und naht
> nach gute sorgen uber macht...' (Z. 424 – 428)

In bezug auf soziale Stellung meint die Schande, daß der durch Freigebigkeit verarmte Ritter die Hochschätzung der Welt verliert; die Menschen, die ihn früher verehrten, verspotten ihn, wenn er nicht mehr reich ist (Z. 25 – 34, 360 – 368). Also vertritt die Schande die vom Stricker in der ,Klage' bedauerten Ansichten der Leute, die den Wert eines Menschen von seinem Besitz herleiten – *Ich clage den vercherten mût: / daz nieman wert ist ane gût, / daz ist wider Jesum Christen* (Ed. Nr. 153, Z. 293 – 295). Dagegen scheint aus den Argumenten der Ehre hervorzugehen, daß solche Leute in der Minderzahl sind und daß freigebiger Gastfreundschaft die Gunst der Mehrzahl (*,der mereren menige',* Z. 154) widerfährt (Z. 150 – 172). Die Ehre evoziert das Bild eines durch Faulheit und Geiz von *vreude* und der *werlde* (Z. 242, 244) abgesonderten Ritters, der als die von anderen Vögeln gehaßte und vereinsamte Eule lebt (Z. 248 – 255).[61] Dagegen kann die Schande einwenden, daß eine beträchtliche Zahl der Adeligen in ihrem Dienst steht, die dem Ritter Gesellschaft leisten würden (Z. 271 – 277[62]). Der Stricker stellt also eine Gesellschaft auf, die immer noch den alten Werten ritterlicher Existenz huldigt, die aber eine Anzahl *zwitarn* aufweist (vgl. ,Den Weidemann'), deren Leben auf ihre Güter eingestellt wird. Der Ritter muß die Wahl treffen, welcher Gruppe er angehören will.

---

[60] Wie bekannt, hat *gemach* sehr negative Nebenbedeutungen in der ritterlichen Literatur; vgl. Hans-Werner Eroms, ,,Vreude" bei Hartmann von Aue, München 1970, bes. S. 46 – 47.

[61] Vgl. Thomasins einprägsames Bild des im Dienst der *erge* sozial vereinsamten Ritters:
> sô sitzet er mit bein über beine
> in einem winkel alterseine
> und ervindt vil manege kerge,
> dar zuo hilft im sîn vrouwe, diu Erge,
> wie er den müge geswechen
> unde dem sîn guot abe brechen,
> ein hüebel ode einen acker. (Z. 8711 – 8717)

[62] So Hs. H: ,ich han noch in dem lande / vil mangen edeln lieben man' (Z. 272 – 273). In Hs. A. wird die Aussage im Hinblick auf den Adel geschwächt: *,vil mangen lieben dienestman'.*

Was das religiöse Heil des Ritters betrifft, gibt es nur eine Seite der Frage. Die ersten Worte der Ehre sind eine christliche Verurteilung ihres Gegners (Z. 121 – 129), dessen Rat zum ewigen Tod führt (Z. 132 – 134). Diese a priori festgelegte Wahrheit bekommt am Ende des Gedichts eine Art Bestätigung, indem die Schande ihre höllische Heimat eingesteht und die tödlichen Auswirkungen ihres Rates für die, die ihm folgen, selber ausmalt (Z. 488 bis 514), aber man bedarf dieser Episode nicht, um die für das Gedicht konstitutive Rolle des Blickpunkts der Ehre richtig einzuschätzen. Er liegt vielen Strickerschen Gedichten zugrunde:

> ‚den zeuck sol er niht kiesen,
> da mit er mack verliesen
> daz heilige paradise.
> izn wart nie man so wise
> der mit keinen listen dir
> gedienen chunne und ouch mir.
> ...
> swen er beheltet din gebot,
> so han beide ich und Got
> in immer also gar verlorn
> sam er nie wurde geborn.' (Z. 291 – 310)

In den Worten der Ehre Z. 294 – 296 liegt eine eindeutige Anspielung auf Luk. 16,13 *(non potestis Deo servire et mamonae)*, die uns die Ehre als Stellvertreterin Gottes und folglich als Stimme christlicher Wahrheit erkennen läßt: man muß entweder Ehre (= *Deo*) oder Schande (= *mamonae* = dem Teufel) dienen. Gegen dieses Argument wendet die Schande nichts ein, sie übergeht vielmehr das Schicksal der Seele nach dem Tode (siehe Z. 346 bis 351!) und verabsolutiert das Erdenleben, sie will nur von dem „Gott" hören, zu dem der sinnliche Mensch in voller Befriedigung wird, und von dem „Himmelreich", das diese Befriedigung bedeutet:

> ‚beide Got und himelrich
> des müzen die mine
> me haben danne die dine,
> wan ich in iz wol gefugen kan,
> da mit ich hilfe dem man
> daz er so vil gutes waltet
> daz erz chaum behaltet:
> so lebt er wunnecliche.
> daz ist sin himelriche,
> dar uber ist er got...' (Z. 312 – 321)[63]

---

[63] Dieselbe Metapher vom Himmelreich (siehe auch ‚Die irdenen Gefäße', Ed. Nr. 146, Z. 139 – 151) findet man bei Berthold von Regensburg: *der Sünder hât im diz leben hie ûf ertrîche ze einem himelrîche genomen. Für die gnâde gotes unde für daz êwige leben*

Die Frage des Heils ist also polarisiert: Fleisch oder Geist, Diesseits oder Jenseits, ewiger Tod oder ewiges Leben. Zum Schluß ihrer letzten Rede kehrt die Ehre zum fundamentalen Punkt zurück, daß der Ritter durch Verzicht auf Gut sich das Seelenheil in Aussicht stellt (‚*nu enpir des gutes durch mich / ... / ich mache dich lip und wert / in himelrich und an der erden*‘, Z. 443 bis 449).

Selbstverständlich kann kein vernünftiges Wesen, das die Alternativen richtig begreift, in den Dienst der Schande eintreten. Wenn der Ritter sein Urteil fällt, erwähnt er mit keinem Wort die Fragen des Privatlebens oder der sozialen Beziehungen, über die die Gegner gestritten hatten, sondern entscheidet sich für die Ehre einfach aus christlicher Heilslehre:

> ‚ich deuchte mich unseliclich
> wurde ich so tumbes mutes
> daz ich min selbes gutes
> zu einem himelriche jehe
> und mich nicht baz versche
> wan daz ich Got dar uber were
> ...
> ich wil den got ze gote han
> des gotheit nimmer sol zergan.
> den wil ich niht verliesen
> noch durch minen gemach verchiesen.‘ (Z. 454 — 466)

Wie oben erwähnt, bestätigt jetzt die Schande, daß das Vorenthalten des Besitzes zur Verdammnis führt (Z. 499 — 504) und daß die Diener der Ehre, die ihre materielle Existenz durch Verschenken der Habe tiefgreifend beeinträchtigen (d. h. *grozzen kumber* dulden, Z. 509), das Paradies dafür erwerben (Z. 505 — 509). Mit der Lehre von Reichtum als Gemeingut (Z. 510 — 514), die wir am Ende des ersten Abschnitts dieser Studie besprochen haben, schweigt die Schande und endet die Debatte.

Wir sind bewußt an zwei Elementen des Streits an dieser Stelle vorbeigegangen — der negativen Ritterlehre, die die Schande vor dem Erscheinen der Ehre erteilt (Z. 51 — 107), und der positiven, die die Ehre zum Zentrum ihrer langen Schlußrede macht (Z. 386 — 452) —, denn diese gehören nicht zur moraltheologischen Dialektik an sich. Sie sind Entwürfe des im Dienst der Schande bzw. Ehre geführten Lebens, die wir am besten in Verbindung mit einer Analyse der umrahmenden epischen Handlung zur Diskussion stellen. Trotzdem ist es völlig klar, daß der Stricker im Namen der ritterlichen Ehre seine in vie-

---

*dâ hât er diz irdenische leben für genomen, daz ist gîtikeit unde hôhvart unde unkiusche. Sô nimt im dér guot gemach ze einem himelrîche, dér wollust des fleisches, dér tanzen, dér diz, dér daz. Swelher leise daz ist daz houbetsünde heizet, die der mensche niht lâzen wil, diu ist sîn himelrîche* (I, S. 427).

len anderen Gedichten vertretenen Ansichten über die religiöse Pflicht des Besitzverteilens nochmals zum Ausdruck gebracht hat und daß er die begüterten Ritter, die um des Gewinns willen ihre Güter sparsam bewirtschaften, als Anhänger der Schande stigmatisieren will.

Zu diesem Zweck trägt die allegorische Handlung viel bei. Daß der Stricker Ehre und Schande als weibliche Gestalten agieren läßt, scheint ihn wieder mit der Spruchdichtung des dreizehnten Jahrhunderts zu verbinden, denn zur Seite der von Reinmar von Zweter personifizierten Frau Ehre hat man bald die weibliche Schande (manchmal auch „Frau" genannt) stehen lassen.[64] Aber nicht jeder Dichter bezieht diese Personifikationen direkt auf Freigebigkeit und Kargheit, wie es Konrad von Würzburg tut[65], und sehr selten ist es, daß die allegorischen Damen sich in einer epischen Situation befinden, die irgendeine Wechselwirkung hervorruft — dafür kann ich höchstens auf das Gedicht Meister Kelins hinweisen (vgl. Anm. 64), in dem jede Figur Stellung zur Verwilderung der Sitten (d. h. Abfall der Diener der Ehre) nimmt. Die unsichere Chronologie der relevanten Spruchdichter sowie der Strickerschen Dichtung läßt es durchaus möglich erscheinen, daß der Stricker seine Idee einer Konfrontation zwischen den weiblichen Gestalten der Ehre und Schande der Kenntnis bestimmter Sprüche verdankt, aber die Spruchdichtung scheint keinen Anteil an seiner thematischen und allegorischen Ausarbeitung gehabt zu haben.

Die Allegorie wird zum Teil durch darstellende Details verstärkt. Die Schande *waz gestalt und getan / als ein teufel sol ze rechte* (Z. 20 — 21): was das im einzelnen bedeutet, erfahren wir nicht, denn der Stricker spricht nicht wieder vom Äußeren dieser Figur, aber die kurze Andeutung wird beim Publikum einen Effekt nicht verfehlt haben, so wie beim Ritter (Z. 37 — 39). Obwohl wir von den körperlichen Eigenschaften der Ehre gar nichts hören, hat sie wegen dreier Attribute ein festeres Profil: eine Stola, ein schneeweißes Gewand und eine Geißel (Z. 110 — 118). Der weißen Kleidung würde ich die erwartete Symbolik von Güte und Reinheit zuschreiben, die Stola fungiert wie oft als Sinnbild geistlicher Gewalt — damit wird die Schande schließlich gefesselt —, aber die Geißel, mit der die Ehre ihre Gegnerin schlägt, ist mit

---

64 Siehe Roethe, Die Gedichte Reinmars von Zweter, S. 215 — 218. Die Schande wird „Frau" genannt bei Meister Kelin (HMS, III, S. 23, III, 3); dem Marner (hrsg. von Philipp Strauch, Straßburg / London 1876, Nachdruck Berlin 1965, XIV, 224); und Bruder Wernher (hrsg. von Anton Schönbach, Wiener Sitzungsberichte, Bd. 149 [1905], 42). Vgl. Hermann der Damen (HMS, III, S. 162, II, 2). Fischer macht darauf aufmerksam, daß der Stricker ihr diesen Titel nicht gibt (Strickerstudien, S. 80, Anm. 1; auch AfdA 72 [1960/61], 79).
65 Sprüche 23,31 — 40; 32,343 — 345; vgl. Erika Essen, Die Lyrik Konrads von Würzburg, Marburg 1938, S. 27.

überraschender Genauigkeit beschrieben und ausdrücklich als Attribut St. Sebastians identifiziert:

> si trug die geisel in der hant
> die sente Sebastian truck
> da er einen teufel mit sluck,
> da waren an dri strange,
> beide stark, groz und lange,
> da hangeten bi
> dreu grŏze stucke, daz was bli. (Z. 112 — 118)

Das wirft ein schönes Forschungsproblem auf, dessen Lösung mir nicht gelungen ist. In den mit hagiographischen Hilfsmitteln zu erschließenden Quellen über diesen Heiligen findet man keine Erzählung, die mit dem Hinweis des Dichters zu verbinden wäre: Sebastian hat keine solche Geißel, er greift überhaupt keinen Teufel an.[66] Meine allerdings ungeübten Nachforschungen auf volkskundlichem Gebiet sind auch ohne Ergebnisse geblieben.[67] Eine dreisträngige Geißel ist als Heiligenattribut bekannt und wird gegen seine Feinde von Ambrosius und gegen den Teufel von St. Guthlac verwendet[68], aber das erklärt die Strickerschen Zeilen nicht. Da jeder Strang der Geißel der Ehre mit einem Stück Blei endet und das Blei für Gregor den Großen die Sünde der Habsucht symbolisiert *(peccatum avaritiae*[69]*)*, paßt sie sehr gut zur Bestrafung der spezifischen Schande des Gedichts, aber es scheint mir so gut wie sicher, daß der Stricker auf eine seinem Publikum bekannte Legende oder Mirakelerzählung anspielt, in der gerade die von ihm beschriebene Geißel eine Rolle spielt, und daß er nicht selber für die Details verantwortlich ist. Also halte ich es für zwecklos, über Eigenschaften der Geißel (das Blei, die Anzahl der Stränge) zu diskutieren. Ich nehme an, daß eine vielleicht nur lokal verbreitete Erzählung von Sebastian die Grundlage dieser Anspielung bildete; ob sie noch zu belegen ist, muß ich unentschieden lassen. Die Tatsache ist vielleicht in Erwägung zu bringen, daß das Benediktinerkloster Ebersberg (Oberbayern) seit dem zehnten Jahrhundert die Hirnschale St. Sebastians aufbewahrte und durch den Ruf dieser Reliquie zu einem bekannten Wallfahrtsort

---

66 Höchstens erscheint er im Traum eines bösen Herzogs und schlägt ihn mit einem Speer (Acta Sanctorum II, März 12, Antwerpen 1668, S. 127 F).
67 Das einschlägige Material im Handwörterbuch des deutschen Aberglaubens, hrsg. von Hanns Bächtold-Stäubli, 10 Bde., Berlin / Leipzig 1927 — 1942, bietet nichts Verwandtes (siehe VI, 1597/98; VII, 1557; und bes. IX, 399 — 408).
68 Siehe Louis Réau, Iconographie de l'art chrétien, 3 Bde. in 6, Paris 1955 — 1959, sub voce „Fouet à trois lanières" (III, 3, S. 1514).
69 ‚Moralia in Job' (PL 75, hier Sp. 1072/73). Vgl. Garnerius von St. Viktor, ‚Gregorianum' (PL 193,23 — 462, hier ‚De plumbo', Sp. 318).

wurde.[70] Ohne Zweifel war die Gegend um Ebersberg, die man in den vermuteten Bezirk literarischer Tätigkeit des Dichters ohne Mühe einschließen kann, eine Brutstätte frommer Geschichten von diesem Heiligen.

Die Einzelheiten der Personifikationen helfen uns, sie als Gegenwerte christlicher Moral zu deuten, und zwar lernen wir sie zuletzt als Archetypen im stetigen Konflikt von Gut und Böse kennen. Die Schande gibt zu, daß sie ein abtrünniger Engel ist, der mit Luzifer fiel und die Hölle bewohnt:

> ‚ich bin des teufels bot
> der durch sin hochvart
> von himel verstozen wart.
> mit dem viel ich her nider,
> wirn chumen nimmer hin wider.' (Z. 492 – 496)

Man muß folgern, daß die Ehre ein Engel Gottes ist – das verträgt sich gut mit den Attributen – und nicht irgendein Engel, sondern derjenige, dem der Schutz des Ritters anbefohlen ist. Die Ehre deutet ihre Rolle als Schutzengel mit diesen Worten an:

> ‚dirre man der sol min wesen
> und sol hinnacht mit mir genesen.
> ich wil ouch mit im leben
> und wil im immer obe sweben
> und wil im helfen, swar er vert,
> daz im die selde ist beschert ...' (Z. 195 – 200)

Der Kampf im Himmel, der den Engelsturz zur Folge hatte, wird zweimal erwähnt (Z. 121 – 124, 493 – 494), um die gewaltsame Unterwerfung der Schande unter die Ehre vorauszudeuten (Z. 475 – 485, 515 – 517), und in seinem ‚Gebet zum Schutzengel' (Ed. Nr. 15) stellt der Stricker dieselbe Verbindung zwischen dem Sieg der guten Engel im Himmel und dem erwünschten Sieg des Beschützers über teuflische Nachstellungen her:

> La mich des siges geniezen,
> den dir alle tivel liezen,
> do du in den himel behabtest an:
> also scheide si von mir dan.
> hilf, daz din huote an mir gesige
> und ir lage sigelos gelige. (Z. 31 – 36; vgl. Z. 5 – 7)

‚Frau Ehre und die Schande' läßt die Wortführer für Kargheit und Freigebigkeit zunächst als Personifikationen ritterlicher Begriffe auftreten, deren Argumente dadurch abstoßend bzw. anziehend wirken sollen, daß der Dichter

---

[70] LThK, III, 632 – 633 (sub voce „Ebersberg"); Handbuch der historischen Stätten Deutschlands. VII. Bayern, hrsg. von Karl Bosl, 2. Aufl., Stuttgart 1974, S. 153 – 154.

den Gestalten böse bzw. gute Eigenschaften zuspricht; er enthüllt sie schließlich aber als übernatürliche Mächte, die um die Seele des Ritters kämpfen — d. h. als Teufel und Schutzengel. Was als Allegorie beginnt, ist endlich nah an der Legende. Daß es diese trotzdem nicht ist, geht aus der Tragweite und dem Zweck der Dichtung hervor, die eine allgemeine Eigentumslehre enthält und das Rittertum in die rechte Bahn weisen will. Der Ritter versinnbildlicht das Rittertum, der Kampf zwischen Teufel und Schutzengel versinnbildlicht die für die christliche Lebensweise dieses Standes fundamentale Opposition der zwei vertretenen Philosophien von Besitz. Um die Seele des Standes und die jedes Mitgliedes geht es, wenn auf die christliche Pflicht des Verschenkens verzichtet wird.

Die kurze epische Handlung werden wir jetzt in Verbindung mit den Ritterlehren der Schande und der Ehre betrachten. Diese Handlung stellt die Frage der Gastfreundschaft auf, der Ritter fungiert bloß als Wirt, der den auf ihn angewiesenen Gast aufzunehmen hat. Wegen der Schäden, die die ständige Bewirtung seinem Besitz bringen, fühlt er angesichts der Aufgabe großen Unwillen:

> ‚mir chumt dort aber ein gast.
> ich trage von gesten grozen last,
> sie ezzent mir michel gut abe.
> het ich me denne ich habe,
> ichn mochte sin nimmer ze ende komen.' (Z. 9 — 13)

Einmal zum Verständnis der religiösen Bedeutung von Ehre und Schande gekommen, bewirtet er den inzwischen herangekommenen Gast großzügig und (was das Wesentliche ausmacht) *mit gutem willen* (Z. 530). Von anderen Aufgaben des christlichen Ritters (zum Beispiel einer militärischen Funktion) gibt die epische Handlung keine Andeutung.

Es fragt sich, ob der Stricker mit dieser kleinen Erzählung nochmals zum Thema „Pflege der Fahrenden" im Sinne der wandernden Berufsdichter gegriffen hat. Die Handlung paßte gut zu dieser Deutung, jedoch steht nichts Explizites in den wenigen Versen, was den *gast* sozial identifizierbar macht; er ist *ein solche gast / dem des nahtes gebrast / der herberge und der spise* (Z. 5 — 7), könnte also ein Pilger, ein kleiner Kaufmann oder ein anderer Reisender sein. Der Stricker scheint es bewußt zu vermeiden, daß die episch dargestellte Gastfreundschaft auf eine bestimmte soziale Gruppe eingeengt wird, nichtsdestoweniger erkennt man, daß ihm die Lage der *gernden* auch in diesem Gedicht sehr gelegen war. Die Schande verspricht, daß der Ritter keine Störung mehr vonseiten der Wandernden wird hinnehmen müssen:

> ‚dar zu besluͤz ich im daz tor
> und lazze alle die da vor
> . . .

> beide rûfer und spilman,
> vor den man niht geruwen kan,
> und ander die sich des begant
> daz si ritent und gant
> mit newen meren durch daz lant.' (Z. 215 – 223)

Unter *rûfer und spilman* versteht man die unterste Schicht der Unterhaltungskünstler; der Hinweis auf Träger von *newen meren* ist keineswegs durchsichtig[71]; es fehlt also ein deutlicher Hinweis auf *die wîsen gernden* (Friedrich von Sonnenburg), die Leute, *die gute kunst hant / und sich mit tugenden begant* (‚Falsche und rechte Freigebigkeit', Z. 55 – 56), zu deren Zahl sich der Stricker zählt. Aber das überrascht nicht, denn die Schande will die Wandernden jeder Art verunglimpfen, damit der Ritter desto leichter auf Gastfreundschaft verzichtet. Sie würde tugendhafte und verdienstbare Wandernde überhaupt nicht anerkennen. Daß sie auf den konkreten Fall des epischen Rahmens nicht als Beispiel der kostspieligen Störung, von der sie den Ritter befreien will, hinweist, mag aus der Sorge des Dichters hervorgegangen sein, die Allgemeinheit des epischen Teils zu bewahren. Die Worte der Schande beweisen gleichwohl, daß der Stricker die Not der *gernden* nicht übersah.

Als zweiten Grund für diese Behauptung möchte ich einige Einzelheiten in der zum Schluß des Gedichts beschriebenen gastfreundlichen Aufnahme erörtern, die auch zu der negativen Ritterlehre der Schande gehören (natürlich in umgedrehter Form). Wir sehen (Z. 518 – 531), wie der Wirt den Gast enthusiastisch begrüßt, ihn zu seinem *gesinde* führt, ihn in bezug auf die neuesten Nachrichten ausfragt und mit ihm zu Tische geht, was der Stricker zusammenfassend *wirtschaft und werdikeit* (Z. 531) nennt. Dagegen lehrt die Schande, daß der Ritter (den sie sich innerhalb seines Schlosses statt *vor sinem tor*, Z. 1, vorstellt) sich mit seinem *gesinde* zanken soll und die Diener ohne Grund beschuldigen, *daz si alle werden unvro* (Z. 68; vgl. Z. 55 – 69); den Gast soll er nicht grüßen, bevor er mindestens vier Menschen gescholten hat, *daz ez der gast vil wol vernem* (Z. 73); allem, was der Gast sagt, soll er widersprechen (Z. 74 – 82) und ihn während des Essens ganz ignorieren (Z. 83 – 86); dann soll er sich über seine Armut und die Belastung der vielen Gäste beschweren (Z. 87 – 97). Das Resultat dieser Maßnahmen wird es sein, daß der Ritter einen schlechten Ruf bekommt und von Fahrenden gemieden wird, *‚daz si dir din gut beginnent lan'* (Z. 107).

Also betont der Stricker nicht die materielle Seite der Bewirtung *(wirtschaft)* – auch der geizige Wirt gibt zu essen und zu trinken, von schlechter oder

---

[71] Steinger faßt *meren* als literarische Gattung auf und meint, der Stricker deute auf Literaten der eigenen Art hin (Fahrende Dichter, S. 69), aber es scheint mir unwahrscheinlich, daß er in einem ernsten didaktischen Gedicht auf sich selber als Märendichter Bezug nehmen würde.

dürftiger Kost ist nicht die Rede –, sondern die gesellschaftliche Seite, die Atmosphäre und den Ton des Empfangs *(werdikeit)*. In dieser Hinsicht macht er zum Prüfstein ritterlicher Ehre die als beliebtes Thema von Spruchdichtern evozierte ritterliche Gastfreundschaft den *gernden* gegenüber, die in dem Begriff der *hûsêre* eingeschlossen ist.[72]

Daß vieles von der Art und Weise des Grußes des Wirts abhängt, machen die Spruchdichter klar[73]: *der guote gruoz der vreut den gast, swenn er în gât* (Spervogel); *Von eines edelen wirtes munde ein grüezen tuot mir wol* (Friedrich von Sonnenburg); *Der gruoz den gast vil schône vröut, / der gruoz ist êre und stât ouch wol; der gruoz des gastes sorgen dröut, / daz sie niht wachent* (Helleviur). Der richtige Gruß trägt zur heiteren Stimmung bei, die manchmal mit dem Wort *vrô* angedeutet wird: *vil wol dem wirte daz in sînem hûse stât, / daz er mit zühten wese vrô* (Spervogel); *ist der wirt vro, der gast wirt sorgen vri* (der Meißner[74]). Diese Stimmung wird vom Winsbecken schön hervorgerufen:

> ,ist er dâ bî ein vroelîch man,
> derz wol den liuten bieten kan,
> sô tuot sîn brôt dem nemenden wol
> und lachent beide ein ander an.'[75]

Der Stricker konkretisierte sie in der Gestik: *dar nach het er in genomen / vrolich schire bi der hant* (Z. 522 – 523; in der Hs. A steht *Harte schiere*); unter der Führung der Schande wird die Dienerschaft *unvro* (Z. 68), und diese Stimmung sollte sich vom Gaste fühlen lassen *(daz tut dem gaste vil we,* Z. 69). Des Wirtes Zank und Hader mit dem *gesinde* ist mir als solches aus der Spruchdichtung nicht bekannt; sicher wirkt es sich schlecht auf die Haltung des *gesindes* aus, die der Meißner zum wesentlichen Teil der *hûsêre* macht *(Daz gesinde si dienesthaft, willich, wolgezogen,* loc. cit.), was seine Wichtigkeit in der Lehre der Schande erklärt. In der epischen Handlung stellt der Stricker den Umgang zwischen Ritter und Gast als ein Befragen dar, das diesen über seine Erfahrungen und Kenntnisse zu Wort kommen läßt *(und vraget in der mere / waz in dem lande were / von newer geschichte,* Z. 525 – 527). Das mag mit der Betonung der *vrâge* von dem Unverzagten *(man sol den gesten mit dem gruoze und mit der vrage nahen*[76]*)* und von Helleviur als einen

---

[72] Siehe Weber, Studien zur Abwandlung, S. 61 – 62.
[73] Wenn nicht anders angegeben, zitiere ich die in diesen zwei Paragraphen angeführten Gedichte nach der sehr nützlichen Zusammenstellung Helmut de Boors, Mittelalter. Texte und Zeugnisse. Erster Teilband, München 1965, S. 701 – 705 (,Wirt und Gast').
[74] HMS, III, S. 86 (I, 4).
[75] de Boor, a. a. O., S. 818, Str. 49.
[76] HMS, III, S. 45 (III, 2).

Teil des richtigen Empfangs identisch sein (und Helleviur setzt sie an die Wasserscheide von Ehre und Schande!):

> ein lachen, vrâgen hœrt dâ zuo; der wirt niht swîgen sol
> Alsô ein stumbe: unsælic wirt, der also sprachelos ie wart gefunden,
> gen sînen gesten âne gruoz unde âne vrage. Er lat sich schande wunden,
> sô daz im laster bî bestât, unt daz in êre gar verbirt.

Nach Ansicht der Schande hat der Wirt entweder seinem Gast zu widersprechen oder ihn zu ignorieren (= *swîgen alsô ein stumbe*). Danach macht er durch seine Beschwerden deutlich, daß er zu den falschen Freigebigen gehört, deren materielle Gaben ihren Mangel an Liebe und *milte* nicht verhehlen. Andererseits bewirtet der Ehren Ritter seinen Gast *mit gutem willen* (Z. 530), wie es von den Spruchdichtern verlangt wird: *der wirt der müeze saelec sin, der daz mit willen tuot!* (Friedrich von Sonnenburg), *Der gruoz der machet hôhen muot / dem gast, swenne in der wirt an siht, ob er den gruoz mit willen tuot* (Helleviur).

Ich finde also, daß der Stricker in der epischen Handlung von ‚Frau Ehre und der Schande' und in der negativen Ritterlehre der Schande ein Bild der ritterlichen Gastfreundschaft entworfen hat, das aus mehreren hauptsächlich in der Spruchdichtung belegten Motiven besteht.[77] Im Hinblick auf diese Thematik reden die Spruchdichter wohl in der eigenen Sache und demzufolge müssen wir „die Pflege der Fahrenden" zur Thematik des Strickerschen Gedichts zählen, obwohl sie unaufdringlich dargeboten wird. Es scheint klar, daß der Stricker unter den fahrenden Dichtern verkehrt hat und mit der Topik ihrer Dichtung gewissermaßen bekannt war.[78]

---

[77] Die negative Ritterlehre hat auch Gemeinsames mit Hartmanns bekanntem Porträt des Krautjunkers im ‚Iwein': dieser klagt seinem Gast seine wirtschaftlichen Schwierigkeiten und drohende Armut, bis der Gast seinen Besuch bereut (*sô manec armez mære / daz im lieber wære / wærer nie komen dar*, ‚Iwein', hrsg. von G. F. Benecke und K. Lachmann, neu bearbeitet von Ludwig Wolff, Berlin ⁷1968, Z. 2847 – 2849, vgl. ‚Frau Ehre und die Schande', Z. 98 – 101).

[78] Dafür spricht auch die Tatsache, daß die Gemeinsamkeiten zwischen seinem Gedicht ‚Dem Tursen' (Ed. Nr. 155) und dem Spruch vom Tursen des Konrad von Würzburg (32,121 – 135) so gut wie sicher das Ergebnis direkter Entlehnung sind: beide Dichtungen deuten die Geschichte als Beispiel falschen Verhaltens eines *geslehte,* das von einem *herren* bedroht wird (der Stricker, Z. 68 – 69; Konrad, Z. 129), und der Kerngedanke ist gleich formuliert: ‚do du selbe zwelfter wære, / do soldestu dich han gewert' (der Stricker, Z. 62 – 63), ‚dô dîn zwelve wâren, / dô soltest dû dich hân gewert!' (Konrad, Z. 127 – 128). Ohne Beweise bringen zu können, meine ich, daß der Stricker derjenige war, der entlehnt hat — seine von Fischer beobachtete „Ausweitungstechnik" (Strickerstudien, S. 153) stellt sich wohl auch in diesem Fall heraus. Muß er also bis ca. 1260 gedichtet haben, was die anderen Beziehungen zur Spruchdichtung eher wahrscheinlich machen würden? Über die mögliche „Wanderperiode" Konrads, in der seine Sprüche dem Stricker hätten bekannt werden können, siehe Helmut de Boor, Die Chronologie der

Die lange Schlußrede der Ehre (Z. 386 — 452) sagt einiges über die ritterliche Lebensweise, das über das bisher Besprochene hinausgeht. Sie stellt nicht Reichtum in Aussicht, aber auch nicht Armut, sondern das Ritterlich-Notwendige:

> ‚was sol im danne me
> wan daz ez im alsam ergê
> daz er alle sine tage
> die notdurft wol bejage.' (Z. 393 — 396)

Dieser *notdurft* sind wir schon in ‚Der freigebigen Königin' (Z. 197) begegnet, dort war sie *ros, phert, kneht und kleit* (Z. 110), aber auch *ere* (Z. 200), und hier ist sie dasgleiche: *ros, spise und wat* (Z. 388) und das Versprechen der Ehre, daß *si sweime sinem namen obe / und füre in immer in dem lobe* (Z. 391 bis 392). Der Ritter soll Überflüssiges meiden (Z. 397). In der Heidelberger Handschrift steht auch eine von der Ehre erteilte Befugnis zum Besitzerwerb, die aber mit dem Befehl des weisen Verschenkens verbunden wird:

> ‚er sol vil ritterliche
> zu rechter zit nach gute streben
> und sol ez ouch also gerne geben
> swa ez im wol zu lobe chum
> und im zu Gotes hulden vrum.' (Z. 412 — 416)

Auch diese vorsichtige Genehmigung des *nach gute streben* vonseiten des Ritters mag den Stricker im nachhinein beunruhigt haben, denn in der Wiener Handschrift wird sie durch sechs sehr allgemeine Verse ersetzt.[79] Ähnlich ersetzt Hs. A die Zeile H 442, die dem Ritter eine materiell angenehme Existenz versichert (‚*du bejagest dich wol dine tage*'), mit einer nochmaligen Versicherung der Fürsorge der Ehre (‚*Ich volge dir alle dine tage*'). Die Überlieferung ist sich jedoch darüber einig, daß der Ritter sowohl kämpfen als auch verschenken muß: ‚*so must du riten und geben / und müst nach vreuden vaste streben / mit werken und mit mute* (Z. 437 — 439). *Nach gute streben* mag verdächtig sein, *nach vreuden streben* ist es nicht. Diese vage Formel ist als Metapher für die christliche Lebensweise des Ritters aufzufassen, der seine Standespflichten nicht nur äußerlich *(mit werken = riten und geben)*, sondern auch innerlich *(mit mute = mit gutem willen)* erfüllen soll.

---

Werke Konrads von Würzburg, insbesondere die Stellung des Turniers von Nantes. In: PBB (Tüb.) 89 (1967), 210 — 269, hier S. 253 — 254, 268. Ausführlicher Vergleich der Dichtungen vom Tursen bei Lutz Mauer, ‚Untersuchungen zum Hofton Konrads von Würzburg', Würzburg 1970 (masch.), S. 15 — 17, ohne Stellungnahme zur Frage der Entlehnung.

[79] Damit will ich aber keine verbindliche Stellungnahme zur Frage des Verhältnisses der beiden Texte abgeben. In der Liedersaal-Handschrift „steht beides" (G. Rosenhagen im Apparat zu Hs. H).

‚Frau Ehre und die Schande' gehört zum künstlerisch Anspruchsvollsten der Kleindichtung des Stricker. Mit einer differenzierten literarischen Technik vereinigt er gedankliche und anschauliche Elemente zu einem Lehrgedicht, das die religiöse Pflicht der Besitzenden, ihre Habe für andere, weniger glückliche Menschen einzusetzen, konsequent und einprägsam vermittelt.

### 4. Christentum und Ritterschaft: ‚Die beiden Knappen' (Ed. Nr. 163)

Ebenso wie ‚Die Herren zu Österreich' (Ed. Nr. 164) wird dieses Gedicht nur durch Hs. H überliefert, aber Zwierzina hat sich brieflich zugunsten seiner Echtheit geäußert[80], und die vielen inhaltlichen Beziehungen zu anderen Gedichten vom Stricker stellen es fest in den Kanon. Mit 690 Zeilen gehört es unter die längeren seiner Arbeiten; in der Kleindichtung übertreffen es nur ‚Die Frauenehre' (Ed. Nr. 63) und die drei großen geistlichen Gedichte, die am Anfang der Hs. A stehen (Ed. Nr. 1, 2, 3). Indem er zwei ritterbürtige Knappen über die Frage: Sollen wir *ritters namen* empfangen oder nicht? diskutieren läßt, vermag der Dichter verschiedene Probleme ritterlicher Existenz seiner Zeit zu berühren, die ideelle Grundlage des Rittertums herauszuarbeiten und die Verpflichtung jedes Befugten, ritterliches Leben auf dieser Grundlage zu verwirklichen, zu begründen.[81]

Die Diskussion ist als Streitgedicht angelegt. Jedem der beiden Knappen werden vierzehn Reden zugeteilt, die für den Verfechter ritterlicher Ehre (wir nennen ihn „den Ersten") von einer bis 102 Zeilen reichen, für den Skeptiker („der Andere") von einer bis 108. Insgesamt gehören 369 Zeilen dem Ersten, 320 Zeilen dem Anderen (dazu kommt die Schlußzeile), also eine verhältnismäßig gleiche Verteilung. Das deutet aber keineswegs auf Ausgewogenheit der Argumente oder Gleichberechtigung der Standpunkte hin, denn der Autor steht ganz hinter dem Ersten, was die moralische Problematik betrifft: das ist aus der Redeverteilung im zentralen Teil der Komposition (Z. 249 – 404) ersichtlich, in dem die uns jetzt wohlbekannte Strickersche Eigentumslehre vorgetragen wird, denn dem Ersten kommen 125 Zeilen zu, dem Anderen dagegen nur 31.

Ähnlich ist es im folgenden Teil, in dem der Erste längere Reden über christliches Rittertum und über *triuwe* hält (Z. 405 – 506, 615 – 672), die mit 160

---

[80] Siehe Clair Baier, Der Bauer in der Dichtung des Strickers, Tübingen 1938, S. 81, Anm. 12.

[81] Trotz seiner Länge und interessanten Gehalts ist ‚Die beiden Knappen' meines Wissens nur viermal in der Literatur besprochen worden: Baier, S. 81 – 83; Fischer, Strickerstudien, S. 81 – 83; Friedrich-Wilhelm und Erika Wentzlaff-Eggebert, Deutsche Literatur im späten Mittelalter, 1250 – 1450. I: Rittertum. Bürgertum, Reinbek bei Hamburg 1971, S. 53 – 55; und Kasten (siehe Anm. 58), S. 77 – 85.

Zeilen mehr als 50 v. H. länger sind als die Abwehrrede des Anderen (Z. 507 bis 614). Der erste Teil der Debatte (Z. 1 – 248) auf der anderen Seite behandelt hauptsächlich soziale Fragen und gehört dem Anderen – seine fünf Reden betragen 164 Zeilen, fast das Doppelte der fünf Reden des Ersten (84 Zeilen). Wo es um Gesellschaftskritik geht, hat der Andere, dessen Standpunkt pragmatisch und materialistisch ist, viel mehr zu sagen, wodurch das Gedicht ein bedeutendes zeitkritisches Moment erhält; wo es aber um christliches Rittertum und seine verbindliche Kraft für ritterbürtige Männer geht, kann der Pragmatismus des Anderen der apriorischen Argumentation des Ersten kaum die Waage halten. Der Stricker kombiniert Zeitkritik und christliche Belehrung, legt diese dem Ersten in den Mund und jene dem Anderen, und so entsteht als Ganzes ein abgewogen verteilter Dialog. Die Entscheidung fällt natürlich zugunsten des Ersten, denn seine Betrachtungsweise ist inhärent überlegen. Nichtsdestoweniger vermißt man in seinem Sieg die Töne des Triumphs, die in der Unterwerfung der Schande unter die Ehre erschollen. Auf die Schlußrede des Anderen (Z. 673 – 689) kommen wir in dieser Beziehung später zurück.

Die Kritik des Anderen gliedert sich in drei Themen: der Mangel an Vorteilen, die einem durch den Empfang von *ritters namen* (Z. 18 und passim) zukommen; die schlechten Dienstverhältnisse der Ritter unter ihren Herren; und die hohen Kosten, die Ritter tragen müssen. Betrachten wir diese Themen der Reihe nach.

Der Andere sagt, daß weder Frau noch Kind eines Knappen, der *ritters namen* nicht erlangt, dadurch sozialen oder gesetzlichen Nachteilen ausgesetzt werden: ‚*beideu unser wip und unser kint, / die sint als edel als die ir [der ritter]*‘, ‚*swelcher unser lehen haben sol, / der engiltet ouch knehtes namen niht*‘ (Z. 32 – 33, 36 – 37). Dagegen wendet der Erste folgendes ein:

> ‚wer er [min vater] tot in knechtes wis,
> were ich danne ouch immer kneht,
> so gebe man mir gebouren reht
> und tete minem sun alsam:
> daz wurde ein houbthafte scham
> beide mir und minen kinden.‘ (Z. 64 – 69, vgl. Z. 636 – 639)

Die Behauptungen sind nicht unvereinbar miteinander, mag es auch den Anschein haben. Der erste Standpunkt vertritt lehnsrechtliche Erwägungen: obwohl unsere Kenntnisse der betreffenden Umstände noch lückenhaft sind, glaubt man, daß die Ritterwürde an sich keine Änderung des Standes bedeutete, also keine wirtschaftlichen oder gesetzlichen Privilegien mit sich brachte.[82] Indem seine Familie dieselbe gesellschaftliche Stellung innehaben würde,

---

[82] Joachim Bumke, Studien zum Ritterbegriff im 12. und 13. Jahrhundert, 2. Aufl., Heidelberg 1977, S. 107 (unter vielfachem Zitieren der Fachliteratur): „es waren auch

ob er *ritters namen* empfinge oder nicht, kann der Erste mit Recht sagen, sie sei *als edel* wie die seiner Genossen, die Ritter geworden sind, und sie sei in bezug auf Lehnsgüter nicht dadurch beeinträchtigt, daß er Knappe bleibt. Dagegen bezieht sich der Erste auf die *scham*, die man mit dem Abstieg von Ritterbürtigkeit empfinden soll, also auf einen psychologischen Nachteil, der dem Anderen wenig ausmacht: ich verstehe unter dem Satz *mir und minem sun gebouren reht geben* nicht „Mich ... in rechtlicher Hinsicht als Bauer behandeln", sondern „Mich ... für einen Bauern halten", was von den wirtschaftlichen Tatsachen her ohnehin akkurat wäre, da die Landwirtschaft nach wie vor die existentielle Grundlage solcher Familien blieb.[83]

Es gab keinen bedeutenden ständischen oder rechtlichen Unterschied zwischen wohlhabenden Bauern und durchschnittlichen Rittern: das liegt der Meinung des Anderen zugrunde, es lohne sich nicht, Ritter zu werden. Dafür hatte zur Zeit dieses Gedichts die Bezeichnung *ritter* ihren hochhöfischen Glanz nicht eingebüßt, ihr hafteten immer noch die Qualitäten an, die hohe Herren bewogen hatten, sich *ritter* nennen zu lassen[84], und das ist für den Ersten entscheidend. Daß sein Freund durch Verzicht auf die Ritterwürde seine Kinder in die Situation bringen könnte, daß man sie ‚*gebouren und gebauren kint*' (Z. 638) nennt, ist ihm eine Schande, aber er behauptet nicht, daß praktische Nachteile dieser Situation innewohnen würden.[85]

---

keine Rechte aus dem Empfang der Ritterwürde ableitbar." Vgl. Johanna Maria van Winter, Die mittelalterliche Ritterschaft als ‚classe sociale'. In: Das Rittertum im Mittelalter, hrsg. von Arno Borst (Wege der Forschung, Bd. 349), Darmstadt 1976, S. 370 bis 393 (zuerst in: Tijdschrift voor Geschiedenis 84 [1971], 262 – 275): „Man gehörte zur Ritterschaft aufgrund von Lebensniveau und Lebensstil und nach dem Gutdünken der Umgebung; hielten die Nachbarn jemanden für einen Knappen, weil es sich so gab, dann war er es auch" (S. 384). Zu dieser Ansicht, Bumke im Anhang, S. 153, auch S. 166 bis 167.

83 Ich fasse *gebouren reht* als Parallelbildung zu *ritters reht* auf, das vom Stricker gebraucht wird und „den sittlichen Auftrag des Ritternamens" meint (Bumke, S. 132, Belege Anm. 16). Vgl. Hans Georg Reuter, Die Lehre vom Ritterstand, Köln / Wien 1971, S. 154. Über die Bedeutung der Landwirtschaft für durchschnittliche Ritter siehe Johanna Maria van Winter, Rittertum. Ideal und Wirklichkeit, München 1969, S. 83 bis 84, und Arno Borst, Das Rittertum im Hochmittelalter. Idee und Wirklichkeit. In: Das Rittertum im Mittelalter, S. 212 – 246 (zuerst in: Saeculum 10 [1959], 213 – 231): „Stärker als in Frankreich blieb in Deutschland die dörfliche Landwirtschaft der Lebenskreis des niederen Adels" (S. 231 – 232).

84 Dazu Bumke, Kap. V (‚Der adelige Ritter').

85 Soviel ich weiß, kann die historische Forschung darüber noch nicht Bescheid sagen. Sicher trug der Verzicht auf Ritterwürde einen Verlust sozialen Ansehens ein, vielleicht in gewissen Umständen auch Nachteile vor dem Gesetz: siehe Marc Bloch, Feudal Society, übersetzt von L. A. Manyon, London 1961, Kap. 24, Abt. 2 (S. 326 – 327), und Eberhard Otto, Von der Abschließung des Ritterstandes. In: Das Rittertum im Mittelalter, S. 106 – 129 (zuerst in: Historische Zeitschrift 162 [1940], 19 – 39), hier S. 109 bis 110. In dem Strickerschen Gedicht geht es offensichtlich um eine feierliche Zeremo-

Der Andere nimmt eine Verschlechterung im Leben der Ritterschaft wahr, die in gesteigertem Anspruch des Herrn auf den Dienst seiner Ritter und in rauhem Ton der persönlichen Beziehungen zum Vorschein kommt. Zugrunde scheint ein vermindertes Verantwortungsbewußtsein zu liegen, das die früheren Verpflichtungen zum Dienst und Lohn durch vertragsmäßige Bedingungen ersetzt, zum Nachteil der Ritter. In ‚Den Herren zu Österreich' (Ed. Nr. 164) klagt der Stricker über den Verfall der Ritterschaft in kultureller Hinsicht, da das höfische Leben seine Eleganz verloren hat (Z. 103 – 114), aber auch über die schlechte Behandlung der Ritter vonseiten der Herren, die nicht mehr *lîhen und geben, grŭzen* (Z. 130, 136) wie früher. Auf dieses auch in der Spruchdichtung vorkommende Thema[86] geht er hier näher ein: Ritter müssen dienen ‚*ane lop und ane danch*' (Z. 90, 119); die Herren stellen erneute Anforderungen an sie hinsichtlich der Erhaltung ihrer Lehnsgüter, die ihnen aufgrund der Dienstleistung der Vorfahren gesichert sein sollten, und die Erfüllung dieser Gebote kann Ausgaben erfordern, die die Einkommen des Lehens überwiegen (Z. 100 – 105); sollte der Ritter nicht mehr imstande sein, neuen Dienstforderungen entgegenzukommen, so geht sein Lehen und damit seine wirtschaftliche Sicherheit verloren (Z. 120 – 126).

Die schlechte Lage der Ritter, die durch solche herrische Politik entsteht, umreißt der Stricker mit dem Verbum *twingen*. Früher wurde das ritterliche Leben von allen hochgeschätzt und belohnt, so daß sich die Ahnen durch dieses Glück zur Ritterschaft „gezwungen" fühlten:

> ‚ir tugent waren ane wanch,
> des saget in alle die werlde danch.
> in selde het gantze kraft,
> daz twanck si zu der ritterschaft.' (Z. 83 – 86)

Solche verpflichtende *saelde* existiert nicht mehr, von einem so glücklichen Zwang kann nicht mehr die Rede sein (‚*sonen ist niht daz uns nu twinge*', Z. 87); die Ritter werden vielmehr von ihren mächtigen Herren auf eine Weise zu Diensten gezwungen, die sie entehrt:

> ‚man twinget ritter nu dar zu
> daz si mit harnasche mŭzzen varn.
> ...
> man twinget mangen mit gewalt
> den man doch solde vlehen.' (Z. 92 – 99)

---

nie, die *ritters namen* übermittelt – dafür sprechen die Hinweise auf *Gotes segen* (Z. 208, 344 – 345, 454, 475, 529, 628). Vgl. Bumke, S. 101 – 118, und Josef Fleckenstein, Zum Problem der Abschließung des Ritterstandes. In: Historische Forschungen für Walter Schlesinger, hrsg. von Helmut Beumann, Köln / Wien 1974, S. 252 – 271, hier S. 265 – 266.

[86] Siehe de Boor, III–1, S. 431 – 432.

> ‚swer dar uf ritter werden sol
> daz er diene dester me
> und man in twinget alsam e,
> so ist er zu dem grozen schaden
> mit grozem laster uberladen.
> des ist dem ritter zu vil
> daz man in twinget swez man wil.' (Z. 148 — 154)

Der Andere will dadurch, daß er Knappe bleibt, seinem Herrn das beschämende Verhalten ersparen, daß er einen Ritter zu Diensten zwingt und ihn dadurch beschämt:

> ‚izn ist uns niht so lesterlich
> beide minem herren und mir,
> die wile ich ritters namen enbir,
> swez er mich die wile twinget
> und swarzu er mich bringet:
> twunge er mich mit ritters namen,
> des müzze wir uns beide schamen.' (Z. 156 — 162; vgl. Z. 30 — 31)

Auch wenn es der Andere mit dieser Sorge um die Ehre des Herrn nicht ganz ernst meint, beweist sie ein vom Standpunkt des Ersten demütigendes Benehmen der feudalen Machtbesitzer in ihren Beziehungen zu den Rittern.

Es empfahl sich, die schon berührte Frage nach den Kosten des ritterlichen Lebens erst an dieser Stelle zu behandeln, obwohl sie der erste Einwand ist, den der Andere gegen den Vorsatz seines Freundes erhebt (‚nu la dir ritters namen geben, / daz muz dich chosten harte vil', Z. 18 — 19), weil sie das Thema des Besitzes einführt und in die Eigentumslehre des zentralen Teils übergeht. Der Andere besteht darauf, daß Ritter hohe Kosten tragen müssen, die den Nicht-Ritterlichen nicht zukommen (Z. 20 — 29, 38 — 48, 108 — 114, 163 — 166), und der Erste widerspricht ihm mit keinem Wort. Also scheint der Stricker Zeugnis für den historischen Prozeß abzulegen, der eine zunehmende Zahl der Ritterbürtigen auf die Verleihung der Ritterwürde verzichten ließ, wohl wegen der damit verbundenen zunehmenden Kosten.[87] Muß der

---

[87] François Louis Ganshof, Was ist das Rittertum? In: Das Rittertum im Mittelalter, S. 130 — 141 (zuerst in: Revue Générale Belge 25 [1947], 77 — 86): „vor allem im 13. Jahrhundert wurde die vom Ritter erwartete vollständige Kriegsrüstung immer vielfältiger und aufwendiger, so daß sich bald die Tendenz zeigte, auf den Ritterschlag zu verzichten, um so mehr als die Zeremonie selbst erhebliche Kosten verursachte ... die Zahl der Edelleute, die keine Ritter waren [wuchs weiter], in Deutschland und Italien noch stärker als anderswo" (S. 135); der gleichen Ansicht ist Gina Fasoli, Grundzüge einer Geschichte des Rittertums, ibid., S. 206; vgl. Erich von Guttenberg, zitiert von Bumke, S. 106 — 107, und Karl Heinrich Freiherr Roth von Schreckenstein, Die Ritterwürde und der Ritterstand, Freiburg i. Br. 1886, S. 364 — 367. Über die steigenden Kosten ritterlicher Ausrüstung in England siehe N. Denholm-Young, Feudal Society in the Thirteenth Century: The Knights. In: History, N. S. 29 (1944), 107 — 119, hier S. 115.

Erste stillschweigend zugeben, daß es diesen *schaden* (Z. 21, 44) für die Ritter gibt, so bedeutet das nur eine Kritik am zeitgenössischen Herrenstand hinzunehmen. Bei ihm verfangen Argumente über Ritterschaft, die auf materiellen Umständen basieren, gar nicht.

Die Angst des Anderen, durch die hohen Kosten der Ritterschaft wirtschaftlich gefährdet zu sein, entlarvt sich nach und nach als Liebe zum *guot* — so verdächtigt der Stricker die Ritterbürtigen, die *ritters namen* aus finanziellen Gründen ablehnen. Der Andere tröstet sich mit der Beobachtung, daß *guot* viele Nachteile der Geburt und Schwächen des Charakters ausgleicht (Z. 183 bis 195), und will seine Hoffnung darauf setzen: ,*ich truwet harte wol genesen / het ich gutes die kraft, / ich nem ez vur die ritterschaft*' (Z. 196 — 198)! Gerade in seinem Vorsatz, ein gerechtes Leben mit ,*groz gut*' zu führen (Z. 220 bis 221), liegt das für den Stricker schier Unmögliche, denn der Andere bildet sich ein, er besitze eigenes Gut und könne mit diesem machen, was er wolle, vorausgesetzt, daß er die gewöhnlichen Erwartungen der Gesellschaft in bezug auf Almosengeben usw. erfüllt (Z. 222 — 243). Mit dieser Stellungnahme zum Problem des Besitzes — ,*das gut des ich gewaltik bin, / daz chumt mich ver eigen an*' (Z. 234 — 235) — hat der Stricker die Diskussion bis zu dem Punkt gebracht, an dem er seine Eigentumslehre ungezwungen entwickeln kann.

Das tut er Z. 249 — 404 mit bewundernswerter Konsequenz und Intensität. Alle wichtigen Elemente der Beweisführung haben wir in dieser Studie anläßlich anderer Gedichte schon besprochen — Gott als ,*ein sundick roubere*' (Z. 286), der jemanden durch den Tod vom ,,eigenen" Gut scheidet; das Gleichnis von dem ,*kelnere*' (Z. 304), der das Eigentum seines Herrn ihm vorenthalten will; die Frage, ob man dem Gut dient (,*des gutes kneht*', Z. 333) oder beherrscht (,*so muz dir dienen das gut*', Z. 389), unter Bezugnahme auf Luk. 16,13 (*non potestis Deo servire et mamonae*, vgl. Z. 335 — 337); und die Ansicht, daß man für sich allein nur ,*die notturft*' (Z. 353, vgl. Z. 387) beanspruchen darf, sich alles Übrigen entäußern soll. Es erübrigt sich also, an dieser Stelle näher auf die Argumente des Ersten einzugehen. Man wundert sich nicht, daß der Andere völlig überzeugt ist und verspricht, sein Verhältnis zum *guot* genau nach der Lehre des Ersten zu ordnen (Z. 393 — 400). Weil das aber auch für einen Knappen möglich ist, will er immerhin auf die Ritterwürde verzichten (Z. 401) — es kam dem Dichter sehr darauf an, im Rahmen dieser Diskussion über Rittertum seine Eigentumslehre vorzutragen, aber diese Lehre hat an sich nichts zur Lösung der Hauptfrage: Soll man *ritters namen* empfangen oder nicht? beigetragen.

---

J. M. van Winter schlägt vor, daß die Herren ihre Ritterbürtigen auf die Ritterwürde verzichten ließen, weil sie selber keine Kosten tragen wollten (Rittertum. Ideal und Wirklichkeit, S. 92; Ritterschaft als ,classe sociale', S. 385), aber dieser Ansicht widerspricht ,Die beiden Knappen' direkt.

Der Erste befaßt sich mit dieser Frage in den langen Reden des dritten Teils des Gedichts. Seine Gedankengänge sind klar und bedürfen wenig Erläuterung. Er konstatiert, daß Gott dem Anderen jede wesentliche Eigenschaft des Ritters gegeben und dadurch seinen Willen, daß der Andere Ritter werde, unmißverständlich ausgedrückt hat:

> ‚dir hat Got daz wol schin getan
> daz er dich des niht wil erlan
> dunen mũsest ritterlich leben.
> er hat dir vier dinch gegeben
> da mit er dirz wol chunt tut,
> geburt, sinne, lip und gut.
> ist daz du da bi so geverst
> daz du dich ritters namen erwerst,
> so bistu Got entrunnen...' (Z. 423 – 431)

Für den Stricker ist der Mann, den Gott mit ritterlichen Requisiten ausgestattet hat, nicht weniger zum ritterlichen Leben verpflichtet als der Mensch zum geistlichen Leben, der seine Gelübde abgelegt hat und in ein Kloster eingetreten ist (‚*so bistu Got entrunnen / sam die munche und sam die nunnen / die uz ir kloster entrinnent*', Z. 431 – 433). Das ist eine radikale Auffassung, denn die meisten würden eher den Mönch mit dem „promovierten" Ritter vergleichen, der in irgendeiner feierlichen Zeremonie *ritters namen* angenommen hat, aber man kann nicht bestreiten, daß der Dichter hier eine wohl durchdachte Meinung vorlegt. Wäre der Ritterbürtige körperlich, wirtschaftlich oder geistig unfähig, ritterlich zu leben, dann bestünde die Verpflichtung nicht (Z. 418 – 421); beim Zusammentreffen aller Qualitäten aber (wie im Fall des Anderen) ist es unmöglich, am Willen Gottes zu zweifeln, und folglich muß man den Knappen, der diesen Willen mißachtet, auf der Basis des Glaubens verwerfen: ‚*du* [*bist*] *niht rechter kristen*' (Z. 471), ‚*so bist du sam der heiden / von der kristenheit gescheiden*' (Z. 483 – 484).

Gegen die Behauptung des Anderen, daß er so fest wie der Ritter im Glauben steht (Z. 244 – 245), macht der Erste geltend, daß der Glaube, der sich nicht in Werken konkretisiert, unwirksam ist (‚*daz sprichet Krist der riche / der geloube si an die werke tot*', Z. 488 – 489).[88] Wollte der Andere den Willen Gottes erfüllen, so müßte sein Glauben und sein Willen im Werk des Ritterwerdens sich ausdrücken; fehlt dieses Werk, dann ist er in nichts vom Teufel zu unterscheiden, der auch glaubt, aber nicht aus dem Glauben handelt:

---

[88] Der Satz gehört aber nicht Christus, sondern dem heiligen Jakobus (2,17: *sic et fides, si non habeat opera mortua est in semet ipsam*).

> ‚wilt du die werk gemeine
> elleu lazen under wegen
> der die geloubigen sullen pflegen,
> daz ist ein chetzerlicher mut.
> so ist din geloube als gut
> sam des teufels von der helle:
> du bist wol sin geselle.' (Z. 500 – 506)

Die letzte Rede des Ersten bringt nichts Neues im Inhalt, sondern formuliert seine Einwände als Vorwurf der Treulosigkeit – ‚*ich spriche dir an die trewe*' (Z. 621). Er legt den Treuebruch des Anderen an der Familie und der Gesellschaft systematisch dar (*din vater, dine kint, din vrunt, die vremden*, Z. 627, 636, 657, 667), und in die Mitte dieser Darstellung stellt er die Untreue gegen Gott (Z. 642 – 656). Der Stricker greift zum komplexen und wichtigen Begriff der *triuwe* (darüber Schwab, Ausgabe, S. 248, Anm. zu 1, 261 – 266), um seine Argumentation auf einen rhetorischen Höhepunkt zu bringen, und da der Andere es nicht vermag, der Wucht dieses Angriffs ad personam zu widerstehen – denn die Drohung persönlicher Verleumdung ist der Schlußpunkt der Rede (Z. 669 – 672) –, gibt er seine Stellung verloren.

Bevor wir seine Kapitulationserklärung analysieren, müssen wir etwas zur Funktion der Rede des Anderen, Z. 507 – 614, sagen. Diese ist die längste Rede im Gedicht, aber sie ist sehr lose in die Debatte eingefügt; mit keinem Wort erwidert der Andere die gerade vorgetragene Lehre von der christlichen Pflicht des Knappen, Ritter zu werden, sondern verdreht die Worte des Ersten, um ihm augenfällig falsche Stellungnahmen zumuten und diese mit großem Nachdruck widerlegen zu können. Auf der anderen Seite läßt der Erste die Verdrehungen und darauf fußenden Ansichten bestehen, macht nur darauf aufmerksam, daß sie für die zu entscheidende Frage nichts ausmachen (Z. 615 – 617) und greift die *triuwe* des Anderen an. Ich sehe zwei Möglichkeiten, diesen Tatbestand zu erklären: entweder ging es dem Dichter darum, die Intelligenz und Redlichkeit des Anderen in Zweifel zu stellen, indem er ihn einen großen Umweg machen läßt, der jedem mit dem Verlauf normaler Diskussionen und Debatten vertrauten Menschen bekannt ist; oder er wollte weitere zeitkritische Bemerkungen machen, die dem Blickpunkt des Anderen gemäß waren, aber nichts zur Entscheidung der prinzipiellen Frage beisteuerten. Wie oben gesagt, glaube ich, daß die zweite Möglichkeit dem kompositionellen Grundsatz des Gedichts entspricht, und daß die erste weder für die Ausführlichkeit noch für den Gehalt dieser 108 Zeilen eine genügende Begründung wäre.

Nach Aussage des Anderen soll der Erste für die „Heiligkeit" aller Ritter eingetreten sein (Z. 517 – 518, 528). Das tat er keineswegs, aber die Behauptung bietet Anlaß für den Anderen, auf die Delikte vieler Ritter anzuspielen, die sie der gesetzlichen Bestrafung zuführen (Z. 522 – 531), und damit zur durchaus gültigen Sentenz zu gelangen:

> ‚swelch ritter wirt so schadehaft
> daz er dem teufel wirt beschert,
> so ist ein kneht der wol gevert,
> baz gesegenet denne er.' (Z. 532 — 535)

Sarkastisch deutet er auf den Mangel kirchlicher Stellungnahme zur Frage der ritterlichen „Promovierung" (Z. 536 — 556) hin: der Erste will also ‚ein newer babest wesen' und ‚ein ander e' vertreten ‚denne man von Rome bringet' (Z. 563 — 565). Obwohl der Stricker sich von implizierter Kirchenkritik durch die Person des Anderen distanziert, meine ich doch, daß er seine Vorliebe für eine kirchliche Politik gegen die die Ritterwürde ablehnenden Ritterbürtigen deutlich in den Worten dieser Person hörbar werden läßt:

> ‚het er [der babest] daz inder gelesen
> daz die knechte weren ungenesen,
> er het daz wol geschaffen
> mit bisschöffen und mjt pfaffen
> daz si uns mit dem banne bunden,
> untz si uns des uberwunden
> daz wir ritters namen enpfiengen
> oder uz den kirchen giengen
> und müsten an dem velde ligen.' (Z. 541 — 549)

Angesichts des Ernstes seiner Lehre von der Verpflichtung zum *ritters namen* hätte es der Stricker nur für angemessen gehalten, wenn der Klerus sich mit dem Bann dafür einsetzte, und die Entrüstung vieler seiner Zeitgenossen über Zustände zu Rom drückt er mit der Beobachtung aus, es sei dort vollkommen gleichgültig, wer Ritter würde und wer es unterlasse (Z. 557 — 562).

Am Ende seiner Rede zieht der Arme eine andere Parallele zwischen Rittern und Bischöfen: die Würde des Amtes reicht nicht zur Seligkeit aus, es kommt auf ‚*rechtes leben*' an (Z. 587, 597); die Gewalt der Ämter kann für die Inhaber schädlich sein, insofern ‚*sine wellen rechter werke pflegen*' (Z. 591). Dagegen ist nichts einzuwenden. Der Andere spricht für den Stricker. Das ist aber nicht der Fall, wo er sein eigenes Verhalten christlich zu rechtfertigen versucht (Z. 570 — 582).

Erstens beweist er große Selbstgefälligkeit in einer nach gesellschaftlichen Normen geführten Existenz (‚*daz ich wol gevalle / den pfaffen und den gesten, / den wisen und den besten*', (Z. 572 — 574), denn er ist sicher, daß diese Beträchtliches zur Rechtfertigung beiträgt (‚*nimt daz Got niht ver vol, / so nem ez doch vur daz vierteil*', Z. 576 — 577). So wie wir ihn kennen, könnte der Stricker unmöglich eine so unbesorgte Haltung gutheißen. Kein Wunder, daß der Andere mit einer verblüffenden Annahme von Gottes Gnade weiterfährt:

> ‚ich getrawe im daz er mich entlade,
> daz er mich wasche und bade
> in siner gnaden unden:
> der ist me danne miner sunden.' (Z. 579 — 582)

Ist das alles wirklich „Die vorbildliche Seelenhaltung des nichtritterlichen Menschen"? Meint der Stricker wirklich, „Die Gnade Gottes ist jedem gläubigen Menschen sicher"?[89] Ich glaube nicht daran. Die Selbstgefälligkeit des Anderen grenzt eher an eine schwere Sünde, die praesumptio, die der Stricker in ‚Den beiden Königinnen' beschrieben hat:

> die dritten der got niht enwil
> die haten des glouben ze vil,
> die getruweten gote ze verre,
> daz wirt ir groster werre.
> sie jehen: ‚wir gelouben wol
> daz got genaden ist so vol,
> daz er uns alle wil bewarn,
> wir sin behalden, swie wir varn.' (Z. 191 — 198)[90]

Aufgrund unserer Studie zur Bußlehre wissen wir, daß es ungereimt ist, von einer „vorbildlichen Seelenhaltung" beim Fehlen tiefen Sündenbewußtseins und unnachlässiger Reue zu sprechen, und der Satz „Die Gnade Gottes ist jedem gläubigen Menschen sicher" ist für den Stricker (wie für das Mittelalter überhaupt!) absurd. Es ist richtig, daß der Andere sich mit christlichen Begriffen befaßt, um sein (dem Stricker nach) unchristliches Verhalten zu rechtfertigen, aber daraus kann man nicht folgern: „Auch diese Anschauung hält sich innerhalb der christlichen Ethik".[91] Es geht darum, gültige und ungültige (d. h. christliche und pseudochristliche) Anschauungen zu unterscheiden. Im Bereich der christlichen Moraltheologie kommt Gültigkeit nur den Ansichten des Ersten zu, was des Dichters Ansicht betrifft.

Der Stricker beendet ‚Frau Ehre und die Schande' (Ed. Nr. 156) mit einer Prügelszene, die das Geständnis ihrer Schlechtigkeit und der Gefährlichkeit ihres Rates vonseiten der Schande selbst enthält. So verleiht der epische Rahmen eine große Emphase — die Handlung steigert die Lehre. In ‚Den beiden Knappen' verhält es sich ganz anders. Der Andere unterliegt der persönlichen Vehemenz des Ersten, nicht seinen Beweisführungen; er gibt sich nur dann geschlagen, als der Erste seine Absicht verkündet, ihn öffentlich zu verunglimpfen (Z. 669 — 672), und er scheint nur darum bekümmert, daß seine freundlichen Beziehungen zum Ersten bestehen bleiben: *din rat, din bet und*

---

[89] F.-W. und E. Wentzlaff-Eggebert, Deutsche Literatur im späten Mittelalter, S. 55.
[90] Darüber Schwab, Zum Thema III, S. 38 — 52.
[91] Wentzlaff-Eggebert, S. 54.

*din gebot / die wil ich leisten immer mê, / daz ez ein vreuntschaft si als e'* (Z. 674 – 676), ‚*daz im Got si erbolgen / der unser vrûntschaft wende!*' (Z. 688 – 689). Er äußert seine Bewunderung für die Redekunst seines Freundes, die ihn für die lange Diskussion fesselte; auch wollte er seinen Ernst und seine Weisheit *bevinden,* d. h. erfahren oder kennenlernen (Z. 680 – 684). Er will weiterhin dem Willen des Freundes folgen (Z. 685 – 687).

Für den einzelnen Fall der beiden Knappen ist das natürlich eine befriedigende Lösung, aber in einem mittelalterlichen Streitgedicht (vgl. Z. 690: *sust nam der strit ein ende*) erwartet man mehr als einen auf die persönlichen Eigenschaften und Beziehungen der fiktiven Redepartner zugeschnittenen Ablauf. Wie spiegelt die Handlung den Sieg der Wahrheit? Ich finde keine Indizien, daß der Andere innerlich überzeugt wurde. Zwar änderte er seine Meinung über das richtige Verhältnis zum *guot,* aber es scheint, daß er auf seine pragmatische Weise seine Stellungnahme zum *ritters namen,* die ihm sowieso keine allzu ernste Sache war (Z. 677 – 679), in dem Moment aufgab, als es ihm unannehmbare Kosten bereitet hätte, sie weiter zu verteidigen – d. h. öffentliche Anschwärzung und Verlust des Freundes. Der Andere hat von vornherein zugegeben, daß er nur für sich selbst redet und keine allgemeine Lehre vertritt (Z. 135 – 146); es wäre also seinem Charakter und der Art seiner Teilnahme an der Debatte angemessen, wenn der Stricker aus nicht-ideologischen Gründen ihn sich ergeben ließe. Aber mit welcher Absicht hätte der Dichter den Charakter so gestaltet und die Dichtung zu diesem seltsam gedämpften Schluß gebracht?

‚Die beiden Knappen' diskutiert fundamentale Probleme der mittelaltlichen Gesellschaftsordnung, die im Verhältnis des Individuums zur geistigen Tradition und zu den Werten höfischen Rittertums verkörpert sind. Der Erste ist traditionsgebunden, die Werte der Vergangenheit verpflichten ihn (es sei dahingestellt, bis zu welchem Grade diese literarisch tradierten Werte sozial realisiert wurden): das ist sein erster Einwand (Z. 50 – 58, 70 – 74) gegen die Ausführungen des Anderen, der gerade den Bruch mit der Tradition zum Ausgangspunkt seiner Reden macht (Z. 16 – 17). Ich glaube nicht, daß in diesen Reden allein „eine ganz andere Weltansicht ausführlich zu Worte" kommt[92], denn seine Argumente bilden keine Weltansicht, obwohl sie eine Betrachtungsweise bezeugen, die in der deutschen Literatur den Ritterbürtigen vorher nicht zugeschrieben wurde. Das Neue – und für den Dichter das Ominöse – zeichnet sich im ganzen Betragen des Anderen ab, der ohne Überzeugung argumentiert und, ohne überzeugt zu werden, seine Argumente preisgibt. Er fühlt sich zu nichts verpflichtet, er ist an keine ideellen Maßstäbe – auch nicht die materiellen – gebunden, er segelt mit dem Wind.

---

92 Wentzlaff-Eggebert, a. a. O.

Daß der Stricker diese existentielle Einstellung nicht billigen wollte, wissen wir ohne weiteres, aber daß er sie so feste Gestalt annehmen ließ, daß er ihr eine plausible psychologische Form gab, kurz, daß der Andere viel unmittelbarer und lebhafter auf uns einwirkt als der schablonenhafte Erste, deutet auf seine Anerkennung eines epochalen historischen Prozesses hin. Produkt und Merkmal dieses Prozesses war der unverpflichtete Ritterbürtige, der seinen Vorteil zu suchen wußte. Die Dichtung des Stricker zeigt durch Argumentation, welcher der beiden christliche Wahrheit vertritt, aber sie zeigt durch die Psychologie des Ablaufs, daß selbstsüchtiger Pragmatismus unter der Ritterschaft sowohl wirklich als auch bedeutsam war. So huldigt er in der Person des Ersten und in seinen Ansichten der gottgewollten Ordnung ritterlicher Gesellschaft, erkennt aber in der Person und Verhaltensweise des Anderen die geschichtliche Bedeutung des Menschen an, der sich nicht mehr an diese Ordnung gebunden fühlt.

In ‚Den beiden Knappen' hat der Stricker ein wichtiges soziales Problem literarisch behandelt, anscheinend ohne literarische Wegweiser. Daß der Verzicht der Edelknappen auf die Ritterwürde schon im dreizehnten Jahrhundert ein politisch störendes Phänomen geworden war, zeigen die Versuche englischer und französischer Könige, Ritterbürtige zum ritterlichen Leben zu zwingen[93], aber ich habe keine zeitgenössischen Diskussionen dieses Phänomens gefunden, die einen Einfluß auf die Gestaltung des Strickerschen Gedichts hätten haben können. Schreibt man im dreizehnten Jahrhundert über Mißstände im Rittertum, so meint man entweder einen von bösen Herren veranlaßten Abfall vom kulturellen Niveau der früheren Zeit oder eine durch das Aufdringen bäuerischer Parvenüs bewirkte Entartung.[94] Obwohl ‚Die beiden Knappen'

---

93 1256 verordnete Heinrich III. von England, ,,daß jeder zu ritterlicher Bewaffnung verpflichtet sei, der über eine Rente von 15 Pfund und mehr verfüge, wenn er nicht gerade Kaufmann oder sonst zum ritterlichen Leben unfähig sei" (Otto, Von der Abschließung des Ritterstandes, S. 120); ,,Since to be knighted involved by convention the assembling of the complete equipment necessary to effective service in the field, the kings of France . . . tried to make the ceremony obligatory for those of their subjects who belonged to knightly families" (Bloch, Feudal Society, S. 326).

94 Im achten Abschnitt des ‚Seifried Helbling', der zum großen Teil von diesem Abfall und dieser Entartung handelt, scheint das Thema der ‚Beiden Knappen' leicht gestreift zu sein (hrsg. von Joseph Seemüller, Halle a. d. S. 1886, S. 206 – 207, Z. 665 – 672):

,ein gestanden edel kneht,
treit er silbr, er tuot niht reht:
heiz iz vergolden gern
sînen kinden zêrn,
alsô daz er ritter sî,
dâ ist michel êre bî:
daz si heizen ritters kint,
des sie sust erlâzen sint.'

weniger anspruchsvoll in künstlerischer Hinsicht als ‚Frau Ehre und die Schande' ist, gehört es wie dieses zu den bedeutendsten der Strickerschen Gedichte wegen geschichtlicher Relevanz und gewandter Kombinierung zeitkritischen und moraltheologischen Gehalts.

## 5. Schlußbemerkungen

Der zentrale Punkt der Ritterlehre des Stricker ist die Pflicht — die kein Besitzender meidet —, materielle Habe in den Dienst des Mitmenschen zu stellen. Auch in ‚Den beiden Knappen' spielt diese Theorie eine überwiegende Rolle unter den Bestimmungen für das ritterliche Leben — im Vergleich zu ihr ist in diesem Gedicht der Befund positiver Hinweise auf das gerechte Leben der Ritterschaft verschwindend gering, gemessen zum Beispiel an den Hinweisen Thomasins von Zirclaria im ‚Wälschen Gast'.[95] Auch wenn man die in den Vorbemerkungen zu dieser Studie erwähnten Gedichte erwägt, die sicher oder möglicherweise auf das Rittertum in den Bereichen der Liebe, der Realpolitik oder der Verteidigung des Glaubens didaktisch einwirken sollten, kann man sich des Eindrucks nicht erwehren, daß es dem Stricker eigentlich auf die seelische Gefahr des Reichtums ankam, wenn er über die Problematik der feudalen Oberschichten nachdachte und dichtete. Zu dieser Gefahr kehrt er in vielen Gedichten zurück, mit ihr setzt er sich an vielen Stellen eindringlich auseinander. Seine Äußerungen über Probleme der ritterlichen minne-Tradition klingen verhältnismäßig fade und topisch; ‚Die Ritter' (Ed. Nr. 152) behandelt eine prinzipielle Aufgabe der Ritterschaft, steht aber thematisch vereinzelt in seinem Werk; die gegenwärtige Forschungslage erlaubt uns nicht, mit Sicherheit über realpolitische Themen der Strickerschen Dichtung zu reden.

Die Eigentumslehre des Stricker ist kein Armutsideal, auch wenn er dem reichen Mann gegenüber skeptisch und verdächtig steht. Jedem ist die *nôtdurft* gestattet — das für die Erfüllung seiner standes- bzw. berufsmäßigen Pflichten Notwendige —, aber die Sünde steckt im Überfluß. In der ‚Buße des Sünders' (Ed. Nr. 142) liest man: *alle überige sache / die sind uns sünde benamen!* (Z. 264 – 265), und in ‚Den beiden Knappen' empfiehlt der Erste ritterliches Leben als Abwehr gegen unnötige Habe:

> ‚du ensolt dir ritterlichez leben
> so sere niht lazen leiden.
> er chan dich wol bescheiden
> von dem uberigen gűte...' (Z. 382 – 385)

Der Ritter muß jeden funktionellen Besitz haben (Pferde, Rüstung, Waffen, Kleider, Knappen, Nahrung), wofür ein anständiges Vermögen die Grundlage

---

[95] Siehe Z. 212 – 213, 448 – 458 und 476 – 479, wo der Stricker von der von Gott verliehenen Gewalt des Ritters spricht, und vgl. Thomasin, Z. 7753 – 7994.

bildet, aber darüber hinaus ist er zu keinem Besitz, keinem Vermögen berechtigt.

Es scheint mir unmöglich, eine Abstammung oder wichtige Beeinflussung dieser Lehre von den Armutsidealen der Zeit zu behaupten, wie sie zum Beispiel im Franziskanertum den berühmtesten sozialen Ausdruck fanden. Wenn irgendeine gesellschaftliche Anregung die Ausbildung der Eigentumslehre des Dichters beeinflußt hat, dann wäre diese wohl von den Gemeinden der bußfertigen Laien gekommen, die wir am Ende unserer Studie zum Begriff der vita poenitentialis als geschichtlichen Hintergrund in Betracht gezogen haben. Dort nämlich mußte das Ideal frommer Christen, eine vom materiellen Gut größtmöglich unabhängige Existenz zu führen, an die Erfordernisse bürgerlichen Lebens angepaßt werden, die Mitglieder der Gemeinde blieben in standes- bzw. berufsmäßiger Tätigkeit, um sich die *nôtdurft* zu verschaffen, verzichteten aber auf weiteren Besitz. Ihr Leben stellte also in bürgerlicher Sphäre ein Modell für das vom Stricker empfohlene ritterliche Leben.

Ich glaube jedoch, daß seine christliche Ritterlehre verständlich und erklärbar ist, ohne daß man zu Theorien eines sozialen Modells Zuflucht nehmen müßte. Das Gedankengut liegt schon in der Schrift, wurde von den Vätern herausgearbeitet und von ihren Nachfolgern durch das Mittelalter hindurch bewahrt. Strickers Lehre für die feudalen Oberschichten ist das Ergebnis einer Konfrontation dieses Gedankenguts mit den krassen Ungleichheiten im Wohlstand, die ihm aus eigener Erfahrung bekannt waren.

## VI. Zum Thema des ‚Pfaffen Amis‘

In der neueren Forschung zum ‚Pfaffen Amis‘ des Stricker überwiegt die Ansicht, die Dichtung enthalte eine positive Thematik, die den Pfaffen nicht nur als Entlarver der Narrheiten und geistigen Mängel seiner Mitmenschen, sondern auch als Vertreter des Verstands und der Vernunft erscheinen läßt.[1] Damit weist man Beurteilungen des Amis, die auf moralischen Maßstäben basieren, zurück — der Stricker wolle Schwindel und Verbrechen, die den größten Teil der Geschichte ausmachen, nicht billigen, diese Missetaten seien aber eine der Gattung der Erzählung angemessene Ausdrucksform der intelligenzbezogenen Ethik des Dichters, und aus diesem Grund verlaufe das Leben des gaunerischen Pfaffen erfolgreich dem schönen Ende entgegen. Amis ist „der geistig Überlegene" (Rosenhagen, S. 151), er ist „das Symbol des gesunden Verstandes" (Agricola, S. 207); „ideale Klugheit" die dem Stricker eine wichtige Angelegenheit war, findet man „in der Gestalt des Pfaffen ... typisch dargestellt" (Fischer, S. 294); der Stricker will „in der Gestalt des *wisen* Pfaffen dem neu aufstrebenden Stand [dem Bürgertum] ... Richtlinien und Maßstäbe des rechten Verhaltens" aufzeigen (Könneker, S. 257); man verfolgt die Geschichte mit „einem ästhetischen Vergnügen, das von moralischen Bedenken immer wieder aufs neue entlastet wird und am Ende davon völlig unbeschwert und ungetrübt sein kann" (Kolb, S. 190).

Gegen diese Ansicht muß man einwenden — ohne auf Einzelheiten einzugehen —, daß es dem Wesen der mittelalterlichen komischen Erzählung entspricht, daß Witz und Verstand die Oberhand behalten, daß dumme Menschen (seien es auch Ritter oder Könige) lächerlich gemacht werden, daß der Schlaue sich durchsetzt. Fischer selber hat das Konstitutive im Gehalt des schwankhaften Märe so formuliert — die Überlistung des tumben durch den

---

[1] Gustav Rosenhagen, Der Pfaffe Amis des Strickers. In: Vom Werden des deutschen Geistes. Festgabe für Gustav Ehrismann, Berlin und Leipzig 1925, S. 149 — 158; Erhard Agricola, Die Prudentia in den Stricker'schen Schwänken. In: PBB (Halle) 77 (1955), 197 — 220; Hanns Fischer, Zur Gattungsform des ‚Pfaffen Amis'. In: ZfdA 88 (1957/58), 291 — 299; Irmgard Meiners, Schelm und Dümmling in Erzählungen des deutschen Mittelalters (MTU, Bd. 20), München 1967, bes. S. 47 — 54 und 147 — 159; Barbara Könneker, Strickers Pfaffe Amîs und das Volksbuch von Ulenspiegel. In: Euphorion 64 (1970), 242 — 280; Thomas Cramer, Normenkonflikte im ‚Pfaffen Amis' und im ‚Willehalm von Wenden'. Überlegungen zur Entwicklung des Bürgertums im Spätmittelalter. In: ZfdP 93 (1974), Sonderheft, S. 124 — 140; Herbert Kolb, Auf der Suche nach dem Pfaffen Amis. In: Strukturen und Interpretationen. Studien zur deutschen Philologie, gewidmet Blanka Horacek zum 60. Geburtstag, Wien und Stuttgart 1974, S. 189 — 211.

wîsen, „[der] Sieg der Klugheit über die Torheit"² —, und ‚Der Pfaffe Amis' vertritt diesen Wert vollkommen, obwohl er kein schwankhaftes Märe, sondern gattungsgemäß eine aus Schwankstoffen geformte Neubildung ist. Meiner Meinung nach hat die Forschung, sich auf die hinfällige Theorie der prudentia als Strickersches Anliegen stützend, die Bedeutung „des gesunden Menschenverstandes" im ‚Amis' weit übertrieben, indem sie ein allgemeines Merkmal der komischen Erzählung im Mittelalter als bewußtes, persönliches Thema des Dichters auffaßt. Sie hat gattungsmäßige *wîsheit* thematisiert.³

Die neueste Forschung zum ‚Amis' sieht von der behaupteten Strickerschen Klugheit etwas ab. Hansjürgen Linke macht Z. 1 — 38 des Prologs zum Ausgangspunkt einer Deutung, die der Dichtung eine allgemeine zeitkritische Thematik zuschreibt („die Fragwürdigkeit seiner gegenwärtigen Welt"⁴ ). In seinen ‚Beobachtungen zur Form des „Pfaffen Amis" '⁵ meint Linke, daß das Programm der Dichtung in der „Entlarvung des geistigen und moralischen Zustandes der durch Angehörige sämtlicher Stände exemplarisch repräsentierten Gesellschaft" bestehe (S. 310). Auch wenn ich diesen Formulierungen nicht zustimmen kann, begrüße ich Linkes Skepsis gegenüber der *milte* und seinen Begriff vom „Erzählen auf zwei Ebenen" (‚Der Dichter', S. 104). Dagegen vermisse ich in seiner Studie zum Prolog die Einbeziehung der rhetorischen Form (leicht gestreift, S. 101 und Anm. 15), und wie die früheren Interpreten analysiert Linke den ‚Amis' in vacuo — in den beiden Aufsätzen wird kein anderes Gedicht des Stricker erwähnt. Die Aufsätze von Ursula Peters und Walter Köppe⁶ handeln von der Relevanz der Dichtung für die Entwicklung der deutschen Gesellschaft im 13. Jahrhundert. Wo Köppe seine Analyse in den „Kontext bürgerlicher Mündigwerdung" setzt (S. 210), und die Dichtung als Reflex wirtschaftlicher und sozialer Veränderungen präsentiert, bezweifelt Peters eine solche Deutung prinzipiell. Unser sozialgeschichtliches Wissen von dieser Epoche sei zu begrenzt, um feste Schlüsse über die Widerspiegelung historischer Vorgänge im ‚Amis' zu erlauben. Demnach wäre es bloß ein literaturgeschichtlicher Schematismus, vom Gedicht als Ausdruck „bürgerlicher

---

2 Studien zur deutschen Märendichtung, Tübingen 1968, S. 102 — 109, Zitat S. 104.

3 Siehe Verf., Stricker and the Virtue *Prudentia:* A Critical Review. In: Seminar 13 (1977), 136 — 153.

4 Der Dichter und die gute alte Zeit. Der Stricker über Schwierigkeiten des Dichtens und des Dichters im 13. Jahrhundert. In: Euphorion 71 (1977), 98 — 105, Zitat S. 104.

5 In: Sprache in Gegenwart und Geschichte. Festschrift für Heinrich Matthias Heinrichs zum 65. Geburtstag. Hrsg. von D. Hartmann, H. Linke und O. Ludwig. Köln — Wien 1978, S. 307 — 319.

6 Ursula Peters: Stadt, ‚Bürgertum' und Literatur im 13. Jahrhundert. Probleme einer sozialgeschichtlichen Deutung des ‚Pfaffen Amis'. In: LiLi 7 (1977), 109 — 126. Walter Köppe: Ideologiekritische Aspekte im Werk des Stricker. In: Acta Germanica 10 (1977), 139 — 211, über ‚Amis', S. 151 — 162.

Mündigwerdung" zu reden. Peters vermutet, daß sich der Stricker in diesem Werk nicht so sehr von den ernsten Themen seiner Kleindichtung entfernt: „Unter der Oberfläche einer lockeren Sammlung von Schwänken ... werden ... lehrhaft-religiöse Hintergründe sichtbar" (S. 122).

Die folgende Studie versucht, ein lehrhaft-religiöses Thema im ‚Amis' nachzuweisen. Es ist das problematische Verhältnis zum Besitz, ist also eng verwandt mit den Themen der vorangehenden Studie zur christlichen Ritterlehre. Um die Ergebnisse meiner Analyse kurz vorwegzunehmen: ich meine, daß der Stricker im ‚Amis' eine Fabel entworfen hat, die die üblen Zustände in der menschlichen Kultur, die aus verfehlter Einstellung zu materieller Habe entstehen, sowohl verkörpert als auch moralgeschichtlich erklärt. ‚Der Pfaffe Amis' ist nicht „satire contre la cupidité du clergé"[7], denn solche cupiditas fungiert als Symptom und Beispiel der allgemeinen Verwirrung hinsichtlich des Besitzes — und diese Verwirrung selbst ist das Thema der Dichtung.

Um Mißverständnissen vorzubeugen, sei zweierlei sofort gesagt. Ich glaube, daß ich nicht ganz ohne Sinn für Humor bin. Wenn ich für eine moraltheologische Problematik im ‚Amis' eintrete, heißt das nicht, daß ich den unterhaltsamen Charakter des Werkes verkenne oder mir ein Publikum vorstelle, das mit finsterer Konzentration und keiner Spur eines Lächelns dem Vortragenden lauschte. In erster Linie wollte der Stricker unterhalten, so wie es Hartmann von Aue mit seinem ‚Erec' wollte, aber diese Absicht schließt keineswegs christliche Thematik aus, und mir geht es um diese Thematik. Zweitens: man wird fragen, ob es berechtigt ist, ‚Den Pfaffen Amis' in den Kreis der Kleindichtung des Stricker zu stellen und ihn zum Teil durch Vergleich mit dieser Dichtung zu interpretieren. Ich glaube, daß dieses Verfahren legitim ist.[8] Da wir fast kein Indiz für die chronologische Reihenfolge der Gedichte des Stricker haben, kann es nicht erlaubt sein, seine theologischen und moralischen Werke von den Mären und vom ‚Amis' abzusondern, sie seiner späteren Schaffensphase zuzuschreiben und eine durch „Gesinnungswandel" bedingte Kluft dazwischenzusetzen.[9] Die Existenz verschiedener Versionen mehrerer Kleindichtungen weist eher auf einen ausgedehnten Zeitraum, in dem er sich mit solchen Themen beschäftigte[10], und es spricht prinzipiell

---

7 Georges Zink, ‚Des origines au XVI$^e$ siècle'. In: Histoire de la littérature allemande, hrsg. von Fernand Mossé, Aubier 1959, S. 15 — 181, hier S. 135.
8 Bisher hat es die Forschung vermieden, ohne Gründe dafür anzugeben. Sieht man von den Mären ab, so ist die gesamte Kleindichtung Strickers für die Deutung des ‚Amis' so gut wie unbeachtet geblieben. Die Ausnahme (Kolb, S. 210 — 211) bestätigt die Regel — nur ein Gedicht wird erwähnt.
9 Das hat Fischer in seinen Strickerstudien (1953), bezeichnenderweise aber nicht in den Studien zur deutschen Märendichtung (1968), getan.
10 Siehe Ute Schwab, Die Barlaamparabeln im Cod. Vindob. 2705. Studien zur Verfasserschaft kleinerer mhd. Gedichte, Neapel 1966, S. 11.

nichts gegen die Annahme, daß ‚Der Pfaffe Amis' in einer Zeit verfaßt wurde, als der Stricker hauptsächlich ernste Kleindichtung schrieb.

Die Gattung des ‚Amis' stellt diese Frage auf anderer Ebene. Man weiß, wie oft die Besonderheiten eines mittelalterlichen Textes gattungsmäßigen Kriterien entspringen und wie gefährlich es ist, einen Text ohne Rücksicht auf die Bedingungen der Gattung zu analysieren. Ist es also von vornherein eitel, den unterhaltsamen, ja lustigen ‚Amis' auf moraltheologische Thematik zu hinterfragen? Schreibt das Gesetz der Gattung vor, daß in diesem Werk „die List, die das Lügen und Trügen nicht verschmäht [und] mit Überlegenheit das Verhalten und Handeln beherrscht" (Kolb, S. 189), außerhalb der Moral steht? Kann es überhaupt gültige Vergleiche zwischen ‚Amis' und (zum Beispiel) ‚Den Herren zu Österreich' (Ed. Nr. 164) geben? Selbstverständlich glaube ich an die Gültigkeit solcher Vergleiche und die Möglichkeit eines moraltheologischen Themas im ‚Amis'. Das Gedicht ist offensichtlich dem Märe verwandt, auch dem Roman, aber die jetzt übliche Benennung „Schwankroman" reiht es in keine Gattungstradition ein, die dem Stricker hätte bewußt und auf sein Kompositionsverfahren beeinflussend sein können.[11] Vom Standpunkt des Autors aus kann es keine „Gattungsgesetze" gegeben haben, weil der ‚Amis' eine Gattung sui generis schuf.[12] Wollte man ‚Amis' vom Standpunkt des modernen Literarhistorikers als eine Frühform des Schelmenromans betrachten (dagegen aber Kolb, S. 189, und de Boor, III–1, S. 237), so müßte man jedoch zugeben, daß Amis kein Picaro ist und daß der Stricker von dem Begriff des „Schelmenromans" nichts wußte. „Gesetze" einer Gattung entstehen durch die Praxis; wo es keine Praxis gegeben hat, gibt es keine „Gesetze". Wie es mir scheint, darf man von der komischen Erzählung im Mittelalter als „Gattung" sehr wenig sagen — daß die *wisheit* des Helden für sie konstitutiv ist, habe ich bereits erwähnt —, und das Wenige schließt moralische Thematik keineswegs aus. Man denke an ‚Reinhart Fuchs'. Als letztes sei bemerkt, daß drei der mit schwankhaften Elementen gestalteten Mären des Stricker von moraltheologischem Standpunkt aus schon untersucht worden sind, und zwar mit Gewinn.[13] Aus diesen Gründen halte ich es methodisch für gerechtfertigt,

---

[11] Vgl. Fischer, Gattungsform, S. 296 – 299 („Aus diesen heterogenen Traditionselementen eine einheitliche Dichtung zu schaffen, war keine leichte Aufgabe", S. 297).

[12] „Die Geschichte vom Pfaffen Amis, wie sie uns der Stricker erzählt hat, nimmt als literarischer Typus dadurch eine besondere Stellung ein, daß sie eben keiner der uns aus dem Mittelalter bekannten Erzählgattungen zuzuordnen ist" (Kolb, S. 189).

[13] Karl-Heinz Göttert, Theologie und Rhetorik in Strickers Weinschlund. In: PBB (Tüb.) 93 (1971), 289 – 310; Bernhard Sowinski, ‚Die drei Wünsche' des Stricker. Beobachtungen zur Erzählweise und gedanklichen Struktur. In: Zeiten und Formen in Sprache und Dichtung. Festschrift für Fritz Tschirch zum 70. Geburtstag, Köln und Wien 1972, S. 134 – 150; Verf., Immurement and religious experience in the Stricker's ‚Eingemauerte Frau'. In: PBB (Tüb.) 96 (1974), 79 – 102.

‚Den Pfaffen Amis' in Beziehung zur Strickerschen Kleindichtung zu setzen, seinen Wortlaut und seine Komposition ohne Vorurteil zu analysieren und der Möglichkeit einer Thematik der Moraltheologie, die ihn mit zahlreichen Texten dieser Kleindichtung verbinden würde, aufgeschlossen zu bleiben.

## 1. Prolog und Vorgeschichte

Die meisten Forscher des ‚Amis' haben den langen und anspruchsvollen Prolog ignoriert. Nur in den Aufsätzen von Könneker und Linke ist eine Auseinandersetzung mit ihm zu finden, aber sie verläuft ohne Bezug zur Theorie oder Praxis des Prologs als literarische Erscheinung im Mittelalter, was umso mehr zu bedauern ist, als der Stricker zweifellos über die rhetorischen Prinzipien von Prolog und Epilog Bescheid wußte. Dafür spricht die raffinierte Kunst, die Karl-Heinz Schirmer in den Epilogen gewisser Mären wahrgenommen hat[14], und der komplexe Bau der Prologe zum ‚Karl' und ‚Daniel', die der Gegenstand neuerer Untersuchungen sind und die ebenso wie die Märenepiloge der Rhetorik Wesentliches verdanken.[15] Auch beachtenswert in dieser Hinsicht sind die verhältnismäßig langen Prologe zur ‚Klage' (Ed. Nr. 153, 44 Zeilen von 708) und zur ‚Frauenehre' (Ed. Nr. 63, 180 Zeilen von 1972). In seinem Aufsatz zum Prolog in der deutschen nachklassischen Epik des 13. Jahrhunderts[16] behauptet Peter Kobbe, daß der Prolog zum ‚Amis' viele rhetorische Konventionen aufweise, daß er des Dichters Kenntnis zur Struktur des Prologs im Artusroman bezeuge (er sei „eine genaue Artus-Prolog-Kontrafaktur", S. 431) und daß der fließende Übergang vom Prolog zur Erzählung „in meisterlicher Manier" gestaltet sei (S. 418). Demgemäß wollen wir den ‚Amis'-Eingang unter Einbeziehung der rhetorischen Hauptkennzeichen des Prologs analysieren.

Der Prolog besteht normalerweise aus zwei Teilen, die verschiedene Funktionen haben: der *prologus praeter rem*, der zwischen Dichter und Publikum vermittelt, und der *prologus ante rem*, der das Publikum in das Werk ein-

---

14 Stil- und Motivuntersuchungen zur mittelhochdeutschen Versnovelle, Tübingen 1969, S. 109 – 121.
15 Peter Kern, Rezeption und Genese des Artusromans. Überlegungen zu Strickers ‚Daniel vom blühenden Tal'. In: ZfdP 93 (1974), Sonderheft, S. 18 – 42, bes. S. 19 – 22, und Johannes Singer, Der Eingang von Strickers ‚Karl dem Großen'. Text und Anmerkungen, ebd., S. 80 – 107.
16 Funktion und Gestalt des Prologs in der mittelhochdeutschen nachklassischen Epik des 13. Jahrhunderts. In: DVjS 43 (1969), 405 – 457.

führt.[17] Jener mag einen allgemeinen Gedanken einführen — oft als Sentenz oder Sprichwort —, der der folgenden Dichtung zur exemplarischen Bedeutung verhilft („Funktion der Bedeutungssteigerung", Kobbe, S. 41), aber er wird nichts Näheres über die Geschichte enthalten, sondern das Ziel der freundlichen Teilnahme des Publikums verfolgen, das mit den Termini *benevolentia, docilitas* und *attentio* umschrieben wird.[18] Kobbe hält Z. 1 — 20 des ‚Amis' für den *prologus praeter rem* (S. 435); ich bin damit einverstanden und wende mich diesem „Gespräch mit den Empfängern" (Brinkmann, S. 8) zu.[19]

Es legt den Topos der *laudatio temporis acti* zugrunde, begrenzt diesen aber auf die Kunst — genauer gesagt: auf das Ansehen höfischer Kunst und die Gunstbezeugungen, deren ihre Produzenten teilhaftig wurden. Der Stricker polarisiert explizit das Publikum für Literatur in seiner Zeit und polarisiert demnach (implizit) die Dichter: *hie vor* standen höfische Kunst und Dichter in so hohem Ansehen, daß sie überall willkommen waren und freundlich aufgenommen wurden (Z. 1 — 6); *nuo* hat sich die Situation geändert, das Publikum, das der traditionellen Literatur des Hofes zugeneigt ist und ihre Dichter fördern will, ist auf einen kleinen Kreis zusammengeschrumpft, der nur einen Bruchteil der Gesellschaft ausmacht, und die meisten interessieren sich nur für Literatur, die über den leidigen Alltag auf irgendeine Weise hinweghelfen soll (Z. 7 — 13). Vom Charakter dieser Literatur mit therapeutischer Funktion sagt der Stricker nichts. Sie soll *guot vür sorgen unt vür armuot* sein (Z. 10 — 11), aber die genaue Bedeutung dieser Phrase läßt sich aus den wenigen Worten kaum erschließen. Es ist jedoch klar, daß solche Literatur im Gegensatz zur höfischen steht, daß ihre Popularität in dem Maße zugenommen, wie *Seitspil, singen, oder sagen* an Ansehen verloren haben, *unwert* geworden sind (Z. 5,7). Sie steht im Gegensatz zu *künste mit worten* (vgl. Z. 13), aber sie ist beliebt und begehrt; sehr selten wird *ein höfsch man* (Z. 3) zu einem Hofe kommen, an dem er aufgrund seiner traditionell gebildeten Wortkunst und ohne dem gesunkenen Geschmack seiner Zeit zu frönen einen Gönner findet.

---

17 Darüber Hennig Brinkmann, Der Prolog im Mittelalter als literarische Erscheinung. Bau und Aussage. In: WW 14 (1964), 1 — 21; vgl. Bernd Naumann, Vorstudien zu einer Darstellung des Prologs in der deutschen Dichtung des 12. und 13. Jahrhunderts. In: Formen mittelalterlicher Literatur. Festschrift Siegfried Beyschlag, Göppingen 1970, S. 23 — 37.
18 Siehe Brinkmann, S. 4 — 6; vgl. Singer, S. 100 f.
19 Ich zitiere den ‚Pfaffen Amis' nach dem Text in: Georg Friedrich Benecke, Beyträge zur Kenntniss der altdeutschen Sprache und Literatur. Zweyte Hälfte, Göttingen 1832, S. 499 — 608. Verse, die mit geraden Ziffern numeriert sind, werden nicht wie im Beneckschen Druck eingerückt.

Die Aussage von Z. 1 — 13 ist topisch. Viele zeitgenössische Dichter haben sich wie der Stricker über die verschlechterte Lage der höfischen Dichtkunst geäußert[20]: „Das Publikum wird der ‚guten Kunst' müde, die Kluft zwischen dem Weltbild der Dichtung und der Wirklichkeit der Zeit hat sich derart vertieft, daß der Leser natürlich dankbar nach den Erzeugnissen von Dichtern hascht, die seinen veränderten Bedürfnissen Rechnung tragen" (Boesch, S. 255). Die wichtige Frage ist aber die nach der Funktion dieses topischen Guts im *prologus praeter rem*, der die Aufgabe hat, eine freundliche Stimmung zwischen Dichter und Publikum zu schaffen, die *benevolentia* der Zuhörer zu beanspruchen, ihre *docilitas* und *attentio* dem Vortragenden zu sichern. Was will der Stricker mit seinen pessimistischen Bemerkungen über Kunst und Publikum erreichen?

Zuerst verweist er auf die Dichter höfischer Kunst mit verallgemeinernden Ausdrücken (*ein höfsch man*, Z. 3; *ein gevüege man*, Z. 14), aber dieses durchsichtige Spiel läßt sofort erkennen, daß er von sich selber spricht. Das bestätigt Z. 17: *ich kan gevüeger worte vil*. Der Stricker spricht also in eigener Sache, wenn er den gesunkenen Geschmack beklagt, der den Dichter höfischen Stils auf Suche nach einem ihm geneigten Hof fahren läßt.[21] Er sagt eindeutig, daß er nur die Kunst *gevüeger worte* beherrscht und für die Gesellschaft völlig untauglich ist, die anderes hören will: *swâ man der ze hove nine gert / dâ bin ich eines tôren wert* (Z. 19 — 20). Er sagt nicht: „Ich kann mich auf die Wünsche eines jeden Publikums einstellen", sondern er vermeidet jeden Kompromiß: „Ich bin ein Vertreter höfischer Wortkunst, *daz beziug ich swer si hœren wil* (Z. 18), und wo man darauf keinen Wert legt, *dâ bin ich eines tôren wert* (Z. 20)".

Das alles hat unvermeidlich zur Folge, daß das Publikum durch seine Reaktion auf die dem Prolog folgende Dichtung sich als entartet und kulturell abgesunken bloßstellt, wenn es den ‚Amis' und seinen Dichter abweist, oder sich zu der kleinen Zahl höfisch Gesinnter gesellt, wenn es dieses Erzeugnis der *künste mit worten* wohlwollend entgegennimmt. Sehr geschickt handhabt der Stricker die *laudatio*, um seine Zuhörer zur positiven Reaktion auf seine Dichtung zu veranlassen — sonst würden sie sich als Mitglieder der großen Mehrheit zu erkennen geben, die über keinen guten Geschmack verfügt und deshalb gemeine Unterhaltung verlangt. Was den Stricker von anderen Dich-

---

[20] Siehe Bruno Boesch, Die Kunstanschauung in der mittelhochdeutschen Dichtung, Bern und Leipzig 1936, S. 252 — 260 (‚Klagen über den Verfall der höfischen Kunst', ‚Klagen über das Schwinden des Verständnisses für die Kunst'); vgl. Martin Behrendt, Zeitklage und laudatio temporis acti in der mittelhochdeutschen Lyrik, Berlin 1935, Kap. 3 (‚Kunst').

[21] In Thematik und Rhetorik ist der Prolog des ‚Amis' eng mit bestimmten Teilen von zwei Gedichten verwandt, die wir in der vorhergehenden Studie besprochen haben: ‚Die Herren zu Österreich' (Ed. Nr. 164) und ‚Falsche und rechte Freigebigkeit' (Ed. Nr. 55).

tern unterscheidet, die mit ähnlichen Ausführungen um die Gunst des Publikums werben (zum Beispiel Rudolf von Ems ‚Willehalm von Orlens'[22]), ist der Umstand, daß er es den Zuhörern selber überläßt, die Schlüsse zu ziehen. Der *prologus praeter rem* enthält alle notwendigen Prämissen, mit denen das Publikum seine Bildung im künstlerischen Bereich beweisen kann — es braucht nur das Werk zu billigen und den Dichter fördern. Der Dichter aber drängt sich nicht auf. Gerade darin besteht ein Teil des Kompliments, das dem Publikum gemacht wird, denn der Stricker nimmt die Zuhörer als aktive Teilnehmer in die Diskussion auf und verläßt sich auf sie: sie werden es zu bezeugen wissen, daß er sich zu einer kultivierten und (daher!) wohlwollenden Gesellschaft eingefunden hat.[23]

Der *prologus praeter rem* vermittelt also zwischen Autor und Publikum, wie es die Rhetorik lehrte, enthält sich aber jeder direkt auf das Werk bezogenen Bemerkung, was auch innerhalb der Tradition stand.[24] Bisher haben wir jedoch nichts von ,,Bedeutungssteigerung" gesagt, und wenn es wahr ist, ,,daß die grundlegende Leistung des *prologus praeter rem* gerade darin besteht, daß in ihm der Sinnhorizont für die Bedeutung des *prologus ante rem* und der *narratio* allererst gestiftet wird" (Singer, S. 101), dann müssen Z. 1 — 20 des ‚Amis' einen für die ganze Dichtung aufschlußreichen Gedanken enthalten. Der Anfang des *prologus ante rem* macht uns darauf aufmerksam: *Nuo hœret waz hie vor geschach* (Z. 21). Durch Wiederholung des zuerst in Z. 1 vorkommenden *hie vor* gibt der Stricker kund, daß der Begriff der schönen vergangenen Zeit, die mit der Gegenwart kontrastiert, immer noch relevant ist, d. h., sie fungiert nicht bloß als Bestandteil der Selbstempfehlung und des Kompliments im *prologus praeter rem*, sondern sie gehört zum Wesentlichen der Dichtung.

---

22 Vgl. Kobbe über die Prologfunktion der ,,Publikumsauswahl", bes. in den Tabellen S. 434 — 457. Sehr schön wählt Rudolf von Ems die richtigen Hörer aus (‚Willehalm von Orlens', Z. 9793 — 9890; hrsg. von Victor Junk [DTM, Bd. 2], Berlin 1905).
23 Vgl. die Stellungnahme des Dichters im Prolog der ‚Frauenehre' (Ed. Nr. 63): ,,er [wolle] sein Dichten überhaupt aufgeben . . . denn er besitze keine derartige Fähigkeit, denjenigen mit seiner Kunst Freude zu bereiten, die ohne frohen Mut in dieser Welt ihr Leben fristen wollen. Schließlich überredet ihn sein Herz, den Wenigen zu singen, die noch im hohen Mute leben und unter ihnen sich wohl zu fühlen" (Boesch, S. 254).
24 Ich finde, daß ich in Widerspruch zu fast jeder Behauptung stehe, die Könneker zum Amis-Prolog aufstellt, zum Beispiel, daß in diesem eine ,,antihöfische Tendenz offen zum Ausdruck" komme (S. 246). Auf die vielen Widersprüche gehe ich nicht näher ein, denn sie liegen für den Leser auf der Hand — er kann sich selbst entscheiden. Prinzipiell muß man jedoch tadeln, daß Könneker die rhetorische Tradition vollkommen ignoriert: so bezieht sie Z. 9 — 11 des *prologus praeter rem* direkt auf die *narratio* — ,,so wollte der Stricker mit dieser Ankündigung offenbar den *Pfaffen Amis* selbst als ein solches *mære* verstanden wissen" (S. 247) —, was den Vorschriften der Rhetorik widerspräche und meiner Ansicht nach nicht der Fall ist.

Der erste Teil des *prologus ante rem* (Z. 21 — 38) bringt die Ausmalung eines goldenen Zeitalters der Tugend, des Friedens und des Rechts. *Hie vor herrschte Freude, Ehre, Freigebigkeit, Treue* usw. Damit ändert der Stricker seinen Blickpunkt als Kulturhistoriker, denn vorher galt seine *laudatio temporis acti* nur der Kunst und der Pflege höfischer Dichter (allerdings war Z. 1 von Freude als deren Grundlage kurz die Rede, aber nur dort). Jetzt spricht er mit sehr selbstbewußter Rhetorik, die übrigens seine *kunst mit worten* beweist[25], von der vergangenen Zeit, in der die menschliche Gesellschaft aufs Beste bestellt war — das Lob des Vergangenen, das im *prologus praeter rem* auf das Künstlerische beschränkt war und dem Eigeninteresse des Dichters diente, wird auf das Moralische ausgedehnt und zugleich für die *narratio* geltend gemacht. Damit führt uns der Stricker über den Begriff der schönen Vergangenheit der Kunst in sein Werk ein, das irgendwie mit dem Begriff der schönen Vergangenheit menschlichen Lebens zu tun hat. Dieses Weltalter ging mit dem Erscheinen des Betrugs zugrunde (*Daz was in den stunden / ê triegen wurde vunden*, Z. 37 — 38).

Wenn ein Dichter sich der *laudatio temporis acti* bedient, ist es immer interessant zu erfahren, was er für den konstatierten Niedergang der Welt verantwortlich macht, denn die *laudatio* bietet ihm Gelegenheit, ein beliebiges Laster oder eine beliebige böse Sitte in den Mittelpunkt seiner Dichtung zu stellen. In drei anderen Gedichten hat der Stricker das schöne Damals mit dem unerfreulichen Jetzt verglichen und die Ursachen der Veränderung einer scharfen Kritik unterzogen. ‚Die Klage' (Ed. Nr. 153) mustert viele schlimme Zustände auf diese Weise; wenn ein Übel im Zentrum dieser Unordnung steht, dann ist es das Streben nach Reichtum (siehe Z. 11 — 21). ‚Die Königin vom Mohrenland' (Ed. Nr. 20) erzählt von einer glücklichen Zeit ritterlichen Lebens, in der *vreude und ere* (Z. 68, vgl. ‚Amis', Z. 1) den Ton angaben, die an einer Perversion der *minne* zugrunde ging:

> do was die werlt gekronet,
> mit vreuden gar geschonet
> und saz uf dem geluckes rade.
> do geschach der werlt ein sulche schade
> als der kunigin geschach
> die ir ritter sich verkeren sach.
> also chom ein tugentloser sit,
> do wart die werlt verkeret mit,
> daz man verschamter wibe pflac. (Z. 81 — 89)

---

[25] Die vier Reimpaare Z. 21 — 28 behandeln sechs Tugenden in syntaktischer Abhängigkeit (nach *dô,* Z. 22, 23); dagegen behandeln die vier Reimpaare Z. 29 — 36 sechs andere Tugenden syntaktisch unabhängig (nach *dô,* Z. 29, 35). Die beiden *dô*-Konstruktionen fügen sich zu einem Satz, der die schöne Harmonie des beschriebenen Zeitalters stilistisch widerspiegelt.

Wir haben ‚Die Herren von Österreich' (Ed. Nr. 164) schon analysiert und dürfen uns an die gute alte Zeit erinnern, *do sagen, singen, seitenspil / ze hove wurden vernumen* (Z. 112 – 113), die wegen der Unbesonnenheit der Herren hinsichtlich der *milte* verschwand. In diesem Gedicht geht es um das rechte Verhältnis zum Besitz. In der Welt, in der dieses fehlte, konnten weder ritterliches Leben noch höfische Kunst gedeihen.

Der Stricker verfährt im ‚Amis' analog. In der Welt, in der es kein *triegen* gab, herrschten die Tugenden; aber diese Welt ging mit der „Erfindung" des Betrugs verloren. Allein aus der gedanklichen Struktur des Prologs müßte man schließen, daß der Stricker das Thema seiner Dichtung im Bereich des *triegen* am Anfang menschlichen Unglücks gelegen weiß, und das sagt er expressis verbis zu Beginn des letzten Teils des *prologus ante rem:*

> Nu saget uns der Strickaere
> wer der êrste man waere
> der liegen unt triegen ane vienc,
> unt wie sin wille vür sich gienc
> daz er niht widersatzes vant. (Z. 39 – 43)

Gegenstand seiner Dichtung ist der Urheber des Betrugs und der Lüge *(wer ...)*, auch sein modus operandi *(unt wie ...)*, eine Differenzierung, die wohl beabsichtigt ist und auf die planvolle Komposition der Dichtung hindeutet. Die Identität des Urhebers *(wer)* wird natürlich nicht als geschichtliche, sondern als moraltheologische Tatsache zu ermitteln sein – mag er ein Priester namens Amis sein, mag Kolb mit seiner These von Michael Scotus als dem historischen Vorbild recht haben, das trägt nichts zur „Identifizierung" des Urhebers bei, die aus einer Analyse seines Denkens und Handelns folgen muß. Mit dem *wie* meint der Dichter die unterhaltende Oberfläche seiner Erzählung, die Schelmenstreiche, die Amis ja ohne *widersatz* durch die Welt bringen. Die beiden Elemente der Komposition waren den mittelhochdeutschen Dichtern längst bekannt, denn es handelt sich hier um nichts anderes als um *diu aventiure* und ihre *meine*. Man sollte nicht vergessen, daß der Stricker Romandichter war und sich Mühe gab, ernste Bedeutung in den Abenteuern Daniels und Karls durchblicken zu lassen. Angesichts des von Fischer u. a. beobachteten starken Einflusses des Romans auf die Gestaltung des ‚Amis' verwundert es nicht, daß der Stricker auf eine analoge Komposition im Prolog dieses „Schwankromans" hinweist.

Zuerst spricht er von *triegen* als Phänomen der verdorbenen Welt, dann von *liegen unt triegen*. Der Unterschied ist sehr gering, da die Lüge bloß der verbale Betrug ist, nichtsdestominder mag die erweiterte Formulierung für die Deutung des ‚Amis' wichtig sein. Als wir ‚Die fünf teuflischen Geister' (Ed. Nr. 161) studierten, nahmen wir eine überraschende Betonung der Lüge in der Skala der Laster wahr – es könnte sein, daß der Stricker zur Formulierung *liegen unt triegen* durch seine strenge Einstellung zur Lüge bewogen wurde, aber wahrscheinlicher ist für mich die These, daß er sich hier in der Nachfolge Freidanks bewegt. Fischer hat gezeigt, daß der Stricker Sprüche Freidanks gekannt und benutzt hat (Strickerstudien, S. 150 – 153 und 155 bis 156), und wenn man erfährt, daß es im ‚Amis' um den Urheber von *liegen unt triegen* geht, denkt man an die lange Reihe von Sprüchen Freidanks, die *liegen triegen* als Grundgefahr menschlicher Existenz darstellen. Diese Reihe zeichnet sich durch Intensität und Geschlossenheit aus.[26] Besonders die 45 Reimpaare, deren jedes mit *Liegen triegen* beginnt (165,21 – 169,5; 166,3 beginnt *Liegens triegens*), vermitteln den bitteren Ernst Freidanks, der Lüge und Betrug überall findet und immer beklagt, zum Beispiel:

> Liegen triegen ist mîn klage,
> dar umbe schilte ich s'alle tage.
> Liegen triegen lobe ich nicht,
> sît niemer guot von in geschicht.
> Lieben triegen hazzet got:
> swerz tuot, der brichet sîn gebot. (167,8 – 13)

Daß der Stricker den ‚Amis'-Prolog verfaßt und den Pfaffen als denjenigen bezeichnet hätte, der *liegen unt triegen* in die Welt eingeführt hatte, ohne an diese Sprüche Freidanks gedacht zu haben, halte ich für unwahrscheinlich. Ich glaube also, daß sie die Ansicht bekräftigen, der Prolog stelle mit allem Ernst eine moraltheologische Thematik der *narratio* in Aussicht, die um das verderbliche Erscheinen von Lüge und Betrug in der Welt kreist.

Mit Z. 44 beginnt der *prologus ante rem* in die spezifischen Details der Geschichte einzuführen – wir lernen, wo die Hauptperson wohnte, welchen Beruf sie ausübte, daß sie gelehrt und freigebig war. Auch wenn man Kobbes Auffassung zustimmt, der Prolog umfasse Z. 1 – 54, ist es klar, daß Z. 44 bis 54 die Übergangszone sind, in der der allgemeine Gehalt sich verdünnt und die Erzählung beginnt. Wenn etwas in diesen elf Zeilen noch von prinzipieller Bedeutung für die Analyse der Dichtung ist, dann wird es wohl das exemplarische Verhältnis des Pfaffen zum Besitz sein, von dem Z. 48 – 54 die Rede ist.[27]

---

[26] Vgl. Günter Eifler, Die ethischen Anschauungen in ‚Freidanks Bescheidenheit', Tübingen 1969, S. 412 – 419. Eifler nennt Freidanks Sprüche zum *liegen triegen* seine „geschlossenste und zugleich vielseitigste Studie" (S. 412). Freidank-Zitate nach der Ausgabe von H. E. Bezzenberger, Halle 1872.

[27] Man fragt sich, ob die Verbindung der *milte* mit einem Priester (statt eines weltlichen Herren) eine grundsätzliche Ironie andeutet, die das Lob der Tugend relativiert. Wir wissen aber, welch tief christliche Bedeutung der Stricker dieser Tugend beimessen konnte; außerdem wurden auch Menschen mit erheblichem privaten Besitz Priester. So weit von der Nachfolge Christi Amis am Anfang seiner Geschichte ist („Der reiche geistliche Herr lebt ... ein Leben ruhiger, offener Gastlichkeit, die das Zeichen höfischer Gesinnung ist", de Boor, III–1, S. 238), so zweifle ich doch an einer damit implizit angedeuteten Ironie.

Er gibt alles weg, was er gewinnt (Z. 48) — dieses Ideal des Verteilens von Gewinn ist uns öfters in den Gedichten zur christlichen Ritterlehre begegnet —, und verletzt nie *der milte gebot* (Z. 50). Unter den Freigebigen der glücklichen Zeit ist er der Beispielhafte (Z. 52 — 54). Mit dieser Andeutung auf die Problematik materieller Habe, die ihm (wie wir wissen) sehr am Herzen lag, läßt der Stricker seinen Prolog ausklingen und bringt die Geschichte vom genialen Urheber des *liegen unt triegen* auf den Weg.

Den Streit zwischen Amis und dem Bischof habe ich „Vorgeschichte" genannt, weil er in fast jeder Hinsicht von den Streichen des wandernden Pfaffen zu unterscheiden ist (darüber Kolb, S. 190 — 195). Uns interessieren an dieser Geschichte die Einstellung der beiden zum *guot* und das Resultat des Konflikts, das zum Ausgangspunkt der Hauptgeschichte wird.

Der Bischof beneidet den Reichtum des Amis, der ihm ‚*grœzern hof*' (Z. 62) ermöglicht, als der Bischof es sich leisten kann, und will den Pfaffen zwingen, einen Teil davon zugunsten seines Herren abzutreten. Amis weigert sich mit der Erklärung seines Vorsatzes, niemals über überflüssigen Besitz zu verfügen, sondern alles, was er hat, auf die gewohnte Weise zu verbrauchen (Z. 71 bis 76). Die Positionen sind klar: der Bischof handelt aus Habsucht, der Pfaffe aus Freigebigkeit, die Episode verkörpert den Gegensatz zwischen *erge* und *milte,* den der Stricker im Prolog erwähnt: *unt milte vür die erge gie* (Z. 24). Auch in der Vorgeschichte übertrifft die Tugend das Laster, denn der habsüchtige Bischof läßt sich auf einen Wettkampf im Bereich des Witzes ein, wo er dem Pfaffen nicht gewachsen ist, wird in jedem Punkt übertölpelt und räumt das Feld, indem er stirbt *dâ nâch in einer kurzen zît* (Z. 309).

Mit seinem Tode entfällt die einzige und sehr schwache Drohung, die der auf *miltekeit* (Z. 55) des Pfaffen zentrierten Weltordnung dieser Zeit widerfahren ist. Der Neid des Bischofs (Z. 59) und sein Geiz waren ephemere Erscheinungen, die den moralischen Charakter des Zeitalters nicht beeinträchtigten: sie waren ausschließlich auf Amis gerichtet und in dieser privaten Sphäre scheiterten sie sowieso. Daß jemand aus Neid und Habsucht zu handeln versucht, ist nicht mit dem Wesen der schönen Vergangenheit unvereinbar, die der Stricker als eine Zeit des **Vorherrschens der Tugenden**, ihres **Triumphes** über die Laster darstellt. Daß der Habsüchtige so leicht überwunden wird und der Vergessenheit anheimfällt, legt Zeugnis dafür ab, daß wir am Ende der Vorgeschichte immer noch im schönen Damals sind. Dafür spricht auch die Tatsache, daß bis zur Z. 310 weder gelogen noch betrogen worden ist, d. h., daß Amis noch nicht sich des von ihm begonnenen *liegen unt triegen* schuldig gemacht hat (vgl. Kolb, S. 191). Auf unbeantwortbare Fragen hat er unwiderlegbare Antworten gegeben — nachweislich Falsches hat er vermieden. In bezug auf den Esel spricht er die Wahrheit, wenn er sagt, ‚*er kan blat werfen wol*' (Z. 263), und man wird ihn wegen seiner Erklärung des *lüejen* (Z. 288) keiner Lüge überführen können: der Tatbestand läßt es durchaus zu, daß der

Esel die ersten Buchstaben *gelernet* hat. Sicher, *der hât er vil gesehen dâ* (Z. 298) und spricht sie laut aus[28]; des Pfaffen Deutung dieser Tatsachen (Z. 299 — 300) ist nachweislich nicht weniger korrekt als seine Behauptungen im Bereich der Physik, Geographie und Weltgeschichte. Der Bischof lügt nicht und er betrügt nicht. Sein Tod läßt die Welt wieder, wie sie war — Amis hat seine Pfründe und sein *guot,* kein Mensch beneidet ihn oder will ihm Böses antun, er kann sich nach wie vor *der milte gebot* widmen.

Die thematische Funktion der Vorgeschichte ist es, unsere Aufmerksamkeit auf problematisches Verhalten gegenüber Besitz zu richten. Solches Verhalten verrät der Bischof. Erstens beneidet er das soziale Ansehen, das Amis durch seine *miltekeit* erwirbt (Z. 55 — 59), d. h., er schätzt Besitz aus Eitelkeit; zweitens will er zu unmoralischen Mitteln greifen, um sich die Habe eines anderen anzueignen. So gibt der Stricker in der kleinen, unwirksamen Gestalt des Bischofs eine Vorausdeutung des großen Problems, in das sich der Pfaffe verwickelt und das ihn in die Welt als denjenigen hinaustreibt, der als erster *liegen unt triegen* praktizierte.

Die Vorgeschichte endet mit Z. 310. Darauf folgt ein Abschnitt von 26 Zeilen, dessen richtiges Verständnis für die Deutung des ‚Amis‘ unerläßlich ist und meines Erachtens in der Forschung bisher ausgeblieben ist.

## 2. „Prodigalitas" und „avaritia"

Der Bischof stirbt, Amis unterrichtet den Esel nicht mehr, und das Leben geht weiter. Kolb behauptet, daß man Z. 321 direkt an Z. 54 anknüpfen könne, „ohne daß der Eindruck entstünde, daß zwischen ihnen etwas fehlte" (S. 193) – d. h., die Geschichte mit dem Bischof sei für den weiteren Verlauf der Erzählung entbehrlich, „so sehr ist das Spätere die sachlogische Folge des Früheren" (S. 194). Dieser Ansicht kann ich mit dem oben erwähnten Vorbehalt zustimmen (der Bischof sei Vorläufer des betrügerischen Pfaffen), denn Amis' weiteres Handeln ist weder bestimmt noch wesentlich beeinflußt von der Vorgeschichte.

Richtig ist es, daß sein Streit mit dem Bischof den unmittelbaren Anlaß zum großen Zudrang der Gäste stiftet, aber die Leute bewundern grundsätzlich seine Klugheit und besuchen ihn derentwillen (Z. 311 — 317), was ohne jede Beziehung zum Bischof hätte geschehen können. Das Wesentliche an der Situation hat sich nicht geändert — der wohlhabende Pfaffe bewirtet jeden Gast. Geändert hat sich nur die Anzahl der Gäste, was angesichts seiner unbegrenzten Gastfreundlichkeit auf jeden Fall zu erwarten war. Amis sieht sich

---

[28] Über das *lüejen* des Esels (Z. 288) siehe Kin'ichi Kamihara, Zwei Kleinigkeiten zum Pfaffen Amis. In: Doitsu Bungaku 51 (Herbst 1973), 131 — 136, hier S. 134 — 136.

insofern vor eine neue Aufgabe gestellt, als seine Mittel nicht mehr ausreichen, seine Gewohnheit einfach fortzusetzen. Das schöne Verhältnis von Gewinn und Ausgabe ist gestört, und der Gewinn genügt nicht mehr, um die Nachfrage zu stillen; Amis borgt das Mögliche, aber es reicht auch nicht (Z. 324 bis 325). Das ist eine Veränderung, aber an sich kein Übel. Er muß jetzt eine Entscheidung treffen, für die er allein verantwortlich ist, und er hat unter mehreren Möglichkeiten frei zu wählen: er könnte seine Gastfreundlichkeit begrenzen und seinen finanziallen Verhältnissen anpassen; er könnte seine ganze Habe durch Verteilen liquidieren und selbst verarmen; weitere Alternativen wären der Verzicht auf weitere Ausgaben oder der Versuch, neuen Besitz zu erlangen, um die zahlreichen Besucher bewirten zu können. Unter diesen Möglichkeiten wählt er die letztere, fährt in die Welt hinaus und wird zum Lügner und Betrüger. Das ist der Wendepunkt der Geschichte und für die Thematik definitiv.

Die Situation des Amis und seine Wahl erinnern uns an andere Gedichte des Stricker. ‚Die Herren zu Österreich' (Ed. Nr. 164) haben wir schon analysiert: der Stricker erzählt von reichen Herren, die jeder Bitte gewährten und ihren Besitz so großzügig verteilten, daß der Nachfrage bald nicht mehr nachzukommen war:

>des begonde ir dar so vil kumen,
>heten si alle der Krichen gut,
>sine mochten aile der gernden mut
>mit gabe nicht erfullet han. (Z. 60 – 63)

Das ist das Problem des ‚Amis'. Die Herren lösten es anders, indem sie nämlich geizig wurden (Z. 65 – 69), d. h., sie verzichteten weitgehend auf Freigebigkeit, wurden *valsch* und *arc*. Unter den vier oben angedeuteten Möglichkeiten vertritt ihr Verhalten die dritte. Der Stricker erwähnt die zweite im ‚Weißen Tuch' (Ed. Nr. 139):

>swer eines andern sunde saget
>und sine sunde gar verdaget,
>dem geschicht als einem man
>der ane maze geben kann
>und so vil hin geben hat
>daz im selben niht bestat
>und da von sa verdirbet
>daz er vor hunger stirbet ... (Z. 165 – 172)

Dieser Verteilung des eigenen Besitzes, die *ane maze* ist, kommt kein lobendes Urteil zu, vielmehr stellt es der Stricker als tödliche Narrheit dar, sowohl durch die inneren Zusammenhänge des Gleichnisses (der Mensch verhungert) als auch durch seine Beziehung zum Thema (dieser Mensch gleicht dem Heuchler). Mit demselben Ausdruck *(ane maze)* kritisiert der Stricker die Großzügigkeit der Herren zu Österreich — *die gulten si ane maze* (Z. 49) — und fährt unter Wiederholung dieser Kritik fort, über die Verkehrung ihres Verhaltens in Geiz zu berichten: zahlreiche Menschen besuchen sie durch *daz unmezliche geben / daz si sich heten an genomen* (Z. 58 — 59), und *daz si unmaze muzzen lan, / des wart verkert ir leben* (Z. 64 — 65).

Dieses Gedicht beweist, daß der Stricker sich im klaren über das Wesen uneingeschränkten Verschenkens war, das er *unmaze* und *daz unmezliche geben* nannte. In ‚Falscher und rechter Freigebigkeit' (Ed. Nr. 55) setzt er sich mit diesem Problem intensiv auseinander. Wie wir gesehen haben, verlangt er moralische Unterscheidungen vom Freigebigen, die zur Identifizierung der würdigen Empfänger führen und ohne die keine echte *milte* existiert. Er verachtet den Reichen, der seinen Besitz bedenkenlos verstreut, der so unbesonnen verschenken muß, *e erz behielt untz an daz zil, / er wurfês in ein wazzer e* (Z. 142 — 143). Damit gesellt er sich den mittelhochdeutschen Dichtern zu, die gegen *valschiu milte* polemisieren.

Aufgrund der Aussagen dieser wichtigen Gedichte des Stricker muß das Verhalten des Amis in sehr bedenklichem Licht erscheinen. Er gibt sein Gut ohne Unterschied prinzipiell an jeden aus, den er als Gast bewirtet (vgl. Z. 318 bis 320, 913 — 914, 2486/87); es scheint mir jedoch, daß die Pflicht moralischer Unterscheidung durch das Vorherrschen der Tugenden in dieser mythischen Zeit aufgehoben ist — wenigstens am Anfang der Karriere des Amis *was diu zuht genæme / und unzuht widerzæme* (Z. 29 — 30), und der Stricker selbst bürgt dafür, *daz er der milte gebot / ze keiner zît übergie* (Z. 50 — 51). Ich bin nicht geneigt, Ironie aus diesen Zeilen herauszulesen, sondern nehme das Verhältnis des Pfaffen zum Besitz als *milte* an bis zu dem Punkt, an dem die Zahl seiner Gäste seine Mittel überfordert. Die Forschung hat seine Reaktion auf diese Krise gebilligt und sieht in seiner Entscheidung, seine Großzügigkeit auf alle Fälle beizubehalten, einen der *milte* verpflichteten Entschluß; zum Beispiel Cramer: „er erwirbt unter Einsatz seines Verstandes Geld, weil er den Anforderungen des höfischen Ideals der *milte* genügen muß. Sein Movens ist also der Zwang zu einer . . . Tugend" (S. 127).[29] Das ist es aber nicht. Sein Movens, sein Entschluß und seine weiteren Taten entstammen der *unmaze*.

---

[29] Vgl. Könneker: „die Leute [strömen] von allen Seiten herbei . . . und plündern ihn dabei aufgrund seiner schrankenlosen Freigebigkeit derart aus, daß er sich . . . dem wirtschaftlichen Ruin ausgeliefert sieht und nunmehr vor die Alternative gestellt ist, sein allzeit offenes Haus aufzugeben, d. h. der *milte* für immer zu entsagen, oder sich auf irgendeine Weise Mittel zu beschaffen, um seine Gäste auch weiterhin reich bewirten zu können" (S. 251); „[die betrügerischen Machenschaften des Pfaffen] sind Reaktion auf die von ihm selbst nicht verschuldeten Widrigkeiten der äußeren Umstände, ja sind in erster Linie sogar Mittel zum löblichen Zweck" (S. 252). Vgl. Kolb: „der Ertrag des Amoralischen [wird] doch wieder moralischen Zwecken zugeführt: der *milte*, geübt an Weltlichen und Geistlichen" (S. 190).

Moraltheologisch verstanden entartet seine Freigebigkeit *(largitas, liberalitas)* in Verschwendung *(prodigalitas)*, und seine Geschichte nach Z. 326 beruht auf einem Laster.

Es ist bekannt, daß man im Mittelalter die Tugend als einen mittleren Weg verstand, der zwischen entgegengesetzten Extremen (des Mangels und des Überflusses) lag. Diese Extreme waren korrelative Laster, zum Beispiel: Feigheit und Tollkühnheit waren bezogen auf die Tugend der Tapferkeit, Geiz und Verschwendung bezogen auf die Tugend der Freigebigkeit.[30] Diese aristotelische Lehre steht hinter Hartmanns Charakterisierung von Heinrich als Freigebigem – *der milte ein glîchiu wâge. / im enwart über noch gebrast*[31] –, wie sie allgemein für Hartmanns Begriff der *mâze* grundlegend ist.[32] Damit wäre Thomasins ‚Wälscher Gast' zu vergleichen: *diu milte gêt die mittern strâze, / si behaltet unde gît nâch mâze.*[33] Walther von der Vogelweide dichtete einen Spruch über *gebende kunst*, zu der das *versagen* unvermeidlich gehört (80,11 bis 18); dieser schließt mit einem Rat, der Amis zugutegekommen wäre: *well er ze rehte umb êre sorgen, / swes er niht müge ûz geborgen / noch selbe enhabe, versage doch daz.*[34] Die höfische Tugend der *milte*, die mit den phantastischen und fatalen Übertreibungen der Artuswelt (besorgt um den Ruf seiner *miltekeit* muß Artus seine Frau Meljaganz aushändigen) nichts mehr

---

30 Siehe Thomas von Aquin, Summa Theol. I.II.64 (‚De medio virtutum'). Vgl. Alanus de Insulis: *uirtus enim non obtinet locum nisi inter uitia maxime a se distantia, ut largitas inter prodigalitatem et auaritiam* (‚De Virtutibus et de Vitiis et de Donis Spiritus Sancti', hrsg. von Odon Lottin, Mediaeval Studies 12 [1950], 20 – 56, hier S. 47). Siehe auch Siegfried Wenzel, Robert Grosseteste's Treatise on Confession, ‚Deus est'. In: Franciscan Studies 30 (1970), 218 – 293, hier S. 221 – 222; über *largitas* sagt Grosseteste, *quae consistit in dandorum datione et retinendorum retentione, cui opponuntur duo vitia, avaritia scilicet et prodigalitas* (S. 275).

31 Der arme Heinrich, hrsg. von H. Paul, 12. Aufl., besorgt von L. Wolf (ATB, Bd. 3), Tübingen 1961, Z. 66 – 67. Damit ist das ritterliche Ideal der *milte* in ‚Graf Rudolf' zu vergleichen: „ze rehte [*wesen mil*]de / und wizzen weme er solde vur sagen" (hrsg. von Peter F. Ganz, Berlin 1964, Z. 19 – 20).

32 „In der *mâze* und ihre Bedeutung ist Hartmanns Wesen bestimmt ... Es ist die aristotelische Tugendlehre ... eines Mittleren zwischen zwei Lastern. Alle Einseitigkeit zerstört als *unmâze* die Werte, auch die von an sich werttragenden Erscheinungen" (Helmut de Boor, Die höfische Literatur. Vorbereitung, Blüte, Ausklang, 5. Aufl., München 1962, S. 73).

33 Z. 10031/32.

34 Die Gedichte Walthers von der Vogelweide, hrsg. von Karl Lachmann / Carl von Kraus / Hugo Kuhn, 13. Ausg., Berlin 1965. Im ‚Wolf und Hund' (Ed. Nr. 66) gibt der Stricker das Wesentliche dieser Lehre wieder:

> Swer milte und guot hat,
> wil der lobeliche leben,
> der sol ze rehter zit geben
> und sol ze rehter zit versagen –
> diu müezen beidiu wol behagen. (Z. 80 – 84)

gemeinsam hat, verlangt Besonnenheit und Selbstbeherrschung, damit man richtig verteilt oder auf Ausgaben verzichtet:

> Ist milte ein tugent, als man ir giht,
> so weiz ich wol an ir, daz si lêrt guot hin werfen niht;
> si kan wol hengen unde haben, kan wol halten unde lân.[35]

Die *milte* als Tugend in mittelhochdeutscher Dichtung setzt also die christliche Lehre von Einsicht und Gerechtigkeit fort, die wir in der Besprechung von ‚Falscher und rechter Freigebigkeit' (Ed. Nr. 55) vorgelegt haben. Es ist unmöglich, daß der Stricker *milte* mit „schrankenloser Freigebigkeit" (Könneker – der Ausdruck enthält einen Widerspruch!) verwechselt haben könnte, daher ist es auch unmöglich, Lug und Betrug des Pfaffen, die die Folgen seines Entschlusses, schrankenlose Gastfreundschaft walten zu lassen, darstellen, als „Mittel zum löblichen Zweck" (Könneker, S. 252) zu bewerten.[36] Der Zweck ist lasterhaft – *est prodigalitas propriae possessionis indiscreta dissipatio*. Indem er dem Wesen der *milte* nicht treu bleibt, den Umfang seiner Geschenke nicht reduziert und in ein vernünftiges Verhältnis zu seinen finanziellen Mitteln bringt, verfehlt Amis den Weg der Tugend. Allein durch diese selbstverschuldete Verfehlung ist er „dem wirtschaftlichen Ruin ausgeliefert" (Könneker, S. 251), und *Qui sibi ipsi iniuriosus est dator, dissipator dicitur*.[37] Das Thema der Dichtung hat dabei festen Umriß gewonnen, denn das unkomplizierte Verhältnis des Pfaffen zu Besitz ist durch seine Unfähigkeit, seine Rolle als Gastgeber auf ein vernünftiges Maß zu reduzieren, zerstört worden.

Der Stricker ließ es nicht bei Amis als Verschwender bleiben, denn auf diese Weise hätte sich der Pfaffe ruinieren müssen, ohne unterhaltsames Geschehen zu liefern. Statt dessen machte er ihn zum Gauner, der sich den Besitz anderer durch Betrug und eventuell auch durch Gewalt aneignet. Damit verwendete der Stricker in der Handlung seines Gedichtes ein altes und wohlbekanntes moraltheologisches Schema: aus der fehlerhaften Einstellung zum Besitz resultiert zunächst Verschwendung *(prodigalitas)* und danach unerlaubter Er-

---

35 Reinmar von Zweter, hrsg. von Gustav Roethe, Leipzig 1887, 120,1 – 3. Siehe Roethes Anmerkung zu 120,3 (S. 600) und Bezzenbergers Anmerkung zu Freidank 86,18 – 19 (S. 371).

36 Auch kannte der Stricker wohl den Bibelspruch *Et non . . . faciamus mala ut veniant bona* (Röm. 3,8)!

37 Robert Grosseteste, a. a. O., S. 277. In einer Predigt aus einer Hs. des 14. Jahrhunderts wird *prodigalitas* als eine Tochter von *gula* und eine besondere Gefahr großzügiger Gastgeber (!) betrachtet: *item prodigalitas . . . et est danda vel non danda effundere, et ascribitur gule, quia liberales hospites hoc solent facere, et maxime in conviviis* (nach Anton Schönbach, Die Überlieferung der Werke Bertholds von Regensburg, III. In: Wiener Sitzungsberichte, Phil.-hist. Kl., 153 [1906], 106).

werb neuen Besitzes *(avaritia)*. Kurz und bündig erscheint dieses Schema im Spruch: *Qui nimis expendit, alienum postea prendit.*[38] Gregor der Große warnte vor der Habsucht, die aus unklugem Geben hervorgeht: *Hi etenim propria bona indiscrete tribuentes . . . cogente se inopia, usque ad avaritiam devolvuntur*[39]; so auch das ‚Moralium dogma philosophorum', *caue ne beneficium maius sit facultate tua. Inest enim in tali liberalitate cupiditas rapiendi, ut ad largiendum suppetant copie.*[40] Thomas von Aquin verbindet *prodigalitas* mit *avaritia* in einer Analyse, die man als Abriß der Problematik im ‚Amis' betrachten kann: *ille qui superabundat in dando, vocatur prodigus . . . etiam contingit quod aliquis excedat in dando et ex hoc est prodigus, et simul cum hoc excedat in accipiendo . . . ex quadam necessitate, quia dum superabundat in dando, deficiunt ei propria bona, unde cogitur indebite acquirere, quod pertinet ad avaritiam . . .* (Summa Theol. II.II.119.1 ad 1). In seiner ‚Historia regum Brittaniae' erzählt Geoffrey von Monmouth vom fünfzehnjährigen Arturus, der wegen seiner *inauditae largitatis* von so vielen Rittern besucht wurde, *ut ei quod dispensaret deficeret.* Er entschließt sich, den Besitz anderer (in diesem Fall den der Saxones) sich anzueignen, um ihn seinen Verfolgern zu schenken — insofern ein genaues Analogon zu ‚Amis'. Aber Geoffrey gibt sich Mühe, über diese Handlung den Mantel der Gerechtigkeit zu legen und erinnert uns an den rechtlichen Erbschaftsanspruch Arturus': *statuit Saxones inquietare, ut eorum opibus, quae ei famulabatur ditaret familiam. Commonebat etiam id rectitudo, cum totius insulae monarchiam debueret hereditario jure obtinere.*[41] Ohne diesen Anspruch auf *rectitudo* hätte man die Handlung moralisch beurteilen müssen.

Wernher von Elmendorf vertritt diese Lehre meines Wissens zum erstenmal in deutscher Sprache:

> verermistu dich mit gufte,
> da nach volget vil lichte,
> daz dir vbele mac gezemin.
> so mustu eineme anderin nemin,
> daz du den anderen hates zu gebene.
> daz gezimit ubil gutes mannes lebene.[42]

---

[38] Hans Walther, Lateinische Sprichwörter und Sentenzen des Mittelalters in alphabetischer Anordnung, Göttingen 1963 — 1969, Nr. 24361.

[39] ‚Regulae pastoralis liber' (PL 77,13 — 128, hier Sp. 88 B).

[40] Hrsg. von John Holmberg, Uppsala 1929, S. 15. Siehe die ähnlichen Warnungen im ‚Secretum secretorum', hrsg. von Reinhold Möller (DTM, Bd. 56), Berlin 1963, in den Kapiteln ‚De regibus et modis eorum circa largitatem et avaritiam' und ‚De largitate et avaritia et aliis virtutibus' (S. 22 — 26).

[41] La légende Arthurienne; études et documents. Première partie: Les plus anciens textes. Tome III: Documents, von Edmond Faral, Paris 1929, Kap. 143 der ‚Historia', S. 229.

[42] Hrsg. von Joachim Bumke (ATB, Bd. 77), Tübingen 1974, Z. 357 — 362.

Viel ausführlicher geht Thomasin auf dieses Problem ein, von dessen langer Erörterung (Z. 14059 — 14194) ich nur die folgenden aufschlußreichen Verse zitiere:

> Swer bescheidenlîchen geben wil,
> gebe niht zu lützel noch ze vil.
> der hât sîn gâb se sîner hab
> gemezzen der nâch rehte gab.
> der roubt sich selben, daz ist wâr,
> swer daz sîne vertuot gar.
> ich wæn erz mîne ungerne lât,
> der sich selben beroubet hât.
> der gît nâch rehte zaller zît
> der nâch sîner habe gît.
> swelich man mêr geben wil,
> der muoz zunrehte nemen vil;
> er muoz swern unde liegen
> unde rouben unde triegen. (Z. 14177 — 14190)

Thomasin weiß also, daß der *prodigus* nach dem Besitz anderer greifen muß, und das durch *liegen unde triegen*. Genau das tut der Pfaffe Amis, *der êrste man... der liegen unt triegen ane vienc.*

Wir sind jetzt in der Lage, die Erklärung des Pfaffen richtig einzuschätzen, als er den Weg der *milte* verläßt:

> Swie ich daz guot gewinne,
> alsô gewinne ich ez ê
> dann ich dem hûse abe gê.
> Ich wil nâch guote werben:
> mîn hûs sol niht verderben. (Z. 332 — 336)

Der Pfaffe will auf keinen Fall sein *hûs*, d. h. seinen großzügigen Lebensstil[43], aufopfern. Deshalb versucht er, ohne moralische Rücksichten zu nehmen, sich die entsprechenden Mittel zu verschaffen *(Swie ich daz guot gewinne)*, er geht also auf die Jagd nach Geld (vgl. das Prädikat *nâch guote werben* im ‚Wuche-

---

[43] Nach Kolb (S. 190) meint Amis mit dem Terminus *hûs* seine Kirche, aber für viel wahrscheinlicher halte ich es, daß das Wort den weltlichen Haushalt des begüterten Priesters bezeichnet und damit die gleiche Bedeutung hat, die man beim Winsbecken und bei Bruder Wernher findet: dieser mahnt die schwäbischen Ritter, freigebig zu handeln — *swer beider lop behalten wil, der êre sîn hûs, deist mîn rât* (hrsg. von Anton Schonbach, Wiener Sitzungsberichte, Phil.-hist. Kl., 148 [1904], Nr. 7, S. 41); hinsichtlich ritterlicher Freigebigkeit gebrauchte jener die Prädikate *des hûses phlëgen* und *daz hûs wol haben* (Str. 47 — 50 des Textes in: Helmut de Boor, Mittelalter. Texte und Zeugnisse, Erster Teilband, München 1965, S. 818 — 819).

rer' [Ed. Nr. 133], Z. 64).⁴⁴ Seine Geschichte hat der Stricker nach einem geläufigen Modell menschlichen Verhaltens entworfen, das das falsche Verhältnis zu Besitz in den sich ergänzenden Lastern der *prodigalitas* und *avaritia* konkretisiert. Es ist zu betonen, daß dieses Modell nichts mit dem Klerus an sich zu tun hat, sondern gleichermaßen für alle Menschen gilt. Die Problematik des ‚Amis' ist eine allgemeinmenschliche, wiewohl sie in der Person eines Pfaffen zum Vorschein gebracht wird. In der fiktiven Weltgeschichte der Dichtung ist er der erste Mann, der lügt und betrügt, und das macht er aus Habsucht, die unmittelbar auf Verschwendung zurückgeht. Die Problematik dieser Dichtung aber ist nicht auf diese eine Person beschränkt. Am Ende der Diskussion werden wir die Entwicklung des Themas wahrnehmen können, das der Stricker im Bischof andeutet, im Amis feste Gestalt werden läßt und dann über das reiche Zisterzienserkloster in die aktuelle Welt überträgt.

### 3. Quaestuarius, „heilic man", Kaufmann

Um *guot* zu gewinnen, spielt der Pfaffe mehrere Rollen, die mit seinem Amt als Priester unvereinbar sind. Folgt man den Unterteilungen in Lambels Ausgabe⁴⁵, dann tritt Amis achtmal als Geistlicher (Episoden 2 – 9), einmal als *gebûr* (Z. 1330), der Mönch wird (Episode 10), und zweimal als Kaufmann (Episoden 11 – 12) auf. Neunmal erwirbt er Geld, indem er seine geistliche Identität ausnützt, dann folgen (nach deutlichem Einschnitt im Hinblick auf die Kontinuität der Erzählung, Z. 1547 – 1561) die Betrügereien als Kaufmann. Wie verhält sich das zum Thema der Dichtung?

Ich glaube zwar nicht, daß der Stricker den Zweck des ‚Amis' in einer Satire gegen die Geistlichkeit gesehen hat, daß er „in dem Pfaffen Amis ein Bild der Pervertierung des geistlichen Standes [habe] zeichnen wollen" (Kolb, S. 210), dennoch richtig ist aber, daß der Gehalt der Episoden 2 – 9 eine Analyse gerade solcher Pervertierung ist. Mit „Analyse" ist nicht zu viel gesagt: wir erfahren Ausführliches über die Methoden der falschen quaestuarii und Wundertäter, Episoden 8 – 9 entbehren sogar dramatischer Handlung und stellen eher Schablonen des Betrugs auf. Es wird von Nutzen sein, die Übereinstimmungen zwischen den Handlungen des Amis in diesen Episoden und den Übeln zeitgenössischer Religionsausübung kurz zu skizzieren.⁴⁶

---

⁴⁴ Berthold von Regensburg kennzeichnet die Pervertierung des Amts mit *liegen unde triegen*: *Sô næme ich für guot, daz der sînem amte rehte tæte, der ein wol geordentez amt hât; wan ez ist nû liegen unde triegen als gemeine worden, daz sich sîn nieman schemen wil* (I, S. 16).
⁴⁵ Erzählungen und Schwänke, hrsg. von Hans Lambel, 2. Aufl., Leipzig 1883, S. 22 bis 102.
⁴⁶ Vgl. die Bemerkungen Kolbs, S. 208 – 210.

Wenig ist in dieser Beziehung über die Episoden 3 und 4 zu sagen, in denen sich Amis als Maler bzw. Arzt vorstellt. Beide Rollen vertragen sich schlecht mit dem traditionellen kirchlichen Verbot weltlicher Berufe, das auf der Sentenz Paulus' fußt: *Nemo militans deo implicat se negotiis saecularibus* (II Tim. 2,4).[47] Daß Amis ‚Die Heilung der Kranken' vornimmt, wird wohl auf die wiederholten und anscheinend unwirksamen Bemühungen der Kirche deuten, dem Klerus die Praxis der Medizin zu verbieten[48]: 1131 eiferte das Konzil zu Reims gegen die *prava consuetudo* gewisser Mönche und Kanoniker, Jura oder Medizin *gratia lucra temporalis* zu studieren, und verbot es (Mansi, XXI, 459). Diesen Kanon wiederholte 1139 das Zweite Laterankonzil (ibid., 528). Für ‚Amis' von großem Interesse ist der 18. Kanon des Vierten Laterankonzils, der allen Priestern jene chirurgischen Eingriffe durchzuführen verbot, bei denen gebrannt oder geschnitten wurde (*nec illam chirurgiæ partem . . . exerceant, quae ad ustionem vel incisionem inducit*, Mansi, XXII, 1007). Das Vorhaben des Pfaffen ist es nämlich, einen Kranken zu töten und mit seinem Blut die anderen zu heilen — er müßte sich damit einer recht drastischen incisio bedienen! Diese Heilungsmethode des Priesters könnte als Parodie des Satzes *ecclesia abhorret a sanguine*, der oft in der Diskussion über Geistliche und die Medizin vorkommt[49], aufgefaßt werden. Es scheint mir als sicher, daß der Stricker die Episode von der „Heilung" mit Kenntnis des 18. Kanons des Vierten Laterankonzils dichtete; wahrscheinlich wußte er, daß im Jahre 1219 Honorius III. „prohibited all persons in holy orders from practicing medicine in any form" (Withington, S. 228).[50] Demgemäß sieht man, daß Amis sich *gratia lucra temporalis* bereit erklärt, direkt gegen kirchliche Vorschriften zu handeln. Glücklicherweise sind die Laien auf diesem Gebiet vollkommen unwissend, sein Glück ist es auch, daß er es mit dem Vorhaben bewenden läßt.

Amis verläßt seine Pfarre ausgerüstet wie *ein pfaffe . . . der predigen wil nâch guote* (Z. 340 – 342) — wer während seiner Abwesenheit für die Seelsorge zuständig ist, weiß man nicht, und dieser „Verstoß gegen die Residenzpflicht" (Kolb, S. 209) kann eine Erinnerung an den 32. Kanon des Vierten Lateranums enthalten (*Qui vero parochialem habet ecclesiam, non per vicarium, sed per se ipsum illi deserviat*, Mansi, XXII, 1019). Amis wird zum *phenninc-prediger*, der zu den ärgsten Plagen im Christentum der Zeit gehörte. Schlimm

---

47 Siehe Paul Hinschius, System des katholischen Kirchenrechts, Bd. 1, Berlin 1869, Neudruck Graz 1959, S. 134 – 141.
48 Siehe E. Gurlt, Geschichte der Chirurgie und ihrer Ausübung, 3 Bde., Berlin 1898, Nachdruck Hildesheim 1964, Bd. 1, S. 672 – 673, und Edward T. Withington, Medical History from the Earliest Times, London 1894, Nachdruck London 1964, S. 228 – 229.
49 Gurlt, S. 672; Withington, S. 229.
50 Siehe den Text in F. C. von Savigny, Ueber die Decretale Super Specula des Pabstes Honorius III. In: Zeitschrift für geschichtliche Rechtswissenschaft 8 (1835), 225 – 237.

genug, daß falsche Prediger das gemeine Volk um seine Münzen brachten, was aber den Stricker stärker hätte beunruhigen müssen, war die Entfremdung des Volks von der wahren Bußpredigt und -disziplin: 1261 konstatiert das Mainzer Provinzialkonzil, daß als Folge der „trügerischen Überredungskunst" solcher Menschen „die kirchliche Schlüsselgewalt verachtet und die Bußdisziplin entnervt werde, da nur wenige die selbst vom Beichtvater auferlegte Buße verrichten wollen"[51]; Albertus Magnus beklagt, daß die Leute „Ihr Gehör weg von der wahren Bußpredigt zu den läppischen Dingen (nugas) der Almosensammler [wenden], die aus Gewinnsucht... predigen"; Berthold von Regensburg redet von der falschen Geborgenheit, die das Volk seiner Gaben wegen fühlt *(manic tûsent menschen ... wænent, si haben alle ir sünde gebüezet mit dem pfenninge oder mit dem helbelinge ... so wellent si für baz niht büezen unde varnt alsô hin ze helle, daz ir niemer rât wirt*[52]*)*. Pfennigprediger vereiteln die Buße, die Bußpredigt war Hauptanliegen des Dichters in seiner Kleindichtung; daher muß ihm das Umherschweifen des Amis, dieses Predigers *nach guote,* sehr angesprochen haben.

Amis geht in eine Kirche, in der gerade Kirchweihfest gefeiert wird, spricht mit dem Pfarrer mitten in der Messe *(do erz êwangêlium gelas,* Z. 354), verspricht ihm die Hälfte des Gewinns, wenn er ihn predigen läßt, predigt, zeigt der Menge seine Reliquie vor, behauptet, der tote Heilige habe zu ihm gesprochen, erklärt den Zweck seines Almosensammelns, droht mit dem Bann – und wiederholt den Trick in vielen anderen Kirchen. Der aktuelle Hintergrund wird aus diesen Einzelheiten klar. Viele *quaestuarii* waren völlig legitim und durften Geld für ehrbare Zwecke sammeln. Unter diesen gab es jedoch eine beträchtliche Anzahl, die sich unehrlich verhielten und einen Teil des gesammelten Geldes verpraßten, und dazu kamen die Diebe, die sich unter Vorspiegelung falscher Tatsachen bereicherten. Schon am Anfang des dreizehnten Jahrhunderts wurde es durch die Synode des Pariser Bischofs Eudes von Sully den Quästoren verboten, in einer Kirche zu predigen oder Reliquien vorzuzeigen. Dieselben Verbote erscheinen in den Erlassen der Mainzer Provinzialsynode von 1233, die ferner verordnete, daß quaestuarii überhaupt nicht in einer Kirche auftreten durften und daß Kleriker, die dies erlaubten, suspendiert würden.[53] Schon lange hatte sich die Kirche wegen des Betrugs mit fal-

---

51 Nach Nikolaus Paulus, Geschichte des Ablasses im Mittelalter, Bd. 2, Paderborn 1923, Kap. 25 (‚Die Quästoren oder Almosensammler als Verkündiger von Ablässen', S. 265 bis 291), hier S. 276. Folgendes über Albertus Magnus und Berthold von Regensburg verdanke ich Paulus, S. 277 f.
52 Berthold von Regensburg, I, S. 394.
53 Über diese Verbote und Strafen Paulus, S. 268 – 270.

schen Reliquien Sorgen gemacht⁵⁴, und in seiner ‚Summa' (die ca. 1208 bis 1212 entstand) gab Robert Courson auf die Frage *Utrum prelatus debeat permittere questuarios deferre reliquias sanctorum* eine betont negative Antwort, *quia nichil aliud est talia instrumenta conferre predictis furciferis* [!] *quam committere gladios furiosis.*⁵⁵ Der 62. Kanon des Vierten Laterankonzils geht auf diese Angelegenheiten ein (Mansi, XXII, 1049/50). Er versucht, den Umgang mit Reliquien zu regeln; kirchliche Vorsteher sollen es nicht mehr erlauben, daß das Volk in der Kirche mit *vanis figmentis, aut falsis . . . documentis* belogen wird, *sicut et in plerisque locis occasione quaestus* geschieht; Almosensammler sollten nur mit päpstlicher oder bischöflicher Genehmigung auftreten dürfen und nur das dem Volk erzählen, was in diesem Brief stünde, weil so manche in ihrem Predigen lögen *(quorum quidam se alios mentiendo abusiones nonnullas in sua praedictione proponunt)*. Dieser Kanon spielt auch auf die verminderte Achtung der Schlüsselgewalt der Kirche vonseiten des Volkes an, die von dem Mißbrauch des Ablasses herrührte *(claves ecclesiæ contemnuntur, et poenitentialis satisfactio enervatur)*.

Ich meine also, daß der Stricker in den Einzelheiten der Episode ‚Kirchweihpredigt' den Pfaffen Amis genau wie die berüchtigten *quaestuarii* seiner Zeit agieren läßt.⁵⁶ Damit man aus seinem Handeln einen genauen Abriß dieser Negativfigur erhält, müßte nur eines dazukommen: die Tatsache, daß extravagante Ablässe gewährt werden – und das spielt in den folgenden Episoden eine wichtige Rolle.⁵⁷ Ich bezweifle nicht, daß mit diesem detaillierten Porträt des falschen Pfennigpredigers der Stricker eine scharfe Zeitkritik verbunden hat, die die Gläubigen vor solchen Scharlatanen warnen sollte, aber hinsichtlich des Themas der Dichtung gilt dieses Auftreten des Amis nicht als Ursache, sondern als Auswirkung eines Übels: das Mißverhältnis zum Besitz hat *avaritia* zur Folge, diese drückt sich dadurch aus, daß der Priester zum Pfennigprediger wird.

---

54 Siehe Klaus Schreiner, ‚Discrimen veri ac falsi'. Ansätze und Formen der Kritik in der Heiligen- und Reliquienverehrung des Mittelalters. In: Archiv für Kulturgeschichte 48 (1966), 1 – 53, und Klaus Guth, Guibert von Nogent und die hochmittelalterliche Kritik an der Reliquienverehrung, Ottobeuren 1970.

55 V. L. Kennedy, Robert Courson on Penance. In: Mediaeval Studies 7 (1945), 291 bis 336, hier S. 333. Vgl. Ludwig Hödl, Die Geschichte der scholastischen Literatur und der Theologie der Schlüsselgewalt, 1. Teil, Münster / Westfalen 1960, S. 323 – 324.

56 Berthold von Regensburg sagt, daß in seiner Jugend die quaestuarii unbekannt waren, was höchstens für seine nähere Umgebung zutreffen wird (Paulus, S. 278). Es könnte sein, daß sich diese Plage zu Strickers Lebzeiten in der Passauer Diözese und in den angrenzenden Gebieten ausbildete und daß er mit dem Warnbild des Pfennigpredigers in ‚Amis' auf ein seinen Hörern relativ unbekanntes Übel hindeutete.

57 Siehe Z. 1007 – 1018 und 1238 – 1240. Paulus vermutet „einen realen Hintergrund" für die frühere Episode (S. 284).

In den weiteren Episoden ist jedoch fast nichts von seiner Predigertätigkeit zu hören (nur Z. 935 wird gesagt, daß er gelegentlich *predigte als ê*). Er erscheint nicht mehr als *quaestuarius*, der für bestimmte (wahre oder erlogene) Zwecke Almosen sammelt, sondern als *heilic man*, d. h. als Wundertäter, der Reliquien trägt, die Messe feiert, Ablässe gewährt und die Habe der Leichtgläubigen für sich selber verwendet. In der ‚Kirchweihpredigt‘ kam das scheinbar Wunderbare nicht vor, obwohl der Pfaffe von den Mitteilungen St. Brendans berichtete; dagegen ist in jeder der Episoden 5 — 9 von den vom Pfaffen bewirkten Wundern die Rede, die ihm den Ruf der „Heiligkeit" erbringen: *sîn grôze heiligkeit* (Z. 947), *ein heilic man* (Z. 959), *ein zeichen ... von einem heiligen man* (Z. 1042/43), *diz wær ein rehter gotes bote, / unde wær ein heilic man* (Z. 1226/27), *Daz wær ein heilic wârsage* (Z. 1286).[58]

Der Stricker ändert in diesen Episoden die Stoßrichtung seiner Kritik, um seine Hörer über die Herkunft falscher „Heiliger" aufzuklären, sie in die Kunst des *liegen unt triegen* einzuweihen, die einem Schelm solch großen Erfolg bringen kann.[59] Das tut er auch in ‚Der eingemauerten Frau‘ (Ed. Nr. 112), die die Entstehung leichtgläubiger Verehrung einer Frau analysiert. Aus diesen Indizien und der Tatsache, daß der Stricker keine Legende gedichtet hat (dagegen uns mit der dummen Volksfrömmigkeit der ‚Martinsnacht‘ [Ed. Nr. 51] belustigt hat), läßt sich schließen, daß der Stricker ein gewisses Mißtrauen gegen den populären Kult um Heilige hegte. Im ‚Pfaffen Amis‘ zieht der falsche Wundertäter von einem Bauernhof zum anderen (Episoden 5 — 8) und auch zur Stadt (Episode 9), um durch seine „Wunder" die Leute zu bestehlen. Wie oben bemerkt wurde, sind die Episoden 8 und 9 nichts anderes als Schablonen solchen Betrugs, die ihren Platz in der Dichtung eher dem didaktischen als dem unterhaltenden Moment verdanken. Das auffällige Merkmal der Strickerschen Erzählungen, die direkte Rede[60], kommt in diesen Episoden überhaupt nicht vor, die lediglich die Technik der Täuschung vermitteln, diese aber nicht in unmittelbarer Handlung hervortreten lassen. Kein Zweifel, daß der Stricker den sogenannten *heilic man* seiner Zeit entlarven wollte. Genau wie Humbertus de Romanis von Bäuerinnen *fatuae simplicitatis* wußte, die von ihrer kleinen Habe den *Goliardis et Truandis, et falsi quaestoribus* ga-

---

58 Dagegen glauben die ehebrecherischen Frauen, die ihn als *ein heilic predigære* begrüßen (Z. 478), natürlich nicht an seine *heilikeit*.
59 Daß das Volk eine Art „Bewunderung ... für die Pfiffigkeit des Amis" (Kolb, S. 211, Anm. 63) hegt, soll nicht dahingehend gedeutet werden, daß der Stricker die Handlungsweise des Pfaffen guthieße. Vgl. Freidank, 166,25 — 26: *Liegen triegen swer diu kan, / den lobt man z'einem wîsen man*, und dazu Eifler, S. 413 — 414.
60 In den zwölf von Hans-Friedrich Rosenfeld untersuchten Erzählungen Strickers nimmt die direkte Rede durchschnittlich 54 v. H. des gesamten Textes in Anspruch (Mittelhochdeutsche Novellenstudien [Palaestra, Bd. 153], Leipzig 1927, S. 525 — 526).

ben und dabei ihren Haushalt wirtschaftlich ruinierten[61], so wußte der Strikker, daß der nur scheinbar Heilige seinen Opfern schweren finanziellen Schaden zufügte:

> ... si geloubten âne wân
> swaz er spræche ez wære wâr,
> und ahten denne niht ein hâr,
> ûf ir guot und ûf ir leben,
> und begunden im alsô vil geben
> daz ez in schatte zehen jâr. (Z. 1276 – 1281)

Auch vom Propst des Klosters in der nur in der Riedegger Hs. überlieferten zehnten Episode wird Amis *heilic man* genannt (Z. 1480). Es kann sein, daß der Stricker auf die direkte Unterschlagung von klösterlichem Geld, die Amis aufgrund seiner Stelle als Verwalter möglich gewesen wäre (vgl. ‚Das Bild' [Ed. Nr. 74], Z. 79 – 196), — als neue Wendung der Geschichte — deshalb verzichtet hat, weil er das Motiv der *heilikeit* beibehalten und die naive Wundersucht der Mönche kritisieren wollte. Aber dadurch kommt auch ihre Habsucht ans Licht, und die Episode erhält eine besondere Bedeutung innerhalb der Gesamterzählung.

Der Propst dieses Klosters, dessen Orden der Dichter nicht angibt, verfügt *über ein vil michel guot* (Z. 1321), heuchelt also, als er Amis als Verwalter einstellt: ‚*dâ wirt diz arm* [!] *klôster mite / gebezzert ein michel teil'* (Z. 1362 bis 1363). So überträgt er dem „Laien" volle Verantwortung für den Besitz der Stiftung (Z. 1378 – 1387), anscheinend überzeugt, daß dieser verständnisvolle Mann mit geschäftlichen Dingen umzugehen weiß (Z. 1368 – 1370). Seine Aufgabe erfüllt Amis mit Bravour (Z. 1390 – 1399); man muß annehmen, daß das Kloster sogar reicher wird. Es ist merkwürdig, daß diese „Einführung" des Pfaffen ins Kloster keine notwendige Beziehung zum folgenden Streich hat, eher das Gegenteil: das „Wunder" der *wîsheit* des Unwissenden (Z. 1495 – 1498, 1505 – 1507) beruht auf Kontrast, und seine sachkundige Verwaltung der Güter scheint eher im Widerspruch zur an den Tag gelegten Einfältigkeit zu stehen. Der Stricker hätte direkt zum Punkt kommen können: der einfältige Laie tritt ins Kloster ein, zeichnet sich durch Gottesfurcht und Askese aus (vgl. Z. 1400 – 1405) und erfährt Gottes Gnade. Das hat er nicht getan. Ich vermute, daß er es auf Parallelen zur letzten Episode anlegte (ein zweites Mal tritt Amis in ein Kloster ein, verwaltet dessen Güter und vergrößert dessen Reichtum) und daß er das Interesse der Klosterinsassen an materiellem Besitz bloßstellen wollte. Dieses Interesse spielt auch im Streich seine Rolle. Der Propst gibt sich Mühe, das Wunder weit und breit zu verkün-

---

[61] Alexander Murray, Religion among the Poor in Thirteenth-Century France: The Testimony of Humbert de Romans. In: Traditio 30 (1974), 285 – 324, hier S. 309 (Zitat, Anm. 131).

den (Z. 1485 – 1491, 1500 – 1507, 1540 – 1544), was er wohl darum unternimmt, weil er mit einer gewinnträchtigen Wallfahrt, die sich auch sofort einfindet, rechnet. Die zweihundert Mark, die der Habsucht des Pfaffen zum Opfer fallen, waren der Habsucht des Propstes wegen zusammengetragen worden.

Die beiden letzten Abenteuer des Amis sind in verschiedener Hinsicht von den früheren abzuheben. Sie sind viel länger, (490 bzw. 430 Verse; die längste der vorhergehenden Episoden, ‚Das unsichtbare Gemälde', zählt 314 Verse, die Durchschnittslänge dieser Episoden beträgt 150 Verse). Es kommt in ihnen zum „Gewaltbetrug" (früher „Wortbetrug" und „Tatbetrug", Fischer, Zur Gattungsform, S. 293); Ort der Handlung ist nicht mehr Europa, sondern Konstantinopel; Amis erscheint nicht mehr als Geistlicher, sondern als Kaufmann; seine Opfer sind nicht mehr Edle, Ritter, Bürger und Bauern, sondern Kaufleute; und sein Gewinn ist viel größer – im ‚Juwelenhändler' beziffert er sich auf 600 Mark (Z. 2127 – 2130; früher hatte er höchstens 200 Mark ergaunert, Z. 738, 1533), und im ‚Maurer und Bischof' handelt es sich um eine unbestimmte Summe, die wohl höher zu veranschlagen ist: der Tuchhändler glaubt, daß der Bischof 6000 Mark bar bei sich habe, und überreicht dementsprechend seine Waren.[62]

Für diese Episoden ist der Begriff der „Steigerung" (Fischer, a. a. O.) am Platz, zumindest, was die Drastik und Dimension der Erzählung betrifft. Aber man fragt sich, ob der Dichter auch sein Thema gesteigert hat. Diese Frage kann man nicht bejahen, wenn man thematischer *wîsheit* festhält, denn gerade die letzten Streiche verzeichnen eher eine Abweichung vom rein Intellektuellen der ‚Kirchweihpredigt' usw. (der Pfaffe kommt nicht ohne Prügeleien aus – „Gewaltbetrug"). Die Dichtung wäre also erzählerisch gesteigert und thematisch reduziert, was sinnwidrig wäre.

Die von uns vorgeschlagene Thematik des Verhältnisses zu Besitz kann man aber in jeder Einzelheit der erzählerischen Steigerung finden. Der Amis nimmt die Identität des Kaufmanns an, einer höchst verdächtigen Figur, weil sie dem Gewinn verfallen ist – die bekannte moralische Einstellung Thomasins und Freidanks zum Kaufmann[63] möchte ich dem mit ihnen weltanschaulich ver-

---

[62] Der Wortlaut läßt keinen sicheren Schluß zu, wieviel Geld der Tuchhändler erwartet: ‚Ir habet sîn [driu tûsent phunt sins silbers] genozzen, / ê ir von uns scheidet', Z. 1796 bis 1797). Sowohl die gesamte Summe als auch nur ein Teil davon können gemeint sein. Ohne dies zu erwägen, behauptet Könneker, daß auch hinsichtlich des Umfangs der Beute „eine deutliche Steigerung bemerkbar" sei: „sein letzter, gewalttätigster Streich, die Beraubung des Juweliers in Konstantinopel, bringt ihm zugleich die reichste Beute ein" (S. 244).

[63] Vgl. Helmut de Boor: „Ihm ... erscheint der Kaufmann als *wuocheræere* und *samenæere*, als Beispiel der von Thomasin besonders verabscheuten Laster, der Gewinnsucht und des Geizes", „Die soziale Ordnung sieht auch Freidank in der gottgesetzten Dreiheit ... während der Kaufmann auch bei ihm noch *wuocher* heißt und durch die List des Teufels geschaffen ist" (Die höfische Literatur, S. 405, 413).

bundenen Stricker zuschreiben, der das Verfahren habsüchtiger Kaufleute unter Benutzung der Reime *liegen / triegen* beschrieben hat:

> der zehent wil so koufes pflegen:
> er lat die warheit under wegen
> und wendet sich an liegen
> niht anders wan durch triegen,
> er swert vil valscher eide,
> daz er den man gescheide
> von sinem guote deste baz.
> da ist diu untriuwe und der haz.
> daz ist diu milch der gitecheit! (‚Des Teufels Ammen'
> [Ed. Nr. 111], Z. 93 — 101)

Als Kaufmann fährt Amis übers Meer zur Welthauptstadt des Luxus, deren fabelhaften Reichtum er selbst erwähnt (Z. 1600 — 1604)[64], um im Kampf mit seinen Konkurrenten sich zu bereichern. Die Abenteuer sind lang, drastisch, sehr vorteilhaft für den Pfaffen, und auf diese Weise seiner gesteigerten Habsucht angepaßt.

Interessant in dieser Beziehung sind die Monologe, die die letzten Episoden einführen (Z. 1562 — 1578, 2049 — 2055), denn sie gleichen der oben besprochenen Rede des Pfaffen, die seine Verwandlung zum Lügner und Betrüger markiert (Z. 327 — 336). Andere Selbstgespräche gibt es in der Dichtung nicht. Im ersten und zweiten Monolog kommen die gleichen Formulierungen vor, die uns auf Amis' verschwenderische Lebensweise als Ursache seiner abenteuerlichen, von Habsucht motivierten Fahrt, aufmerksam machen: ‚*mîn hûs sol niht verderben*' (Z. 336), vgl. ‚*Ich wil nû daz hûs mîn / betalle zêren machen*' (Z. 1572 — 1573); ‚*Ich wil nâch guote werben*' (Z. 335), vgl. ‚*[Ich] wil mit mînem sinne / michel guot erwerben*' (Z. 1564 — 1565). Der wesentliche Unterschied zwischen den Reden ist der gesteigerte Anspruch auf *guot*, der in der zweiten unüberhörbar anklingt. Amis spricht verächtlich vom doch erheblichen Gewinn seiner bisherigen Täuschungsmanöver als *kleinen dingen* und *ein wênic* (Z. 1568/69), und in der Diktion des Monologs finden sich parodistische Elemente, die seiner Reise den Anstrich des Ritterlich-Heroischen geben *(guot erwerben oder sterben, daz hûs zêren machen oder gar verswachen, den lîp sô wâgen daz man wunder saget)*. Es ist müßig zu spekulieren, ob dieser Anspruch wirklich auf höhere Anforderungen, mit denen er sich zuhause konfrontiert sieht, zurückgeht — d. h., auf eine zunehmende

---

[64] Vgl. Strickers Anspielungen auf den sprichwörtlichen Reichtum Konstantinopels in ‚Ehemanns Rat' (Ed. Nr. 80), *geb er ir aller Kriechen golt* (Z. 10), und in ‚Den Herren zu Österreich' (Ed. Nr. 164), *heten si alle der Krichen gut* (Z. 61); vgl. Lambel, Anm. zu Z. 1600 — 1603. In ‚Von Edelsteinen' (Ed. Nr. 121) erwähnt der Stricker die zahlreichen Juwelen Konstantinopels (Z. 65 — 75).

Zahl der Gäste, denn in bezug auf die Thematik ist die Steigerung an sich das Wichtige. Diese findet noch stärkeren Ausdruck im dritten Monolog, der zu Beginn der zweiten Kaufmannsreise steht, da an dieser Stelle jeder Hinweis auf daz hûs, die Gastfreundlichkeit, den Verbrauch des Erworbenen fehlt. Dafür hört man bloße Gier heraus:

> Nu dâht er iesâ zehant
> ‚Weizgot, ich muoz aber dar.
> Ich bin worden wol gewar,
> swer michel guot erwerben kan
> der wirt ouch schiere ein rîcher man.
> Ich wil der sælden schîben
> vil williclîchen trîben
> sît si mir sô gerne gât.' (Z. 2048 – 2055)

Amis will *ein rîcher man* werden. Weil er mehr Geld will und Glück beim *liegen unt triegen* hat, macht er weiter.[65] Soviel erwirbt er, daß er sich danach dreißig Jahre großzügiger Gastfreundschaft erfreuen und dennoch dem Kloster großes Vermögen bringen kann (Z. 2493, 2498 – 2500).

Thematische Steigerung kommt nicht nur hinsichtlich des Pfaffen vor, denn – wie gesagt – er befindet sich zum erstenmal unter Gleichgesinnten, unter Kaufleuten, die ebenso geizig sind wie er und ebenfalls den Betrug nicht scheuen. Der Tuchhändler erwartet das Silber, mit dem Amis ihn bezahlen soll, und schafft sich eine falsch geeichte Waage an, die ein Gewicht von zwölf Mark für nur elf Mark ausgibt (Z. 1838 – 1841). Wegen seiner Gier auf nur zwei Mark rennt der Juwelenhändler in die für ihn vorbereitete Falle und verliert seine ganze Habe: um die Edelsteine wegtragen zu dürfen und den Händler in die Gewalt seiner Knechte bringen zu können, gibt Amis vor, sein ehrlicher Wirt beabsichtige, das Silber zu wiegen: obendrein verspricht er dem Händler zwei Mark, wenn dieser sich bereiterklärt, zu solchen Zwecken mit zum Wirt zu gehen (Z. 2143 – 2176). Wegen dieses winzigen Gewinns (0,33 v. H. des angeblichen Verkaufspreises) freut sich der Kaufmann und begibt sich in die Falle (Z. 2175 – 2183).

Die Kaufmannsepisoden sind also konsequent mit den früheren verbunden. Amis ist tiefer in den Strudel der *avaritia* hineingezogen worden, seine Betrugstechniken werden gröber, seine Gegner sind nicht einfach *alwaere*, sondern habsüchtig (so verläuft ein roter Faden vom Bischof der ‚Vorgeschichte' über den Klosterprobst zu den Kaufleuten), und der Gewinn wird größer. Die Welt, in die er Lug und Trug gebracht hat, hat sie aufgenommen. Blieb

---

65 So verkörpert der Stricker im Pfaffen die bekannte Unersättlichkeit des Habsüchtigen. Vgl. Freidank, 56,3 – 4: *So der man ie mê gewinnet, / So er'z guot ie sêrer minnet.* Siehe Bezzenbergers Anmerkung zu 69,5 – 8.

er zuerst innerhalb seines Ordens, in dem er das verhängnisvolle Verfallensein an Besitz als *quaestuarius* und *heilic man* darstellte, so gerät er schließlich in jenen Orden, dem der Besitz zum Verhängnis geworden war — Amis wird Kaufmann.

### 4. ‚Bekehrung und Ende'

So betitelt Lambel die letzten 38 Verse der Dichtung, die für deren Gesamtdeutung sehr wichtig sind. In kleinem Maße ironisiert der Stricker die Karriere des Pfaffen, erwähnt sein reiches Leben in den folgenden dreißig Jahren und berichtet von seiner Bekehrung und seinem Eintritt ins Kloster (alles in 16 Versen, Z. 2478 — 2493), dann verweilt er beim Leben des Amis im Kloster, das eine Mischung aus persönlicher Frömmigkeit und Scharfsinn von Amts wegen darstellt — eine Mischung, die ihn selig werden läßt und den Besitzstand des Klosters vermehrt (17 Verse, Z. 2494 — 2510). Hauptanliegen des Dichters in diesem Abschnitt wäre also die Beziehung des Amis zum Kloster. Bevor wir uns diesem Problem zuwenden, ist über Ironie und Bekehrung einiges zu sagen.

*Er war ie miltes muotes* (Z. 2478): so beginnt der Stricker eine kleine Lobrede auf seinen Helden, die mit der in dieser Studie vorgetragenen Interpretation der Dichtung unvereinbar ist, wenn es der Stricker ernst mit ihr meint. Ich halte es für wahrscheinlich, daß Z. 2478, die auf die Erwähnung des großen Gewinns der zweiten Konstantinopelreise reimt *(unt brahte wider vil guotes)*, von den Verständigen im Publikum mit unbefangenem Gelächter begrüßt wurde, so grell ist der Kontrast zwischen der auf Betrug und Verbrechen beruhenden Gastfreundlichkeit und wahrer *milte*. So wollte der Stricker diejenigen verhöhnen, die *milte* nicht mehr erkennen konnten, die es wohl dem eigenen fehlerhaften Verhältnis zu Besitz verdankten, wenn sie nicht mehr fähig waren, zwischen *milte* und *untugent* zu unterscheiden:

> hie an muet mich und ist mir zorn
> daz wir der milte namen hân verlorn
> unde heizen milte daz
> daz man untugent hieze baz.
> wir heizen milte swer daz gît
> dar er roubet zaller zît
> und daz er nimt übelîchen.
> ir sult wizzen sicherlîchen
> daz diu girde machet daz,
> daz wir niht unterscheiden baz
> waz sî milte ode niht. (Thomasin, Z. 14063 — 14073)

Das trifft auch für den Rest der Rede zu (Z. 2479 — 2487), aber es ist aufschlußreich zu beobachten, wie streng der Dichter sogar diese ironische Lobrede einengt. Wir sollen den Pfaffen nur *Dar umbe prîsen*, weil er den Ertrag seiner Betrügereien doch in dem Maße verteilte, wie es von den Gästen verlangt wurde — nur der Preis kommt Amis zu, der dem Verschwender im Gegensatz zum Geizhals zukommt. Und das wäre ein sehr geringer!

An eine echte moralische Bekehrung des Pfaffen scheint die Forschung nicht zu glauben. „Eine Bekehrung . . . setzt voraus, daß man sein vorangegangenes Tun und Denken als falsch oder schlecht erkennt und verurteilt" (Agricola, S. 206); solche Erkenntnis würde dem positiven Amis-Bild neuerer Forschung widersprechen, also: „[es] fehlt dem Schluß auch eine Bekehrung. Nirgends bereut Amis seine Taten" (Fischer, S. 294), und „Zwar ist am Schluß von einer Bekehrung die Rede . . . diese aber erweist sich . . . viel eher als Folge der veränderten Verhältnisse denn als Ausdruck eines echten Gesinnungswandels" (Könneker, S. 245).

Zu diesem grundsätzlichen Punkt lautet der Text nach der maßgeblichen Riedegger Hs.: *do begundin got bekêren, / daz er die lügene verswuor* (Z. 2490 bis 2491). Derselbe Wortlaut steht in Hs. G; Hss. KH haben *do begund er ane got keren*, was denselben Sinn ergibt. Im Straßburger Wiegendruck steht *do begunde er sich keren*.[66] Weil eine kritische Ausgabe fehlt, kann man nicht sicher sein, aber soweit man jetzt beurteilen kann, überliefert die Riedegger Hs. einen meist zuverlässigen Text, der an dieser Stelle eindeutig von moralischer Bekehrung spricht. Fischers Einwand ist ohne Belang: für den Stricker setzt jede Bekehrung Reue über die eigenen Sünden voraus (vgl. unsere Studie zur „Bußlehre"), hier ist sie ohne weiteres anzunehmen. Könnekers Behauptung ist eine Sache der Werkinterpretation — zwar kann man an Ironie oder Doppeldeutigkeit bei der Bekehrung denken und hinter den Worten des Dichters nur „veränderte Verhältnisse" spüren, aber man braucht es natürlich nicht tun. Ich ziehe es vor, den Dichter beim Wort zu nehmen: Gott bekehrt den Pfaffen, der sich persönlichen Reichtums entäußert und fortan ein klösterliches Leben führt.

Das ist aber an sich kein Beweis für moraltheologische Thematik in der Dichtung. Gattungsgemäß erwartet man ein „happy ending", sei es die Gattung des Schwanks oder die des Romans, die dafür ausschlaggebend sind, und so könnte man vermuten, daß diese anscheinend kursorische Bekehrung nur seinetwegen vorkommt (Amis müßte von jeder Schuld reingewaschen werden). Diese Möglichkeit kann man nicht von der Hand weisen. Erst eine Überlegung, wie die Verhältnisse zwischen der Bekehrung und dem Eintritt ins Kloster ausgesehen haben, wird uns den rechten Platz erkennen lassen, den sie im Erzählschema der Dichtung bzw. Thematik vom Besitz einnehmen.

---

[66] Der Pfaffe Amis von dem Stricker. Ein illustrierter Strassburger Wiegendruck . . ., hrsg. von Karl Heiland (Faksimile), München 1912.

Der Pfaffe geht *mit allem sînem guote* in ein Kloster, aber in kein beliebiges, sondern in eines der Zisterzienser (*ein grâwez klôster*, Z. 2492). Es muß auffallen, daß der Stricker ausgerechnet diesen Orden in den Schluß seiner Erzählung einbezieht. Er brauchte nicht konkret zu werden. Wie in der Episode mit dem Probst hätte der Orden unerwähnt bleiben, statt *grâwez* hätte das Kloster *altez, guotez, grôzez* usw. heißen können (soweit bekannt, ist die Überlieferung von *grâwez* einheitlich). Es ist klar, daß dem Stricker daran gelegen war, ein Zisterzienserkloster und kein anderes als Endpunkt der Erzählung zu nehmen, und man muß sich fragen: Warum?[67] Welche Bewandtnis hatte es mit der Tatsache auf sich, daß Amis sein zum (überwiegenden?) Teil ergaunertes *guot* den Zisterziensern übergibt, daß dieser Orden sich mit dem Besitz bereichert, dessen er sich um des Seelenheils willen entäußerte?

1832 gab Benecke in seiner Ausgabe eine Antwort auf diese Frage, die im wesentlichen von Kolb (1974) wiederholt wurde: „daß der Strickäre betriegereyen eines geistlichen herren erzählte, fand man nicht anstößig, denn sie bereichern am ende ein kloster" (S. 496).[68] Zwar kann man den Vorsatz des Amis, seine Habe den Zisterziensern zu überlassen, nicht tadeln, vorausgesetzt, daß man ihn nicht mehr zur Restitution des illegal erworbenen Besitzes verpflichtet hält, aber die Annahme dieses Gutes durch die Mönche ist nicht nur moralisch fragwürdig, sie ist dekadent und verwerflich.

In der Moraltheologie und im Kirchengesetz stand längst fest, daß man aus illegalem Besitz keine Almosen geben durfte[69] — man mußte solches Gut dem Eigentümer oder seinen Erben zurückgeben (Gratian im ‚Dekretum': *Peniten-*

---

[67] Siehe die Bemerkungen Rosenhagens (S. 152) und Meiners' (S. 53), die Amis' Stellung als Abt in einem Zisterzienserkloster als für ihn passendes Amt betrachten.

[68] Vgl. Ludwig Ettmüller, Herbstabende und Winternächte. Gespräche über deutsche Dichtungen und Dichter, II, Stuttgart 1866, S. 574: „Amis . . . übt allerhand Gaunerstreiche aus, bis er selig stirbt, weil alles, was er ergaunert hat, schließlich der Kirche anheimfällt"; Kolb, S. 211: „der Pfaffe [läßt] seinen ausgeprägten weltlichen Sinn, mit allen ihm zu Gebote stehenden Mitteln irdisches Gut zu ergattern, den Leuten und am Ende Gott zugute kommen . . .".

[69] „L'aumône n'est légitime et recommandable qu'à la condition de ne violer aucun droit, ni de justice, ni de charité . . . un injuste détenteur ne peut secourir les malheureux à l'aide du bien qu'il possède injustement; son premier devoir est de restituer" (DThC, I,2, Sp. 2569 — 2570, sub voce „Aumône". Vgl. Honorius Augustodunensis im ‚Elucidarium': *Si qui autem pecunia per lucrum, aut per fraudem, aut per rapinam, aut per oppressionem coacervata perrexerint, ita Deo vel sanctis erunt accepti, sicut is qui filium coram patre suo immolat, et sic cruentis manibus ad illum venit* (PL 172,1152 BC). Die Lehre drückt Freidank präzis aus (48,1 — 4; vgl. 57,20 — 23 und Bezzenbergers Anmerkung):

> Niemand soll des haben muot,
> daz wuocher, roup, verstolen guot
> gote sî genæme:
> ez was ime ie widerzæme.

*cia non agitur, si res aliena non restuitur*[70]). In unserer Studie zu den ‚Fünf teuflischen Geistern' (Ed. Nr. 161) haben wir diese Lehre schon erwähnt. Falls man den Eigentümer oder seine Erben nicht mehr ausfindig machen konnte — was selbstverständlich auf Amis zutrifft (die Opfer seiner vor mehr als dreißig Jahren gespielten Streiche waren Tausende von Kilometern voneinander getrennt) —, durfte man den betreffenden Besitz unter die Armen verteilen: *eas his a quibus extorserunt, vel eorum haeredibus restituere, vel his non superstitibus, pauperibus erogare* (Alexander III.); *si desunt, eorum proximis, si nec proximi inveniantur, erogetur pauperibus* (Alanus de Insulis).[71] Natürlich war es möglich, über eine kirchliche Organisation Besitz auf die Armen zu übertragen, aber diese Einrichtung fungierte nur als Vermittler, wurde — zumindest in der Theorie — nie Besitzer.

Das Zisterzienserkloster, dem Amis sich *mit allem sinem guote* anvertraute, hätte das Gut wegen seiner Herkunft nicht annehmen, sondern unmittelbar an die Armen weitergeben müssen. Die Mönche hätten dem schönen Beispiel des Zisterzienserabtes Stephan Hardings aus der Gründerzeit des Ordens folgen müssen, das im ‚Verbum abbreviatum' des Petrus Cantor beschrieben wird: Ein Priester trat als conversus in das Kloster ein, brachte mit sich etwas Brot und Käse; der Abt erlaubte es den Brüdern nicht, von dieser Speise zu essen (denn er nahm an, daß sie durch falsche Handlungen des Priesters moralisch befleckt war), und *distribuit eos [panes et caseos] pauperibus et pueris* (PL 205,289 C). Petrus erzählt noch eine weitere Geschichte vom Abt Stephanus im Kapitel ‚De acceptoribus munerum illicite acquisitorum', um seine Strenge gegen unreines Gut beispielhaft erscheinen zu lassen: Die Lebensmittel, die ein Bruder vom Priester des Dorfes erbettelt hatte, verschenkte der Abt sofort, als er über ihre Herkunft Bescheid wußte (*Quod audiens abbas, pastoribus et pauperibus sibi factis obviis, statim ea omnia distribuit,* Sp. 144 D — 145 A) und begründete seine Tat folgenderweise: *Sacerdos ille Simoniacus est, nec debemus quidquam accipere a talibus* (Sp. 145 B). Petrus beklagt den Umstand, daß diese löbliche Einstellung zu auf unmoralische Weise erworbenem Besitz aus den Klöstern verschwunden ist — *Nunc autem moderni religiosi passim a quovis munera oblata recipiunt* (Sp. 145 B).

Das Zisterzienserkloster freut sich über den Besitz und den, unter wirtschaftlichen Aspekten gesehen, guten Rat des Amis (Z. 2498 — 2500), genauso, wie die früheren Mönche sich über die Erfolge seiner Verwaltertätigkeit gefreut hatten (Z. 1394 — 1399). Das ist nicht nur erneute Andeutung des abstrakten Begriffs der avaritia, das ist deren Konkretisierung in der geschichtlichen

---

[70] Hrsg. von Emil Friedberg, Leipzig 1879, Nachdruck Graz 1959, secunda pars, quaestio VI, cap. 1 (Sp. 742 — 744).

[71] Alexander III., zitiert nach DThC 13,2, Sp. 2491 (sub voce „Restitution"); Alanus de Insulis, ‚Liber pœnitentialis' (PL 210,281 — 304, hier Sp. 292 C).

Welt.⁷² Die Zisterzienser waren bekannt, ja berühmt, wegen ihres Verhältnisses zu materieller Habe — man bewunderte oder verachtete sie im dreizehnten Jahrhundert, je nachdem, ob man an ihre ursprüngliche Strenge dachte (Stephan Harding) oder die Entartung der Zeitgenossen (die *moderni religiosi*) im Auge hatte. Schon am Ende des zwölften Jahrhunderts mußten die Zisterzienser es sich gefallen lassen, habsüchtig genannt zu werden — dieser Ruf hing mit dem glänzenden wirtschaftlichen Erfolg des Ordens zusammen.⁷³ Im Laufe der Jahrzehnte wuchs das Problem. Der 55. Kanon des vierten Lateranums legt Zeugnis für die heftige Verstörung ab, die die Zisterzienserklöster durch den Ankauf oder sonstigen Erwerb neuer Güter hervorgerufen hatten — die Klöster sollten für sich keine neuen Besitzungen erwerben, für die der Zehnte geschuldet wurde. Über Richard Löwenherz wurden zwei Witze erzählt, die die sprichwörtliche Habsucht des Ordens bezeugten. Einer von ihnen gibt die richtige Einstellung der Religiösen hinsichtlich unrechten Besitzes wieder, indem nämlich die Zisterzienseräbte eine reiche, aber unwürdige Gabe des Kaisers zurückweisen und damit gegen ihre *solita avaritia* handeln.⁷⁴ Zusammen-

---

72 Man vergleiche Phillip den Kanzler über die Habsucht der *religiosi* bei der Aufnahme in ein Kloster: , ,,Ein Wolf hat viele Haare. Seine Haare sinnbilden den Überfluß an zeitlichen Gütern. ,,Haarig" sind jene Menschen, die irdische Güter bis zum Überfluß zusammenscharen. Die von der Geldgier geblendeten Geistlichen geben ihren Segen nur jenen, die sie als ,,haarig" erkannt haben . . . Ein solcher geistlicher Segen ist z. B. auch die Aufnahme in ein Kloster. Die von der Gier verfinsterten Äbte prüfen zuvor, ob die Petenten ,,haarig" sind, sonst lassen sie sie nicht zu' " (Paraphrase einer Predigt in J. B. Schneyer: Die Sittenkritik in den Predigten Phillips des Kanzlers. In: Beiträge zur Geschichte der Philosophie und Theologie des Mittelalters, 39, Heft 4 [Münster 1963] 49 — 50).

73 Siehe James S. Donnelly, The Decline of the Medieval Cistercian Laybrotherhood, New York 1949, S. 38 — 39, und David Knowles, The Monastic Order in England, second edition, Cambridge 1963, S. 656, 665, 667, 670, 675 und 678. Schon 1169 schrieb Alexander III. an den Orden, daß manche an seinen Verfall aufgrund seiner weltlichen Geschäftstätigkeit glaubten: ,,Le pape entre dans les détails du mal . . . les abus qu'il dénonce détruisent ce qu'il y avait dans l'Ordre cistercien de proprement original — au double sens de ce dernier terme: ce qu'il y avait d'unique, et ce qui remontai au début même de l'Ordre, à l'idée qui l'avait fait naître" (Jean Leclercq in Revue Bénédictine 62 [1952], 150; Alexanders Text ebd., S. 151). 1202 schrieb Innozenz III. an vier Zisterzienseräbte über die *rumores sinistri*, die ihn erreicht hätten und die sich auf die Verweltlichung des Ordens bezögen (PL 214,1107 — 1108); 1214 klagt er den Äbten, daß die Zisterzienser Handelsgeschäfte betrieben, die man bei Laien und Weltpriestern verurteile, daß man den Untergang des Ordens in naher Zukunft befürchten müsse und daß viele ihn nicht mehr wie früher verehrten (*ordinis vestri excidium in proximo timeatur, cum a multis subtracta sit ei reverentia consueta*, siehe C. R. Cheney, A Letter of Pope Innocent III and the Lateran Decree on Cistercian Tithe-Paying. In: Commentarii Cistercienses 13 [1962], 146 — 151, hier S. 151). Interessant hierzu Kap. 57, Dist. IV, des Dialogus miraculorum des Zisterziensers Caesarius von Heisterbach: *Saepe ordo noster a saecularibus de avaritia iudicatur* (hrsg. von Joseph Strange, Köln — Bonn — Brüssel 1851, I, S. 224).

74 *Sed abbates . . . renuerunt de turpi quæstu adquisitum donum ejus recipere. Quod cum rex Ricardus audisset, dictum et factum abbatum, quod solita caruit avaritia, com-*

fassend darf man den englischen Historiker R. W. Southern zitieren, der über
den Sinn des Versagens der Zisterzienser, der um 1230 allgemein verbreitet
war und direkt auf ihr verfehltes Verhältnis zum Besitz zurückging, Folgendes
schreibt:

> ... the Cistercians were still frontiersmen in 1200. But no one could think of
> them in this way a generation later. In the Joachimite apocalyptic scheme they
> had been ousted by the friars. Equally the Friars had taken over the missionary
> activity which Innocent III had entrusted to the Cistercians. Their failure as mis-
> sionaries demonstrates the failing grip of the Cistercians more clearly than any-
> thing else. They failed because, in succeeding as an Order, they had adopted the
> habits of the established order.[75]

Wir können jetzt die Funktion der Einkehr des Amis ins Zisterzienserkloster
verstehen. Dadurch überträgt der Stricker das Thema seiner Dichtung vom fiktiven Individuum auf eine geschichtliche Organisation, dieses bleibt nicht in
der mythischen Frühzeit isoliert, sondern nimmt eine den Dichtern und seinen Hörern wohlbekannte aktuelle Gestalt an. Der Vorwurf des falschen Um-
gangs mit dem *guot,* das der Pfaffe durch *liegen unt triegen* erworben hat,
trifft am Schluß der Dichtung nicht ihn, sondern das Kloster. Seine Verwal-
tertätigkeiten, die dem Kloster in wirtschaftlicher Hinsicht zugutekommen,
müssen auch als Widerspiegelung der Einstellung dieses Ordens verstanden
werden, nicht als Indiz, daß das Individuum keine Bekehrung, keinen Gesinnungswandel durchgemacht hat. Er handelt ex officio — mit seinem Fleiß,
die wirtschaftliche Lage des Klosters zu verbessern, leistet er lediglich Gehorsam. Der Stricker betont seine persönliche Frömmigkeit und Reinheit (Z. 2494
bis 2497, 2505), die den Pfaffen selig werden lassen (Z. 2508 — 2510), auf
einer anderen Ebene verweist der Dichter auf Amis' Amtserfolge, die der Thematik der Dichtung eine neue Ausdrucksform geben. Hier trifft die Kritik des
Dichters das Amt, nicht die Person.

Das Ende der Dichtung erfüllt auf glänzende Weise eine zweifache Aufgabe:
der Pfaffe mußte gerettet werden, und das Thema durfte nicht preisgegeben
werden. Mit seiner Bekehrung stand dem Pfaffen der Weg zur Seligkeit offen;
daß er mit *all sînem guote* Zisterzienser wurde, übertrug das Thema auf eine

---

*mendavit* (Matthæus Parisiensis, ‚Chronica major', hrsg. von H. R. Luard, 7 Bde., London 1872 — 1883, Bd. 2, S. 420, für das Jahr 1196: hier fußt die Chronica auf einer bis
1236 reichenden früheren). Die ‚Flores historiarum' erzählt, wie Richard auf den Vorwurf, er habe als Töchter die superbia, cupiditas und luxuria, antwortete: *„Do igitur
superbiam meam superbis Templariis, et cupiditatem meam monachis de ordine Cister-
ciensi, et luxuriam meam praelatis ecclesiarum"* (hrsg. von H. R. Luard, 2 Bde., London
1890, Bd. 1, S. 116 — 117).

[75] Western Society and the Church in the Middle Ages, Harmondsworth 1970, S. 270.
Vorher erwähnt Southern „the reputation [of the Cistercians] for covetousness and
greed which was very widespread at the end of the twelfth century" (S. 260).

berühmte Organisation der geschichtlichen Welt, die dem Besitz verfallen war. So beobachtet man die planvolle Entwicklung des Themas von der ersten Andeutung des Bischofs über die verhängnisvolle Entscheidung des Pfaffen, den Weg der *milte* zu verlassen, seine Gastfreundlichkeit nicht einzuschränken, sondern sich *guot* auf unrechtem Wege zu beschaffen, über seine Karriere von *liegen unt triegen* in der Welt, in der die Habsucht auch in Nebenpersonen erscheint (der Pfarrer der ‚Kirchweihpredigt' und der Probst), über die große Steigerung der Konstantinopelreisen, die Gier und Betrug unverhüllt vorstellen, zur geschichtlichen Konkretisierung bei den Zisterziensern. Ihre großen Klöster im Gebiet seiner Tätigkeit (zum Beispiel Aldersbach, gegründet 1146, und Zwettl, gegründet 1138; wohl auch Heiligenkreuz, gegründet 1133) waren dem Stricker sicherlich bekannt. Vielleicht hat er an der Entwicklung des Ordens in ungefähr einem Jahrhundert genau jenen traurigen Abstieg wahrgenommen, den er in der moralischen Weltgeschichte des ‚Pfaffen Amis' abgebildet hat: zuerst Herrscher über materieller Habe, zwingt sie der Mensch zum Guten, aber sein tugendhafter Eifer läßt nach, und das Verhältnis von Herrscher und Beherrschtem verkehrt sich. Im ‚Pfaffen Amis' hat der Stricker als chronologische Entwicklung dargestellt, was er im ‚Schalk und den beiden Königen' (Ed. Nr. 31) als moraltheologischen Gegensatz formulierte:

>     Svst sint die herren gemvt    Der eine ist herre vberz gvt
>     Den dient ez vaste daz ist reht    Der ander ist des gvtes kneht
>     Der dient im vmbe gotes haz ...                         (Z. 103 – 107)

Als letztes in dieser Deutung wollen wir kurz überlegen, warum der Dichter seinen Pfaffen ausgerechnet den ersten Mann nennt, der log und betrog. Ist der weltgeschichtliche Aspekt bedeutend, hat der Stricker wirklich eine „Urgeschichte des Truges" (de Boor, III–1, S. 238) gedichtet, oder wollte er nur die *attentio* der Zuhörer beanspruchen? Nach Brinkmann war die *attentio* erstens „durch die Verheißung eines stofflich Neuen, Unerhörten" zu erregen (S. 4), also könnte man meinen, daß die im Prolog verheißene Identifizierung des Urhebers nur die Teilnahme des Publikums bezweckt und keinen tieferen Sinn hat. Gegen diese Ansicht sprechen die Erinnerungen an die moralische Identität des Helden (*triegære, betrogen / gelogen*, Z. 1071 – 1074; *triegære*, Z. 1094; *betriegen / liegen*, Z. 1323/24; *trügenære*, Z. 1329; *triegen*, Z. 1559; *Amîs der triegære*, Z. 1719; *gelogen / betrogen*, Z. 2037/38; über *lieget / betrieget*, Z. 147 – 148, vgl. Kolb, S. 191, Anm. 9) und besonders der wiederholte Hinweis auf seine Urheberschaft im Betrug, der vor den Konstantinopelfahrten gegeben wird:

>     Wolt ich die trügen alle sagen
>     die er begienc bî sînen tagen,
>     der würde mêr dan ze vil:
>     durch daz ich michs mâzen wil.
>     Er was der êrste man
>     der solhes amptes ie began. (Z. 1547 – 1552)

Es scheint mir, als ob man keine zufriedenstellende Erklärung des Textes geliefert hat, wenn man die Relevanz dieser Details auf den Anspruch der *attentio* im Prolog begrenzt.

Im Prolog hörten wir von einem Weltalter der Tugend und Glückseligkeit, das mit dem „Erfinden" des Betruges zuende ging. Damit, meine ich, spielt der Stricker auf die bekannte Fabel von den Zeitaltern an, die dem Mittelalter hauptsächlich durch Ovids ‚Metamorphosen' überliefert wurde.[76] Der Stricker stellt dem Goldenen das Eiserne gegenüber und greift dessen Hauptkennzeichen heraus, um sie in seiner Dichtung thematisch zu behandeln:

> protinus inrupit venae peioris in aevum
> omne nefas: fugere pudor verumque fidesque:
> in quorum subiere locum fraudesque dolique
> insidiaeque et vis et amor sceleratus habendi ... (I, 128 – 131)

Mit *liegen unt triegen* hat er *fraus, dolus* und *insidiae* gemeint (in der Bartschen Wiederherstellung der Eindeutschung durch Albrecht von Halberstadt: *unrecht unde kriegen, / untrûwe unde liegen*[77]). *Vis* spielt eine wesentliche Rolle in den Konstantinopelgeschichten. Der *amor sceleratus habendi*, der überhaupt in der Strickerschen Kleindichtung von größter Bedeutung ist, ist kausal zugrundegelegt – das entspricht seinen Grundansichten als Christ, er hätte es jedoch auch von den Alten lernen können.[78] Sein Gedicht ‚Das Bild' (Ed. Nr. 74) ist in dieser Beziehung aufschlußreich. In seiner Deutung der Körperteile aus Gold, Silber, Bronze und Eisen (Nebuchadnezzars Traum) verzichtet der Stricker (sicherlich bewußt) auf die in der Spruchdichtung „gängige Beziehung auf die Weltzeiten" (de Boor, III–1, S. 455), gibt dafür eine moraltheologische Deutung, die die Metalle in einem bestimmten Wertsystem auf die Verwirklichung der mönchischen Ideale durch einen Mönch bezieht, wobei Gold für die optimale Realisierung steht. Kennzeichen des

---

[76] ‚Metamorphosen', hrsg. und übertragen von Erich Rösch, München 1952. Über die Weltzeitalter, I, Z. 89 – 150; dazu der Kommentar von Franz Bömer zu Buch I – III, Heidelberg 1969, S. 47 – 73.

[77] Karl Bartsch, Albrecht von Halberstadt und Ovid im Mittelalter, Quedlinburg und Leipzig 1861, Nachdruck Amsterdam 1965, Z. 249 – 250.

[78] *Radix enim omnium malorum est cupiditas* (I Tim. 6,10). Über diese Vorstellung in der Klassik siehe Bömer, S. 63. In der Nachfolge Ovids stehen Laetantius *(Omnium malorum fons erat cupiditas)* und Boëtius, „second only to Ovid as the main source of the legend for medieval readers", der in ‚De consolatione Philosophiae' von der brennenden Liebe zum Besitz spricht (George Boas, Essays on Primitivism and Related Ideas in the Middle Ages, Baltimore 1948, Zitate S. 37, Anm. 66, und S. 64). In einem seiner ‚Moralischen Briefe' beschreibt Seneca das *saeculum aureum*, in dem es keinen Betrug gab *(egregia illis vita fuerit et carens fraude)* und das an der Entstehung der avaritia zugrundeging *(Inrupit in res optime positas avaritia*, L. Annaei Senecae ad Lucilium epistulae morales, hrsg. von L. D. Reynolds, 2 Bde., Oxford 1965, Nr. 90, Bd. 2, S. 332 bis 344).

Eisernen ist der Verfall an *geitikeit* (Z. 86), der den Mönch zum Lügner und Betrüger macht: *sin triegen und sin liegen / ist noch herter denne ein eysen* (Z. 124 — 125). Ich meine also, daß der Stricker die moralische Geschichte im ‚Pfaffen Amis' bewußt nach dem Ovidschen Abriß gestaltet, das eiserne (heutige) Zeitalter durch Habsucht, *liegen unt triegen* gekennzeichnet gesehen und den Pfaffen als Urheber *(auctor . . . quisquis fuit ille*[79]*)* erfunden hat.

Der Stricker wußte, daß das Heil des Menschen zum großen Teil von seinem Verhältnis zu Besitz abhängt, und setzte unter die unterhaltsame Oberfläche seines ‚Pfaffen Amis' eine moralische Geschichte, die dieses Verhältnis analysierte. Der Prolog sagt genau, worum es in der Dichtung geht, und die *narratio* verfolgt konsequent den unglücklichen Abfall des Menschen bis zum heutigen Tag. Die große Leistung des Dichters besteht in der glatten Kombinierung von *aventiure* und *meine*, denn wäre der Gehalt aufdringlich geworden, so wäre die Verwendbarkeit der Dichtung als Unterhaltungsliteratur beeinträchtigt worden. Ihr Hauptzweck war zu unterhalten. Der Stricker tut gerade das, was er im Prolog zu verleugnen scheint, indem er mit der höfischen Erzähltradition bricht, sich und seine Zuhörer aber dennoch als Bewahrer dieser Tradition preist. Die Bewahrung besteht auf dem Niveau des Stils — man muß ja keine *ungezogeneu wort unreine* hören (‚Die Herren zu Österreich' [Ed. Nr. 164], Z. 100), und aus der *meine*, wird jedoch hinsichtlich der *aventiure* preisgegeben.[80] Nur in der parodistischen Beziehung der Komposition zum Ritterroman bleibt sie auf diesem Niveau bestehen. Als Berufsdichter mußte der Stricker mit einem veränderten, vergröberten Geschmack rechnen, und darum entstand die Schwankreihe, aber er hatte den Geist und die Einbildungskraft, diese Schwänke in den Dienst seines Glaubens zu stellen. Auch ‚Der Pfaffe Amis' ist *bispel*.

---

[79] ‚Metamorphosen' XV, 103 — 104, über den ersten Menschen, der Tierfleisch verspeiste und in dieser Beziehung mit dem Goldenen Zeitalter gebrochen hatte.
[80] Vgl. Linke: „Er versucht nämlich, dem Verlangen beider gerecht zu werden — dem stofflich-inhaltlichen des neuen Publikums nach sorgenbrechender Unterhaltung und dem ästhetisch-formalen des alten Publikums nach Bewährung seiner Kunst an einem nur als Material eingestuften Stoffe" (Der Dichter, S. 103).

## VII. Zusammenfassung

Diese Studien haben leider wenig zur Erklärung biographischer und chronologischer Fragen beigetragen. Nach wie vor vermissen wir feste chronologische Anhaltspunkte; auch die Reihenfolge der Gedichte bleibt im ganzen ungewiß. Die im fünften Kapitel dargestellten Beziehungen zur Spruchdichtung bekräftigen die Annahme, der Stricker sei ein Fahrender gewesen, sprechen also gegen die Meinung, „daß der Dichter dem geistlichen Stand angehörte".[1] Es scheint, daß der Stricker sich zu den *wisen gernden* zählte, daß er unter ihnen verkehrte und die Formeln und Wendungen ihrer Kunst im Ohr hatte — mindestens zur Entstehungszeit der betreffenden Gedichte! Leider ist die Entwicklungsgeschichte der Spruchdichtung im dreizehnten Jahrhundert zu wenig bekannt und die Datierung einzelner Dichter und Texte zu problematisch, als daß sie für unsere Kenntnis der künstlerischen Laufbahn des Stricker fruchtbar werden könnten.

Daß er seine Mäzene unter den begüterten Adligen gesucht und gelegentlich gefunden hat, scheint aus seiner intensiven Auseinandersetzung mit der Theologie des Besitzes hervorzugehen, aber von politischen Stellungnahmen, wie sie vor kurzem J. Bumke und H. Brall gefunden zu haben glauben, ist in der Kleindichtung wenig zu bemerken. Auch fehlt es ihr an Bezügen zu geistlichen Anstalten und Figuren, die neben der breiten geistlichen Problematik fast verschwinden. So anziehend und in mancher Hinsicht plausibel die These sein mag, der Stricker habe sich in franziskanischen Kreisen bewegt und sogar im Auftrag dieses Ordens gedichtet — diese Studien haben mich eher von ihr entfernt. Daß man manche Begriffe und Formulierung der Strickerschen Dichtung in der Bertholdschen deutschsprachigen Predigt belegen kann, würde ich eher aus gemeinsamen geistlichen Wurzeln und Absichten als aus historischer Abhängigkeit erklären. Auch zweifle ich, daß der Stricker wegen einer Mission gegen Ketzer nach Niederösterreich berufen wurde.[2] Wenn man sich vorstellt, wie akut das Problem der Ketzerei in der Zeit war, so wird man die

---

1 Udo von der Burg, Strickers Karl der Große als Bearbeitung des Rolandsliedes, Diss. Göppingen 1974, S. 356.
2 Schwab, Beobachtungen, S. 75, und Hermann Menhardt, Zu Strickers kleinen Gedichten. In: PBB (Tüb.), 82 (1960), 321 — 345, hier 342 — 343.

Aussagen des Dichters zu diesem Problem kaum als Indiz einer „Mission" bewerten können. Ihre Zahl und ihr Umfang sind verhältnismäßig gering.³

Der Stricker hat gewisse Beschlüsse des Vierten Laterankonzils gekannt und dichterisch kommentiert. Wahrscheinlich hat er alle Konstitutionen gekannt, und daher stehen diese allerseits gültigen Verordnungen wohl hinter manchen seiner Äußerungen. Das heißt aber nicht, daß ich ihn wie Schwab für einen „Parteigänger der Reformen des Papstes Innozenz III." (Beobachtungen, S. 65) halte. Diese „Reformen" hatten in fast allen Fällen tiefe und weitreichende Wurzeln; Übereinstimmungen zwischen den Themen und Bestimmungen des Konzils und der Strickerschen Kleindichtung genügen nicht, ihn als „Parteigänger" identifizieren zu können. Die Thematik dieser Dichtung läßt sich gut aus Quellen des zwölften Jahrhunderts erklären, und selbst wenn sie mit Kenntnis des Vierten Laterankonzils formuliert wurde, so heißt das nicht, daß diese Kenntnis den Anlaß zur Formulierung gegeben hat. Wenn er „Parteigänger" gewesen wäre und bis 1250/60 gelebt hätte, so hätte er wohl einige Gedichte über die Beichte geschrieben (im Sinne einer Erklärung der Erfordernisse und Bedingungen). Kein Gedicht vom Stricker hat die Beichte zum Ausschließlichen Thema.

Im Gegensatz zu Schwab, Menhardt und anderen Forschern, die des Dichters Teilnahme am Zeitgeschehen belegen wollen, neige ich nun dazu, seine Distanz vom Aktuellen zu betonen. Spürbar ist diese Distanz in seinem Wissen und Denken. In Wahl und Behandlung seiner Themen zeigt sich nur selten eine Vertrautheit mit der zeitgenössischen theologischen Diskussion (eine wichtige Ausnahme bildet seine Einstellung zum Kreuzzugsablaß, aber diese erklärt sich wieder aus einer konservativen Haltung). Er war kein Berufstheologe sondern ein Dichter, und seine eigene Bildung hatte sich wohl in einiger Entfernung von den theologischen Zentren vollzogen, aber es ist immerhin bemerkenswert, daß er seine Themen meist mit einem gedanklichen Rüstzeug anging, wie es dem gebildeten Christen von ca. 1200 zur Verfügung stand. Außerdem fehlen Hinweise auf spezifische Orte, Höfe oder Persönlichkeiten fast völlig. Man bemüht sich, auf schmaler Basis biographische Konstruktionen entstehen zu lassen[4], und vergleicht man die Strickerschen Gedichte mit

---

3 Schwab hat viele Textstellen im Sinne einer antiketzerischen Mission gedeutet, die nichts von Ketzerei sagen (Beobachtungen, S. 72 – 81). Schwab meint, der Stricker äußere sich „in tendenziöser Betonung dogmatischer Fakten, die von der katharischen Lehre angezweifelt wurden" (S. 75), aber nichts zwingt zu dieser Annahme, und ich zweifle sehr, daß er gegen Ketzerei so zurückhaltend verfahren wäre.

4 In ‚Von Edelsteinen' (Ed. Nr. 121) erwähnt der Stricker einen Herzog Heinrich (Z. 208): vgl. Ludwig Jensen, Über den Stricker als Bispel-Dichter, Diss. Marburg 1886, S. 23 – 27. In ‚Herrenlob und Gotteslob' (Ed. Nr. 147) spielt er auf Ereignisse in der Pfarre Rastenfeld an (Z. 186 – 207): vgl. Schwab, Beobachtungen, S. 63 – 64, und Menhardt, a. a. O., S. 343. Auf die Spitze treibt es Menhardt, Der Stricker und der Teichner. In: PBB (Tüb.), 84 (1962), 266 – 295, hier S. 266 – 268; vgl. Hanns Fischer, Studien zur deutschen Märendichtung, Tübingen 1968, S. 147 – 148.

denen der sozial- und literaturgeschichtlich verwandten Spruchdichter, so scheint es, daß der Stricker besorgt war, das Aktuelle und Örtliche von seinen Gedichten fernzuhalten. Das wäre zum Teil auf berufliche Erwägungen zurückzuführen. Vermutlich konnten Texte ohne Lokalkolorit Jahr nach Jahr einem wechselnden Publikum dargeboten werden. Aber es entspricht wohl seiner geistigen Eigenart, wenn er die allgemeine Aussage stark über die bedingte heraushebt, der Lehre gedenkt und den Einzelfall vergißt. Auch in den Mären spürt man diese Denkweise (die das Hochmittelalter kennzeichnet): besonders in den Ehegeschichten entwickelt der Dichter die Dialektik, ohne daß sie durch erzählerischen Kontext eingeengt wird. Bezeichnend dafür ist der formelhafte Eingang, der direkt in die Argumentation einführt: *Ein man sprach ze sinem wibe* (‚Die drei Wünsche' [Ed. Nr. 16], ‚Das erzwungene Gelübde' [Ed. Nr. 137], ‚Ehescheidungsgesprach' [Ed. Nr. 158]); *Ein man sprach wider sin wîp* (‚Der begrabene Ehemann' [Ed. Nr. 17]); *Ein wîp sprach wider ir man* (‚Das heiße Eisen' [Ed. Nr. 18]).

Der geistlichen Tradition gegenüber verhält er sich frei, indem er die Gegenstände, Bilder und Redensarten seiner Gedichte zum großen Teil aus ihr schöpft, aber durch Auswahl und Akzentsetzung seine Individualität als Mensch und Dichter ausdrückt. Am klarsten haben das unsere Analysen der an sich unauffälligen Schemata der Laster gezeigt; es zeigt sich aber auch in allen anderen Studien. Sehr selten unternimmt der Stricker eine systematische Darlegung, die als Populärtheologie zu charakterisieren ist – die drei ersten Gedichte des Kanons bilden als großangelegte expositiones fidei die Ausnahme. Dazu war er imstande, bevorzugte aber einen begrenzteren Lehrinhalt, der mit dichterischen Mitteln beliebig auszuweiten war. Viele seiner Dichtungen könnte man als Thema mit Variationen auffassen.[5] Diese Kunstform entsprach sicher den Bedürfnissen des Berufsdichters, der selbst mit geistlicher Thematik unterhalten mußte und sich darum der Zuspitzung und Abwechslung bediente, aber es entsprach auch seiner geistigen Anlage, daß er sich in bescheidenem Format äußerte. Fehlt es seiner Kunst an Breite und Schwung, so bietet sie dafür gezielte Aussagen, treffende Bilder und eine mit dichterischer Intelligenz vollzogene Darstellung wesentlicher Lehren des mittelalterlichen Christentums.

---

[5] Man sollte dabei nicht vergessen, daß das Überlieferungsbild für ‚Vom heiligen Geist' und ‚Die Messe' (Ed. Nr. 1 und 2) darauf hindeutet, daß diese Gedichte für den Vortrag wohl zu Gruppen von kürzeren Texten aufgelöst wurden.

## Verzeichnis benutzter Stricker-Ausgaben

Abkürzungen

| | |
|---|---|
| DTM 4 | Kleinere mittelhochdeutsche Erzählungen, Fabeln und Lehrgedichte. I. Die Melker Handschrift, hrsg. von Albert Leitzmann, Berlin 1904 |
| DTM 17 | Kleinere mittelhochdeutsche Erzählungen, Fabeln und Lehrgedichte. III. Die Heidelberger Handschrift, Cod. Pal. Germ. 341, hrsg, von Gustav Rosenhagen, Berlin 1909, Nachdruck Dublin / Zürich 1970 |
| Hahn | Kleinere Gedichte von dem Stricker, hrsg. von Karl August Hahn, Quedlinburg und Leipzig 1839 |
| von Kraus | Mittelhochdeutsches Übungsbuch, hrsg. von Carl von Kraus, 2. Aufl., Heidelberg 1926 |
| Mären | Der Stricker. Verserzählungen, I, hrsg. von Hanns Fischer, 3., revidierte Auflage besorgt von Johannes Janota, ATB 53, Tübingen 1973. Verserzählungen, II, mit einem Anhang: Der Weinschwelg, hrsg. von Hanns Fischer, 2., revidierte Auflage besorgt von Johannes Janota, ATB 68, Tübingen 1977 |
| Mettke | Fabeln und Mären von dem Stricker, hrsg. von Heinz Mettke, ATB 35, Halle (Saale) 1959 |
| Pfeiffer | Altdeutsches Uebungsbuch, hrsg. von Franz Pfeiffer, Wien 1866 |
| Tier*bispel* | Der Stricker. Tier*bispel*, hrsg. von Ute Schwab, ATB 54, Tübingen 1960 |

Stellenangaben, die sich nur auf den Anmerkungsteil der betreffenden Seite beziehen, sind durch A gekennzeichnet.

| Ed. Nr. | Titel | Ausgabe | Oben, Seite |
|---|---|---|---|
| 1 | Vom heiligen Geist | Schwab, Ausgabe, S. 49 – 73 | 21 A, 34, 40 A, 53 A, 61 – 62, 63 A, 79 A, 80, 83, 84 A, 85 – 86, 88 – 89, 106 – 107, 109 bis 116, 117 A, 118, 122, 251 |
| 2 | Die Messe | DTM 17, S. 47 – 52, und Schwab, Ausgabe, S. 73 – 97 | 83, 84 A, 92 A, 100, 108, 117, 118 A, 122, 131, 251 |
| 3 | Processus Luciferi | Schwab, Ausgabe, S. 97 – 117 | 39, 40 A, 83 |
| 5 | Marienlitanei | Schwab, Ausgabe, S. 118 – 123 | 15, 19 |

| | | | |
|---|---|---|---|
| 6 | Bitte um mildes Gericht | Schwab, Ausgabe, S. 123 − 124 | 15, 19 |
| 7 | Vaterunser | Schwab, Ausgabe, S. 125 − 128 | 15, 20 − 23, 31, 73, 122 |
| 8 | Bußgebet | Schwab, Ausgabe, S. 128 − 131 | 15 − 16, 19, 112 A, 141 |
| 9 | Passionsgebet | Schwab, Ausgabe, S. 131 − 132 | 15, 17, 19 |
| 10 | Allerheiligenlitanei | Schwab, Ausgabe, S. 132 − 133 | 15, 19 |
| 11 | Gebet von den Freuden Marias | Schwab, Ausgabe, S. 133 − 142 | 15, 19 − 20, 23 − 31 |
| 12 | Mariengruß | Schwab, Ausgabe, S. 143 | 15, 20, 31 |
| 13 | Gebet zum Meßopfer | Schwab, Ausgabe, S. 144 | 15 − 17, 19 |
| 14 | Commemoratio pro defunctis et vivis | Schwab, Ausgabe, S. 144 − 145 | 15 − 16, 19 |
| 15 | Gebet zum Schutzengel | Schwab, Ausgabe, S. 145 − 146 | 15 − 16, 18 − 19, 191 |
| 16 | Die drei Wünsche | Mären I, S. 1 − 11 | 18, 77, 130, 251 |
| 17 | Der begrabene Ehemann | Mären I, S. 28 − 36 | 251 |
| 18 | Das heiße Eisen | Mären I, S. 37 − 50 | 251 |
| 20 | Die Königin vom Mohrenland | DTM 17, S. 111 − 114 | 219 |
| 21 | Das Wildpret | DTM 17, S. 114 − 116 | 35 A |
| 27 | Die Gäuhühner | Mettke, S. 79 − 87 | 146 |
| 31 | Der Schalk und die beiden Könige | Pfeiffer, S. 36 − 38 | 160, 167, 245 |
| 32 | Die freigebige Königin | DTM 17, S. 154 − 158 | 181 − 184 |
| 37 | Die Äffin und die Nuß | DTM 4, S. 46 − 47 | 70 |
| 41 | Der Weidemann | DTM 17, S. 192 − 194 | 178 − 181 |
| 48 | Der verflogene Falke | Tier*bispel,* S. 79 − 83 | 160, 175 |
| 51 | Die Martinsnacht | Mären I, S. 131 − 142 | 234 |

| | | | |
|---|---|---|---|
| 53 | Der dürstige Einsiedel | Mären I, S. 143 – 155 | 63 A, 66, 83, 85 |
| 55 | Falsche und rechte Freigebigkeit | DTM 17, S. 197 – 202 | 151, 165, 169 bis 178, 225, 227 |
| 58 | Der falsche Blinde | Hahn, S. 33 – 36 | 154 – 155, 158 |
| 63 | Die Frauenehre | Klaus Hofmann. Strickers ‚Frauenehre', Überlieferung, Textkritik, Edition, literaturgeschichtliche Einordnung, Diss. Marburg 1976, S. 45 – 155 | 145, 197, 215, 218 A |
| 66 | Der Wolf und der Hund | Tier*bispel*, S. 33 – 36 | 173 A, 226 A |
| 70 | Der blinde Dieb | Hahn, S. 36 – 39 | 83 |
| 71 | Des Königs alte Kleider | Ute Schwab. Lex et gratia. Der literarische Exkurs Gottfrieds von Strassburg und Hartmanns Gregorius. Messina 1967, S. 45 – 48 | 95 – 101, 103 – 104 |
| 72 | Vom Tode | Karl Regel, „Ein bîspel aus einer Gothaischen Handschrift", ZfdP 4 (1873), 315 – 320 | 77, 147 |
| 74 | Das Bild | DTM 4, S. 35 – 37 | 68, 70, 162, 246 – 247 |
| 75 | Von der Hochfahrt | DTM 17, S. 81 – 84 | 68 |
| 77 | Der blinde Führer | Schwab, Ausgabe, S. 148 – 149 | 83, 161 |
| 80 | Ehemanns Rat | DTM 17, S. 100 – 103 | 237 A |
| 84 | Der Knecht in Herrenkleidern | von Kraus, S. 87 – 88; Pfeiffer, S. 30 – 31 | 149 – 153, 177 |
| 88 | Der Sünder und der Einsiedel | DTM 17, S. 61 – 63 | 83 – 85, 106, 131 |
| 92 | Der ernsthafte König | von Kraus, S. 88 – 97 | 80, 99 |
| 94 | Die Äffin | Hahn, S. 39 – 41 | 83, 155 |

| | | | |
|---|---|---|---|
| 95 | Der Hund und der Stein | DTM 17, S. 52 – 53 | 49 A |
| 96 | Mahnung zu rechtzeitiger Buße | DTM 17, S. 54 – 55 | 137 – 139 |
| 97 | Der Marktdieb | DTM 17, S. 73 – 77 | 117 A, 125 – 126, 156 A |
| 98 | Der altgewordene Sünder | Albert Blumenfeldt. Die echten Tier- und Pflanzfabeln des Strickers. Teil I, Diss. Berlin 1916, S. 45 – 47 | 52 A, 135 A, 136, 139 – 140 |
| 99 | Die Milch und die Fliegen | DTM 4, S. 38 – 40 | 64 – 66 |
| 100 | Das entweihte Gotteshaus | DTM 4, S. 50 – 51 | 35 A |
| 101 | Die tumben Pfaffen | DTM 17, S. 91 – 98 | 50 A |
| 102 | Der Pfaffen Leben | Pfeiffer, S. 27 – 29 | 50 A |
| 105 | Die Geistlichen | Schwab, S. 152 – 158 | 83, 102 |
| 110 | Die undankbaren Gäste | DTM 4, S. 8 – 9 | 147 |
| 111 | Des Teufels Ammen | Schwab, Ausgabe, S. 158 – 164 | 39 – 40, 76, 139, 161, 175, 237 |
| 112 | Die eingemauerte Frau | Mären I, S. 50 – 65 | 41, 114 A, 234 |
| 113 | Von übelen wîben | Wolfgang W. Moelleken, Der Stricker: Von übelen wiben, Bern 1970, S. 15 – 67 | 41, 162, 163 A |
| 114 | Der ungeratene Sohn | DTM 4, S. 40 – 41 | 47 A, 77 A, 84 A |
| 115 | Die drei Gott verhaßtesten Dinge | Hahn, S. 41 – 44 | 53 A, 130 A |
| 117 | Die Weisheit Salomons | DTM 4, S. 21 – 24 | 108 – 109 |
| 118 | Die Schlange ohne Gift | DTM 4, S. 41 – 43 | 77 A, 130 |
| 119 | Das stinkende Haus | Schwab, Ausgabe, S. 164 – 170 | 117 A, 118 – 119, 122 A |
| 121 | Von Edelsteinen | Hahn, S. 44 – 52 | 237 A, 250 A |

| | | | |
|---|---|---|---|
| 122 | Die vier Evangelisten | Schwab, Ausgabe, S. 170 – 178 | 108, 116 |
| 123 | Der eigensinnige Spötter | von Kraus, S. 98 – 102 | 83 |
| 125 | Die Spieler | Schwab, Ausgabe, S. 178 – 182 | 70, 86 |
| 126 | Der gefangene Räuber | Miscellaneen zur Geschichte der teutschen Literatur, hrsg. von Bern. Ios. Docen. Zweyter Band, München 1807, S. 211 – 220 (ohne Numerierung der Zeilen) | 95, 137 – 142 |
| 127 | Die ewige Verdammnis | DTM 4, S. 12 – 13 | 108, 117, 128 A |
| 130 | Die sechs Versuchungen | Schwab, Ausgabe, S. 182 – 188 | 39, 55, 69, 73 – 82 |
| 131 | Der Gast und die Wirtin | DTM 4, S. 44 – 46 | 108 |
| 132 | Die beiden Königinnen | Schwab, Zum Thema III, S. 14 – 22 | 101 A, 117, 122, 139, 156 – 157, 206 |
| 133 | Der Wucherer | DTM 17, S. 169 – 173 | 161 |
| 136 | Die sechs Teufelsscharen | DTM 17, S. 86 – 89 | 54 – 73, 80, 91, 99, 106, 124 – 125 |
| 137 | Das erzwungene Gelübde | Mären I, S. 11 – 21 | 251 |
| 139 | Das weiße Tuch | DTM 4, S. 26 – 29 | 49 A, 68, 100 A, 224 |
| 142 | Die Buße des Sünders | DTM 4, S. 9 – 12, und Schwab, Ausgabe, S. 196 – 202 | 73 A, 90 – 94, 101, 104, 122, 126 bis 131, 148, 150, 209 |
| 144 | Der wahre Freund | DTM 17, S. 59 – 61 | 135 A |
| 146 | Die irdenen Gefäße | DTM 4, S. 3 – 5 | 77, 129, 153, 187 A |
| 147 | Herrenlob und Gotteslob | Schwab, Ausgabe, S. 207 – 212 | 146, 250 A |
| 149 | Der steinige Acker | Schwab, Ausgabe, S. 213 – 215 | 109, 112 |
| 150 | Das reine Gefäß | Schwab, Ausgabe, S. 215 – 216 | 109 A, 131 |

| | | | |
|---|---|---|---|
| 151 | Gebet für Kreuzfahrer | Schwab, Ausgabe, S. 216 – 222 | 15 – 17, 20, 21 A, 34, 61, 115, 118 |
| 152 | Die Ritter | Schwab, Ausgabe, S. 222 – 230 | 84 A, 86 A, 94 – 96, 145, 209 |
| 153 | Die Klage | Mettke, S. 119 – 140 | 83, 129, 140, 155, 156 A, 157 – 161, 179, 181 – 182, 186, 215, 219 |
| 155 | Die Turse | Mettke, S. 141 – 144, Z. 62 – 63: *do su selbe zwelfter wære do soldestu dich han gewert* | 195 A |
| 156 | Frau Ehre und die Schande | DTM 17, S. 159 – 168 | 163, 184 – 197, 206 |
| 158 | Ehescheidungsgespräch | Mären I, S. 22 – 27 | 251 |
| 159 | Der König und sein Feind | Schwab, Ausgabe, S. 230 – 234 | 109 A, 131 – 135 |
| 161 | Die fünf teuflischen Geister | DTM 4, S. 13 – 17 | 33 – 54, 77, 156 A, 220, 242 |
| 163 | Die beiden Knappen | DTM 17, S. 173 – 183 | 129, 148, 151, 163 A, 197 – 209 |
| 164 | Die Herren zu Österreich | DTM 17, S. 194 – 197 | 164 – 169, 182, 197, 200, 220, 224, 237 A, 247 |

# Verzeichnis der wichtigeren Literatur

(Die unter ‚Abkürzungen' angegebenen Werke werden hier nicht wiederholt.)

## A. Quellenschriften

Alanus de Insulis: De Virtutibus et de Vitiis et de Donis Spiritus Sancti, hrsg. von Odon Lottin. In: Mediaeval Studies 12 (1950), 20 — 56

—: Anticlaudianus, Texte critique avec une introduction et des tables, hrsg. von R. Bossuat, Paris 1955

—: De arte prædicatoria. In: PL 210, Sp. 111 — 198

Analekten zur Geschichte des Franciscus von Assisi, hrsg. von. H. Boehmer, Tübingen und Leipzig 1904

Bonaventura: Opera omnia. Edita studio et cura PP. Collegii A S. Bonaventura ..., 10 Bde., Ad Claras Aquas (Quaracchi), 1883 — 1902

Caesarius von Heisterbach: Dialogus miraculorum, 2 Bde., hrsg. von Joseph Strange, Köln — Bonn — Brüssel 1851

Evangelia apocrypha. Editio altera, hrsg. von Constantinus de Tischendorf, Leipzig 1876

Freidank: Fridankes Bescheidenheit, hrsg. von H. E. Bezzenberger, Halle 1872

Friedrich von Sonnenburg, hrsg. von Oswald Zingerle, Innsbruck 1878

Gratian: Tractatus de penitencia. In: Corpus iuris canonici, hrsg. von Emil Friedberg, Bd. 1, Leipzig 1879, Nachdruck, Graz 1959, Sp. 1159 — 1247

Hugo von St. Cher: Postillae super evangelia, Venedig 1732

Konrad von Würzburg: Kleinere Dichtungen Konrads von Würzburg, III. Die Klage der Kunst, Leiche, Lieder und Sprüche, hrsg. von Edward Schröder, 2. Aufl., Berlin 1959

Lefèvres, Yves: L'Elucidarium et les lucidaires, Paris 1954

Meersseman, G. G.: Dossier de l'ordre de la pénitence au XIII siècle, Fribourg/Suisse 1961

Minnesinger, hrsg. von F. H. von der Hagen, 4 Bde., Leipzig 1838

Ovid: Metamorphosen, hrsg. und übertragen von Erich Rösch, München 1952

Reinmar von Zweter: Die Gedichte Reinmars von Zweter, hrsg. von Gustav Roethe, Leipzig 1887, Nachdruck, Amsterdam 1967

Schwab, S. Francis Mary: David of Augsburg's ‚Paternoster' and the Authenticity of His German Works, MTU, Bd. 32, München 1971

Der Stricker: Karl der Große, hrsg. von Karl Bartsch, Quedlinburg und Leipzig 1857, Nachdruck, Berlin 1965

Wernher von Elmendorf, hrsg. von Joachim Bumke, ATB, Bd. 77, Tübingen 1974

B. Sekundärliteratur

Agricola, Erhard: Die Prudentia in den Stricker'schen Schwänken. In: PBB (Halle), 77 (1955), 197 — 220

Anciaux, Paul: La Théologie du Sacrement de Pénitence au XII$^e$ siècle, Louvain et Gembloux 1949

Bloomfield, Morton W.: The Seven Deadly Sins, O. O.: The Michigan State College Press 1952

Boesch, Bruno: Die Kunstanschauung in der mittelhochdeutschen Dichtung, Bern / Leipzig 1936

Brinkmann, Hennig: Der Prolog im Mittelalter als literarische Erscheinung. Bau und Aussage. In: WW 14 (1964), 1 — 21

Brundage, James A.: Medieval Canon Law and the Crusader, Milwaukee and London 1969

Bumke, Joachim: Studien zum Ritterbegriff im 12. und 13. Jahrhundert, 2. Aufl. mit einem Anhang: Zum Stand der Ritterforschung 1976, Heidelberg 1977

—: Strickers ‚Gäuhühner'. Zur gesellschaftlichen Interpretation eines mittelhochdeutschen Textes. In: ZfdA 105 (1976), 210 — 232

Carlyle, R. W. and A. J. Carlyle: A History of Mediaeval Political Theory in the West, 6 Bde., Edinburgh / London 1903 — 1936

Cramer, Thomas: Normenkonflikte im ‚Pfaffen Amis' und im ‚Willehalm von Wenden'. Überlegungen zur Entwicklung des Bürgertums im Spätmittelalter. In: ZfdP 93 (1974), Sonderheft, 124 — 140

Eifler, Günter: Die ethischen Anschauungen in ‚Freidanks Bescheidenheit', Tübingen 1969

Faral, Edmond: Les jongleurs en France au Moyen Age, Paris 1910

Farner, Konrad: Christentum und Eigentum bis Thomas von Aquin, Bern 1947

Fischer, Hanns: Zur Gattungsform des ‚Pfaffen Amis'. In: ZfdA 88 (1957/58), 291 bis 299

—: Studien zur deutschen Märendichtung, Tübingen 1968

Göttert, Karl-Heinz: Theologie und Rhetorik in Strickers Weinschlund. In: PBB (Tüb.), 93 (1971), 289 — 310

Grundmann, Herbert: Religiöse Bewegungen im Mittelalter, 2. Aufl., Darmstadt 1961

Hofmann, Klaus: Strickers ‚Frauenehre': Überlieferung, Textkritik, Edition, literaturgeschichtliche Einordnung, Diss. Marburg 1976

Howard, Donald R.: The Three Temptations: Medieval Man in Search of the World, Princeton 1966

Jensen, Ludwig: Über den Stricker als Bîspel-Dichter, seine Sprache und seine Technik unter Berücksichtigung des ‚Karl' und ‚Amis', Diss. Marburg 1885

Kobbe, Peter: Funktion und Gestalt des Prologs in der mittelhochdeutschen nachklassischen Epik des 13. Jahrhunderts. In: DVjS, 43 (1969), 405 — 457

Könneker, Barbara: Strickers Pfaffe Amîs und das Volksbuch von Ulenspiegel. In: Euphorion 64 (1970), 242 — 280

Köppe, Walter: Ideologiekritische Aspekte im Werk des Stricker. In: Acta Germanica 10 (1977), 139 – 211

Kolb, Herbert: Auf der Suche nach dem Pfaffen Amis. In: Strukturen und Interpretationen. Studien zur deutschen Philologie, gewidmet Blanka Horacek zum 60. Geburtstag, hrsg. von A. Ebenbauer, F. P. Knapp und P. Krämer, Wien und Stuttgart 1974, S. 189 – 211

Landgraf, Artur: Grundlagen für ein Verständnis der Bußlehre der Früh- und Hochscholastik. In: Zeitschrift für katholische Theologie 51 (1927), 161 – 194

—: Dogmengeschichte der Frühscholastik, 8 Bde., Regensburg 1952 – 1956

Linke, Hansjürgen: Der Dichter und die gute alte Zeit. Der Stricker über Schwierigkeiten des Dichtens und des Dichters im 13. Jahrhundert. In: Euphorion 71 (1977), 98 bis 105

—: Beobachtungen zur Form des ‚Pfaffen Amis'. In: Sprache in Gegenwart und Geschichte. Festschrift für Heinrich Matthias Heinrichs zum 65. Geburtstag, hrsg. von D. Hartmann, H. Linke und O. Ludwig, Köln – Wien 1978, S. 307 – 319

Margetts, John: Non-feudal Attitudes in Der Strickers Short Narrative Works. In: NM 73 (1972), 754 – 774

Menhardt, Hermann: Zu Strickers kleinen Gedichten. In: PBB (Tüb.), 82 (1960), 321 bis 345

—: Der Stricker und der Teichner. In: PBB (Tüb.), 84 (1962), 266 – 295

Meyer, Heinz: Die Zahlenallegorese im Mittelalter. Methode und Gebrauch, München 1975

Paulus, Nikolaus: Geschichte des Ablasses im Mittelalter, 2 Bde., Paderborn 1922/23

Peters, Ursula: Stadt, ‚Bürgertum' und Literatur im 13. Jahrhundert. Probleme einer sozialgeschichtlichen Deutung des ‚Pfaffen Amis'. In: LiLi 7 (1977), 109 – 126

Poschmann, Bernhard: Der Ablass im Licht der Bussgeschichte, Bonn 1948

Das Rittertum im Mittelalter, hrsg. von Arno Borst. Wege der Forschung, Bd. 349, Darmstadt 1976

Rosenhagen, Gustav: Der Pfaffe Amis des Strickers. In: Vom Werden des deutschen Geistes. Festgabe für Gustav Ehrismann, Berlin und Leipzig 1925, S. 149 – 158

Schlatter, Richard: Private Property; The History of an Idea, New Brunswick, N. J. 1951

Schmoll, Polykarp: Die Bußlehre der Frühscholastik, München 1909

Sowinski, Bernhard: ‚Die drei Wünsche' des Strickers. Beobachtungen zur Erzählweise und gedanklichen Struktur. In: Zeiten und Formen in Sprache und Dichtung. Festschrift für Fritz Tschirch zum 70. Geburtstag, Köln und Wien 1972, S. 134 – 150

Steinger, Hans: Fahrende Dichter im deutschen Mittelalter. In: DVjS 8 (1930), 61 – 79

Wailes, Stephen: Immurement and religious experience in the Stricker's ‚Eingemauerte Frau'. In: PBB (Tüb.), 96 (1974), 79 – 102

—: Stricker and the Virtue *Prudentia:* A Critical Review. In: Seminar 13 (1977), 136 bis 153

Weber, Alfons: Studien zur Abwandlung der höfischen Ethik in der Spruchdichtung des 13. Jahrhunderts, Würzburg 1937

Wenzel, Siegfried: The Sin of Sloth: Acedia in Medieval Thought and Literature, Chapel Hill 1967

—: The Three Enemies of Man. In: Mediaeval Studies 29 (1967), 47 — 66

Werner, Ernst: Pauperes Christi. Studien zur sozial-religiösen Bewegungen im Zeitalter des Reformpapsttums, Leipzig 1956

Wilmart, A.: Les méditations d'Etienne de Sallai sur les joies de la Sainte-Vierge. In: Revue d'ascétique et de mystique 10 (1929), 368 — 415, Nachdruck in: A. Wilmart, Auteurs spirituels et textes dévots du Moyen Age latin, Paris 1932, S. 317 — 360

van Winter, Johanna Maria: Rittertum. Ideal und Wirklichkeit. Aus dem Niederländischen übertragen von Axel Plantiko und Paul Schritt, München 1969

# Namenregister

Stellenangaben, die sich nur auf den Anmerkungsteil der betreffenden Seite beziehen, sind durch A gekennzeichnet.

Autoren von Quellentexten und anonyme Quellentexte erscheinen im Kursivsatz.

„Acta sanctorum" 190
Adam, B. 23 A
*Adam von Dryburgh* 70 A
*Adam de Perseigne* 57, 60, 61, 62, 70 A
*Adam Scotus* 78
*Aelred von Rievaulx* 61 A
Agricola, E. 211, 240
*Alanus de Insulis* 42, 43, 50 A, 52, 92, 93, 96 A, 116 A, 117, 119, 120, 134 A, 174, 226 A, 242
Albrecht von Halberstadt 246
*Alexander III.* 105, 242, 243 A
*Alexander von Canterbury* 38 A
*Alexander von Hales* 116
*Ambrosiaster* 163
*Ambrosius* 30, 36, 163, 164, 190
„Analecta hymnica" 24 A, 26 A, 27 A,
Anciaux, P. 111 A, 113 A, 132 A
„Ancrene Wisse" 24
*Angelomus* 97
*Anselm von Canterbury* 29 A
*Anselm von Laon* 174 A
Auer, J. 93 A
*Augustinus* 44, 45, 46, 73, 78, 92 A, 176
„Auslegung des Vaterunsers" 22
Avanzin, A. 11 A, 80 A, 83 A

Bäuml, F. 176 A, 177 A
Baier, C. 11, 197 A
Bartlett, V. 148 A
*Beda* 67 A, 159
Behrendt, M. 217 A
Beissel, S. 15 A, 25 A
Benecke, G. 241
*Bernhard von Bessa* 61, 65
*Bernhard von Clairvaux* 20 A, 29, 30 A, 48, 56, 57 A, 59 A, 66, 67 A, 68 A, 78, 79, 92, 93, 97 A
*Berthold von Regensburg* 40 A, 45 A, 49, 51 A, 53 A, 66 A, 69 A, 76 A, 87 A, 88, 96 A, 121 A, 134 A, 136 A, 171, 172, 187 A, 230 A, 232 A, 249
Bihl, M. 105 A
Bloch, M. 199 A, 208 A
Bloomfield, M. 34 A, 39 A, 42 A
Boas, G. 246 A
Börner, F. 246 A
Boesch, B. 170 A, 217, 218 A
*Bonaventura* 20, 29 A, 36 A, 37, 67, 105, 116, 152, 155, 158 A, 160, 163 A
de Boor, H. 64, 87 A, 102 A, 140 A, 176 A, 194 A, 195 A, 200 A, 214, 221 A, 226 A, 236 A, 245, 246
Borst, A. 199 A
Brall, H. 12 A, 146, 249
Brinkmann, H. 216, 245
*Bromyard, T.* 65 A
*Bruder Wernher* 189 A, 229 A
Brundage, J. 123, 124, 125 A, 128 A
Bumke, J. 13 A, 83 A, 145, 146, 198 A, 199 A, 200 A, 201 A, 249
von der Burg, U. 145, 249

*Caesarius von Arles* 135, 140
*Caesarius von Heisterbach* 34 A, 35 A, 56, 57, 59, 63, 70 A, 243 A
Carlyle, R. W. und A. J. 148 A, 163 A
*Cassian, J.* 56, 62, 68 A
*Christianus Druthmarus* 36 A, 141 A
Coppola, M. A. 11 A
*Courson, R.* 233
*Claudius von Turin* 97 A
Cramer, T. 211 A, 225
Curtius, E. 170 A

*David von Augsburg* 20 A, 21, 22 A, 47, 57, 58, 59, 62, 65, 66, 67 A, 68 A, 70 A, 94 A, 103
„De vera et falsa poenitentia" 117 A, 118, 136, 140, 141

262

Denholm-Young, N. 201 A
Donnelly, J. 243 A

Ebersberg (Bayern) 190, 191
Eifler, G. 158 A, 168 A, 221 A, 234 A
Elisabeth von Thüringen 106
Eroms, H.-W. 186 A
Essen, E. 189 A
Eßer, K. und L. Hardick 104
Ettmüller, L. 241 A
„Evangelia apocrypha" 26, 28, 29

Faral, E. 171 A
Farner, K. 148 A
Fasoli, G. 201 A
Fischer, H. 11, 12, 13, 33 A, 102 A, 145 159, 161 A, 165 A, 189 A, 195 A, 197 A, 211, 212, 213 A, 214 A, 220, 221, 236, 240, 250 A
Fleckenstein, J. 200 A
„Flores historiarum" 244 A
Foreville, R. 120 A
Franz, K. 170 A
Franziskus von Assisi 71, 99 A, 102, 103, 104, 105
Freidank 146, 147, 158 A, 161 A, 168, 173, 175, 221, 234 A, 236, 238 A, 241 A
Friedrich von Sonnenburg 170, 171, 193, 194, 195

Gandulf von Bologna 115 A
Ganshof, F. 201 A
Garnerius von St. Viktor 190 A
Geoffrey von Monmouth 228
Der St. Georgner Prediger 67, 68, 70 A
Gerhoh von Reichersberg 44 A
Gilbert de la Porré 45 A, 93 A
Glossa ordinaria 20 A, 22 A, 36 A, 37, 67 A, 97 A, 162
Göttert, K.-H. 185 A, 214 A
Gottfried Babion 20 A, 22 A, 36 A, 37, 80 A, 141 A
Grabmann, M. 163 A
„Graf Rudolf" 226 A
Gratian 114, 118 A, 120, 132 A, 136, 141, 163, 241
Gregor IX. 106
Gregor der Große 36, 141 A, 156 A, 190, 228
Grosseteste, R. 226 A, 227
Grundmann, H. 71 A, 104 A

Gunther von Pairis 20 A, 22 A, 74, 75, 80, 168, 171
Gurlt, E. 231 A
Guth, K. 233 A
St. Guthlac 190

Hartmann von Aue 195 A, 226
Heinrich der Teichner 148
Helleviur 194, 195
Hermas 148
Hieronymus 18, 36 A, 158
Hilarius 36 A
Hinkmar von Reims 69 A
Hinschius, P. 231 A
Hödl, L. 233 A
Hofmann, K. 145 A
Honorius III. 231 A
Honorius Augustodunensis 18 A, 20 A, 21, 22 A, 34 A, 74, 145 A, 241 A
Howard, D. 78 A, 79 A
Hrabanus Maurus 36, 37 A, 68 A, 97, 98, 141 A
Hugo von Amiens 20 A, 21 A, 22 A, 75
Hugo von St. Cher 29, 36 A, 37, 124
Hugo von St. Viktor 20, 78, 79 A, 112, 114, 116, 117 A, 128, 129
Hugo von Trimberg, 40 A, 43
Humbertus de Romanis 234

Innozenz III. 36 A, 37, 38, 71, 75 A, 102, 104, 119, 121, 134, 168, 173 A, 174, 179, 243 A
Isidor von Sevilla, 163
Ivo von Chartres 20 A, 21 A, 22 A, 74

Jacobus de Vitriaco 49, 176 A, 177 A
Janota, J. 13
Jantzen, H. 184 A
Jensen, L. 11, 250 A
Johannes von Salisbury 171
Jones, G. 137, 138

Kamihara, K. 223 A
Kasten, I. 184 A, 197 A
Kern, P. 215 A
Knowles, D. 243 A
Kobbe, P. 215, 216, 218 A, 221
Köhler, E. 167 A, 179 A
Könneker, B. 211, 215, 218 A, 225 A 227, 236 A, 240
Köppe, W. 212
Konrad von Würzburg 166, 170, 189, 195 A

Kolb, H. 211, 213 A, 214, 220, 222, 223, 225 A, 229 A, 230, 231, 234 A, 241, 245

*Laetantius* 246 A
Lambel, H. 237 A, 239
Lamprecht von Regensburg 102 A
Landgraf, A. 93 A, 107 A, 115 A, 134 A, 136 A, 142 A, 143 A
Lapsanski, D. 94 A
Linke, H. 212, 215, 247 A

Margetts, J. 11 A, 102 A
*Der Marner* 189 A
*Martin von Laon* 48 A
Masser, A. 26 A
*Matthæus Parisiensis* 243 A
Mauer, L. 196 A
*„Meditatio in passionem et resurrectionem Domini"* 97 A
Meersseman, G. 25 A, 30 A, 71 A, 103 A, 104 A, 105
Meiners, I. 211 A, 241 A
*Der Meißner* 194
*Meister Kelin* 177 A, 189
*Meister Stolle* 179
Menhardt, H. 11, 33 A, 249 A
Merton, L. 57 A
Meyer, H. 25 A, 26 A, 34 A, 54 A
Michaud-Quantin, P. 54 A
Moelleken, W. W. 13, 33, 145
*„Moralium dogma philosophorum"* 228

Naumann, B. 216 A
Nigg, W. 88 A

Ohly, F. 110 A
*„Old English Homilies..."* 48 A, 49, 52
*Oswald von Wolkenstein* 137, 138
Otto, E. 199 A, 208 A
*Ovid* 246, 247

*Paschasius Radbertus* 36 A, 37
*Paterius* 97 A
Paulus, N. 123 A, 126 A, 128 A, 129 A, 232, 233 A
*Peraldus, W.* 35 A, 40 A, 63, 64, 66, 136, 139
Peters, U. 212, 213
Peterson, E. 96 A
*Petrus Abelardus* 20 A, 22 A, 51 A, 74, 79 A, 81, 136
*Petrus Cantor* 132, 154, 174, 242

*Petrus Comestor* 48, 50, 97 A, 132 A
*Petrus Damiani* 56, 58, 61 A, 153, 156
*Petrus Lombardus* 44 A, 45, 46 A, 47 A, 50 A, 93, 115 A, 116, 117, 122, 132 A, 133, 136 A, 141
*Petrus von Poitiers* 132
*Phillip der Kanzler* 243 A
Poschmann, B. 123, 126 A, 133
Pretzel, U. 87 A
*Prudentius* 42
*Pseudo-Beda* 36, 37
*Pseudo-Hugo von St. Viktor* 48 A

*Radulphus Ardens* 45 A, 48 A
*Raimund von Penafort* 44 A, 45 A, 46, 47 A, 48, 49 A, 50, 52
Réau, L. 190 A
*Reinmar von Zweter* 24, 172, 189, 227
*Remigius von Auxerre* 20 A, 21 A, 75
Reuter, H. 199 A
Rhodes, M. J. 26 A
*Richard von St. Viktor* 97 A
von Rieden, O. 103 A
Rieger, M. 87 A
*Robert de Sorbon* 48 A
Roethe, G. 24, 170 A
Rosenfeld, H.-F. 234
Rosenhagen, G. 70 A, 196 A, 211, 241 A, Roth von Schreckenstein, K. 201 A
*Rudolf von Ems* 218
*Rufinus* 164
*Rûmelant von Schwaben* 173
*Rupert von Deutz* 97 A

*„Sacrorum conciliorum collectio"* (Mansi) 17, 23, 49, 51 A, 121, 123, 127, 231, 233
Schilling, O. 148 A
Schirmer, K.-H. 215
Schlatter, R. 148 A, 164
Schmoll, P. 112 A, 113 A, 114 A, 116 A
Schnell, R. 145 A
Schönbach, A. 12, 135 A, 227 A
Schreiner, K. 233 A
Schwab, U. 11, 13, 15, 16, 17 A, 20, 21, 24, 25, 33, 35 A, 43 A, 47 A, 55 A, 61 A, 64, 65, 66, 69 A, 75, 76, 77 A, 78, 85, 86, 89, 90, 95, 96, 97 A, 101 A, 107, 109, 117 A, 118 A, 119, 126, 128 A, 129 A, 131, 133, 145, 149, 156, 161, 182, 204, 206 A, 213 A, 249 A, 250

St. Sebastian 190
„Secretum secretorum" 228 A
„Seifried Helbling" 208 A
Seneca 246 A
Serlo 54 A
Singer, J. 215 A, 218
Smalley, B. 29 A
Southern, R. 244
Sowinski, B. 18 A, 102 A, 214 A
"Speculum ecclesiae" 20 A, 22 A
Spervogel 194
Steinger, H. 177 A, 193 A
Stephen of Salley 23, 26, 27 A, 56 A
Stutz, E. 13 A
Suchomski, J. 99 A
„Summa Lipsiensis" 132 A
Szövérffy, J. 25 A

Thomas von Aquin 18 A, 20, 28 A, 148, 154, 164, 226 A, 228
Thomas de Celano 102 A, 103
Thomas of Chabham 65
Thomasin von Zirklaria 35 A, 51 A, 168, 173 A, 175, 186 A, 209, 226, 229, 236, 239
Tschirch, F. 177 A
Tubach, F. 56 A
Tuve, Rosemund 52 A

Der Unverzagte 194
Utz, A. 148 A

Vinzenz von Beauvais 44 A, 45 A

Wachinger, B. 138 A
Wailes, S. 12 A, 41 A, 114 A, 212 A, 214 A
Wakefield, W., und Evans, A. 88 A
Walther, H. 184
Walther von der Vogelweide 159, 226
Wapnewski, P. 86
Weber, A. 147 A, 194 A
Weinzierl, K. 51
Wentzlaff-Eggebert, F.-W. und E. 16 A, 131 A, 197 A, 206, 207
Wenzel, S. 52 A, 62, 63 A, 64 A, 65, 78 A, 79, 80 A, 82
Werner, E. 84 A
Wernher von Elmendorf 173, 228
Wilhelm von Auxerre 43 A, 130 A, 142
Wilmart, A. 24 A, 25 A, 26 A
Der Winsbecke 194
van Winter, J. 199 A, 202 A
Withington, E. 231
Woolf, R. 24 A, 25 A

Zink, G. 213
Zwierzina, K. 16 A, 33, 73 A, 124, 197

# TEXTE DES SPÄTEN MITTELALTERS UND DER FRÜHEN NEUZEIT

Herausgegeben von Karl Stackmann und Stanley N. Werbow

*Zuletzt ausgelieferte und in Kürze erscheinende Bände:*

### Die Legende der heiligen Maria Aegyptiaca
Ein Beispiel hagiographischer Überlieferung in 16 unveröffentlichten deutschen, niederländischen und lateinischen Fassungen
Herausgegeben von Konrad Kunze
Texte des späten Mittelalters und der frühen Neuzeit, Heft 28
*196 Seiten, DIN A 5, kartoniert, DM 29,—*

### Dat ewangelium Nicodemi van deme lidende vnses heren Ihesu Christi
Zwei mittelniederdeutsche Fassungen
Herausgegeben von Achim Masser
Texte des späten Mittelalters und der frühen Neuzeit, Heft 29
*101 Seiten, DIN A 5, kartoniert, DM 16,80*

### Des Armen Schoffthors „Warnung an hartherzige Frauen"
(Andreas Capellanus: ‚De Amore', Dialogus D*, deutsch)
Herausgegeben von Alfred Karnein
Texte des späten Mittelalters und der frühen Neuzeit, Heft 30
*115 Seiten, DIN A 5, kartoniert, DM 18,60*

### Ambrosius Metzger, Metamorphosis des Ovid
Kritisch herausgegeben von Hartmut Kugler
Texte des späten Mittelalters und der frühen Neuzeit, Heft 31
*748 Seiten, 3 Abb., DIN A 5, kartoniert, DM 98,—*

### Das Wiener Osterspiel
Abdruck der Handschrift und Leseausgabe
Herausgegeben von Hans Blosen
Texte des späten Mittelalters und der frühen Neuzeit, Heft 33
*127 Seiten, mit 2 Notenwiedergaben, DIN A 5, kartoniert, DM 22,—*

### Historie von Hertzog Ernst
Nach dem ältesten Druck
herausgegeben von K. C. King
Texte des späten Mittelalters und der frühen Neuzeit, Heft 26
*ca. 100 Seiten, DIN A 5, kartoniert, ca. DM 16,—*

### Marquardt vom Stein, Der Ritter vom Turn
Kritisch herausgegeben von Ruth Harvey
Texte des späten Mittelalters und der frühen Neuzeit, Heft 32
*ca. 300 Seiten, 1 Abb., DIN A 5, kartoniert, ca. DM 44,—*

*Weitere Bände sind in Vorbereitung*

 ERICH SCHMIDT VERLAG